Doug Fields

Jugendarbeit mit Vision

9 Schritte zu einer lebendigen Jugendarbeit

Über den Autor

Doug Fields ist Autor zahlreicher Bücher und seit fast 20 Jahren in der Jugendarbeit tätig. Heute ist er Jugendpastor in der *Saddleback Church* und Leiter des Jugendgottesdienstes *Youth Specialties.*

Doug Fields

Jugendarbeit mit Vision

9 Schritte zu einer lebendigen Jugendarbeit

GerthMedien

Titel der Originalausgabe:
Purpose Driven Youth Ministry

Bestell-Nr. 816 061
4. Auflage 2007

ISBN 978-3-86591-061-5

Übersetzung: Karsten Böhm, Robert Polzer
Umschlaggestaltung: Hanni Plato
Umschlagfoto: Getty Images, David Lees
Satz: Die Feder GmbH, Wetzlar
Druck und Verarbeitung: Ebner & Spiegel, Ulm

Für die Heerscharen von hingebungsvollen Jugendleitern,
die das Lernen lieben.
Ihr verlangt nach Informationen,
wie ihr euch noch besser
um die Jugendlichen kümmern könnt,
die Gott euch anvertraut hat.
Ihr sucht unermüdlich nach Wegen,
diejenigen zu erreichen,
die Jesus noch nicht kennen.
Ihr seid der Grund für dieses Buch.
Danke, dass ihr Gott und die Jugendlichen liebt.

Inhalt

Vorwort 9

Stimmen zum Buch 11

Einleitung 13

Element 1: Die Kraft Gottes 23

1. Eine gesunde Jugendarbeit braucht geistlich gesunde Mitarbeiter 24

Element 2: Der Auftrag 39

2. Die fünf Aufträge für deine Jugendarbeit 40
3. Warum eine klare Auftragsaussage so wichtig ist und wie du eine verfasst 52
4. Wie du deinen Auftrag vermittelst und mit gutem Beispiel vorangehst 66

Element 3: Die Zielgruppe 77

5. Die geistliche Entwicklungsstufe der Jugendlichen erkennen 78

Element 4: Die Veranstaltungen 95

6. Wie man die Jugendlichen der Nachbarschaft erreicht 96
7. Wie man gottesdienstbesuchende Jugendliche hält 109
8. Pflege der Gemeinde-Jugendlichen 131
9. Die Ausbildung der »aktiven« Jugendlichen 150
10. Die Herausforderung der Kernjugendlichen 166
11. Fünf Merkmale von intakten Jugendveranstaltungen 186

Element 5: Der Prozess 199

12. Benutze einen sichtbaren Prozess, um deinen Plan mitzuteilen 200

Element 6: Die Werte 221

13. Schlüsselwerte definieren und mitteilen 222

Element 7: Die Eltern 239

14. Zusammenarbeit mit den Eltern für eine familienfreundliche Jugendarbeit 240

Element 8: Die Mitarbeiter 259

15. Finde die Mitarbeiter, die deine Jugendlichen verdienen 260

16. Wie man potenziellen Mitarbeitern hilft, Leiter zu werden 279

Element 9: Der lange Atem 301

17. Wie man mit drängenden Projekten und Zeitnot umgeht 302

18. Positive Disziplin 318

19. Veränderungen einleiten 337

Anhang A: Deine ersten zwei Jahre 354

Anhang B: Unterschiede zwischen der Junior High- und der High School-Jugendarbeit in der Saddleback Church 356

Anhang C: Wie man Jugendlichen die Bibel nahe bringt 358

Anhang D: Unsere Veranstaltungen 360

Anhang E: Dein S.H.A.P.E. für deinen Dienst in der Jugendarbeit 364

Anhang F: Mitarbeiter-Antrags-Paket 368

Anhang G: Jugendarbeitsverpflichtungen der Mitarbeiter 384

Anhang H: Zeitplan 386

Anhang I: Weitere Quellen 391

Vorwort

In deinen Händen hältst du sozusagen einen »virtuellen Doktortitel« in Jugendarbeit. Dieses Buch beschreibt die Vision, die Werte, die Strategie und die Struktur einer der großartigsten Jugendarbeiten Amerikas. Ich kenne keinen Jugendleiter, der einen besseren Job macht als Doug Fields – und alle seine Erkenntnisse stecken in diesem Buch.

Als Doug dem Pastoren-Team der Saddleback Church beitrat, war er bereits eine landesweit anerkannte Autorität in Sachen Jugendarbeit. Ich war so begeistert von seiner persönlichen Integrität, seiner Liebe zu Gott und den Jugendlichen und seiner Bereitschaft, immer noch mehr dazu zu lernen, dass ich ihn bat, zu uns zu kommen. Seitdem durfte ich miterleben, wie dieser erfahrene Pastor eine Jugendarbeit aufgebaut hat, die das Leben von buchstäblich Tausenden Jugendlichen verändert hat. Meine eigenen Kinder haben unglaublich von Dougs zielgerichteter Jugendarbeit profitiert.

Wenn du nach schrillen Ideen, schnellen Tricks und guten Kniffen für dein neues Programm suchst, dann ist dies das falsche Buch. Wenn du aber eine solide, biblisch fundierte, ausgewogene und beständige Basisarbeit aufbauen willst, die Jugendliche dauerhaft erreicht und begeistert, dann bist du hier richtig.

Die Essenz dieses Buches ist eine Strategie und Struktur, die eine wohl balancierte Berücksichtigung aller fünf Aufträge sicherstellt, die das Neue Testament geistlichen Leitern erteilt (Evangelisation, Anbetung, Gemeinschaft, Jüngerschaft und Dienst). Die meisten Kirchen und Jugendgruppen tendieren dazu, sich zu sehr auf *einen* dieser Aufträge zu konzentrieren und die anderen zu vernachlässigen. Das führt zu einem Ungleichgewicht. Aber nur Ausgeglichenheit schafft eine gesunde Basis. Und diese fördert wiederum das Wachstum, wie Saddleback und viele andere, ähnlich ausgerichtete Kirchen bewiesen haben. Kurzum: Dieses Buch beschreibt, wie man eine gesunde Jugendarbeit aufbaut.

Seit der Veröffentlichung von *Kirche mit Vision* wurden wir regelrecht von Rückmeldungen aus begeisterten Gemeinden überschwemmt, die durch die Anwendung der Prinzipien dieses Buches neu belebt wurden. Es wird mittlerweile in vielen Pastorenseminaren und christlichen Hochschulen als Lehrbuch verwendet. In Folge dessen ist die Nachfrage nach Praxishilfen für die verschiedenen Bereiche der Gemeindearbeit, wie zum Beispiel die Jugendarbeit, enorm angewachsen. Dieses Buch ist die Antwort auf hunderte von Briefen, die wir von Jugendleitern aus der ganzen Welt bekommen haben.

Jugendarbeit mit Vision ist ein Buch, das nicht nur gelesen, sondern studiert und verinnerlicht werden will. Um so möglichst viel davon zu profitieren, empfehle ich dir, für jeden Mitarbeiter deines Teams ein Exemplar zu besorgen und es Kapitel für Kapitel mit ihnen zusammen durchzugehen, so wie viele Leitungsteams es mit *Kirche mit Vision* getan haben. Diskutiert die Inhalte der einzelnen Kapitel und fertigt eine Liste der Elemente an, die ihr euch vornehmt.

Es ehrt dich in meinen Augen sehr, dass du dieses Buch gekauft hast. Alle Leiter sind Schüler – und in dem Moment, in dem du aufhörst zu lernen, hörst du eigentlich auch auf zu leiten. Glücklicherweise gibt es in diesem Buch viel zu lernen, sogar für erfahrene Schlachtrösser in der Jugendarbeit. Du wirst sehen, wie man eine ausgewogene, zielgerichtete Jugendarbeit aufbaut, wie man attraktive Veranstaltungen plant, wie man neue Mitarbeiter gewinnt und ausbildet und sogar, wie man sein eigenes Leben intakt hält, während man mit Jugendlichen arbeitet.

Ich glaube, dass die größten Tage der Kirche noch vor uns liegen. Das neue Jahrtausend ist eine wunderbare Zeit, um Jugendliche für Gott zu gewinnen. Viele Ideen und Konzepte, die ich genutzt habe, um die Saddleback Church aufzubauen, habe ich als Jugendlicher entdeckt und entwickelt. Jugendarbeit ist eine ideale Plattform, um mit Ideen zu experimentieren, die ein Segen für die gesamte Kirche werden können.

Also, leg los! Riskier etwas! Probier verschiedene Methoden, aber verlier dabei das Ziel nicht aus den Augen! Ich bete, dass Gott dieses Buch nutzen wird, um dich wie König David dazu zu bringen, »deinen Zeitgenossen zu dienen« (Apg 13,36).

Lass von dir hören!

Rick Warren
Leitender Pastor der Saddleback Church

Stimmen zum Buch

Der Fokus auf eine »Kirche mit Vision« hat einen wundervollen Einfluss auf unsere Gemeinde gehabt. Die gleichen Prinzipien haben unser Jugendprogramm neu geformt. Doug bietet praktische Zupack-Einsichten, um Jugendliche zu begeistern.

Max Lucado, Autor und Pastor

Jugendarbeit mit Vision ist spannend, logisch, voll gepackt mit Kreativität und frischen Ideen – und komplett!

Susie Schellenberger, Chefredakteurin der Jugendzeitschrift Brio

Jugendarbeit mit Vision geht eher auf die Aufgabe der Jugendarbeit ein als auf das »So wird's gemacht«. Dieses Buch führt zum Ursprung zurück. Ich werde es in meinen Seminaren benutzen.

Jay Kesler, Präsident der Taylor University

Doug Fields ist ein Vordenker auf dem Feld der Jugendarbeit. Er versteht, was es heißt, zielgerichtet zu handeln und essenzielle Werte für Jugendarbeit aufzustellen. Darüber hinaus erlauben ihm seine klaren Kommunikationsfähigkeiten, ganz praktische Anwendungen vorzustellen, die deine Jugendarbeit auf die nächste Ebene bringen werden. Ich empfehle dieses Buch wärmstens.

Bo Boshers, Leiter der Jugendarbeit
»Student Impact« in Willow Creek

Doug Fields hat *das* Lehrbuch für die Jugendarbeit geschrieben. Glücklicherweise liest es sich nicht wie ein Lehrbuch, sondern eher wie der Brief eines guten Freundes. Dieses Buch ist voll gepackt mit erlernbaren Konzepten, die nicht erziehen – sie stecken an. *Jugendarbeit mit Vision* sind nicht die Gedanken eines Mannes zum Thema Jugendarbeit; es ist eine Beschreibung der Jugendarbeit, wie sie sein sollte.

Mike Yaconelli, Autor und Jugendpastor

Einleitung

Stell dir eine Sportmannschaft vor, am besten deinen Lieblingsverein. Der Erfolg dieser Mannschaft kann nicht nur einer Komponente zugeschrieben werden; viele verschiedene Faktoren tragen dazu bei. Eine gute Mannschaft ist stärker als die einzelnen Spieler. Jede Mannschaft braucht strategische Schlüsselspieler, einen motivierenden Trainer, erfahrene Hilfstrainer, einen bekannten, finanzkräftigen Sponsor, einen risikobereiten Besitzer, ein gutes PR-Büro und ein durchdachtes Trainingsprogramm (oder eine Riesenportion Glück). Die Fans bedenken diese Faktoren nicht, wenn sie ihr Team spielen sehen. Stattdessen konzentrieren sie sich auf den Star der Mannschaft und nehmen an, ein Sieg sei allein sein Verdienst.

Leider sehen viele Gemeindeleiter und Pastoren die Jugendarbeit genauso. Sie suchen nach dem einen großen Star (Jugendleiter), der den Klassenerhalt (die Jugendarbeit) sichern und ein erfolgreiches Team (Mitarbeiter) formen kann, das ganz von allein jede Menge begeisterte Fans (Jugendliche) anzieht. Sobald dieser große Spieler gefunden ist (entweder ein Jugendpastor oder ein freiwilliger Laie), wenden sich die Vereins»besitzer« (Kirchenvorstand, Eltern, Pastor) anderen wichtigen Dingen in ihrer Organisation (Kirche) zu.

Diese Art Szenario endet meist in einer Art Selbstmordkommando für den »Star«. Er oder sie geht hochmotiviert in seine neue Aufgabe, trainiert (arbeitet) unzählige Stunden, um den gewünschten Erfolg (viele Jugendliche und attraktive Veranstaltungen) herbeizuführen und es seinen Vorgesetzten recht zu machen. Aber um es jedem recht zu machen, muss der Spieler so lange und so schnell laufen (oft ohne genau zu wissen, wohin), dass er früher oder später erschöpft zusammenbricht, sich verletzt (»ausbrennt«) und ausgewechselt werden muss (kündigt oder gefeuert wird).

An diesem Punkt schalten sich die Besitzer wieder ein und suchen nach dem nächsten Star-Spieler, der das Team retten soll. Der Teufelskreis beginnt von neuem, ohne dass ein vernünftiges Fundament gelegt wird, weil Sieg oder Niederlage allein von einer Person und ihrer Leistung abhängen – ein Ding der Unmöglichkeit.

Die neun Elemente einer Jugendarbeit mit Vision

9 Der lange Atem
Zielgerichtet, frisch ... und am Leben bleiben!

8 Die Mitarbeiter
Andere auf den Plan bringen, die bei der Erfüllung der Aufträge helfen.

7 Die Eltern
Zusammenarbeit mit der Familie unterstützt die Jugendarbeit.

6 Die Werte
Die Prinzipien und Stile erkennen, die die Aufträge unterstützen.

5 Der Prozess
Deutlich machen, wie der Weg deiner Teilnehmer zur geistlichen Reife aussehen soll.

4 Die Veranstaltungen
Abläufe gestalten, die die Ziele und die potenziellen Zielgruppen erreichen.

3 Die Zielgruppe
Deine Jugendlichen und ihre Aufnahmefähigkeit einordnen lernen.

2 Der Auftrag
Definieren, warum deine Jugendarbeit überhaupt existiert und was ihr Ziel ist.

1 Die Kraft Gottes
Lernen, sich reinen Herzens auf Gott zu verlassen.

Mein Ziel ist es, dir durch dieses Buch vor Augen zu malen, wie du eine gesunde Jugendarbeit aufbauen kannst, die nicht von einem großartigen Jugendleiter abhängt und zu Staub zerfällt, wenn dieser die Gemeinde verlässt. Ich hoffe, dass du meine Erfahrungen und Gespräche mit hunderten von Jugendarbeitern gebrauchen kannst, um deine Jugendarbeit so zu gestalten, dass Wachstum möglich ist. Das geschieht aber nur auf einer gesunden Basis.

Eine gesunde Jugendarbeit ist eine zielgerichtete Jugendarbeit. Aber zielgerichtete Jugendarbeit zu betreiben heißt nicht einfach, dass du bei allem, was du tust, verbissen irgendein Ziel verfolgst. Es bedeutet, dass du die von Jesus festgelegten urchristlichen Aufträge verfolgst und in deiner Arbeit deutlich machst. Diese fünf Aufträge sind:

1. Evangelisation
2. Anbetung
3. Gemeinschaft
4. Jüngerschaft
5. Dienst

Eine blühende Jugendarbeit hat Veranstaltungen und Strukturen, die diese Aufträge klar widerspiegeln. In den folgenden Kapiteln werden neun aufeinander aufbauende Elemente vorgestellt, die man zum Aufbau einer intakten Jugendarbeit braucht. Die fünf urchristlichen Aufträge formen den zentralen Baustein, um den sich alle anderen Maßnahmen gruppieren. Diese neun aufeinander aufbauenden Elemente sind:

1. Die Kraft Gottes
2. Der Auftrag
3. Die Zielgruppe
4. Das Programm
5. Der Prozess
6. Die Werte
7. Die Eltern
8. Die Mitarbeiter
9. Der lange Atem

Wenn du dieser Anleitung folgst, wirst du eine funktionierende Strategie entdecken. JUGENDARBEIT MIT VISION ist aber keine Holzhammer-Methode, die besagt: »Mach es so wie ich, denn das ist die einzig richtige Methode«.

JUGENDARBEIT MIT VISION ist *ein* Modell, nicht *das* Modell. Es gibt viele Wege, eine fruchtbare Jugendarbeit zu machen und gute Jugendleiter betrachten auch andere effektive Modelle, um ihr Denken anzuregen und Neues dazuzulernen. Wenn du dich dagegen sträubst, von anderen etwas anzunehmen, dann hast du ein Problem mit deinem Stolz (Sprichwörter 13,10). Gott ehrt die Motive von Demütigen und Lernwilligen, aber die Herzen der Stolzen verletzen ihn.

Unsere Philosophie ist nicht von einem Prinzip abgeleitet, nach dem Jugendarbeit gemacht *wurde* oder gemacht *werden sollte*, sondern von einem, nach dem Jugendarbeit gemacht *wird*. Ich bin jeden Tag als Jugendleiter an der Front und versuche, die neun Elemente in meiner Kirche zu stärken. Fast zwanzig Jahre lang lebe ich jetzt schon mit der großen Verantwortung, eine Jugendarbeit aufzubauen, die Jugendliche wachsen und reifen lässt, statt sie einfach nur zu unterhalten. Ich möchte nicht tolle Veranstaltungen leiten, sondern ich möchte Jugendliche auf den Weg zum Leben führen.

Während dieser Jahre habe ich eine breite Palette von Erfolgen und Niederlagen erlebt. Dieses Buch ist ein Teil einer fortwährenden Reise. Es ist sowohl für Leiter gedacht, die eine kleine Gruppe Jugendlicher betreuen, als auch für solche, die hunderte Jugendliche haben. Und es ist genauso für neu beginnende ehrenamtliche Mitarbeiter wie für mit allen Wassern gewaschene Veteranen geeignet. Wie ist das möglich?

Es ist möglich, weil die neun Elemente von deiner Fähigkeit abhängen, die auf deine ganz spezielle Jugendarbeit übertragbaren Prinzipien zu erkennen und dann anzuwenden. *Dein* Leitungsstil, *deine* Erziehung und deine *praktische* Erfahrung werden zu ganz entscheidenden Faktoren, wenn du die Prinzipien kennen lernst und dich entscheidest, ob und wie du sie in deiner Arbeit anwenden wirst.

Versuch nicht, das allein zu schaffen! Lies das Buch zusammen mit einem Mitarbeiterteam, das bereit ist, eine geistlich intakte Jugendarbeit aufzubauen. Nutzt die *»Jetzt wird's persönlich«*-Fragen am Ende jedes Kapitels, um euch gegenseitig auf ganz neue Gedanken zu bringen und anzuspornen.

Hier ist eine kurze Übersicht über die neun Elemente.

Element 1

Die Kraft Gottes

Lernen, sich reinen Herzens auf Gott zu verlassen

Eine gesunde Jugendarbeit beginnt, wenn wir die allmächtige Kraft Gottes für unser Leben ernst nehmen. Es existiert eine direkte Verbindung zwischen der geistlichen Vitalität eines Leiters und einer funktionierenden Jugendarbeit. Die heutige Ausbildung zur Jugendarbeit betont oft zu sehr, *wie man das Werk Gottes tut* und vernachlässigt, *wie man ein Mensch Gottes ist.*

Element 2

Der Auftrag

Definieren, warum deine Jugendarbeit überhaupt existiert und was ihr Ziel ist

Zu oft beruht Jugendarbeit auf der »Lasst-uns-einfach-anfangen-und-irgendein-Programm-starten«-Mentalität. Dieses zweite Element betont die Wichtigkeit der Entwicklung von Konzepten, die auf den fünf neutestamentlichen Aufträgen basieren.

Diese Aufträge für sich zu entdecken ist nur der Anfang. Echte Gesundheit beginnt mit deiner Fähigkeit, die Aufträge mitzuteilen und setzt sich fort, wenn du lernst, sie angemessen zu vertreten, damit die Menschen ein Bild vor Augen haben, das sie anstreben können.

Element 3

Die Zielgruppe

Deine Jugendlichen und ihre Aufnahmefähigkeit einordnen lernen

Oftmals werden innerhalb der Jugendarbeit Veranstaltungen für Jugendliche entworfen, die gar nicht deren Interessen, Wünschen und Sehnsüchten entsprechen. Es ist innerhalb der Jugendarbeit nicht ungewöhnlich, dass Veranstaltungen für »Musterjugendliche« entwickelt werden, die es in Wirklichkeit gar nicht gibt. Genauso oft werden Veranstaltungen entworfen, die die verschiedenen Entwicklungsstufen der Jugendlichen innerhalb der Gruppe nicht berücksichtigen. Dieser Abschnitt wird erklären, wie du die unterschiedlichen geistlichen Reifestufen deiner Jugendlichen erkennen kannst, damit deine

Veranstaltungen effektiver die fünf neutestamentlichen Aufträge erfüllen können.

Element 4

Die Veranstaltungen

Abläufe gestalten, die die Ziele und die potenziellen Zielgruppen erreichen

Veranstaltungen sind ein Weg, Jugendliche verschiedener Entwicklungsstufen zu erreichen und die fünf Aufträge Jesu zu erfüllen. Die Gleichung zur Erstellung eines solchen Programms sollte wie folgt aussehen:

Auftrag + Zielgruppe = Programm

Dieses detallierte Kapitel wird dir helfen, eine gesunde Balance zwischen *Evangelisation, Anbetung, Gemeinschaft, Jüngerschaft* und *Dienst* in deine Veranstaltungen und damit in das Leben deiner Jugendlichen zu bringen.

Element 5

Der Prozess

Deutlich machen, wie der Weg deiner Teilnehmer zur geistlichen Reife aussehen soll

Ein verständlicher Prozess ermöglicht es den Jugendlichen zu erkennen, wo sie sich in deinem geistlichen Wachstumsplan befinden. Ein solcher Prozess kann mit Hilfe eines Trichters, einer Pyramide oder irgendeines anderen Symbols dargestellt werden.

Element 6

Die Werte

Die Prinzipien und Stile erkennen, die die Aufträge unterstützen

Alle Menschen haben Werte, Einstellungen, Stile und Prinzipien, die ihr Leben beeinflussen. Eine intakte Jugendarbeit erkennt ihre Schlüsselwerte und benutzt sie, um ihre Position zu stärken. Wenn du diesen Teil durchgearbeitet hast, wirst du erkennen, dass

- Aufträge deutlich machen, *warum* deine Jugendarbeit existiert;
- die potenzielle Zielgruppe festlegt, *wen* du erreichen willst;
- Programme erkennbar machen, *wie* du deine Zielgruppe erreichen und die Aufträge erfüllen kannst;
- der Prozess vermittelt, *wohin* du deine Jugendlichen auf ihrem Weg zur geistlichen Reife führen willst;
- ausgearbeitete Werte zeigen, *was* in deiner Jugendarbeit wichtig ist;
- die allmächtige Kraft Gottes bestimmt, *wann* Wachstum stattfinden wird.

An diesem Punkt wechselt die Betonung in diesem Buch von Strukturen zu Menschen. Die nächsten drei Elemente konzentrieren sich auf die Eltern der Jugendlichen, auf die Mitarbeiter und dich.

Element 7

Die Eltern

Zusammenarbeit mit der Familie unterstützt die Jugendarbeit

Jugendarbeit kann nicht funktionieren, wenn sie von der Familie isoliert stattfindet. Es muss sorgfältig auf die richtige Strategie geachtet werden, um die wertvolle Rolle, die Eltern in der Begleitung ihrer Kinder und damit auch auf deren Weg zu geistlichem Wachstum haben, so effektiv wie möglich zu nutzen. Da aber weder die Jugendlichen noch ihre Eltern die totale Integration beider Seiten wollen, werden hier einige wohl überlegte Wege zu einer familienfreundlichen Jugendarbeit vorgestellt.

Element 8

Die Mitarbeiter

Andere auf den Plan bringen, die bei der Erfüllung der Aufträge helfen

Funktionierende Jugendarbeit baut auf einer guten Gruppe von Mitarbeitern auf, die ihre Leidenschaft für die Jugendlichen dadurch ausdrücken, dass sie Zeit investieren, Beziehungen aufbauen und den Jugendlichen in jeder Hinsicht helfen, in ihrem Glauben zu wachsen. Eine gesunde Jugendarbeit beginnt dann, wenn Jugendmitarbeiter von bloßen Veranstaltern zu wirklichen Leitern werden.

Element 9

Der lange Atem

Zielgerichtet, frisch ... und am Leben bleiben!

Jugendarbeit ist hartes Brot, wie die hohe Zahl der Aussteiger beweist. Dieser Abschnitt konzentriert sich auf Zeitmanagement, den Umgang mit Problemkids, Gemeindepolitik und die Kunst, weise Maßnahmen zu ergreifen, bevor diese Faktoren zu einem riesigen Frust führen. Die Erkenntnisse dieser »Überlebens«-Kapitel sind in jahrelanger Erfahrung gewachsen und wollen dir helfen, deinen großen Lauf der Jugendarbeit als *Sieger* zu beenden.

Warnung: Während der Lektüre dieses Buches wirst du dich vielleicht einige Male von der gewaltigen Menge des Materials regelrecht erschlagen fühlen, das gelesen und verarbeitet werden muss. Die nachfolgenden Hinweise können deine Bedenken vielleicht ein wenig zerstreuen:

1. Such nach den für deine Situation übertragbaren Prinzipien hinter jeder Idee. Vielleicht liest du eine bestimmte Idee und sagst dir: »Das kann ich so nicht machen!« Das simmt wahrscheinlich – aber du kannst das Prinzip auf deine persönliche Umgebung anwenden.
2. Erkenne, dass deine Zeit, deine Unterstützung und deine Mittel anders sind als meine. Die Möglichkeiten, die Prinzipien zu übertragen, sind abhängig von deiner verfügbaren *Zeit*, deinen Möglichkeiten, *Hilfe* zu bekommen und dem Ausmaß deiner *Mittel*.
3. JUGENDARBEIT MIT VISION ist ein Teambuch. Ich arbeite mit einem Team von Leuten zusammen und wir teilen unsere Freuden und unseren Frust. Die Prinzipien und die Leitung kommen vielleicht von mir, aber die Umsetzung ist Teamarbeit.
4. Vergleich deine Jugendarbeit nicht mit unserer oder irgendeiner anderen. Vergleichen ist nicht produktiv – du wirst dich entweder mies dabei fühlen (»... wir sind schlechter«) oder arrogant werden (»... wir sind besser«). Du wirst immer verlieren, wenn du das, was du über dich weißt, mit dem vergleichst, was du über mich *nicht* weißt. Du kannst die ganzen Fehler nicht sehen, die ich begangen habe und die mich zu dem gemacht haben, der ich heute bin. Und denk dran: Andere Arbeiten sehen aus der Ferne immer besser aus.
5. Fühl dich nicht schuldig wegen dem, was du nicht tust. Du wirst in diesem Buch viele Ideen und Prinzipien finden, die ich vor zwanzig

oder sogar fünf Jahren auch noch nicht angewendet habe. Wähl aus all dem Material aus, was bei dir funktionieren könnte, und übertrag es auf deine Situation.

6. Es braucht Zeit, eine gesunde Jugendarbeit aufzubauen. Rom wurde nicht an einem Tag erbaut und auch deine Jugendarbeit wird Zeit brauchen. Sei geduldig, realistisch und strategisch, wenn es darum geht, welche Punkte zur ersten Priorität werden sollen. Es kann zwei Jahre dauern, bis sich das Wachstum abzuzeichnen beginnt, das du dir wünschst. Nimm dir Zeit, fange weise an, verlass dich auf Gottes Kraft und scheu dich nicht davor, Hilfe von anderen anzunehmen.
7. Die Entwicklung einer zielgerichteten Jugendarbeit wird dich fordern. Die Prinzipien in diesem Buch werden für dich am Anfang wahrscheinlich nicht einfach zu fassen und umzusetzen sein. Du wirst vielleicht einzelne Abschnitte anstreichen und mit anderen Jugendmitarbeitern besprechen müssen. Je öfter und gründlicher du ein Kapitel beackerst und die Prinzipien durchdenkst, desto besser wirst du sie verstehen und anwenden können.

Obwohl viele Bücher über Jugendarbeit erhältlich sind, sind die meisten nicht wirklich praktisch; sie liefern nur einige Teile des Puzzles und überlassen es dem Leser, sich die restlichen Teile zusammenzureimen. Du wirst dieses Buch (hoffentlich!) sowohl philosophisch als auch praktisch finden. Es soll Erkenntnisse und Hilfen liefern, die auf jede Jugendarbeit angewendet werden können, unabhängig von Größe, Umfeld, Möglichkeiten, Mitteln oder bereits existierender Leiterschaft.

Gottes Segen für dich!

Doug Fields

Element 1
Die Kraft Gottes

1 Eine gesunde Jugendarbeit braucht geistlich gesunde Mitarbeiter

Mein Freund Ted las dieses erste Kapitel und sagte: »Doug, so kannst du dein Buch nicht anfangen; da fehlen Programmideen«. Lissa wiederum las dasselbe Kapitel und sagte: »Großartiger Einstieg! Jeder potenzielle Mitarbeiter sollte dazu gebracht werden, dieses Kapitel zu lesen, bevor er überhaupt mit der Jugendarbeit beginnen darf.« Warum diese unterschiedlichen Antworten?

Ted ist 22 Jahre alt und beginnt gerade mit dem Aufbau einer Jugendgruppe. Er glaubt, eine kreative, abgefahrene Programmgestaltung mit ansprechenden Logos, fantasievollen Aktivitäten, mitreißenden Events und kreativen Ideen ebnet den Weg zu einer gesunden christlichen Jugendarbeit.

Lissa ist eine 42-jährige, erfahrene Jugendleiterin, die vor Jahren in Teds Schuhen steckte. Sie weiß, wie verführerisch eine verlockende Idee sein kann. Auch ihr waren jahrelang gute Ideen wichtiger als Zeiten mit Gott, Programme kamen vor Gebeten. Sie distanzierte sich im Lauf der Zeit mehr und mehr von Gott. Rückblickend sagt sie von sich, dass sie »eher eine geistliche Lügnerin als eine geistliche Leiterin« war.

Es ist nicht nur Lissa so gegangen. Auch ich bin diesen Weg gegangen. Ich war ebenfalls ständig auf der Jagd nach neuen, kreativen Ideen und fantasievollen Programmen, um meine Jugendarbeit interessanter zu machen. Aber dann habe ich wie Lissa gelernt, dass eine gesunde christliche Jugendarbeit nicht mit tollen Ideen beginnt, sondern mit einer soliden Basis aus geistlichen Mitarbeitern.

Wenn eine Gemeinde (oder ein Jugendleiter) vor allem auf die Attraktivität von Veranstaltungen setzt, dann bleibt wenig Raum für geistliche Leitung und Wachstum. Auch ein Nicht-Christ könnte in so einer Gemeinde zu einem »erfolgreichen« Jugendleiter werden, einfach indem er noch mehr Aktivitäten bietet, neue Ideen entwickelt und eine intensive Betreuung anbietet. Auf den ersten Blick würde man wahrscheinlich keinen nennenswerten Unterschied zwischen dieser Art der Jugendarbeit und einer städtischen, nicht-christlichen Jugendarbeit finden. Beide benutzen interessante und außergewöhnliche Angebote, um anzukommen.

Dieses erste Kapitel fordert dich (sowie deine Gemeinde und dein Team) dazu heraus, eine christliche Jugendarbeit zu entwickeln, in der die Leiter von ganzem Herzen auf die Kraft Gottes vertrauen. Das ist der wesentliche und grundlegende Baustein für eine anhaltende, stabile und gesunde geistliche Arbeit. Auf lange Sicht gesehen ist das attraktiver und wichtiger als jedes noch so ausgefallene Programm.

Meine Reise von der Überdrehtheit zur Gesundheit

Ich begann 1979 als ehrenamtlicher Mitarbeiter einer Jugendgruppe in meiner Heimatgemeinde. Ich war begeistert! Obwohl ich keinen Schimmer hatte, was ich tat, wusste ich doch, dass Gott mich und meine Energie benutzte, um Jugendliche zusammenzubringen, damit ich mich um sie kümmern konnte. Während meines ersten Jahres verließ der Jugendgruppenleiter unsere Gemeinde und ich wurde an seiner Stelle die Kontaktperson. (Ich war der einzige andere Ehrenamtliche!) Ein Jahr später wusste ich noch immer nicht, was ich tat, aber ich war auf jeden Fall sehr beschäftigt damit, es zu tun. Ich bemühte mich, mit meiner Gruppe an jeder sich bietenden Aktivität teilzunehmen. Wenn ein Handzettel für eine Jugendveranstaltung in der Gemeinde hing, gingen wir hin. Wenn ich eine Fortbildung besuchte und dort einen exemplarischen Ablaufplan ergattern konnte, dann benutzte ich ihn für den Bibelkreis, wenn ich zurückkam. Ich war zu beschäftigt und hatte zu viel Spaß, um zu erkennen oder zuzugeben, dass ich keine Ahnung hatte, wie ich eine geistlich gesunde Jugendarbeit aufbauen sollte – im Grunde wusste ich noch nicht mal, dass ich überhaupt irgendetwas aufbauen sollte! Meine Tätigkeit war eigentlich nicht mehr als »Babysitten« für Jugendliche, unterbrochen von einer gelegentlichen Bibelstunde. Aber da die Jugendlichen bei alledem ihren Spaß hatten und betreut wurden, dachte jeder, wir seien eine intakte christliche Jugendarbeit.

Nach zwei Jahren als ehrenamtlicher Leiter wurde mir 1981 eine bezahlte Stelle als hauptamtlicher Jugendleiter angeboten. Ich war begeistert von der Idee, für eine Tätigkeit bezahlt zu werden, die ich liebte. Ich ergriff die Gelegenheit beim Schopf und stürzte mich noch tiefer in die Jugendarbeit, während ich parallel die Schule und danach die Bibelschule fertig machte. Mein Leben kam nie zur Ruhe. Neben meinem umfangreichen Stundenplan betreute ich Kurse, in denen

Schüler besser auf die Universität vorbereitet wurden. Ich plante Freizeiten, sprach vor jeder Gruppe, die mir zuhören wollte und besuchte jede Jugendleiter-Fortbildung, die angeboten wurde. Mein Leben war die Jugendarbeit und ich wurde ein Experte im Tun, Machen und Erreichen.

1985 übertrug mir mein Pastor die Leitung einer allgemein als erfolgreich angesehenen Jugendarbeit. Ich war völlig aus dem Häuschen vor Freude und wurde gleichzeitig von dem Bedürfnis angetrieben, allen zu beweisen, dass ich »der richtige Mann« für diese Sache war. Ich arbeitete noch mehr. Fast jeden Abend war ich außer Haus. Da ich eine Vielzahl von Aktivitäten anbot und auch ständig irgendwie beschäftigt war, stellte niemand meine Arbeitsmoral in Frage. Nur ich selber stellte so langsam alles in Frage. Ich fühlte ständig eine Leere in mir, die ich nicht vertreiben konnte. Gott spielte keine Rolle in meinem Leben. Ich war in all meinem christlichen Schaffen und Tun und Machen meilenweit von Gott entfernt. Doch davon wusste keiner etwas, denn auf den ersten Blick schien ja alles in Ordnung zu sein. Ich war die Verkörperung von Sprichwörter 26,23 geworden: »Silberglasur über Tongeschirr – glatte Lippen und ein böses Herz«.

Meine Seele bekam mehr und mehr Risse und auch meine sichtbare Welt der Jugendarbeit begann zu bröckeln. Drei Hauptprobleme bedrückten mich und frustrierten mich ständig: Ich konnte keine so attraktiven Programme entwerfen wie andere Gemeinden; ich war nicht sicher, ob ich wirklich die geeignete Person für christliche Jugendarbeit war und ich konnte niemals genug tun, um es jedem recht zu machen.

Ich war zu stolz, um überhaupt in Betracht zu ziehen, dass diese Probleme mir über den Kopf gewachsen sein könnten. Gleichzeitig war ich zu unsicher, um um Hilfe zu bitten. Aber noch vor Ende eines Jahres in meinem neuen »Königreich« nutzte Gott diese sich abzeichnenden Probleme, um mir zu zeigen, was ich unbedingt brauchte, wenn ich meine Arbeit fortsetzen wollte. Ich wünschte, ich hätte diese Lektionen aus einem Buch lernen können – aber um ehrlich zu sein, glaube ich nicht, dass ich meine Geschäftigkeit dafür unterbrochen hätte. Stattdessen zeigte Gott mir den richtigen Weg, um mein Leben zu verändern und meine Jugendarbeit neu zu strukturieren.

Problem 1: Ich konnte keine so attraktiven Programme entwerfen wie andere Jugendleiter

Bei meiner ständigen Suche nach neuen Ideen war mein ultimatives Ziel ein Programm, das Eltern gefallen, Jugendliche in Scharen anlocken und sie zu geistlicher Reife führen würde. Ich brauchte ein Power-Programm, das uns von den Kleinen zu den Größten machen konnte. Ich schaute mir die Veranstaltungen von allen möglichen Jugendarbeiten an und hoffte, dass ich dort eine Antwort finden würde. Immer wieder versuchte ich, ihre Veranstaltungen nachzuahmen. Dabei übersah ich aber, dass es zu viele Variablen gab, um sie einfach zu kopieren und genau so in meiner Umgebung umzusetzen.

Ich war zu unreif, um nach übertragbaren Prinzipien zu suchen. Stattdessen wollte ich ein »Kompakt-Programm«, das schnellen Erfolg brachte. Eines habe ich daraus gelernt: Das Programm eines anderen zu kopieren führt immer zu Misserfolg. Einige Programmideen funktionierten für eine Weile, aber letztendlich hatten sie in meiner Umgebung nie den Erfolg, den sie in anderen Gemeinden hatten.

Das Programm eines anderen zu kopieren führt immer zu Misserfolg.

Ich dachte, wenn Jugendarbeit daraus besteht, Veranstaltungen zu entwerfen, und meine Programme nicht funktionierten, dann sollte ich vielleicht keine Jugendarbeit mehr machen. Statt auf Gott zu vertrauen, dass er mir seinen Plan für eine funktionierende Jugendarbeit zeigen konnte, machte ich mich abhängig von anderen Jugendgruppen. Ich verglich mich ständig mit anderen Jugendleitern, die scheinbar problemlos unglaublich kreative und vor allem erfolgreiche Programme entwerfen konnten. Dieses ständige Vergleichen verstärkte meine Unfähigkeit, selber gute Veranstaltungen auf die Beine zu stellen. Schließlich erreichten meine Selbstzweifel Schwindel erregende Höhen. Ich kam zu der Überzeugung, dass mir einfach das Zeug zu einem guten Jugendleiter fehlte.

Problem 2: Vielleicht war ich nicht die richtige Person, um Jugendarbeit zu machen

Ich erinnere mich, dass ich in den ersten Jahren vor den Jugendlichen gestanden und ihre erwartungsvollen Blicke genossen habe. Ich war jung, witzig, energiegeladen und beliebt. Ihre Gesichter sagten: »Was du tust, wird bestimmt gut«. Einige Jahre später, als die Dinge nicht mehr so gut liefen, sah ich einen anderen Blick – einen, der sagte: »Das sollte jetzt aber mal keine Pleite werden«. Ich dachte damals, dass die Jugendlichen mich nicht mehr mögen würden. Ihr Enthusiasmus schwand, die Teilnehmerzahl schrumpfte, ehrenamtliche Mitarbeiter suchten sich andere Gemeinden und unsere Veranstaltungen wechselten jedes Mal, wenn ich mich bei einer anderen Einrichtung umsah. Sowohl Eltern als auch Gemeindemitglieder begannen die Arbeit in Frage zu stellen und ich sah mich als Grund für alle Probleme. Ich war so verunsichert, dass ich mich ständig fragte, ob andere Leute das Gleiche dachten wie ich – dass ich vielleicht nicht mehr für die Jugendarbeit geeignet war, obwohl ich die nötigen Voraussetzungen besaß.

Unausgesprochene Erwartungen kamen an die Oberfläche und feuerten meinen Workaholic-Charakter an. Mein Antrieb wurzelte schon lange nicht mehr in dem Wunsch, Gott zu gefallen, sondern darin, Menschen zufrieden zu stellen. Ich wollte von jedem gemocht werden und dieser Wunsch brachte mich zu meinem dritten Problem.

Problem 3: Ich konnte es nie allen recht machen

Bei einem Versuch, die sinkenden Teilnehmerzahlen aufzufangen, kam der Moment des kritischen Bruchs. Ich organisierte eine missionarische Freizeit. Es gab die Bedingung, dass jeder Jugendliche, der daran teilnehmen wollte, einen kirchendistanzierten Freund mitbringen musste. Zu meinem Erstaunen gingen unsere Jugendlichen mit Feuereifer auf die Herausforderung ein. Die Kraft Gottes war an diesem Wochenende extrem stark zu spüren und der Großteil der kirchendistanzierten Jugendlichen bekam ein neues Interesse an Jesus. Für mich war es die beste Freizeit, die ich je erlebt habe.

Am Montagmorgen ging ich gut gelaunt ins Gemeindebüro und war begierig darauf, allen die Neuigkeiten mitzuteilen. Außerdem wollte ich die Lobeshymnen hören, die, wie ich vermutete, schon den ganzen Morgen über im Büro eingegangen sein mussten. Als ich mich dem Büro näherte, vermischten sich meine Unsicherheit und mein Stolz zu einer Vision: Alle Mitarbeiter inklusive dem Pastor warteten schon auf meine Ankunft. Jeder wollte mir zu meinem großartigen Wochenende gratulieren und ein engelsgleicher Chorgesang erschallte aus ihren Mündern: »Du bist der Tollste, Beste und Klügste!«

Meine Seifenblase zerplatzte jäh, als der Hausmeister mich beim Eintreten sofort fragte: »Wusstest du, dass das Megafon am Wochenende kaputt gegangen ist und dass die Busse nicht richtig eingeparkt wurden?« Ich war sprachlos (was ein kleines Wunder war). Das war nicht die Begrüßung, die ich erwartet hatte! Geschockt stotterte ich, dass ich die Busse gleich umparken und auch ein neues Megafon kaufen würde. Dann schlurfte ich hängenden Kopfes weiter zu meinem Büro und setzte mich an den Schreibtisch.

Und schon klingelte das Telefon – die Mutter eines meiner Teenies war am Apparat. Ich nahm an, dass sie sich bei mir für das tolle Wochenende bedanken wollte, das ich ihrem Sprössling ermöglicht hatte. Stattdessen sagte sie: »Doug, ich habe da ein Problem mit deiner Leitung auf dem Camp dieses Wochenende.«

Die einzige Geschichte, die sie von ihrem Sohn gehört hatte, war, dass die Jungs sich nachts damit beschäftigt hatten, auf brennende Streichhölzer zu pupsen, um sich dann über die Stichflammen kaputtzulachen. Sie wies mich eindrücklich darauf hin, wie unverantwortlich und gefährlich das war – die Jungen hätten sich das Hinterteil verbrennen können. (Alles, woran ich in diesem Moment denken konnte, war, was für ein großartiges Bild das gewesen wäre!) Ich glaube, sie dachte allen Ernstes, das sei einer unserer geplanten Programmpunkte gewesen. Wie auch immer, ich wurde jedenfalls das Opfer ihres Zorns.

Ich war erst seit zehn Minuten hier und hatte schon zwei negative Reaktionen auf ein Wochenende gehabt, das ich als eines der besten meiner Jugendarbeitszeit betrachtete. Ich verließ auf der Stelle das Büro. Auf dem Weg nach Hause konnte ich meine Gefühle nicht länger zurückhalten und begann zu weinen. Ich dachte an die investierte Zeit, die viele Energie und die Emotionen, die in dieses Wochenende geflossen waren. Ich wiederholte im Geiste noch einmal die intensiven Gespräche, die unzähligen harten Leitungsentscheidungen und die Gesichter der Jugendlichen, die von Jesus Christus angesteckt worden waren. In Tränen aufgelöst beschloss ich in meiner Arroganz, dass ich diese Behandlung nach all der Arbeit nicht verdiente.

Als ich da so an der Straße in meinem Auto saß, fühlte ich auf einmal die Gegenwart Gottes. Es wäre toll, wenn ich sagen könnte, da wäre ein hörbarer Befehl gewesen – das war nicht so. Aber ich fühlte, wie Gott mein Herz berührte, so intensiv wie niemals zuvor. Ich spürte ihn sagen: »Doug, du wirst es niemals allen recht machen. Konzentrier dich allein auf mich. Ruh dich bei mir aus. Bleib an mir. Wenn du wirklich glaubst und vertraust, können wir zusammenarbeiten und Gutes bewirken.«

Das war es. Das war der Moment, der meine Arbeit revolutionierte! Meine drei Probleme mit der Jugendarbeit wurden durch diese kurze Begegnung mit Gott geklärt. Die Antwort lag nicht in den Programmen oder im Beliebtsein oder darin, es jedem recht zu machen. Die Antwort lag darin, die richtige Person für christliche Jugendarbeit zu werden. Ich hatte so lange Gott aus der Gleichung gelassen und versucht, meinen Job aus eigener Kraft zu machen. Ich hatte zu viel Zeit damit verbracht, Gottes Werk zu *tun*, ohne ein wirkliches Kind Gottes zu *sein*.

Ich hatte zu viel Zeit damit verbracht, Gottes Werk zu tun, ohne ein wirkliches Kind Gottes zu sein.

Gott wirkte nicht nur im Leben der Jugendlichen, die dieses Camp besuchten, er war auch in mir am Werk. Ich hatte bisher allein auf meine Fähigkeiten vertraut. Erst jetzt verstand ich: Wenn ich mich auf Gott konzentrierte und ihm vertraute, würde er mir die Kraft geben, sein »Abgesandter« zu sein und seine Ziele in meiner Arbeit zu erreichen.

Wie wird man ein Jugendmitarbeiter, der auf Gott vertraut?

Viele Jugendmitarbeiter, mit denen ich spreche, kennen das Gefühl der Minderwertigkeit. Sie zweifeln an ihren Fähigkeiten, an ihrer Berufung zur Jugendarbeit und ihrer Rolle als Leiter. Hoffnung für diese Konflikte kann in der Konzentration und im Vertrauen auf Gott und sein Wort gefunden werden. Die Lösung meiner drei Probleme durch Gott veränderte mein weiteres Leben und meine ganze Arbeit. Ich vertraue Gott immer mehr und baue damit meine Fähigkeiten als geistlicher Leiter aus.

Antwort 1:
Erkenne Gottes Kraft durch persönliche Demut

Als persönlicher Stolz mich antrieb, extravagante Veranstaltungen zu entwerfen, lehrte Gott mich Demut. Durch mein niederschmetterndes Erlebnis realisierte ich, dass Programme letzten Endes nichts bewirken – Gott ist derjenige, der Veränderung bewirkt. Dazu braucht er kein Programm. Er braucht nicht einmal mich. Als ich endlich meine kleine Rolle in Gottes Werk erkennen musste, brachte das die erforderliche Demut. Wenn gute Dinge passieren, so muss ich erkennen, dass sie durch Gottes Kraft passieren und nicht durch meine Leistungen.

Gott braucht kein Programm, um zu wirken.
Er braucht noch nicht einmal mich.

Wenn du ständig Lob suchst und genießt, dann gehört Demut wahrscheinlich nicht gerade zu deinen Stärken. Wenn du Applaus für deine Arbeit anstrebst, passiert es leicht, dass du Gottes Kraft aus den Augen verlierst. Schon oft habe ich mich dabei ertappt, wie ich den Erfolg meiner Jugendarbeit im Innersten meinen Fähigkeiten und Anstrengungen zuschrieb, statt sie als Gottes Werk anzuerkennen. Ich gebe es ungern zu, aber es gab viele Momente, in denen ich mir selber auf die Schulter klopfte, obwohl Gott das Lob verdient hätte.

Traurigerweise nahm ich aber nicht die Schuld auf mich, wenn Dinge schlecht liefen. Beinahe ohne Ausnahme bat ich Gott in solchen Situationen darum, »sein« Werk wieder zu richten!

Wenn Leben sich verändern, wenn das Interesse an Gott wächst, wenn gute Dinge passieren, dann müssen wir darin Gottes Handeln erkennen und ehren. Paulus beschreibt diese Ansicht im 1. Korintherbrief 1,31: »Wer sich also rühmen will, der rühme sich des Herrn.« Du und ich, wir haben mit der Verwandlung eines Menschen nichts zu tun – das ist allein Gottes Werk. Wir können Jugendliche auf dem Weg begleiten und wir haben sogar das Privileg, Gottes Sprachrohr zu sein, aber wir sollten nie unsere Rolle überschätzen.

Antwort 2: Unterstell Gott deine Fähigkeiten und erlaube ihm, durch dich zu wirken

Wenn ich mich als Jugendleiter unzulänglich fühlte und meine Berufung in Frage stellte, dann musste ich mich wieder einmal neu »abgeben«. Regelmäßig ordne ich mich und alles, was ich habe, kann und tue, Gott unter. Ich habe nicht mehr das Wissen, die Energie und die Fähigkeit, mit Jugendlichen Beziehungen aufzubauen, wie ich sie noch vor 20 Jahren hatte. Jede Woche, wenn ich die Jugendlichen treffe, merke ich, dass ich nicht mehr jung bin (ich bin so alt wie ihre Eltern).

Fühlst du dich neben deinen Jugendlichen manchmal auch wie ein unglaublich langweiliger Spießer? Ich schon! Manchmal bitten mich Jugendliche um eine Mitfahrgelegenheit nach Hause. Ich sage dann: »Kein Problem! Macht es dir etwas aus, im Kindersitz zu sitzen?« Bei mir sind im Auto überall Windeln und Flaschen verstreut und das kommt bei Jugendlichen nicht unbedingt gut an. Wenn sie dann bei mir im Auto sitzen, gehen sie die einprogrammierten Radiostationen durch, um einen Musiksender zu finden. Pech gehabt! Ich höre Nachrichten (oder ähnlich Spannendes wie zum Beispiel Diskussionsrunden).

Ich gebe offen zu, dass ich mit der Teenager-Kultur nicht mehr mithalten kann und dass ich nicht mehr so »in« bin wie einst. Ich versuche zwar, so gut es geht mitzuhalten und mir ihre Musik anzuhören. So oft es geht, schalte ich den Musiksender MTV an, bis ich von den hektischen Kamerabewegungen Kopfschmerzen kriege. Trotzdem kenne ich die aktuellen Bands nicht, und wenn mir die Jugendlichen begeistert die neueste angesagte Scheibe vorspielen, dann gefällt sie mir nicht.

Zusätzlich zu meinem Gefühl der modischen Unbedeutsamkeit habe ich weniger Energie als früher. Mittlerweile hasse ich es, Nächte durchzumachen. Ich kann nicht mehr ständig am Limit meiner Reserven leben. Ich muss ehrlich zugeben, dass ich nicht mehr über die gleiche Kraft verfüge wie noch vor einem Jahrzehnt. Ich lerne auch, dass das gar nicht so schlimm ist. Dadurch, dass ich meine Fähigkeiten in Gottes Dienst stelle, kann ich mich so sicher fühlen wie Paulus, als Gott ihm im 2. Korintherbrief 12,9 sagt: »Meine Gnade genügt dir; denn sie erweist ihre Kraft in der Schwachheit«. Paulus antwortete darauf: »Viel lieber also will ich mich der Schwachheit rühmen, damit die Kraft Christi auf mich herabkommt«.

Diese Haltung beschützt mich vor Depressionen. Wenn ich mein Leben und alle meine Fähigkeiten Gott unterstelle, dann kann ich darauf vertrauen, dass mir Gottes Kraft immer verfügbar sein wird, denn, »zwar wurde er [Jesus Christus] in seiner Schwachheit gekreuzigt, aber er lebt aus Gottes Kraft und wir werden zusammen mit ihm vor euren Augen aus Gottes Kraft leben«. (2 Kor 13,4)

Erlaube Gott, durch deine Fähigkeiten zu wirken. Freu dich, dass dein Leben und deine Worte die Kraft Gottes zu den Jugendlichen bringen können. Erinnere dich, was Paulus über seine mangelnden verbalen Fähigkeiten im 1. Korintherbrief 2,4–5 sagte: »Meine Botschaft und Verkündigung war nicht Überredung durch gewandte und kluge Worte, sondern war mit dem Erweis von Geist und Kraft verbunden, damit sich euer Glaube nicht auf die Menschenweisheit stützte, sondern auf die Kraft Gottes.«

Freu dich, dass dein Leben und deine Worte die Kraft Gottes zu den Jugendlichen bringen können.

Antwort 3: Konzentrier dich darauf, ein Kind Gottes zu sein, bevor du Gottes Werk tust

Statt zu versuchen, allen zu gefallen, habe ich gelernt, dass mein Leben in erster Linie *Gott* gefallen muss. Gottes Werk zu tun ist nicht so wichtig, wie ein Jünger Gottes zu sein. Da ich dazu neige, es allen recht machen zu wollen, muss ich mich ständig daran erinnern, dass Gott sich mehr um meine geistliche Gesundheit sorgt als um die Erfolgsbilanz meiner Jugendarbeit.

In einer Gemeinde kann das *Machen* zu einer fixen Idee werden, die mehr Aufmerksamkeit verlangt als das *Sein*. Jesus warnte Menschen, die eher versuchen zu machen als zu sein: »Nicht jeder, der zu mir sagt: Herr! Herr!, wird in das Himmelreich kommen, sondern nur, wer den Willen meines Vaters im Himmel erfüllt. Viele werden an jenem Tag zu mir sagen: Herr, Herr, sind wir nicht in deinem Namen als Propheten aufgetreten und haben wir nicht mit deinem Namen Dämonen ausgetrieben und mit deinem Namen viele Wunder vollbracht? Dann werde ich ihnen antworten: Ich kenne euch nicht. Weg von mir, ihr Übertreter des Gesetzes.« (Mt 7,21–23)

Kannst du dir vorstellen, dermaleinst vor Gott zu stehen und all die Dinge aufzuzählen, die du für ihn getan hast? »Also, Gott, ich habe mich für dich eingesetzt, ich habe für dich zurückgesteckt, ich habe jahrelang ehrenamtlich gearbeitet. Willst du, dass ich weiterrede? Ich habe erfolgreiche Videos gedreht, ich habe dir zuliebe das Buch ›*Jugendarbeit mit Vision*‹ gelesen, ich habe sogar die Kinder vom Pastor gemocht. Und das habe ich alles für dich getan!«

Ich will deine Errettung nicht in Frage stellen, aber ich will dir deutlich machen, dass du über deine Motivation nachdenken musst. Vielleicht tust du das, indem du darüber lachst, wie albern so eine Verdienst-Liste in den Augen Gottes aussehen muss.

Der folgende Satz ist den Preis dieses Buches schon wert, wenn du ihn auf dein Leben anwenden kannst: »Du kannst niemals genug tun.« Nun setz deinen Namen in die freie Zeile und stell dir vor, ich sei ein guter Freund, der das zu dir sagt: »Ich möchte, dass du etwas weißt, das dir eine Menge Schmerzen, Nerven und Zeit sparen kann, wenn du es verstehst: ________________________, du kannst nie genug tun. Es kann immer mehr getan werden. Die Arbeit hört niemals auf. Lass niemals zu, dass es für dich wichtiger wird, Gottes Werk zu tun, als Gottes Kind zu sein!«

Stärke deine Jugendarbeit, indem du die Priorität auf dein *Sein* statt auf dein *Tun* setzt. Ich habe lieber einen »göttlichen« Ehrenamtlichen als zehn begabte Ehrenamtliche, die sich nicht auf Gott verlassen. Daraus mache ich kein Geheimnis, denn ich habe schon oft miterlebt, was für eine tiefe Bedeutung wirklicher Glaube einer Person für ihre Wirkung in der Jugendarbeit hat. Erwachsene Mitarbeiter bei uns verstehen, dass ich ihre geistliche Entwicklung mehr schätze als ihre Arbeit. Versteh mich nicht falsch – ich bin natürlich absolut dafür, dass Ehrenamtliche Jugendarbeit machen – aber nicht auf Kosten ihres geistlichen Wachstums. Gottes Kraft im Leben der Mitarbeiter ist der Grundstein für eine funktionierende Jugendarbeit.

»Eins, zwei, drei – du bist frei!«

Zu viele Jugendmitarbeiter spielen bewusst oder unbewusst ein Versteckspiel. Sie machen Jugendarbeit, bei der sie sich hinter ihren durchorganisierten Programmen verstecken. Sie sind ständig verzweifelt auf der Suche nach der nächsten Idee, um ihr Programmgebilde aufzupumpen. Wenn das auch auf dich zutrifft, dann hör auf Gottes Stimme, die dir zuruft: »Du musst das nicht mehr machen!«

Gott ruft uns zurück nach Hause, wo wir frei sind und uns sicher und geborgen fühlen. Hier können wir uns auf die wichtigen Dinge konzentrieren: die Entwicklung unseres geistlichen Lebens und unserer Beziehung zu ihm.

Sprichwörter 5,21–23 erinnert uns immer wieder daran, dass wir Gott über unser inneres Leben nicht täuschen können, so viel wir auch tun und so fleißig wir auch sind: »Denn der Weg eines jeden liegt offen vor den Augen des Herrn, er achtet auf alle seine Pfade. Der Frevler verfängt sich in der eigenen Schuld, die Stricke seiner Sünde halten ihn fest. Er stirbt aus Mangel an Zucht, wegen seiner großen Torheit stürzt er ins Verderben.«

Die Jugendlichen unter deiner Leitung brauchen nicht deine cleveren Ideen und Fähigkeiten als Programmgestalter. Sie brauchen ein lebendes Vorbild – einen Mann oder eine Frau Gottes, die leidenschaftlich ihren Glauben leben. Deine Leidenschaft steckt an. Die Jugendlichen werden das haben wollen, was du hast. Dein Glaube wird dir helfen, ein starkes Fundament für eine gesunde Jugendarbeit zu legen.

Jesus teilte seinen Anhängern dasselbe Prinzip mit, als er sagte (Lk 6,47–49): »Ich will euch zeigen, wem ein Mensch gleicht, der zu mir kommt und meine Worte hört und danach handelt. Er ist wie ein Mann, der ein Haus baute und dabei die Erde tief aushob und das Fundament auf einen Felsen stellte. Als nun ein Hochwasser kam und die Flutwelle gegen das Haus prallte, konnte sie es nicht erschüttern, weil es gut gebaut war. Wer aber hört und nicht danach handelt, ist wie ein Mann, der sein Haus ohne Fundament auf die Erde baute. Die Flutwelle prallte dagegen, das Haus stürzte sofort in sich zusammen und wurde völlig zerstört.«

Jugendarbeit ist hart! Sie ist voll von Anfechtungen und Problemen und Gottes Kraft ist alles, was du hast, um diese Probleme zu bekämpfen. Keine noch so gute Idee und kein Programm können mit dem konkurrieren, was passiert, wenn Gottes Kraft in dir ist und durch dich wirkt, wenn du Gott vertraust und auf ihn baust. Wenn du Gott suchst, wirst du Dinge erleben, die keine noch so fantastische Idee jemals hätte hervorbringen können. Wenn du dich auf Gott stützt und dich auf seine Kraft verlässt, gibst du ihm Raum für sein Handeln. Während du dieses Buch liest, kannst du immer wieder darum beten, dass Gott auf diese Weise durch dich und in deiner Arbeit zu wirken beginnt.

Keine noch so gute Idee und kein Programm kann mit dem konkurrieren, was passiert, wenn Gottes Kraft in dir ist und durch dich wirkt, wenn du Gott vertraust und auf ihn baust.

Jetzt wird's persönlich

Zusammenfassung

Egal ob du ein ehren-, neben- oder hauptamtlicher Jugendmitarbeiter oder ein Teilnehmer bist – erinnere dich daran, dass die Jugendarbeit deiner Kirche nicht intakt ist, wenn dein Leben und Handeln nicht in Gott wurzelt und sich ganz auf ihn stützt. Dein Glaube ist ein überlebenswichtiger Teil deiner Jugendarbeitsgleichung.
Jesus machte klar, dass wir Früchte tragen, wenn wir eine gute Beziehung zu ihm haben (Joh 15,5). Paulus forderte seine Leser auf, ihren Glauben zu prüfen, um sicher zu gehen, dass sie nicht nur den Anschein erwecken, Christen zu sein (2 Kor 13,5).
Teste dich selbst! Wenn du dabei herausfindest, dass du neue Impulse in deinem geistlichen Leben brauchst, dann möchte ich dich ermutigen, alles zu tun, um dein geistliches Fundament zu stärken. Die folgenden Elemente haben mir immer geholfen:

1. Gib deine Konflikte vor dir selbst offen zu.
2. Bitte Gott um die Kraft, immer wieder auf ihn zu hören und ihm zu vertrauen (1 Tim 4,7).
3. Bitte Gott um den Mut, deine Probleme einem Freund mitzuteilen, der dir zuhört und dir helfen kann.
4. Arbeite mit diesem Freund an einem Plan, um deinen Glauben neu zu beleben.

Zur Diskussion

Deine Jugendarbeit wird einen Schritt vorwärts tun, wenn du bereit bist, über den Inhalt dieses Kapitels nachzudenken und mit anderen zu diskutieren. Gute Mitarbeiter sind lerneifrig und haben keine Angst vor Diskussionen, selbst wenn diese schmerzlich sein können. Die Fragen am Ende jedes Kapitels sollen als Aufhänger dienen, um mit deinem Team ein Gespräch anzufangen.

1. Bist du in einer Gemeinde, in der viel Wert auf geistliches Wachstum gelegt wird?
2. Spüren die Jugendlichen, dass die Jugendmitarbeiter voll auf Gott vertrauen?
3. Welche Rolle spielt das Gebet in deiner Arbeit?
4. Seid ihr als Team ehrlich um den Glauben eurer Jugendlichen bemüht oder liegt euer Schwerpunkt doch eher auf Unterhaltung, die durch tolle Veranstaltungen entsteht?
5. Wie kannst du jemand anderen zum Glauben ermutigen?
6. Was tust du, wenn einer der Leiter in einer Glaubenskrise steckt und nicht mehr auf Gott vertraut?
7. Wo ist Gottes Kraft offensichtlich in deiner Arbeit?

Element 2
Der Auftrag

2 Die fünf Aufträge für deine Jugendarbeit

Wenn ich auf Tagungen Vorträge halte, taucht meist sehr schnell eine Frage auf: »Wie kann ich meine Gruppe vergrößern?«

Das ist zwar eine ambitionierte und wichtige Frage, aber nicht die wichtigste.

Wenn mir diese Frage gestellt wird, antworte ich: »Erklär mir zuerst mal, warum es deine Gruppe überhaupt gibt.« Das ist nämlich die wichtigste Frage.

Die Antwort darauf oder – was häufiger vorkommt – das Fehlen einer Antwort gibt gewöhnlich einen guten Einblick in die Wachstumschancen der Gruppe. Jede Jugendarbeit kann wachsen, wenn sie auf Gottes Aufträge für die Kirche baut.

Das Material in diesem Kapitel soll dir helfen, die fünf Aufträge Gottes für deine Jugendarbeit zu entdecken. Diese Aufträge sind die lebenswichtigen Elemente – die Ecksteine – für den Aufbau einer wachsenden und langlebigen Jugendarbeit. Das Verstehen und die Anwendung der Grundsätze Gottes wird die häufig praktizierte »Lass-uns-erstmal-irgendein-Programm-starten«-Mentalität bremsen.

Das Verstehen und die Anwendung der Grundsätze Gottes wird die häufig praktizierte »Lass-uns-erstmal-irgendein-Programm-starten«-Mentalität bremsen.

Wenn du dir genügend Zeit nimmst, um Gottes Absichten zu entdecken, wirst du gleichzeitig deiner Jugendarbeit einen dauerhaften Dienst erweisen. Viel zu viele Jugendleiter sind so sehr mit dem Erstellen von Programmen beschäftigt, dass sie vergessen, die biblischen Grundsätze zu vermitteln, die eigentlich hinter ihrer Arbeit stehen sollten. Sie *machen*. Vor kurzem traf ich einen Pastor, der sich seit über zwanzig Jahren in der Jugendarbeit engagiert und der eigentlich nie so recht wusste, warum er das tut. Er hat sich einfach nie die Zeit genommen, um darüber nachzudenken. Und das ist kein Einzelfall.

Ich schätze, dass weniger als zehn Prozent aller Jugendmitarbeiter wissen, was hinter ihrer Arbeit steckt. Noch weniger können ihre Absichten in eine klare Aussage fassen, so dass andere diese verstehen und für sich annehmen könnten. Wenn die biblischen Grundlagen und geistliche Leiter fehlen, stehen die Chancen für eine funktionierende Jugendarbeit sehr schlecht. Dagegen habe ich einen ganz offensichtlichen Zusammenhang zwischen geistlichem und numerischem Wachstum bei Einrichtungen feststellen können, die die folgenden fünf Aufträge entdeckt, sie in eine klare Aussage gefasst (Kapitel 3) und ihre geistliche Führung darauf aufgebaut haben (Kapitel 4). Wenn dir das gelingt, wirst du mit Leidenschaft, Zielstrebigkeit und Vertrauen leiten können.

Die fünf urchristlichen Aufträge für die Jugendarbeit

Die zielgerichtete Kirche

Unser Pastor Rick Warren hat ein Buch mit dem Titel »Kirche mit Vision«[1] geschrieben. Dieses Buch widmet sich ausführlich dem Entdecken der fünf Aufträge Gottes – *Evangelisation, Anbetung, Gemeinschaft, Jüngerschaft* und *Dienst.*

Rick hat diese Aufträge nicht erfunden, er hat die Bibel studiert und sie dort entdeckt. Und er hat auf ihnen aufgebaut und eine quicklebendige Kirche geschaffen. Eines der größten Privilegien meines Lebens war und ist zu sehen, wie diese Prinzipien in die Arbeit der Saddleback Church in Südkalifornien einfließen und dort gelebt werden. Durch Rick habe ich gelernt, mein Denken auf Gottes Wort als die schöpferische Quelle meiner Jugendarbeit auszurichten.

Dieses Kapitel ist nur eine kleine Zusammenfassung von Ricks Ausführungen, aber es reicht, um dir einen Eindruck von den fünf Grundsätzen zu geben und sie für dich zu entdecken. Ricks Grundgedanke in *Kirche mit Vision* ist, dass jede Kirche von einer Überzeugung bestimmt wird, ob diese nun schon einmal in Worte gefasst wurde oder nicht. Diese treibende Kraft können Dinge wie die Tradition, eine bestimmte Persönlichkeit, eine gute Finanzierung, nette Leute oder außergewöhnliche Veranstaltungen darstellen, aber keines von diesen Elementen wird deine Kirche langfristig intakt halten. Eine intakte Kirche muss auf den fünf urchristlichen Aufträgen aufbauen. Rick schreibt:

»Starke Gemeinden werden auftragsbestimmt gebaut! Wenn Sie sich gleichmäßig auf alle fünf neutestamentlichen Aufgaben der Gemeinde ausrichten, wird Ihre Gemeinde ein gesundes Gleichgewicht entwickeln, das ein beständiges Wachstum möglich macht. In Sprüche Kapitel 19, Vers 21 heißt es: ›Viele Pläne fasst das Herz des Menschen, doch nur der Ratschluss des Herrn hat Bestand.‹ Pläne, Programme und Persönlichkeiten bleiben nicht bestehen. Aber Gottes Ziele werden *bestehen ... So lange die treibende Kraft hinter einer Gemeinde nicht der Bibel entspricht, wird die Gesundheit und das Wachstum dieser Gemeinde nie so sein, wie es Gottes Absicht gewesen ist. Starke Gemeinden werden nicht auf Veranstaltungen, Persönlichkeiten oder Tricks gebaut. Sie werden auf den ewigen Auftrag Gottes für die Gemeinde gebaut.«*[2]

Eine intakte Jugendarbeit baut auf denselben Aufträgen auf. Glücklicherweise hat Gott uns die in der Bibel schon gegeben. Es ist unsere Aufgabe, sie zu entdecken, sie anderen weiterzuvermitteln und durch eine starke Führung anzuwenden.

Du musst die fünf Grundsätze nicht erfinden, du kannst sie entdecken

Viele Jugendmitarbeiter sind in ihrer Arbeit gern kreativ. Das ist lobenswert und kann ein großer Gewinn sein, wenn man *seine* Vorsätze umsetzen will. Aber wenn es um Gottes Vorsätze geht, dann sind es nicht mehr wir, die innovativ sind. Kein Vorsatz, den wir fassen könnten, wäre so vollständig wie die fünf Grundsätze, die Gott uns schon fix und fertig gegeben hat. Unsere Programme sind »käuflich«, sie sind kompromissbereit – Gottes Ziele der Evangelisation, Anbetung, Gemeinschaft, Jüngerschaft und Dienst sind es nicht. Unsere Veranstaltungen und unser Stil können unsere Persönlichkeit und Kreativität reflektieren, aber Gottes Aufträge reflektieren *seinen* Plan und *seine* Liebe für die Kirche.

Unsere Veranstaltungen und unser Stil können unsere Persönlichkeit und Kreativität reflektieren, aber Gottes Aufträge reflektieren seinen Plan und seine Liebe für die Kirche.

Viele Bibelstellen[3] beschreiben, was eine Gemeinde sein und tun soll, aber die fünf Aufräge sind in zwei Aussagen Jesu zusammengefasst: in dem Abschnitt über das wichtigste Gebot und im Missionsauftrag.

Das wichtigste Gebot: *»Du sollst den Herrn, deinen Gott, lieben mit ganzem Herzen, mit ganzer Seele und mit all deinen Gedanken. Das ist das wichtigste und erste Gebot. Ebenso wichtig ist das zweite: Du sollst deinen Nächsten lieben wie dich selbst. An diesen beiden Geboten hängt das ganze Gesetz samt den Propheten.«* (Mt 22,37–40)

Der Missionsauftrag: *»Darum geht zu allen Völkern und macht alle Menschen zu meinen Jüngern; tauft sie auf den Namen des Vaters und des Sohnes und des Heiligen Geistes, und lehrt sie, alles zu befolgen, was ich euch geboten habe. Seid gewiß: Ich bin bei euch alle Tage bis zum Ende der Welt.«* (Mt 28,19–20)

Das sind die fünf Aufträge in diesen Passagen:

1. Anbetung: »Du sollst den Herrn, deinen Gott lieben, mit ganzem Herzen«
2. Dienst: »Liebe deinen Nächsten wie dich selbst«
3. Evangelisation: »Geht zu allen Völkern und macht alle Menschen zu meinen Jüngern«
4. Gemeinschaft: »Tauft sie«[4]
5. Jüngerschaft: »Und lehrt sie, alles zu befolgen, was ich euch geboten habe«

Das sind die fünf neutestamentlichen Aufträge, die die Saddleback Church und tausende andere Kirchen für sich entdeckt haben und die ihr Fundament bilden. Ich hoffe, du denkst jetzt: »Hey, das ist nichts Neues; das habe ich alles schon mal gehört.« Genau! Diese Aufträge gibt es seit 2.000 Jahren. Für dich kann es aber etwas Neues sein, deine Jugendarbeit so aufzubauen, dass sie diese Aufträge reflektiert und erfüllt. Wenn die fünf Aufträge der Grund für das werden, was du tust, dann wird deine Arbeit Früchte tragen.

Wenn die fünf Aufträge der Grund für das werden, was du tust, dann wird deine Arbeit Früchte tragen.

Wir können verschiedener Meinung darüber sein, wie diese fünf Aufträge umzusetzen sind, aber wir müssen uns immer im Klaren darüber bleiben, wozu Gott uns berufen hat.

Ein Blick auf die fünf Aufträge in der Jugendarbeit

Bevor wir ins Detail gehen, sollten wir für jeden Auftrag als Ausgangsbasis eine Definition finden.

Der Missionsauftrag

Mission oder *Evangelisation* heißt, die Frohe Botschaft von Jesus mit Menschen zu teilen, die keine persönliche Beziehung zu ihm haben. Gott hat Botschafter erwählt, um ihm bei der Durchführung seines Plans zu helfen. Die letzten Worte von Jesus sollen uns daran erinnern, dass wir dazu berufen sind, seine Zeugen zu sein (Apg 1,8).

Der Missionsauftrag ist in Bezug auf die Jugendarbeit nur wenigen Jugendmitarbeitern und noch weniger Teilnehmern ausgeprägt bewusst. Ihn auf der Programmebene umzusetzen ist sehr schwierig, auf der persönlichen Ebene stellt er sich oft abschreckend dar. Wenn wir wollen, dass Jugendliche erkennen, wie wichtig dieser Auftrag ist, müssen wir selbst Vorbildfunktion einnehmen. Wenn die Jugendlichen sich in ihrem Glauben festigen, müssen sie lernen, dass das Weitergeben ihrer Erfahrungen nicht nur eine Pflicht für Gläubige ist, sondern auch ein Privileg. Wenn dieser Grundsatz in der Jugendarbeit klar zu Tage tritt, wird auch Wachstum eintreten. Dieses Wachstum wird dann nicht mehr von missionarischen Programmen abhängen, sondern durch missionarische Jugendliche geschehen.

Wachstum wird dann nicht mehr von missionarischen Programmen abhängen, sondern durch missionarische Jugendliche geschehen.

Das 6. Kapitel zeigt praktische Methoden, um diesen Auftrag in deine Jugendarbeit zu integrieren.

Der Auftrag der Anbetung

Die Gemeinde existiert, um Gott anzubeten. In Römer 12,1 wird uns gesagt: »Bringt euch selbst als lebendiges und heiliges Opfer dar, das Gott gefällt; das ist für euch der wahre und angemessene Gottesdienst.« Alles, was wir in unserer Jugendarbeit tun, tun wir, weil wir Gott lieben und ihm durch unseren Lebensstil dienen wollen. In der Jugendarbeit beschränken wir uns oft darauf, Gott durch Lieder zu preisen. Das ist zu wenig. Zum Gottesdienst gehören viele andere Elemente wie das Gebet (Ps 95,6), die Predigt (Joh 17,17; Dtn 31,11), die Kollekte (1 Kor 16,1–2), die Taufe (Röm 6,3–4), die Stille (Hab 2,20) und das Abendmahl (1 Kor 11,23–26).

Kapitel 7 präsentiert ein praktisches Beispiel, wie ein Gottesdienst sowohl Christen als auch Nicht-Christen erreichen kann.

Der Auftrag der Gemeinschaft

Wenn ein Mensch durch eine persönliche Erfahrung mit Gott Christ wird, wird er in die Gemeinschaft der Gläubigen aufgenommen. In Epheser 2,19 heißt es: »Ihr seid also nicht mehr Fremde ohne Bürgerrecht, sondern Mitglieder der Heiligen und Hausgenossen Gottes.«

Gott wollte nicht, dass Christen ein Einsiedlerleben führen, sondern wir sollen zu Gottes Familie gehören und »Glieder seines Leibes« sein. Wirkliche Gemeinschaft in einer Jugendarbeit entsteht, wenn man die Jugendlichen kennt, sich um sie kümmert, ihr Vertrauen gewinnt und sie auf ihrer geistlichen Reise ermutigt.

Während Evangelisation in der Jugendarbeit oft eher schwach ausgeprägt ist, wird meist so viel Wert auf die Gemeinschaft gelegt, dass die Jugendlichen den Blick für Gott und ihr geistliches Leben verlieren und sich mehr auf ihre Freunde konzentrieren. Dann kann es auch passieren, dass die Jugendlichen die nicht-christliche Welt gar nicht mehr richtig wahrnehmen und folglich auch ihre Erfahrungen mit Gott nicht mehr weitergeben können. Solche Jugendgruppen werden zu christlichen »Kuschelclubs«, die sich den Kirchendistanzierten um sie herum gegenüber gefährlich apathisch verhalten.

Kapitel 8 widmet sich diesem Thema und bringt Ansätze für die Schaffung eines gemeinschaftlichen Umfelds, in dem Jugendliche beachtet, betreut, aufgebaut und ermutigt werden können, ohne in eine »Unter uns«-Mentalität zu verfallen.

Der Auftrag der Jüngerschaft

Jüngerschaft ist der Prozess, in dessen Verlauf Menschen in ihren Gedanken, Gefühlen und Handlungen immer mehr auf Gott zu wachsen. Die Bibel ist voller Hinweise auf die Wichtigkeit dieses geistlichen Wachstums. In Hebräer 6,1 werden wir ermahnt: »Darum wollen wir beiseite lassen, was man zuerst von Christus verkünden muss, und uns dem Vollkommeneren zuwenden.« Jüngerschaft ist ein lebenslanger Prozess – wir hören nie auf, dazuzulernen und Neues über Gott zu erfahren.

In der Jugendarbeit kann Jüngerschaftsschulung zum undankbarsten und undurchschaubarsten Auftrag werden, denn es ist schwierig, die geistliche Reife eines Menschen zu messen oder zu beurteilen. Das wird besonders in der Arbeit mit Schülern der Mittelstufe deutlich. Zwei Jahre im Leben eines Teenagers sind gewöhnlich nicht genug, um bei ihm einen deutlichen Effekt deiner Arbeit zu erkennen. Wenn dann die ersten Anzeichen einer positiven Entwicklung erkennbar werden, wechseln sie in die Oberstufe oder beginnen eine Ausbildung.

Gesundes geistliches Wachstum kann nur unter sehr engagierten geistlichen Leitern entstehen. Man muss immer wieder Glauben säen und bewässern. Das, was im Glauben an Gott getan wird, kann Unmögliches schaffen und Wachstum bringen. Der Apostel Paulus erinnert uns daran im 1. Korinther 3,6–7: »Ich habe gepflanzt, Apollos hat begossen, Gott aber ließ wachsen. So ist weder der etwas, der pflanzt, noch der, der begießt, sondern nur Gott, der wachsen läßt.«

Kapitel 9 zeigt einen neuen und aufregenden Weg, den Prozess der Jüngerschaft zu unterstützen, ohne dass die Jugendlichen in ihrer geistlichen Entwicklung von Programmen oder einzelnen Personen abhängig werden. Das Kapitel bringt auch neue Einsichten für Jugendleiter, die das geistliche Wachstum ihrer Jugendlichen fördern wollen.

Der Auftrag des Dienstes

Dienst könnte man auch als »Bedürfnisse treffen auf Liebe« beschreiben. Dienen heißt, Gottes Liebe anderen Menschen zu zeigen, indem wir ihren Bedürfnissen begegnen und sie in Jesu Namen in ihrem Leben unterstützen. Gott hat jeden Gläubigen mit speziellen Fähigkeiten für diesen Einsatz ausgerüstet. In der Jugendarbeit müssen wir lehren, dass diese Fähigkeiten nicht erst ab einem gewissen Alter auftauchen. Die Jugendlichen sollten nicht erst warten, bis sie erwachsen sind, um ihre Gaben und Talente einzusetzen. Eine gute Jugendarbeit sollte Jugendlichen helfen, ihre Fähigkeiten zu entdecken, damit sie diese anwenden lernen. Die Jugendlichen werden dann keine passiven Teilnehmer oder Zuschauer bei deinen Veranstaltungen bleiben, die nicht richtig im Glauben verwurzelt sind, was sie früher oder später dann davon abkommen lässt. Die Jugendlichen, die ihre Berufung selbst erfahren, werden sich auch dann nicht von Gott entfernen, wenn sie die Jugendarbeit verlassen.

Eine gute Jugendarbeit sollte Jugendlichen helfen, ihre Fähigkeiten zu entdecken, damit sie diese anwenden lernen.

Das 10. Kapitel zeigt Wege, wie man Jugendliche dazu anleitet, ihrem Glauben Hände und Füße zu verleihen und selber Vermittler und sogar geistliche Leiter zu werden.

Die Balance der fünf Aufträge untereinander

Die meisten Jugendleiter würden folgende Noten geben, wenn sie benoten sollten, welcher der fünf Aufträge welchen Schwerpunkt einnimmt:

Gemeinschaft	1
Jüngerschaft	2
Anbetung	3+
Dienst	3–
Evangelisation	4

Diese Noten spiegeln in etwa wider, was ich erfahre, wenn ich andere Jugendleiter schule. Wahrscheinlich sind sie auch ein Abbild deiner eigenen Jugendarbeit. Wie würdest du die Noten bei deiner Arbeit verteilen? Liegt deine Priorität bei der Evangelisation, aber die Jüngerschaft wird vernachlässigt? Oder anders herum: Sind deine Jugendlichen reife Christen (Schwerpunkt liegt auf der Jüngerschaft), aber seit

Jahren gibt es keine neuen Gesichter in deiner Arbeit? Oder gibt es in deiner Jugendarbeit viele Gottesdienste, eine ausgeprägte Jüngerschaft und Gemeinschaft, aber du wunderst dich, warum deine Jugendarbeit nicht wächst (keine Evangelisation) oder warum die Jugendlichen so apathisch scheinen (kein Dienst)? Die meisten Jugendleiter legen zu viel Wert auf einen der fünf Aufträge, was dann auf Kosten der anderen geht.

Mach dir Gedanken über deine Jugendarbeit. Findest du ein ausgeglichenes Verhältnis zwischen Evangelisation, Gemeinschaft, Jüngerschaft, Anbetung und Dienst vor? Wenn das der Fall ist, dann kannst du auf eine außergewöhnliche, biblisch orientierte, zielgerichtete Jugendarbeit stolz sein.

Die fünf Aufträge in der Saddleback Church

Da wir versuchen, eine intakte Gemeinschaft der Gläubigen in der Saddleback Church aufzubauen, wollen wir, dass jeder Gottes Auftrag für die Gemeinde kennt. Deshalb fanden wir für uns schließlich folgenden Slogan: »Große Hingabe an das wichtigste Gebot und den Missionsauftrag werden eine große Gemeinde heranwachsen lassen!« Das ist das Motto von Saddleback geworden. Um Gottes fünf Aufträge für die Gemeinde zusammenzufassen, verwenden wir in Saddleback fünf Schlüsselbegriffe: *Mission, Mitgliedschaft, Reife, Mitarbeit* und *Anbetung.*

Mission: Wir kommunizieren Gottes Wort durch Evangelisation
Mitgliedschaft: Wir verkörpern Gottes Familie durch unsere Gemeinschaft
Reife: Wir führen Gottes Volk durch Jüngerschaft zur Reife
Mitarbeit: Wir zeigen Gottes Liebe durch Dienst
Anbetung: Wir feiern Gottes Gegenwart im Lobpreis

Als wir mit diesem Schema in der Saddleback Church arbeiteten, bemerkten wir, dass einige der Schlüsselbegriffe nicht jugendgemäß sind. Viele von den Jugendlichen, besonders die kirchendistanzierten, konnten sich mit Begriffen wie *Mission, Mitgliedschaft* oder *Anbetung* nicht identifizieren. Da wir aber wollen, dass gerade die Jugendlichen diese Begriffe verstehen und für sich annehmen, entschlossen wir uns, für sie neue Wörter zu benutzen, mit denen sie etwas anfangen konnten.

Mein Pastor versteht den großen Rahmen der fünf Aufträge und weiß, dass es mehrere Wege zum gleichen Ziel gibt. Die fünf Grundsätze müssen unseren Jugendlichen nicht mit den gleichen Begriffen mitgeteilt werden, die unsere Kirche benutzt. Diese Freiheit erlaubt uns, die Schlüsselwörter zu wechseln, ohne den dahinter stehenden Sinn zu ändern. Worte sind wichtig, aber Taten sind wichtiger. Unsere Jugendlichen lernen die fünf Aufträge durch folgende Begriffe:

Erreichen steht bei uns für Evangelisation
Verbinden steht für Gemeinschaft
Wachsen steht für Jüngerschaft
Entdecken steht für Dienst
Ehren steht für Anbetung

Nutz die Aufgaben in der Rubrik *»Jetzt wird's persönlich«*, um Begriffe zu finden, die das Grundgerüst für deine Aussage bilden werden. Sich auf die fünf Worte zu konzentrieren hilft, sich die fünf Aufträge immer wieder klar zu machen und zusammen mit anderen an deren Verwirklichung zu arbeiten. Aber wenn du schon ein Leitmotto für dich gefunden hast, von dem du glaubst, dass es wirksam ist und mit dessen Begriffen du viel anfangen kannst, obwohl es die fünf Aufträge nicht so deutlich definiert, dann ist das okay. Den Vorrang in der Jugendarbeit haben nicht fünf magische Worte, die etwas Feststehendes schön aussehen lassen sollen. Nein, Vorrang sollte eine Jugendarbeit haben, die in ihrem ganzen Wesen die Begriffe Evangelisation, Gemeinschaft, Jüngerschaft, Dienst und Anbetung lebt und verkörpert.

Jetzt wird's persönlich

1. In der Tabelle unten bezeichnen jeweils drei verschiedene Begriffe denselben Auftrag. Schreib deine Bezeichnungen für den jeweiligen Auftrag in das freie Feld.

Schlüsselwörter	**Allgemein**	**Saddleback Church**	**Saddleback Jugendarbeit**	**Deine Worte**
»Liebe ... Gott«	Anbetung	Lobpreis	Ehren	
»Liebe ... Nächsten«	Dienst	Mitarbeit	Entdecken	
» ... macht zu Jüngern«	Evangelisation	Mission	Erreichen	
»tauft sie ... «	Gemeinschaft	Mitgliedschaft	Verbinden	
»lehrt ... zu befolgen«	Jüngerschaft	Reife	Wachsen	

2. Welcher der fünf Aufträge spricht dich am meisten an?

3. Mit welchem der Aufträge verbringst du die meiste Zeit deiner Jugendarbeit? Stimmt das mit deiner Antwort oben überein? Wenn ja, warum? Wenn nein, warum nicht?

4. Nimm eine Übersicht der Veranstaltungen deiner Jugendarbeit und kontrolliere, welche Aufträge sie erfüllen.

5. Welche Note würdest du den fünf Aufträgen in deiner Jugendarbeit geben?
   Evangelisation ____________________
   Gemeinschaft ____________________
   Jüngerschaft ____________________
   Dienst ____________________
   Anbetung ____________________

6. Vielleicht setzt deine Jugendarbeit einen zu starken Schwerpunkt auf einen der Aufträge. Erstelle einen Plan, wie du das Gleichgewicht wieder herstellen kannst. Welche Schritte kannst du unternehmen, um deine Jugendarbeit zu stärken?

7. Was ist nötig, um sicherzugehen, dass alle fünf Aufträge in deiner Arbeit gleich stark ausgeprägt sind?

Anmerkungen

1 *Kirche mit Vision*, Projektion J, Asslar 1998. Ich ermutige jeden, Ricks Buch zu kaufen und gründlich durchzuarbeiten. Es ist nicht nur ein gutes Geschenk, es kann die Jugendarbeit auch sehr bereichern. Eine intakte Kirche ist die stützende Kraft hinter einer guten Jugendarbeit.

2 *Kirche mit Vision*, Seite 83; 84.

3 Siehe Anmerkung 1 im Kapitel 3. Dort findest du eine Liste der Bibelstellen, die du im Zusammenhang mit den fünf Prinzipien durcharbeiten kannst.

4 Von den fünf Prinzipien war der Zusammenhang zwischen Gemeinschaft und Taufe für Jugendmitarbeiter am schwierigsten zu verstehen. In *Kirche mit Vision* schreibt Rick: »Im griechischen Text des Missionsauftrags gibt es drei Verben im Partizip Präsens: *gehend, taufend* und *lehrend*. Jedes von ihnen ist Teil des Gebotes, ›Jünger zu machen‹. Hingehen, Taufen und Lehren sind die wichtigsten Elemente des Prozesses, Menschen zu Jüngern zu machen. Auf den ersten Blick werden Sie sich vielleicht wundern, warum die Bibel hier dem einfachen Akt der Taufe den gleichen Rang einräumt wie den großen Aufgaben der Evangelisation und des geistlichen Ausrüstens. Offensichtlich hat Jesus die Taufe nicht zufällig erwähnt. Warum ist die Taufe so wichtig, dass sie so prominent in den Missionsauftrag mit aufgenommen wird? Ich glaube, der Grund ist, dass sie einen der Daseinszwecke der Gemeinde symbolisiert: *Gemeinschaft* – Identifikation mit dem Leib Christi ... Die Taufe ist nicht nur ein Symbol der Errettung, sie ist ein Symbol der Gemeinschaft.« (Seite 105 f.)

3 Warum eine klare Auftragsaussage so wichtig ist und wie du eine verfasst

Während einer meiner letzten Vorträge traf ich mich mit David, einem engagierten, aber frustrierten Jugendarbeiter aus Nashville, zum Mittagessen. Er hatte eine lange Liste von Schwierigkeiten, über die er mit mir sprechen wollte. Er hatte Probleme, Freiwillige für seine Arbeit zu finden und die, die er fand, schienen nicht recht zu verstehen, warum es die Jugendarbeit überhaupt gab. Es waren nette Leute, die aber von dem großen Rahmen der Jugendarbeit wenig oder gar keinen Schimmer hatten. Einige von ihnen waren ständige Konfliktherde, da sie nur ihre eigenen Ideen im Kopf hatten und diese auch um jeden Preis durchsetzen wollten. David war es Leid, sich ständig für seine Veranstaltungen rechtfertigen zu müssen und schließlich stellte er seine Berufung und seine Fähigkeiten als Leiter ernsthaft in Frage.

Ohne es zu wissen, hütete er ein Geheimnis gegenüber seiner Kirche und seinem Team. Er kannte die fünf Aufträge Gottes, hielt sie aber im Verborgenen. Er tat dies nicht aus böser Absicht, sondern er erkannte einfach nicht, wie wichtig es ist, sie seinem Team offen zu legen und nahe zu bringen. Seine Augen fingen an zu glänzen, als ich ihm erzählte, wie wichtig es sei, die Aufträge für alle in einer festen und klaren Aussage zugänglich zu machen. Er nickte und sagte: »Ja, das ist es! Ich dachte bisher immer, dass alle wüssten, was wir erreichen wollen. Anscheinend habe ich mich da gründlich getäuscht.«

David betrachtete Jugendliche, Eltern und seine freiwilligen Mitarbeiter als wertvolle Hilfe. Allerdings wusste der Großteil von ihnen nicht, warum und mit welchem Ziel sie sich in der Jugendarbeit engagierten. Viele von ihnen mochten David und hatten eine große Einsatzbereitschaft und so entstanden auch viele gute Dinge, aber es fehlte an Klarheit und einer definierten Richtung.

Ich erklärte David, dass eine klare und verständliche Definition, die die fünf Aufräge Gottes beinhaltete, und die Umsetzung in der Jugendarbeit (Kapitel 4) viele seiner Probleme lösen und seiner Jugendarbeit positive Impulse geben könnte.

Was eine klare Aussage für deine Jugendarbeit bedeuten kann

Eine klare Definition deiner Aufträge wird die Existenz deiner Jugendarbeit verständlicher machen

Wenn du deine Ziele in einer Aussage darlegst, wird die Unklarheit beseitigt. Ein klares Statement wird dir helfen

- deinen Veranstaltungen einen Sinn zu geben,
- deine freiwilligen Mitarbeiter besser einzusetzen und
- deinen Jugendlichen eine klare Richtung zu vermitteln.

Wenn du Gottes Aufträge in deiner Arbeit klar sichtbar gemacht hast, dann wird die Frage *»Warum?«* nie wieder auftauchen. Die neue Frage wird sein *»Wie?«*: *Wie* können wir das schaffen, was Gott von uns möchte? Das *Warum* muss beantwortet sein, bevor das *Wie* für irgendjemanden Sinn machen kann.

Das Warum muss beantwortet sein, bevor das Wie für irgendjemanden Sinn machen kann.

Die Jugendarbeit der Saddleback Church beantwortet das *Warum* in ihrer Definition so:

Der Auftrag unserer Jugendarbeit besteht darin, Jugendliche, die Jesus Christus nicht kennen, zu ERREICHEN, sie mit anderen Christen zu VERBINDEN, ihnen zu helfen, in ihrem Glauben zu WACHSEN, sie zu ermutigen, ihre Gaben zu ENTDECKEN und mit ihrem ganzen Leben Gott zu EHREN.

Unsere Aussage lässt keine Fragen offen, *warum* es unsere Jugendarbeit gibt. Sie gibt keine spezifischen Antworten über das *Wie*, weil das in einer Aussage, die die Vorsätze zusammenfasst, nicht wichtig ist. Das *Wie* wird sich ändern, weil das manchmal nötig ist. Das *Warum* aber muss immer dasselbe bleiben.

Eine klare Aussage zieht andere an

In Sprichwörter 29,18 heißt es: »Ohne prophetische Offenbarung verwildert das Volk.« Dieser Spruch wurde in meinen frühen Jahren für mich zur bitteren Wahrheit, als ich nicht sicher war, warum meine Jugendarbeit überhaupt existiert. Bevor ich die fünf Aufträge und ihre Wichtigkeit entdeckte, sah ich hilflos dabei zu, wie die Jugendlichen ziellos umherwanderten. Sie verloren langsam jeden Bezug zu uns und verließen die Jugendgruppen, weil es keinen tieferen Sinn in dem gab, was wir taten. Die Jugendarbeit war richtungslos und die Jugendlichen hatten daher das Gefühl, es sei letztendlich egal, ob sie dabei sind oder nicht.

Seitdem habe ich gelernt, dass es viele Menschen gibt, die geführt und auf den richtigen Weg gebracht werden müssen. Sie wollen Teil einer Gemeinschaft sein, die ein klares Ziel hat und sie werden sich weiter entwickeln, wenn sie das Ziel kennen und gut heißen. Menschen fühlen sich von Gruppen angezogen, in denen sie sich wertgeschätzt fühlen und die ihnen einen Sinn für ihr Leben geben. Sie gehen sehr sparsam mit ihrer kostbaren Zeit um und wollen sie nicht ziellos verschwenden.

Eine klare Aussage wird Streitigkeiten mindern

Eine klare Richtung wird dir helfen, mit Konflikten in deiner Gemeinde besser umzugehen. Wenn das gemeinsame Ziel nicht klar und offensichtlich bekannt ist, werden Einzelne versuchen, ihren eigenen Willen durchzusetzen und dafür Anhänger zu finden. Als ich zur Saddleback Church kam, lernte ich die freiwilligen Jugendmitarbeiter am besten kennen, indem ich sie fragte, was sie für das Ziel der Jugendarbeit hielten. Jeder von ihnen nannte mir ein anderes Ziel und jeder war von seinem Ziel überzeugt. Einer sagte: »Wir müssen die Jugendlichen für den Gottesdienst begeistern.« Ein anderer sagte: »Wir müssen eine enge Gemeinschaft aufbauen und jedem die Möglichkeit bieten, sich in Kleingruppen zu treffen.« Wieder ein anderer sagte: »Wir wollen kirchendistanzierte Jugendliche erreichen.« Als ich diese Helfer näher kennen lernte, merkte ich, dass sich in ihren Ansichten genau das widerspiegelte, was ihnen persönlich das Wichtigste war. Keiner hatte sinnlose oder unwichtige Ziele; jeder wollte das Beste für die Jugendlichen. Aber durch die vielen verschiedenen Ansichten konnten sie sich nicht einigen, welchen Weg sie einschlagen sollten und das führte zu Streit.

Bevor ich eine klare Definition unseres Auftrags verfasste, war ich die Angriffsfläche für alle negativen Kommentare in unserer Gemeinde. Da ich kein klares Ziel vermittelte, waren die Menschen unzufrieden und hatten eine Menge Fragen. Diese Fragen – selbst die harmlosen – erschienen mir wie direkte Angriffe und ich hielt sie oft für ein Zeichen mangelnder Loyalität. Später kam ich dahinter, dass die Leute nicht unloyal, sondern einfach verunsichert waren, weil ihnen ein klar definiertes Ziel fehlte.

Jetzt haben wir eine klare Definition, und Konflikte, wohin die Jugendarbeit führen soll, gibt es so gut wie gar nicht mehr. Wenn es einmal Streit über einen der Aufträge gibt, dann nehme ich das nicht mehr persönlich, denn ich habe tiefes Vertrauen in Gottes Plan. Wenn jemand unsere Ziele angreift oder anzweifelt, wird er auf das Neue Testament verwiesen, wo die fünf Aufträge explizit stehen. Manchmal sind wir uns uneinig über das *Wie* oder den *Stil,* aber niemals über das *Warum.*

Wenn du unserem Team in der Saddleback Church beitreten wolltest, würdest du dich zuerst mit den fünf Aufträgen vertraut machen und sie zu deinem Leitmotiv ernennen. Ohne diesen Schritt gäbe es bei uns zu viel Streitpotential. Ich habe schon lange beschlossen, dass ich keine Zeit habe, die Besserwisser in der Kirche zu bekämpfen. Auch du hast diese Zeit nicht. Deine Zeit solltest du dir für wichtigere Dinge aufheben. Wenn du ein klares Ziel verfolgst, dann wird dir das helfen, diese Zeit zu maximieren.

Ich habe schon lange beschlossen, dass ich keine Zeit habe, die Besserwisser in der Kirche zu bekämpfen. Auch du hast diese Zeit nicht.

Eine klare Aussage kann begeistern

Wenn dich das Ziel deiner Jugendarbeit nicht begeistert, bist du in der falschen Branche. Wenn Mitarbeiter, Eltern und Jugendliche deine Ziele verstehen und sie gut heißen, dann kann auch bei ihnen echte Begeisterung entstehen. Ich werde nie den deutlich sichtbaren »Aha-Effekt« auf dem Gesicht eines unserer Mitarbeiter vergessen, als ich unseren Auftrag erläuterte. Er kam danach zu mir und sagte: »Jetzt habe ich es verstanden! Das war großartig! Danke!«

Kürzlich bereitete ich in meinem Lieblingsbistro eine Andacht vor. Ich saß hinter einigen Jugendlichen, die wohl gerade die Schule schwänzten. Ich beobachtete sie eine Zeit lang und vermutete, dass sie bisher nichts mit Jesus zu tun hatten. Mir kam unsere Auftragsdefinition in den Sinn. »Der Auftrag unserer Jugendarbeit besteht darin, Jugendliche zu erreichen, die Jesus Christus nicht kennen ... «

Diese Jugendlichen waren einer der Gründe (Evangelisation), warum es unsere Jugendarbeit gibt. Ich zerbrach mir den Kopf darüber, wie unsere Kirche diese Jugendlichen erreichen könnte und ich bat Gott um Hilfe. Als ich aufstand, um mir ein neues Getränk zu bestellen, hielt ich kurz an ihrem Tisch an und lud sie zu unserer Silvesterfeier ein. Wir unterhielten uns noch einen Moment und dann verließ ich das Lokal. Ich erzähle diese Begebenheit nicht, um zu zeigen, wie mutig ich bin, sondern einfach um ein Beispiel zu geben, was ein Jugendleiter tut, wenn er von seiner Aufgabe wirklich begeistert ist und sie für sein ganzes Leben verinnerlicht hat.

Eine klare Aussage macht deine Arbeit professioneller

Ich bin Jugendleiter mit Leib und Seele und wünsche mir, dass die Jugendarbeit irgendwann einmal dasselbe Ansehen genießt wie alle anderen Bereiche in der Kirche. Es muss endlich damit Schluss sein, dass eine Tätigkeit im Jugendbereich als unangenehme Stufe auf dem Weg zum »richtigen« Pastor oder einer anderen »höheren« Tätigkeit angesehen wird. Als Fürsprecher der Jugendarbeit möchte ich, dass Jugendmitarbeiter für das, was sie tun, hoch angesehen werden. Eine klare Definition vermittelt hier Integrität, Qualität und Professionalität.

Der schnellste Weg, einer Kirche zu zeigen, dass etwas passiert, ist eine klare Auftragsdefinition.

Bei meinen Vorträgen fragen mich Jugendarbeiter immer wieder: »Warum verschwendest du so viel Zeit darauf, eine Aussage zu formulieren, wenn wir doch Programmideen brauchen? Unsere Kirche braucht ein Zeichen, damit sie sieht, dass bei uns etwas passiert!«

Der schnellste Weg, einer Kirche zu zeigen, dass etwas passiert, ist eine klare Auftragsdefinition. Wenn man das macht, ist es so, als ob man ein großes Schild über die Tür hängt, das besagt: »Wir meinen es ernst mit dem, was wir tun. Unsere Jugendarbeit hat ein Ziel. Wir sind mehr als ein Kindergarten für Jugendliche.«

Wie man seinen Auftrag definiert

Prüf die Zielrichtung deiner Kirche

Bevor du deinen Auftrag definierst, solltest du herausfinden, wie deine Gemeinde ihren Auftrag sieht. Das ist sehr wichtig, damit du deine Aussage harmonisch mit ihr abstimmen kannst. Jugendarbeit soll kein isolierter Bereich in einer Kirche sein, sondern einer der Stützpfeiler. Sieh zu, dass du das berücksichtigst und verteidigst. Wenn Jugendarbeit immer professioneller wird, besteht oft die Gefahr, dass die Mitwirkenden einen Tunnelblick entwickeln und sich als das einzige Feld für die Vermittlung christlicher Werte sehen. Das ist falsch und zerstörerisch.

Du solltest die Absichten deiner Gemeinde mit deinem Pastor oder jemandem aus dem Vorstand klären. Gibt es in deiner Gemeinde keine durchdachte, klar formulierte Definition, warum die Gemeinde existiert und worin ihre Ziele bestehen, dann musst du deinem Pastor und dem Kirchenvorstand helfen, den Auftrag herauszufinden, so wie in Kapitel 2 beschrieben. Findet gemeinsam die fünf Aufträge heraus, die Gott uns höchstpersönlich übertragen hat: Anbetung, Evangelisation, Gemeinschaft, Jüngerschaft und Dienst.

Du kannst dich dem Pastor einer ziellosen Kirche auf zwei Arten nähern. Du kannst sagen: »Herr Pastor, ich kann es nicht glauben. Unsere Kirche ist wie gelähmt. Es ist unglaublich, dass wir keinen klaren Auftrag definiert haben.« Oder du sagst: »Können Sie mir helfen? Ich lese in diesem Buch hier viel über die Wichtigkeit einer klaren Definition der eigenen Ziele, und mir gefällt, was ich lese, aber ich will unsere Jugendarbeit nicht auf den falschen Weg bringen.«

Frag den Pastor, ob er etwas dagegen hat, wenn du eine klare Grundsatzaussage für deine Kirche formulierst. Wenn er nichts dagegen hat, dann fang an, andere in deine Idee mit einzuweihen.

Wenn deine Kirche schon eine klare Aussage für sich getroffen hat, dann blättere weiter zu Kapitel 4. Aber sei dir sicher, dass dein Team die fünf Aufträge aus Kapitel 2 auch richtig verstanden hat.

Vermittle deinen Mitarbeitern die fünf Aufträge

Wenn du die Zielrichtung deiner Kirche erfahren hast, dann kläre andere darüber auf, worin der Auftrag deiner Kirche besteht. Du wirst mehr Erfolg haben, wenn du den Menschen dein Vorhaben erklärst und gemeinsam mit ihnen die fünf Aufträge für die Gemeinde entdeckst und formulierst.[1]

Du wirst eine Auswahl treffen müssen, wen du bei dieser Arbeit dabeihaben willst; nicht jeder aus deiner Gemeinde muss mitmachen. Es ist in Ordnung, eine Auswahl zu treffen und vor allem die Mitarbeiter mit einzubeziehen, die auch in der Jugendarbeit engagiert sind und ein echtes Interesse an der Richtung dieser Arbeit haben. Um den Auftrag schriftlich zu fixieren, ist allerdings ein noch kleineres Team von Vorteil. Aber wenn die Definition erst einmal formuliert ist, dann solltest du sie jedem in deiner Gemeinde mitteilen. Wenn du der einzige Jugendleiter in deiner Gemeinde bist, dann warte nicht auf andere, um deinen Auftrag zu formulieren. Erarbeite zusammen mit deinem Pastor eine Definition und lade dann andere ein, Teil deiner Arbeit zu werden.

Bring dein Team dazu, dieses Buch zu lesen, so dass eure gemeinsame Vision ein Ergebnis zustande bringt. Dann wird die neue Richtung niemanden überraschen und durch Einstimmigkeit gestärkt werden. Auf jedem Seminar beobachte ich, wie die Jugendmitarbeiterteams den Raum betreten und sich dabei fragen, ob dieser Tag ihre Zeit wert sein wird. Aber am Ende des Tages verlassen sie das Seminar mit dem gemeinsamen Ziel, die Richtung in ihrer Arbeit neu zu definieren.

Ermutige deine Jugendmitarbeiter dazu, ihre Gedanken aufzuschreiben

Hab keine Angst davor, dass die Auftragsdefinition allein in deiner Hand liegt. Wenn du erst einer Gruppe den Gedanken der fünf Aufträge näher gebracht hast, dann sind sie genauso dafür zuständig, dir bei der Erstellung der Aussage zu helfen. Frag sie nach ihren Ideen für die fünf Schlüsselwörter (siehe Kapitel 2), zeig ihnen einige Beispiele von schon formulierten Aussagen und ermuntere sie dazu, selbst Definitionen aufzuschreiben.

Obwohl die fünf Aufträge direkt von Gott kommen und unveränderlich sind, kann die Sprache, in der sie ausgedrückt werden, sehr wohl variieren. Benutze Wörter, die deiner Meinung nach am besten den Sinn der fünf Aufträge rüberbringen. Zusätzlich zu der Aussage der Saddleback Church auf Seite 53 stehen hier noch drei weitere Auftragsaussagen. Ich empfehle dir, keines der drei Beispiele sofort zu kopieren und damit deinen eigenen Entdeckungsprozess zu verkürzen. Mach dir diese Arbeit, denn dann wirst du die fünf Prinzipien besser verstehen und später deine *persönliche* Aussage formulieren können.

Die Definition des Auftrags der Saddleback Church

Als Gemeinde sehen wir unseren Auftrag darin,
Menschen zu Jesus und in seine Familie
zu führen (MITGLIEDSCHAFT), ihnen zu helfen,
zu immer größerer Christusähnlichkeit heranzureifen (REIFE)
und sie für ihren Dienst (MITARBEIT)
in der Gemeinde und für das Zeugnis in der Welt (MISSION) auszurüsten,
um Gottes Namen zu verherrlichen (ANBETUNG).

Die Definition des Auftrags einer ehrenamtlichen Jugendeinrichtung in Pickerington, Ohio

CrossCurrent existiert, um nicht-christliche Jugendliche
zu ERREICHEN, ihnen zu helfen, Gottes Wort mit anderen zu TEILEN,
sich dem DIENST für Christus ANZUBIETEN
und sich um den Nächsten zu KÜMMERN.

KÜMMERN	►	Gemeinschaft
ERREICHEN	►	Evangelisation
ANBIETEN	►	Anbetung
TEILEN	►	Jüngerschaft
DIENEN	►	Dienst

Die Definition des Auftrags einer Jugendarbeit in Mesa, Arizona

Das Ziel unserer Jugendarbeit ist,
Teenager Gottes Liebe AUSZUSETZEN, sie AUSZURÜSTEN,
Gott zu LOBEN, sich an anderen Gläubigen zu ERFREUEN
und das Reich Gottes zu ERLEBEN.

AUSSETZEN	►	Evangelisation
AUSRÜSTEN	►	Jüngerschaft
LOBEN	►	Anbetung
ERFREUEN	►	Gemeinschaft
ERLEBEN	►	Dienst

Wenn du deine Mitarbeiter ermutigst, ihre Gedanken zu Papier zu bringen, erinnere sie an die folgenden Richtlinien:

1. *Eine Definition sollte einfach sein.* Sie sollte in einem Satz wiedergegeben werden, damit sie einfach zu merken ist. Das hilft dir nicht nur, lange Erklärungen zu vermeiden, sondern hält dich auch davon ab, jedes Mal die Definition zu ändern, wenn du deine Veranstaltungen veränderst.
2. *Eine Definition sollte aussagekräftig sein.* Ein Ziel kann brillant formuliert sein, aber wenn es nicht klar erkennbar ist, ist es nutzlos.
3. *Eine Definition sollte handlungsorientiert sein.* Benutz Worte, die Fortschritt und Bewegung vermitteln. Unsere Jugendarbeit tat dies durch Verben wie *erreichen, verbinden, wachsen, entdecken* und *ehren.* Diese Verben vermitteln Aktivität, die uns in die Zukunft führen soll.
4. *Eine Definition sollte zwingend sein.* Ein Satz kann ein Bild kreieren, von dem Mitarbeiter abhängig machen, ob die Jugendarbeit ihre Zeit wert ist oder nicht. Deswegen brauchst du eine Aussage, die so hell leuchtet wie eine Neonlampe. Wenn deine Definition keine Veränderung beinhaltet, ist sie wohl nicht zwingend genug.

Sammle die Entwürfe deines Teams und formuliere einen Satz

Nachdem dein Team dir einige Entwürfe vorgelegt hat, wirst du diese durcharbeiten und zu einem einzigen Satz zusammenfassen müssen. Vielleicht wird Gott dich inspirieren und der Satz entsteht innerhalb weniger Minuten, aber wahrscheinlicher ist es, dass du einige Zeit darüber nachdenken musst, bis dir eine gute Definition einfällt.

Deine Aussage sollte kein wildes Gemisch aus den einzelnen Vorschlägen deiner Mitarbeiter werden. Lass dich nicht dazu verleiten, ihre Ideen einfach zu mischen, um alle glücklich zu machen. Es ist nicht so wichtig, dass die ganze Gruppe einer Formulierung zustimmt. Wichtig ist, zu einer klaren und starken Aussage zu kommen, die es dir erlaubt, deine Leitungsfunktion mit Vertrauen und Sicherheit auszuüben. Konsens ist später wichtig, wenn andere gebeten werden, einen Beitrag zu der Arbeit zu leisten. Du musst nicht der alleinige Urheber der Auftragsaussage sein, aber du solltest ihre Geburt koordinieren, sie »verkaufen«, erklären und anschaulich darstellen können.

Was zu tun ist, wenn die Auftragsaussage formuliert ist

Nutz die Weisheit anderer Christen

Wenn die Auftragsaussage formuliert ist, ist es wichtig, sie anderen zu zeigen – dem Pastor, Freunden, Eltern, anderen Jugendpastoren –, die am Entstehungsprozess nicht direkt beteiligt waren, und sie nach ihrem Rat zu fragen.

Sprichwörter 15,22 sagt: »Wo es an Beratung fehlt, da scheitern die Pläne, wo viele Ratgeber sind, gibt es Erfolg.« Ein guter Leiter braucht andere Ratgeber. Wenn du Angst vor der Meinung anderer Leute hast, bist du kein Leiter. In Sprichwörter 19,20 steht: »Hör auf guten Rat, und nimm Zucht an, damit du weise wirst für die Zukunft.« Nachdem du die Meinungen der anderen gehört hast, denk darüber nach, bete darüber und sprich mit deinem Team darüber.

Wenn du Angst vor der Meinung anderer Leute hast, bist du kein Leiter.

Lass dich von deinem Pastor unterstützen

Wenn du eine bedeutende Änderung in deiner Arbeit vornimmst, ist es wichtig, sie deinem Pastor mitzuteilen. Das bist du der Leitung deiner Kirche schuldig. Teil ihnen die Änderungen mit, über die in deinem Team gesprochen wird. Bitte deinen Pastor nicht um direkte Hilfe bei der Formulierung der Definition deines Auftrages, aber bitte ihn, dass er die formulierte Definition und das Ziel mitträgt und unterstützt – bevor du die Definition veröffentlichst.

Warum brauchst du einen Fürsprecher? Weil du wahrscheinlich feststellen wirst, dass die Leute beginnen, Fragen zu stellen, nachdem du deinen Auftrag veröffentlicht und einige Veränderungen in deiner Arbeit vorgenommen hast.

Wahrscheinlich sagen einige: »Wir hatten vorher nie eine Auftragsdefinition. Warum brauchen wir jetzt auf einmal eine?« Vielleicht kommen manche nicht einmal mit der Richtung zurecht, in die euch die fünf Aufträge bringen. Es kann sein, dass sie zwar das Element der Gemeinschaft gut finden, aber im Grunde keine Evangelisation wollen, weil neue Jugendliche den Status quo verändern. Verärgerte Menschen könnten sich über dich beschweren. Es wäre nicht gut, wenn sie deinen Pastor ahnungslos vorfinden. Wenn er informiert ist, gibt es keine Überraschung von der Gegenseite. Dein Pastor kann deine Richtung verbal unterstützen und so negative Bewegungen zerstreuen.

Sei weise beim Veröffentlichen

Wenn du die Unterstützung deines Pastors hast, dann mache deine Aussage publik. Der beste Zeitpunkt ist, wenn sich deine Umgebung selbst in einer Stimmung der Veränderung befindet: im Januar, wenn das neue Jahr beginnt und jeder eine Veränderung erwartet; vor den Sommerferien, wenn das alte Schuljahr aufhört oder danach, wenn das neue Schuljahr beginnt.

Mach dir Gedanken, wie du die Zielrichtung so mitteilen kannst, dass dein Team dein Vertrauen in Gottes Wegweisung spürt. Wenn du die Definiton veröffentlichst, nutze die Gelegenheit, um diejenigen, die bei ihrem Enstehungsprozess nicht dabei waren, über die fünf Aufträge und ihre Bedeutung aufzuklären. Mach deutlich, dass dies Gottes ewige Regeln für eine intakte Jugendarbeit sind – und nicht eines deiner Hirngespinste.

Lass den Menschen die Möglichkeit, selber zu entscheiden, ob und wo sie mitarbeiten wollen

Bevor wir die Definition unseres Auftrags in der Jugendarbeit veröffentlicht haben, befürchtete ich ein kleines Problem. Einige der Freiwilligen hatten schon vor mir mit der Jugendarbeit begonnen, einige mochten keine Veränderungen und einige waren älter als ich und meinten, sie wüssten allein, was das Beste für ihre Arbeit war. Obwohl sie selber Mitglieder einer zielgerichteten Kirche waren, hielten sie in der Jugendarbeit das Element der Gemeinschaft für die einzige Aufgabe. Es schien ja auch gut zu klappen: Ihre christliche Clique war bequem und unproblematisch.

Ich erklärte die fünf Aufträge und zeigte jedem die Definition, die wir benutzen würden, um unsere Inhalte zu vermitteln. Ich erzählte ihnen von der Begeisterung unseres Pastors (der leider nicht anwesend war), um ihnen zu zeigen, dass es unsere gemeinsame Richtung war. Wenn ich so etwas noch einmal machen müsste, würde ich dafür sorgen, dass unser Pastor anwesend ist, damit er seine Unterstützung deutlich zeigen kann. Nachdem ich die Prinzipien erklärt hatte, gab ich ihnen zwei Wochen Bedenkzeit, in der sie überlegen sollten, ob sie die Aussage mit ganzem Herzen unterstützen konnten oder nicht. Ich stellte ihnen frei, ohne faden Beigeschmack »das Schiff zu verlassen«. Ich wollte nicht, dass unsere persönlichen Beziehungen daran kaputt gingen, dass sie nicht hinter meinen Plänen stehen konnten. Ich legte ihnen dar, dass Änderungen in der Arbeit eine Möglichkeit waren, sich in neue Richtungen zu bewegen. Unser Jugendarbeits-Schiff hatte lange genug bequem am Dock gelegen (»festgesteckt« ist vielleicht das bessere Wort) und es war endlich Zeit, die Segel zu setzen. Ohne jemanden vor den Kopf stoßen zu wollen, sagte ich: »Es ist Zeit, von Bord zu gehen, wenn ihr nicht mit in die neue Richtung fahren könnt.«

Sie mussten die Sache entweder hundertprozentig unterstützen oder sich umorientieren. Das war keine böser Wille, sondern ein notwendiger Schritt.

Zum Glück waren die meisten von dem Gedanken einer klaren Richtung begeistert. Sie bekamen wieder Hoffung und neue Energie; das machte den Übergang leichter. Aber es war nicht für alle leicht. Einigen befreundeten Jugendmitarbeitern hätte Jesus persönlich die fünf Aufträge erklären können und sie hätten sich immer noch darüber beschwert. Einige Kirchen züchten kritische Betrachtungsweisen geradezu heran und wehren sich gegen alle neuen Ideen. Menschen, die dich persönlich oder Veränderungen im Allgemeinen nicht mögen, könnten die Einführung einer wegbeschreibenden Aussage als Anlass sehen, die Gemeinde zu wechseln. Sieh das nicht unbedingt als etwas Negatives an, denn die Leute, die deine Arbeit in Zukunft anzieht, werden einem einstimmigen und grundsatzgeleiteten Team beitreten.

Mach dich an die Verwirklichung

Wenn du der verantwortliche Leiter des Jugendbereichs in deiner Gemeinde bist, und das, was du bisher gelesen hast, so richtig Furcht einflößend findest, dann überdenk vielleicht noch einmal neu deine Rolle als *der* Leiter. Nicht jeder, der sich für einen Leiter hält oder in diese Rolle hineingerutscht ist, ist auch einer. Leiter müssen manchmal harte Entscheidungen treffen und den Mut finden, das zu tun, was richtig ist. Deswegen werden sie nicht immer von allen gemocht. Jemand sagte mir mal, dass ich kein guter Leiter wäre, wenn alle mich mögen würden.

Eine zielgerichtete Jugendarbeit aufzubauen verlangt eine Menge Hingabe, Ausdauer und Führungskraft. Wenn du das nächste Kapitel gelesen hast, wirst du wissen, ob du das Zeug dazu hast, ein Leiter zu werden, der Jugendliche und Mitarbeiter zur Veränderung inspirieren kann. So gut wie jeder kann eine inhaltlich gute Definition formulieren, aber es braucht einen wirklich guten Leiter, um sie auch zu verwirklichen und damit eine zielgerichtete Jugendarbeit aufzubauen.

Eine zielgerichtete Jugendarbeit aufzubauen verlangt eine Menge Hingabe, Ausdauer und Führungskraft.

Jetzt wird's persönlich

1. Hat deine Kirche bereits eine klare Definition ihres Auftrages formuliert? Wenn ja, kennst du sie?

2. Gibt es in deiner Jugendarbeit eine klare Auftragsdefinition? Wenn nicht, glaubst du, es besteht Bedarf dafür? Welchen Nutzen, glaubst du, könnte eine solche Definition für deine Arbeit haben?

3. Wenn deine Jugendarbeit eine Definition ihres Auftrages hat, kannst du sie auswendig aufschreiben? Warum oder warum nicht?

4. Haben die Mitarbeiter in deiner Gemeinde – sowohl Erwachsene als auch Jugendliche – eine klare Vorstellung vom Ziel ihrer Arbeit?

5. Benutz die fünf Wörter, die du im letzten Kapitel bei Frage 1 notiert hast (Seite 50), um eine klare Definition zu formulieren.

6. Studier die Verse aus den unten stehenden Anmerkungen und überlege, welchen Effekt sie auf deine Jugendarbeit hätten.

Anmerkungen

[1] In Rick Warrens *Kirche Mit Vision* (Projektion J, Asslar, 1998), S. 95, werden folgende Bibelstellen zum Studium empfohlen: Mt 5,13–16; 11,28–30; 16,15–19; 18,19–20; 22,36–40; 24,14; 25,34–40; 28,18–20; Mk 10,43–45; Lk 4,18–19, 43–44; Joh 4,23; 10,14–18; 13,34–35; 20,21; Apg 1,8; 2,41–47; 4,32–35; 5,42; 6,1–7; Röm 12,1–8; 15,1–7; 1 Kor 12,12–31; 2 Kor 5,17–6,1; Gal 5,13–15; 6,1–2; Eph 1,22–23; 2,19–22; 3,6; 3,14–21; 4,11–16; 5,23–24; Kol 1,24–28; 3,15–16; 1 Thess 1,3; 5,11; Hebr 10,24–25; 13,7.17; 1 Petr 2,9–10; 1 Joh 1,5–7; 4,7–21. In Apostelgeschichte 2 findest du ein weiteres Beispiel für die fünf Aufträge, wie sie von den ersten Gemeinden gelebt wurden.

4 Wie du deinen Auftrag vermittelst und mit gutem Beispiel vorangehst

Es macht Jugendmitarbeitern meist viel Spaß, Gottes fünf Aufträge zu entdecken (siehe Kapitel 2) und aus ihnen eine Definition zu formulieren (siehe Kapitel 3). Leider hört der Spaß meist dann auf, wenn sie sich mit dem Material in diesem Kapitel beschäftigen. Was du nun lesen wirst, erfordert wahren Führungsgeist. Es fordert dich heraus, über die Entdeckung der fünf Aufträge und die Formulierung einer Definition deines Auftrages hinauszugehen und direkt in die praktische Anwendung zu springen.

Bei diesem Sprung werden dir die Anforderungen, die an dich als Leiter gestellt werden, sehr hoch und hart vorkommen. Wahre Leitung unterscheidet eine zielgerichtete Jugendarbeit von einer einfachen »Spaß-mit-Programmen«-Jugendarbeit. Auf vielfache Weise hängt die Umsetzung des Inhaltes dieses Buches von deiner Rolle als Leiter ab. Die fünf Aufträge durchzusetzen ist eine gewaltige Aufgabe für jeden Leiter, aber wenn du diese Herausforderung annimmst, dann wird das deine Jugendarbeit entscheidend stärken.

Richtige Leitung unterscheidet eine zielgerichtete Jugendarbeit von einer einfachen »Spaß-mit-Programmen«-Jugendarbeit.

Wie man als Leiter seine Vision und seinen Auftrag vermitteln kann

Zu wissen, warum deine Jugendarbeit existiert, und eine klare Definition zu haben, ist noch wenig wert, wenn du nicht ständig deine Vision und deinen Auftrag kommunizierst. Je mehr Leute dein Ziel verstehen und sich hinter dich stellen, desto stärker und intakter wird deine Jugendarbeit. Das ist der Punkt, an dem sich wahre Führung beweist. Bist du bereit für den nächsten Schritt, deine Jugendarbeit über gute Absichten hinaus in ein Leben nach Gottes Prinzipien hineinzubringen?

Du hast drei Aufgaben, wenn du Gottes Aufträge in deiner Arbeit durchsetzen willst: Teile sie mit, wiederhole sie und sorg dafür, dass die Schlüsselpersonen die Vision und den klaren Auftrag im Schlaf kennen.

Ein Leiter teilt seinen Auftrag mit

Dein Vorhaben kann nicht zum allgemeinen Vorhaben werden, wenn es anderen Leuten nicht bekannt ist. Ohne funktionierende Kommunikation kannst du nur eine Jugendarbeit mit uninformierten, verwirrten oder begeisterungslosen Mitspielern auf die Beine stellen. Es wäre so, als würdest du eine Fußballmannschaft aus elf Typen zusammenstellen, die keine Ahnung von den Spielregeln haben, und sie ohne Trainer spielen lassen. Es würden sicherlich einige Leute teilnehmen, aber sie hätten kaum Erfolg. Der Erfolg würde erst eintreten, wenn sie über das ganze Spiel aufgeklärt wären und sinnvolle Plätze einnehmen könnten.

Um deinen Jugendlichen, Eltern und Mitarbeitern zu helfen, musst du deine Vorhaben ständig mitteilen. Hier sind einige Ideen, wie du die einzelnen Gruppen konstant auf dem Laufenden halten kannst:

Jugendliche

- erwähne immer wieder deine fünf Schlüsselwörter
- schreib den Auftrag der Jugendarbeit auf alle Zettel, die du austeilst. Die Jugendlichen sollten ihr Ziel wenigstens einmal pro Woche vor Augen haben.
- sprich das ganze Jahr über die fünf Aufträge
- lass deine Jugendlichen die Definition auswendig lernen
- häng den Auftrag der Jugendarbeit gut sichtbar in eurem Gruppenraum auf

Mitarbeiter

- lass sie den Auftrag als Zeichen ihres Engagements auswendig lernen
- nimm eine Erklärung der Aufträge auf Band auf und verteile an jeden ein Exemplar
- bitte sie, dass sie mindestens zweimal im Jahr in ihren Gruppen über die Aufträge sprechen

- frag sie regelmäßig, ob sie die Aufträge kennen und mit ihnen zurechtkommen
- lass sie eine klare Definition des Auftrags formulieren (siehe Seite 59–60)

Eltern
- erklär dein Vorhaben auf jedem Elterntreffen
- schreib den Auftrag der Jugendarbeit in den Briefkopf, damit er auf allen Briefen gelesen wird
- bitte Eltern, speziell für einen der Aufträge zu beten
- schreib jeden Monat einen Elternbrief, in dem einer der fünf Aufträge ausführlich erklärt wird
- zeig ihnen, wie die einzelnen Veranstaltungen ihren jeweiligen Auftrag erfüllen (mehr dazu in Kapitel 5)

Gemeindevorstand
- lass jedem Mitglied des Kirchenvorstands eine Kopie deiner Definition mit einer kurzen Erklärung jedes einzelnen Auftrags zukommen
- bitte die Einzelnen, speziell für deine Jugendarbeit und für einen der Aufträge zu beten
- wenn du ihnen ein Programm vorstellst, erklär jedes Mal: »Dieses Programm erfüllt den und den Auftrag.«

Ein Leiter wiederholt die Aufträge

Wenn du deine Arbeit gut gemacht und allen oben stehenden Gruppen die Aufträge näher gebracht hast, dann fang sofort wieder von vorne an damit. Ein guter Leiter muss sein Vorhaben dauernd mitteilen und die anderen ständig an die Wichtigkeit der Aufträge erinnern. Niemand kennt die Aufträge so gut oder hält sie für so wichtig wie diese Schlüsselperson. Ich bin immer wieder erstaunt, dass Leute, von denen ich sicher war, dass sie die Aufträge kannten, völlig ahnungslos waren.

Kontinuierliches Erklären wird deinen Mitarbeitern helfen, das Ziel zu sehen und im Auge zu behalten.

Niemand kennt die Aufträge so gut oder hält sie für so wichtig wie diese Schlüsselperson.

Bevor ich zur Saddleback Church kam, hatte ich elf Jahre in einer anderen Kirche gearbeitet. Wenn ich über die Vision und Definition unserer Jugendarbeit sprach, benutzte ich das Bild eines Trichters (in der Saddleback Church benutzen wir eine bildliche Darstellung des Baseballspiels; dies wird später im 12. Kapitel erklärt).

Ich kommunizierte dieses Bild die ganze Zeit. Ich sprach über den Trichter, zeigte Trichterdiagramme und verschenkte sogar Trichter zur Veranschaulichung. Ich war so versessen auf das Trichter-Bild, weil ich wollte, dass die Leute verstanden, warum wir taten, was wir taten.

Bei einem unserer Team-Treffen kamen die Teilnehmer heimlich eine Stunde früher, um eine »Anti-Trichter-Kampagne« zu starten. Sie machten sich Trichter-Hüte, malten sich Trichter auf die T-Shirts, bastelten Trichter-Transparente und schmückten den Raum mit unzähligen Trichtern. Sie malten rote Kreise mit einem durchgezogenen Balken um die Trichter, auf dem stand: »Keine Trichter mehr!«. Sie malten Protestschilder mit den Aufschriften: »Weg mit den Trichtern!«, oder »Stoppt den Trichter-Missbrauch!«.

Als sie mich kommen sahen, versteckten sie sich hinter den Sofas, um meine Reaktion abzuwarten. Als ich den Raum betrat, riefen sie »Überraschung« und rutschten auf den Knien vor mir herum und flehten mich an, sie von der Knechtschaft des Trichters zu befreien.

Äußerlich machte ich gute Miene zum bösen Spiel, grinste und lachte über diese Aktion. Aber innerlich war ich völlig fertig. Dies waren meine freiwilligen Mitarbeiter, die ich jahrelang geführt, weitergebildet und unterstützt hatte. Ich empfand diese Aktion als einen Angriff auf meine Leitung.

Später am Abend habe ich einen meiner Freunde angerufen und ihm von dem Vorfall erzählt. Dieser sehr erfolgreiche Geschäftsmann sagte zu mir: »Doug, diese Aktion ist eines der größten Komplimente, von dem ich je gehört habe. Vielen Mitarbeitern wird das Ziel nicht oft genug gezeigt. Sie vergessen es oder verlieren das Interesse daran. Ich wäre begeistert, wenn meine Angestellten so genau wüssten, warum unsere Firma existiert. Aber viele haben außerhalb ihrer speziellen Tätigkeit kaum eine Ahnung von unserer Arbeit. Nebenbei bemerkt: Deine Mitarbeiter hatten nicht ihren Spaß daran, deine Aufträge zu veralbern, sondern daran, dein verblüfftes Gesicht zu sehen. Also lass das mit den Trichtern eine Weile sein, aber verlasse niemals deine Prinzipien.«

Ich nahm ihn beim Wort. Ich reduzierte die »Trichtereinflüsse« auf ein Minimum. Interessanterweise benutzten aber meine Mitarbeiter die »Trichtersprache« weiterhin, wenn sie über unsere Aufträge sprachen.

In Nehemia 4,6–15 wurden die Menschen, die die Mauern von Jerusalem wieder aufbauten, durch ständige feindliche Angriffe zermürbt. Bei der Hälfte des 52-Tage-Projektes musste Nehemia ihre Vision von Grund auf erneuern. Aus dieser Geschichte können wir etwas lernen. Es ist klug, deine Leute mindestens einmal im Monat an Gottes Aufträge für die Jugendarbeit zu erinnern, damit sie diese nicht aus den Augen verlieren.

Ein Leiter muss dafür sorgen, dass die Schlüsselpersonen die definierte Bestimmung der Jugendarbeit im Schlaf kennen.

Auch nachdem du deinen Auftrag und deine Vision kommuniziert und deine Leute immer wieder daran erinnert hast, wirst du Schlüsselpersonen finden müssen, die diese definierte Bestimmung in jeder Lebenslage präsent haben. Das ist wichtig, damit sie den Auftrag auch anderen mitteilen können. Außerdem wird es ihnen helfen, mit Vertrauen zu leiten und sich immer ihres Ziels bewusst zu sein.

Ich habe ein kleines Spiel namens »Die Auftrags-Herausforderung« erfunden, um meine Mitarbeiter zum Auswendiglernen zu bewegen: Wenn einer der Jugendlichen unseren Auftrag auswendig vor der Gruppe aufsagen kann, dann kann er sich einen Mitarbeiter aussuchen, der ihn ebenfalls aufsagen muss. Wenn dieser es nicht schafft, schuldet er dem Jugendlichen fünf Dollar oder ein kleines Essen.

Als wir das Spiel zum ersten Mal planten, zog ich einen Neuntklässler zur Seite und sagte ihm, wenn er ein bisschen Geld machen wolle, solle er für den folgenden Sonntag unseren Auftrag gut auswendig lernen. Am Sonntag trat Andy (der Schüler) dann vor die Gruppe und sagte den Auftrag flüssig auf. Als die Mitarbeiter anfingen, immer tiefer in ihre Stühle zu rutschen, zeigte Andy auf Cynthia, eine unserer dienstältesten Mitarbeiterinnen. Cynthia stand auf und probierte erst gar nicht, unsere Auftragsdefinition aufzusagen, sondern gab Andy direkt die fünf Mäuse. Wir machten das mehrere Wochen lang, bis alle unsere Jugendmitarbeiter unsere Definition kannten oder pleite waren. Unsere Mitarbeiter unternahmen drastische Maßnahmen (so gut wie alles bis auf bleibende Tätowierungen), um unseren Auftrag auswendig zu lernen. Eine Mitarbeiterin lernte den Text zur Melodie eines alten Sonntagsschulliedes. Als sie an die Reihe kam, sang sie tatsächlich unseren Auftrag der ganzen Gruppe vor.

Um das Lernen zu erleichtern, schlug ich Jugendlichen und Mitarbeitern vor, bei den fünf Schlüsselwörtern zu beginnen. Als sie sich die Herleitung dieser Worte eingeprägt hatten, fiel ihnen das Lernen des Rests viel leichter. Außerdem erzählte ich allen (um ihnen ein bisschen Hoffnung zu geben), dass die Definition unseres Auftrages nur unwesentlich länger ist als Johannes 3,16, ein Vers, den viele von ihnen als Kind hatten auswendig lernen müssen.

Der nächste Schritt, nachdem der Auftrag bekannt ist

Wenn du den Auftrag klar und kontinuierlich kommuniziert hast (und dies auch immer wieder tust), gibt es noch vier weitere Führungsaufgaben für dich: die sprachliche Überprüfung der Auftragsdefinition, deine Zeiteinteilung entsprechend der Aufträge, die Umsetzung der Prinzipien in deinem Leben und das Erstellen von Programmen, die die Aufträge erfüllen.

Die Überprüfung der Aussage

Überprüfe deine Aussage und ändere gegebenenfalls den Wortlaut. Worte sind keine heiligen Kühe und können jederzeit durch bessere ersetzt werden. Wundere dich also nicht, wenn sich deine Wortwahl mit etwas Abstand auf einmal nicht mehr so verständlich anhört. Du wirst vielleicht gezwungen sein, die Formulierung etwas zu ändern, um größere Klarheit zu schaffen. Unser erster Entwurf enthielt vier Schlüsselwörter, um die fünf Aufträge mitzuteilen. Für mich war deren Bedeutung vollkommen klar, aber ich bemerkte, dass andere damit Probleme hatten. Also änderten wir die Wortwahl, um die Botschaft noch klarer zu machen.

Hier ist ein Beispiel, wie wir einmal den Wortlaut der Aussage verändern mussten, nachdem wir sie bereits veröffentlicht hatten. Die frühe Version unseres Auftrags las sich folgendermaßen:

Der Auftrag unserer Jugendarbeit besteht darin, Jugendliche, die Jesus Christus nicht kennen, zu ERREICHEN, sie zu VERBINDEN, dass sie in ihrem Glauben WACHSEN und ihren Dienst ENTDECKEN und mit ihrem ganzen Leben Gott EHREN.

Auf den ersten Blick fallen die Unterschiede zur späteren Version auf Seite 72 wahrscheinlich noch nicht auf.

Kurz nachdem wir diesen Auftrag formuliert und veröffentlicht hatten, kam die Mutter eines Jugendlichen zu mir und sagte: »Viele Eltern freuen sich, das die Jugendarbeit hier ein klares Ziel verfolgt, aber ich bin ein bisschen enttäuscht, weil ihr nicht das zu tun scheint, was ihr in eurem Auftrag versprecht. Ich kann kein geistliches Wachstum bei meinem Sohn erkennen.«

Sie hatte Recht. Ihr Sohn hatte an einigen Veranstaltungen und Aktionen teilgenommen, aber er war kein Christ geworden (das hatte er mir selbst gesagt). Wenn man von der oben stehenden Aussage ausgeht, war die Beschwerde der Mutter gerechtfertigt. Unser Auftrag versprach, dass wir ihren Sohn erreichen und mit anderen Christen verbinden würden und dass er dadurch in seinem Glauben wachsen würde. Wir hatten ihn erreicht, aber er wuchs nicht in seinem Glauben, weil er gar keinen Glauben hatte. Wir mussten den Wortlaut ändern, denn es ist unmöglich, jemandem, der gar nicht glaubt, dabei zu helfen, in seinem Glauben zu wachsen. Außerdem gibt es keinen Automatismus, der jeden Jugendlichen, sobald er Jesus kennen gelernt hat, im Glauben wachsen lässt. Wir können nur jedem *versuchen dabei zu helfen*, dass er im Glauben zu wachsen beginnt. Wir mussten also spezifischer werden. Die schräg gestellten Worte sind die, die wir einfügten, um unseren Auftrag spezifischer zu machen.

> Der Auftrag unserer Jugendarbeit besteht darin, Jugendliche,
> die Jesus Christus nicht kennen, zu ERREICHEN,
> sie *mit anderen Christen* zu VERBINDEN, *ihnen zu helfen,*
> in ihrem Glauben zu WACHSEN, *sie zu ermutigen,*
> ihren Dienst zu ENTDECKEN und mit ihrem ganzen Leben
> Gott zu EHREN.

Deine Zeiteinteilung entsprechend der Aufträge

Wenn du verinnerlicht hast, warum es deine Jugendarbeit gibt, dann wirst du deine Zeit spezifischer einsetzen wollen. Kapitel 17 schlägt solche spezifischen Zeitmanagement-Techniken vor, aber in diesem Kapitel möchte ich dich ermutigen, eine Zeiteinteilung entsprechend der fünf Aufträge in Betracht zu ziehen.

Wenn Flyer mit einer Einladung zu einer Schülerfete auf deinen Tisch flattern, dann überlegst du sicherlich hinzugehen. Du wirst immer dutzende Einladungen und Angebote haben, aber du musst dir darüber klar werden, ob du deine Zeit nach den Angeboten oder nach deinen Prioritäten einteilen willst. Deine oberste Priorität sollten die fünf Aufträge sein. Teste jedes Angebot im Hinblick darauf, ob es für deine Aufträge wertvoll sein kann und ob du diese Sache gerade jetzt brauchst. Wenn es für deinen Auftrag nichts bringt, dann wird es dir nur Zeit stehlen.

Ein Leiter muss lernen zu erkennen, was wichtig ist, denn nicht alles ist wirklich seine Zeit wert. Wenn du und deine Jugendarbeit sich mit allem befassen, dann geht das auf Kosten eurer Effektivität. Lass dich nicht von deinen Angeboten managen, sondern lieber von deinen Aufträgen. Das alte Sprichwort »Wenn du auf nichts zielst, wirst du es immer treffen« ist wahr. Genauso wahr ist es, dass du dein Ziel selten treffen wirst, wenn du auch auf alles andere schießt.

Wenn du deinen Terminplan durchcheckst, dann mach dir Gedanken: *Wie viel Zeit verwende ich für jeden der fünf Aufträge in der Woche oder im Monat?*

Dieser Vergleich wird dir zeigen, wohin deine Zeit geht und welcher der fünf Aufträge die meiste Aufmerksamkeit bekommt.

Du musst dir darüber klar werden, ob du deine Zeit nach deinen Angeboten oder nach deinen Prioritäten einteilen willst.

Die Umsetzung der Aufträge in deinem Leben

Wenn du als Leiter deine Aufträge lebst, dann wirst du Leute mit dir *ziehen* und sie nicht *schieben* müssen. Sie zu schieben ist schwierig, ermüdend und undankbar. Ein Leiter, der versucht, seine Leute in die richtige Richtung zu schieben, wird auf Widerstand stoßen. Du wirst viel erfolgreicher sein, wenn du andere durch deinen offenkundigen Lebensstil mit dir ziehst. Sie wollen und werden deinem Beispiel folgen.

Ich erfülle die Aufträge der Saddleback Church unter anderem dadurch, dass ich versuche, nicht-christliche Jugendliche zu erreichen. Kürzlich hatten wir eine Veranstaltung, bei der auch zufällig (ich weiß wirklich nicht, wie die da hineingeraten sind) eine jugendliche Gang anwesend war, die Streit suchte. Viele der »frommen« Jugendlichen hatten Angst vor ihnen und wollten mit ihnen nichts zu tun haben. Um die Wahrheit zu sagen, auch mir waren sie nicht geheuer. Unsere Ziele und Interessen lagen sicherlich meilenweit auseinander. Aber eines wusste ich ganz genau: Es gab uns, um solche Jugendlichen zu erreichen, und wenn ich sie nicht begrüßte, würde es auch keiner der anderen tun. Also schnappte ich mir noch einen Mitarbeiter (den größten, den ich gerade finden konnte) und wir gingen direkt auf sie zu. Kurz darauf sah ich andere Mitarbeiter, die sich nun ebenfalls dazu »berufen« fühlten, diese Jugendlichen zu begrüßen.

Ich kann nicht über die Wichtigkeit des Dienens reden, wenn ich nie am Ende einer Veranstaltung Stühle zusammengestellt und Müll aufgehoben habe.

Jeder beachtet die Leiter! Ich kann nicht erzählen, wie wichtig es ist, an einer Kleingruppe teilzunehmen, wenn ich selbst nie zu einer gehört habe. Ich kann nicht über die Wichtigkeit des Dienens reden, wenn ich nie am Ende einer Veranstaltung Stühle zusammengestellt und Müll aufgehoben habe. Leiter sind Vorbilder für wichtige Werte und geben ein lebendes Beispiel für die Aussage ihrer Aufträge ab.

Erstellen von Programmen, die die Aufträge erfüllen

Weil Veranstaltungen dazu gedacht sind, den Jugendlichen etwas zu vermitteln (und nicht einfach Unterhaltung bedeuten), richtet ein guter Leiter sie so aus, dass sie die fünf Aufträge widerspiegeln und vorantreiben. Er oder sie versteht, dass das Ziel wichtiger ist als das Programm und sorgt dafür, dass die Zielausrichtung im Mittelpunkt steht, unabhängig vom Schicksal des Programms. Dieser Leiter erkennt, dass Veranstaltungen nur Mittel zum Zweck sind und nicht der Zweck an sich.

Veranstaltungen sind Mittel zum Zweck und nicht der Zweck an sich.

Wenn du die fünf Aufträge verinnerlicht und dich durch einige der Ideen im nächsten Kapitel durchgearbeitet hast, wirst du wahrscheinlich beginnen, erste Pläne für Änderungen in deiner eigenen Jugendarbeit zu schmieden. Behalte im Hinterkopf, dass die meisten Leute keine Veränderungen mögen. Veränderungen führen zu Streit und werden deine Leiterrolle herausfordern. Wenn du an Gottes Aufträge glaubst, dann wirst du einigen Konflikten begegnen, die als Folge der Programmänderungen entstehen werden. Der einzige Trost auf deinem Weg durch diese Konflikte ist das Wissen, dass du das Richtige tust, um eine Jugendarbeit aufzubauen, die auf den ewigen Aufträgen Gottes gründet. (Im Kapitel 19 werde ich dir einige wichtige Schritte für die Einführung von Änderungen zeigen.)

Die unterschiedlichen Stufen der Hingabe sind ein weiterer Schritt, den man besprechen sollte, bevor man beginnt, neue Programme zu entwerfen. Das nächste Kapitel (Element 3: Die potenzielle Zielgruppe) zeigt einen Weg, diese unterschiedlichen Entwicklungsstufen von Jugendlichen innerhalb und außerhalb der Gemeinde festzustellen. Wenn du es schaffst, deine Aufräge auf diese verschiedenen Felder auszurichten, dann hast du eine Strategie entwickelt, mit der du Programme entwerfen kannst, die einen Sinn haben. An diesem Punkt beginnt die zielgerichtete Jugendarbeit wirklich Form anzunehmen!

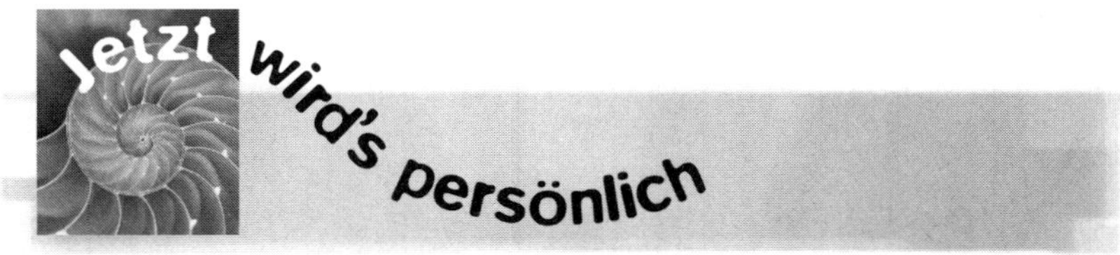

1. Glaubst du, du bist als Leiter geeignet, die fünf Aufträge deiner Kirche zu kommunizieren? Warum oder warum nicht?
2. Wie würdest du den Jugendlichen in deiner Gruppe die fünf Aufträge vermitteln?
3. Wie gut sind die Aufträge deinen Mitarbeitern, Jugendlichen und Eltern bekannt?
4. Nenne spezifische Wege, wie Leiter ihren Jugendlichen helfen könnten, die fünf Aufträge zu verinnerlichen.
5. Wenn du einen Auftrag hast, der vor längerer Zeit verfasst wurde, frage dich, ob er für deine Jugendarbeit noch wirklich zutreffend und klar verständlich ist.

6. Was hältst du von dem Spiel »Die Auftrags-Herausforderung«?
7. Welchen der fünf Aufträge findest du in deinem Leben am schwierigsten umzusetzen? Warum?

Element 3
Die Zielgruppe

5 Die geistliche Entwicklungsstufe der Jugendlichen erkennen

Wahrscheinlich willst du am liebsten gleich mit dem Entwickeln neuer Programme starten. Ich möchte dir die Schwierigkeiten aufzeigen, die Patrick Denton hatte, ein Jugendleiter mit achtjähriger Erfahrung, der zu früh mit der Programmgestaltung begann. Während einem meiner Vorträge begeisterte er sich für die Entdeckung der fünf Aufträge. Er hielt seine Jugendarbeit für aus dem Gleichgewicht geraten, da die meisten seiner Programmpunkte auf Jüngerschaft ausgerichtet waren und die anderen vier Grundsätze fast völlig vernachlässigt wurden. Sein neues Verständnis hat ihn so umgehauen, dass er sich direkt nach dem Ende des Vortrags Gedanken machte, wie er die anderen vier Aufträge in seine Programmpunkte mit einbauen könnte.

Einige Monate später rief Patrick mich an und erzählte mir, was für Probleme sein überstürzter Enthusiasmus und seine voreiligen Veränderungen verursacht hatten. Er hatte einige bedeutsame Veränderungen in seinem Mittwochabend-Programm »Full House« vorgenommen und beispielsweise neue Elemente beigefügt, um ein Gleichgewicht der fünf Aufträge herzustellen. Vor diesen Änderungen war »Full House« eine erfolgreiche Jugendstunde gewesen, die ihren Zweck der Jüngerschaft vollends erfüllt hatte. Patricks Jugendliche brachten ihre Bibeln mit, hatten Spaß am Bibellesen und diskutierten über ihren Glauben. Die Gruppe war nicht sehr groß, aber aber die, die kamen, kamen kontinuierlich, waren eifrig dabei und wuchsen in ihrem Glauben.

Patrick hatte das Design der Stunde verändert und ein paar wilde Spiele mit eingebaut, die nicht-christliche Jugendliche anziehen und somit den Auftrag der Evangelisation erfüllen sollten. Nach den Spielen stellte er kleine Snacks bereit und forderte die Jugendlichen auf, sich in kleinen Gruppen zusammenzufinden – das war der Gemeinschaftsaspekt. Als sie dann, noch verschwitzt von den Spielen, mit dem Essen fertig waren, trieb er sie zu einem gemeinsamen Singen zusammen, um den Auftrag der Anbetung zu erfüllen. Danach hielt er seine normale Bibelarbeit und beendete den Abend in der Kirchenküche, wo die Jugendlichen Erdnussbutter- und Marmeladenbrote für die Obdachlosen der Umgebung schmierten – der Dienst-Auftrag wurde dadurch erfüllt. Patrick glaubte allen Ernstes, er habe damit das ultimative Programm erschaffen, in dem alle fünf Aufträge der Kirche vorkamen.

Er ist wohl vor lauter Begeisterung vor Ende meines Vortrags gegangen! Du kannst dir vermutlich vorstellen, was nach sechs Monaten mit »Full House« passiert war. Die abgedrehten Spiele hatten tatsächlich kirchenferne Jugendliche angezogen, doch diese verschwanden meist wieder, nachdem sie das Essen abgegriffen hatten. Sie wollten nicht singen oder bei der Bibelarbeit mitmachen. Die wenigen, die aus irgendeinem Grund da blieben, hatten keine Ahnung von Gott und so musste Patrick die Inhalte bei der Bibelarbeit radikal vereinfachen. Anfangs schienen diese Programmveränderungen den »alteingesessenen« Teilnehmern von »Full House« zu gefallen. Endlich hatten sie einen Ort, an den sie ihre nicht-christlichen Freunde einladen konnten. Doch der Reiz des Neuen verflog schnell und bald hatten sie das Gefühl, dass Patricks Bibelstunde keine Tiefe mehr hatte. Ebenso vermissten sie die enge Vertrautheit und Hilfe, die sie untereinander erfahren hatten. Obwohl sie Patrick wirklich mochten, verließen viele die Gruppe und besuchten andere Gemeinden, wo es noch tiefer gehende Bibelstunden und keine verrückten Spiele gab.

Nach ungefähr sechs Monaten hatte Patrick zwar immer noch so viele Teilnehmer wie am Anfang, aber die meisten waren entweder Nichtchristen oder neue Leute. Die Gruppe hatte jede geistliche Tiefe verloren. Zu allem Übel kamen auch noch mehrere Eltern zu Patrick, um sich bei ihm zu beschweren, dass ihre Sprösslinge jetzt in andere Kirchen gingen. Patrick hatte sich zwar auf die fünf Aufträge konzentriert, dabei aber die verschiedenen Interessen und die Aufnahmebereitschaft der Jugendlichen vergessen. Anhand seiner Fehler können wir einige Grundprinzipien lernen.

Programme vor Menschen zu stellen bringt Probleme

Patricks erstes Problem: Ein Programm kann nicht alle fünf Aufträge gleichermaßen effektiv erfüllen

Wenn du auf alle fünf Aufträge in nur einem Programm zielst, wirst du keinen mit voller Kraft treffen können. Statt ins Schwarze zu treffen, hat Patrick sozusagen mit einer Schrotladung alles niedergemäht. Er versuchte, einen missionarischen Anspruch mit Spielen zu verbinden, musste aber feststellen, dass er eigentlich mehr geistliche Energie, Tiefe und Qualität gebraucht hätte, um die nicht-kirchlichen Jugendlichen auf Dauer zu halten. Aber dafür fehlte ihm die Zeit, denn er wollte ja auch noch die anderen Aufträge erfüllen. Durch diese Überladung konnte er sich allerdings auf keinen der Aufträge richtig konzentrieren. Dadurch wurde die Qualität von »Full House« insgesamt schlechter. Patricks größter Fehler war, dass er alle Aufträge erfüllen wollte, ohne darüber nachzudenken, mit welchem Auftrag er sein potenzielles Publikum am besten erreichen konnte.

Wenn du auf alle fünf Aufträge in nur einem Programm zielst, wirst du keinen mit voller Kraft treffen können.

Patricks zweites Problem: Ein Programm kann nicht alle Jugendlichen gleich effektiv erreichen

Es ist ziemlich sicher, dass die Jugendlichen in deiner Gemeinde auf verschiedenen Stufen ihrer geistlichen Entwicklung stehen (bei uns gibt es einige Jugendliche, die das hebräische Wort für Buße wissen wollen, und andere, die ihre Eltern überreden wollen, sie für die Teilnahme an einem Programm zu *bezahlen*!). Weil die Jugendlichen so verschieden sind, hätte Patrick nicht erwarten dürfen, dass sie alle mit einem Programm zu erreichen sind. Manche brauchen noch Grundkenntnisse, andere müssen ihren gut genährten Glauben auszuleben beginnen. Einige nicht-christliche Jugendliche brauchen eine klare Darstellung des Evangeliums, während andere geistliche Übungen erlernen und entwickeln müssen. Patrick hat versucht, alle Bedürfnisse mit nur einem Programm zu decken und frustrierte sich und die Teilnehmer damit, weil seine Zielgruppe zu vielschichtig und sein Programm zu allgemein gewesen war.

Lösungen

Wenn du anfängst, deine vorhandenen Veranstaltungen gemäß der fünf Aufträge zu verändern, musst du dir immer zwei Fragen stellen:

1. Welchen speziellen Auftrag (Evangelisation, Anbetung, Gemeinschaft, Jüngerschaft oder Dienst) erfüllt dieses Programm (z. B. »Full House«)?
2. Wen wollen wir mit diesem Programm erreichen?

Wenn deine Antwort auf die erste Frage »alle fünf« ist, dann unterscheidet sich dein Programm vermutlich kaum von Patricks und du kannst mit denselben Schwierigkeiten rechnen. Wenn deine Antwort auf Frage 2 »Jugendliche« lautet, dann denkst du zu allgemein. Was für einen Typ von Jugendlichen? Ich komme auf mindestens fünf verschiedene Typen von Jugendlichen in unserer Gemeinde:

- der nicht-christliche Jugendliche
- der frisch bekehrte Christ
- der Jugendliche, der zwar eine Menge über den Glauben weiß, unserer Arbeit aber eher teilnahmslos gegenübersteht
- der im Glauben wachsende Jugendliche
- der geistliche Leiter

Diese verschiedenen Zielgruppen existieren und haben unterschiedliche Bedürfnisse, ob wir es wahr haben wollen oder nicht. Wenn wir das erkennen, können wir effektiver auf die Jugendlichen eingehen. Deine Veranstaltungen werden erfolgreicher werden, wenn sie Gottes Vorhaben gerecht werden und du dir vorher Gedanken darüber machst, welche Arten von Jugendlichen es in deiner Gruppe gibt. Ansonsten wirst du dich schnell in Patricks Situation wiederfinden und Programme für Jugendliche erstellen, die es in deinem Umfeld gar nicht gibt. Oder umgekehrt wirst du mit deinen Veranstaltungen den tatsächlich existierenden Jugendlichen nicht gerecht.

Deine Veranstaltungen werden erfolgreicher werden, wenn sie Gottes Vorhaben gerecht werden und du dir vorher Gedanken darüber machst, welche Arten von Jugendlichen es in deiner Gruppe gibt.

In dem restlichen Teil dieses Kapitels möchte ich dir zeigen, wie du die potenziellen Zielgruppen innerhalb und außerhalb deiner Kirche definieren und für diese spezielle Veranstaltungen entwerfen kannst.

Wie man die potenziellen Zielgruppen definieren kann

In der Saddleback Church verdeutlichen wir unsere Zielgruppen mit einem Konzept von fünf konzentrischen Kreisen, die wir die »Hingabekreise« nennen.

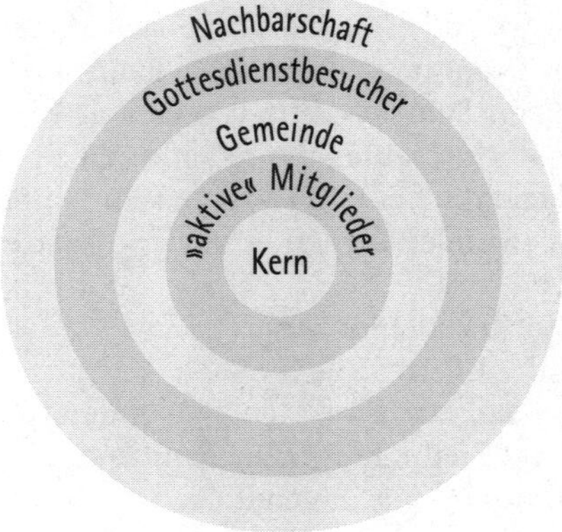

Abb. 5.1

Diese Kreise helfen uns, zwei wichtige Ziele zu erreichen. Als Erstes helfen sie uns, unsere potenzielle Zielgruppe zu identifizieren. Wenn wir wissen, wen wir erreichen wollen, dann können wir unsere Veranstaltungen nach einem der fünf Aufträge Gottes ausrichten *und* auf diese Gruppe zielen. Zum Zweiten können die Kreise uns helfen, das Ziel unserer Jugendarbeit zu vermitteln: Jugendliche aus unserer Gesellschaft zu erreichen und sie näher zu Gott bringen. Wenn du das folgende Kapitel durchliest, dann stellst du vielleicht fest, dass es den einen oder anderen Typ Jugendlichen in deiner Gemeinde nicht gibt. Konzentriere dich auf das Wort p*otenziell*. Du hast vielleicht noch keine Jugendlichen, die sich selbst in der Jugendarbeit einbringen – aber die, die du hast, haben das Potenzial dazu. Unten werden unsere fünf potenziellen Zielgruppen beschrieben.

Wenn wir wissen, wen wir erreichen wollen, dann können wir unsere Veranstaltungen nach einem der fünf Aufträge Gottes ausrichten und auf diese Gruppe zielen.

Die Jugendlichen aus der Nachbarschaft

Als *Jugendliche aus der Nachbarschaft* werden bei uns Teenager bezeichnet, die in der Nähe unserer Gemeinde leben. Genauer gesagt bezeichnen wir die Schüler der Schulen im Umkreis von etwa 25 Kilometern von unserer Gemeinde als unsere potenzielle nachbarschaftliche Zielgruppe. Die Jugendlichen in Südkalifornien gehören zum Beispiel nicht dazu. Wir bezeichnen nicht einmal alle Jugendlichen unseres Staates als unsere Zielgruppe. Stattdessen konzentrieren wir uns auf die Schulen und Wohngegenden in der Umgebung, um die Sache kontrollierbar zu halten. Im genannten Umkreis unserer Gemeinde gibt es ungefähr 26.000 Schüler, die unsere Zielgruppe bilden. Das einzige gemeinsame Interesse all dieser Jugendlichen ist, dass die Kirche nicht zu ihren Interessen gehört.

Diese Zahl zeigt, dass es noch viel zu viele nicht-erreichte Jugendliche in unserem Umkreis gibt. Es ist eine Zahl, die danach schreit, dass etwas getan werden muss. Diese massive Zahl zeigt uns auch, dass es nie Konkurrenzkämpfe zwischen den einzelnen christlichen Jugendarbeiten in unserem Gebiet geben wird, weil weniger als 10 Prozent der Jugendlichen zu einer Kirche gehören. Das bedeutet, dass mehr als 23.000 Teenager noch von Gottes Liebe hören müssen; unsere Gegend hat also noch mehr als genug »Fische« für mehrere Gemeinden.

Kapitel 6 konzentriert sich darauf, wie man die Jugendlichen in der Nachbarschaft durch Evangelisation erreichen kann.

Die gottesdienstbesuchenden Jugendlichen

Der nächste Kreis steht für die, die wir die *gottesdienstbesuchenden Jugendlichen* nennen. Das sind Jugendliche, die am Wochenende zum Jugendgottesdienst gehen (und dort einen Fragebogen ausfüllen). Unser Wochenendprogramm ist für regelmäßig kommende Jugendliche und deren nicht-christliche Freunde konzipiert. Wir betrachten das als unser Einstiegsprogramm.

Einige von diesen Jugendlichen sind mit unseren Gemeindejugendlichen befreundet, einige werden von ihren Eltern geschickt und wieder andere kommen ganz unabhängig von der kirchlichen Gesinnung ihrer Eltern. Das ist unser Stammpublikum; einige sind bereits Christen, andere nicht. Was sie vereint ist, dass sie die Saddleback Church als »ihre Stammkirche« ansehen.

Wenn wir Jugendliche dafür begeistern können, regelmäßig unseren Wochenendgottesdienst zu besuchen, dann haben wir eine gute Chance, sie weiter in unsere Gemeinde zu integrieren. Ich werde in Kapitel 7 noch detailliert darauf eingehen, wie wir für die Jugendlichen im Gottesdienst ein Programm entwerfen, das den Auftrag der Anbetung erfüllt.

Die Gemeindejugendlichen

Wenn ein Jugendlicher zum Glauben gefunden hat, dann ist es unsere Aufgabe, ihn oder sie in eine Kleingruppe zu bringen, in der er/sie mit anderen Christen in Kontakt kommt und mehr über Gott erfährt. Jugendliche, die über das Wochenendprogramm hinaus eine der Kleingruppen am Mittwoch besuchen, werden von uns als *Gemeindejugendliche* bezeichnet. Wir ermutigen die »Gottesdienstjugendlichen« ständig dazu, sich einer Kleingruppe anzuschließen. Nur hier kann man sich näher kennen lernen, sich um »Neue« richtig kümmern und Freundschaften aufbauen. Wir sehen diese enge Beziehung in einer Kleingruppe als Erfüllung des Auftrages der Gemeinschaft an.

Kapitel 8 geht näher auf die Gemeindejugendlichen und ihre Entwicklung in kleinen Gruppen ein.

Die »aktiven« Jugendlichen

Wir bezeichnen als *»aktive« Jugendliche* diejenigen, die es ernst mit ihrem Glauben meinen und ihn nicht nur passiv mitleben, sondern praktisch ausleben möchten. Diese Jugendlichen beten, bringen sich ein und arbeiten daran, in Mitarbeitsfunktionen hineinzuwachsen.

Kapitel 9 zeigt einen einzigartigen Weg, »aktive« Jugendliche in der Gemeinde durch den Auftrag der Jüngerschaft auszubilden.

Die Kernjugendlichen

Wenn »aktive« Jugendliche das Geschenk des Glaubens voll begreifen und es an andere weitergeben wollen, dann gehören sie dem *Kern* der Christen in unserer Gemeinde an. Das ist mein Lieblingsaspekt der Jugendarbeit. Ich freue mich so sehr, wenn ich sehe, wie Jugendliche Gottes Aufträge für ihr Leben entdecken und sie an andere weitervermitteln wollen. Erinnerst du dich – ENTDECKEN ist das Schlüsselwort für die Vermittlung in unserem Auftrag. Diese Jugendlichen werden den Glauben nicht verlieren, wenn sie die Jugendarbeit verlassen.

Was als Versuch begonnen hat, kirchenfremde Jugendliche zu begeistern, wird zu einem geschlossenen Kreis, wenn diese Jugendlichen wiederum beginnen, ihren Glauben an andere weiterzugeben. Die Kernjugendlichen haben auch die Möglichkeit, selbst Jugendmitarbeiter zu werden – Leiter, die zu Schlüsselpersonen einer sich entfaltenden Jugendarbeit werden, weil sie verstanden haben, warum diese existiert.

Kapitel 10 liefert mehr Informationen über diese hingebungsvollen Jugendlichen und ihre Aufgaben der Vermittlung und Leitung.

Ich möchte keinesfalls unterstellen, dass Jesus diese fünf Kreise benutzt hat, aber Jesus wusste natürlich sehr gut, dass sich jeder Mensch auf einer anderen Stufe der geistlichen Entwicklung befindet. Es ist auch bekannt, dass er zu allen Menschen gesprochen hat, egal wo sich diese auf ihrem Weg befanden. Er weckte Interesse und den Wunsch nach mehr, wenn er irgendwo auftrat (Nachbarschaft); er lehrte oft vor großen Menschenmengen (Gottesdienst). In Lukas 10 sandte er 72 Menschen aus (Gemeinde). Er führte eine Gruppe von 12 Jüngern an und förderte sie (Aktive) und in dieser Gruppe hatte er einen engeren Kreis von Vertrauten (Kern).

**Jesus sprach zu allen Menschen,
egal wo sich diese auf ihrem Weg befanden.**

Die Kreise sind nicht das ultimative Modell, um die Jugendlichen und ihre Entwicklungsstufen zu beschreiben. Wenn dieses Modell dir aber hilft, deine Jugendlichen besser einzuschätzen, dann nutze es, um deine Programme sinnvoller zu gestalten. Wenn dir das Modell gefällt, aber dir meine Formulierungen unpassend oder nicht zutreffend erscheinen, dann tu dir keinen Zwang an, bessere Begriffe einzusetzen. Ich habe einen Freund, der die Formulierungen »unbekannt, nicht überzeugt, überzeugt, verbunden, eingebunden« benutzt. Nimm, was du am passendsten findest. Aber vergiss nicht, dass es wichtiger ist, effektiv zu sein als kreativ.

Der nächste Schritt:

Definiere die Interessen deiner potenziellen Zielgruppe

Nachdem du deine potenzielle Zielgruppe identifiziert hast, frag dich: »Welche Interessen hat die jeweilige Gruppe?«

Die Jugendlichen der Nachbarschaft haben gewöhnlich das Hobby *nicht zur Kirche zu gehen* – sie leben von Christus entfernt.

Die gottesdienstbesuchenden Jugendlichen haben zumindest schon angefangen, *zur Kirche zu gehen* – sie erfahren von Christus.

Die Gemeindejugendlichen gehören einer *Kleingruppe* an – sie haben eine Beziehung zu Christus und zu anderen Christen.

»Aktive« Jugendliche erfüllen *geistliche Aufgaben* – sie wachsen im Glauben.

Die Kernjugendlichen haben sich der *Vermittlung* verschrieben – sie dienen im Namen Jesu.

Je klarer das Bild ist, das du von jeder Gruppe hast, desto einfacher wird es für dich sein, dich auf sie einzustellen.

Jede Gruppe schrumpft, wenn die Hingabe größer wird

Die »Hingabekreise« erinnern uns ständig an unsere potenziellen Zielgruppen. Sie zeichnen auch ein realistisches Bild davon, wie Jugendarbeit aussieht. Da jede Stufe eine tiefere Hingabe verlangt, wirst du feststellen, dass die Gruppe immer kleiner wird, je höher der Grad der geistlichen Reife ist. Das ist ein ganz normales Element des Reifeprozesses.

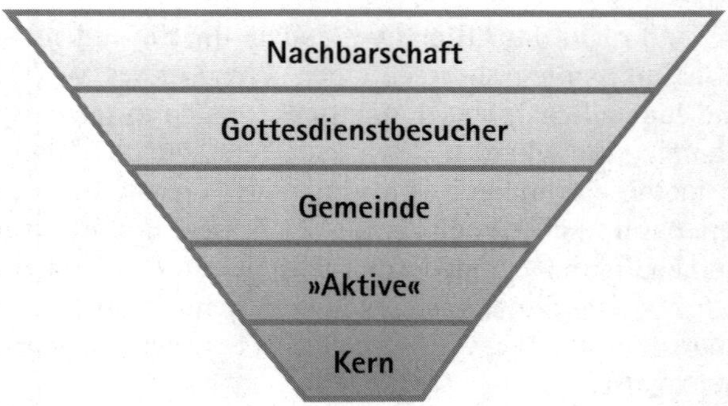

Abb. 5.2

Konzentrier dich auf das Wort »potenziell« und beginn mit denen, die du hast

Das Schlüsselwort bei der potenziellen Zielgruppe ist *potenziell*. Wenn du die Kreise auf deine Umgebung anwendest, wirst du vielleicht feststellen, dass du ein paar Nachbarschaftsjugendliche hast, ein paar sind im Gottesdienst, noch einige findest du in der Gemeinde, aber es gibt weder aktive noch einen »harten Kern«. Das ist schon in Ordnung. Solange du *überhaupt* Jugendliche in deiner Gruppe hast, hast du das *Potenzial*, sie zum Kern zu bringen. Starte deine Jugendarbeit mit den Jugendlichen, die du hast und fang an zu beten und Programme zu entwerfen, um sie in den nächsten Kreis der Hingabe zu führen.

Als ich nach Saddleback kam, gab es 34 Jugendliche im Jugendbereich. Ich stufte die meisten von ihnen als »Gottesdienstbesucher« ein und von diesem Punkt aus fingen wir an. Sie waren unsere potenzielle Zielgruppe. Wir entwarfen ein Programm, das ihren Bedürfnissen entsprach und entwickelten ein Kleingruppenprogramm für diejenigen, die bereit für den nächsten Schritt waren.

Die Konzentration auf die Kleingruppen wurde zu unserem Programm für die Gemeinde. Es dauerte fast drei Jahre, bevor wir ein Programm für die »aktiven« Jugendlichen starten konnten. Und erst in meinem fünften Jahr ist die Kerngruppe richtig explodiert. Wir hatten zwar schon im zweiten Jahr Kernjugendliche, aber noch kein entsprechendes Programm. Ich schreibe das, um dich zu ermutigen. Du musst nicht damit anfangen, alle fünf Gruppen auf einmal zu entwickeln. Eine intakte, zielgerichtete Jugendarbeit entsteht nicht von heute auf morgen. Etwas Funktionierendes aufzubauen braucht seine Zeit. Sei geduldig mit der Entwicklung deiner Veranstaltungen.

Lass deine Sehnsucht lauter sprechen als deine »Hula-Hoop-Reifen«

Einige Jugendarbeiter mögen unser Einstufungssystem in der Saddleback Church nicht. Ich wurde schon einige Male gefragt, ob sich die Jugendlichen nicht gegen dieses Raster wehren und das Gefühl haben, durch geistliche Hula-Hoop-Reifen springen zu müssen. Ich habe allerdings noch nie einen Jugendlichen erlebt, der sich gegen unser Kreismodell verwehrt hat. Die Kreise sollen die Jugendlichen ja nicht in ein Schema pressen, sondern uns helfen einzuordnen, wo sie tatsächlich stehen. Die Jugendlichen in unserer Arbeit kennen die Kreise, denn wir sprechen öfter davon, wie wir uns die Entwicklung von der losen Nachbarschaft zum Kern vorstellen. In allem, was wir sagen, drücken wir unsere tiefe Sehnsucht aus; wir wollen die Jugendlichen geistlich wachsen und gedeihen sehen. Wir betrachten unsere Kreise als ein Modell, um Jugendliche zu erkennen. Es sind keine geistlichen »Vierjahrespläne« und sollten auch niemals als solche angesehen werden.

Die Kreise bieten uns die Möglichkeit zur Identifikation, nicht zur Festlegung. Es geht nicht darum, einen der Jugendlichen nach seiner Zugehörigkeit zu »werten«. Wir haben keine Abschlussfeiern, bei denen wir sagen: »Hey, hört mal her: Phillip hat den Übergang in den Kern geschafft. Gratuliert ihm alle mal!«.

Der Sinn der Kreise ist nicht, Jugendliche zu isolieren oder in eine Richtung zu drängen, sondern zu erkennen, wo sie in ihrer Entwicklung stehen, damit wir ihr geistliches Wachstum bestmöglich unterstützen können.

Die Kreise bieten uns die Möglichkeit zur Identifikation, nicht zur Festlegung.

Wie man eine zielgerichtete Strategie erstellt

Jetzt, wo du die fünf Aufträge kennen gelernt und deine potenzielle Zielgruppe identifiziert hast, kannst du fragen: »Welche Veranstaltungen erfüllen die fünf Aufträge *und* erreichen unsere potenzielle Zielgruppe?«

Die Formel, die ich zur Programmerstellung benutze, lautet:

Potenzielle Zielgruppe + Auftrag = Programm

Zum Beispiel kann das konkret so aussehen:

Nachbarschaftsjugendliche + Auftrag der Evangelisation = Silvesterprogramm

So wird das Silvesterprogramm zur Strategie, Nachbarschaftsjugendliche zu erreichen, indem es den Auftrag der Evangelisation erfüllt. Die Abbildungen 5.3, 5.4 und 5.5 zeigen drei verschiedene Strategien, um diese Formel in unterschiedlichen Jugendgruppen einzusetzen. Es gibt viele verschiedene Wege, die einzelnen Zielgruppen zu erreichen.

Zusätzlich zu der potenziellen Zielgruppe und den Aufträgen muss man auf folgende Punkte achten:

- die Ausrichtung der Kirche
- die verfügbare Zeit der Mitarbeiter
- die Anzahl an erwachsenen Helfern
- und die vorhandenen Mittel

Das sind nur einige der Variablen, die auf deine Strategie, deine entworfenen Programme und die Anzahl der Veranstaltungen Einfluss haben. Wenn dir nur wenig Zeit, keine Helfer und geringe Mittel zur Verfügung stehen, wirst du nicht alles umsetzen können, was du gerne möchtest. Nicht alle deine Veranstaltungen müssen wöchentlich stattfinden. Du könntest dich dafür entscheiden, den Gottesdienst für deine »aktiven« Jugendlichen mit einer Lierdernacht pro Monat oder Quartal abzudecken, abhängig von deiner Zeit.

Bei den folgenden Beispielen solltest du auf das Wort *primär* achten, das vor Auftrag und Programm steht. Es soll das Hauptprinzip und -programm für die jeweilige Zielgruppe kennzeichnen. So liegt an Silvester der Schwerpunkt auf dem gemeinschaftlichen Aspekt.

Erstes Beispiel
Halbtags-Jugendmitarbeiter, Presbyterianische Kirche

Wen wollen wir ansprechen?	**Was ist unser Ziel?**	**Wie wollen wir dies erreichen?**
Potenzielle Zielgruppe	Primärer Auftrag	Primäres Programm
Nachbarschaft	Evangelisation	Jährliche Streetwork-Mission
Gottesdienstbesucher	Gemeinschaft	Spezielle Veranstaltung pro Quartal
Gemeinde	Jüngerschaft	Bibelstunde
»aktive« Gemeindemitglieder	Anbetung	wöchentl. Lobpreisabend
Gemeindekern	Dienst	Monatliches Dienst-Projekt

Abb. 5.3

Zweites Beispiel
Ehrenamtliche Jugendarbeit, Lutherische Kirche

Wen wollen wir ansprechen?	Was ist unser Ziel?	Wie wollen wir dies erreichen?
Potenzielle Zielgruppe	Primärer Auftrag	Primäres Programm
Nachbarschaft	Evangelisation	Gelegentliche Besuche in Schulen
Gottesdienstbesucher	Jüngerschaft	Bibelstunde
Gemeinde	Dienst	von Jugendlichen geleitete Mitarbeiterteams
»aktive« Gemeinde-mitglieder	Gemeinschaft	monatliches Diakonie-Treffen
Gemeindekern	Anbetung	Vierteljährliche Lobpreisnacht

Abb. 5.4

Drittes Beispiel
Vollamtlicher Jugendleiter, Saddleback Church

Wen wollen wir ansprechen?	Was ist unser Ziel?	Wie wollen wir dies erreichen?
Potenzielle Zielgruppe	Primärer Auftrag	Primäres Programm
Nachbarschaft – Kapitel 6	Evangelisation	Freundschafts-Evangelisation
Gottesdienstbesucher – Kapitel 7	Anbetung	Wochenend-Gottesdienste
Gemeinde – Kapitel 8	Gemeinschaft	wöchentliche Bibelstunde in Kleingruppen
»aktive« Gemeinde-mitglieder – Kapitel 9	Jüngerschaft	selbst initiierte Jüngerschafts-Werkzeuge
Gemeindekern – Kapitel 10	Dienst	von Jugendlichen geleitete Gruppen (monatlich)

Abb. 5.5

Ein anderes Beispiel betrifft unsere Kleingruppen (siehe Kapitel 8): Das primäre Ziel dieser Gruppen ist die Gemeinschaft, denn hier verbringen wir viel Zeit miteinander und haben engen Kontakt zu anderen Christen. Der Auftrag der Jüngerschaft taucht aber auch auf, weil wir in diesen Gruppen mit der Bibelarbeit beginnen.

Wenn du mit der Formel Auftrag + Potenzielle Zielgruppe = Programm zurechtkommst, dann wirst du dir eine Menge Zeit und Kopfschmerzen sparen, wenn du versuchst, sinnvolle Veranstaltungen zu entwerfen. Erkenne, dass deine Veranstaltungen auf eine einzigartige Weise funktionieren werden, denn Gott leitet dich. Die ewigen Aufträge Gottes ändern sich niemals und eine potenzielle Zielgruppe gibt es in den meisten Gemeinden. Programme aber können und sollten so oft wie nötig wechseln, um deine Zielgruppe zu erreichen und die Aufträge Gottes für die Jugendarbeit bestmöglich zu erfüllen.

Abbildung 5.6 zeigt, wie wir in der Saddleback Church die Aufträge auf die einzelnen Zielgruppen verteilen.

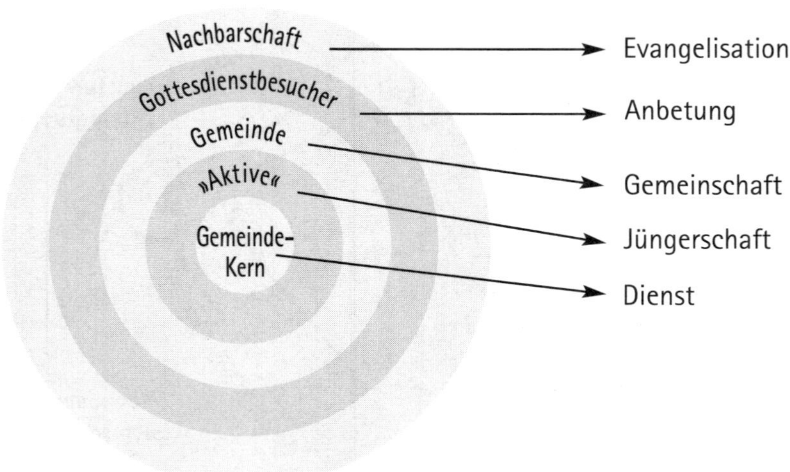

Abb. 5.6

Die nächsten fünf Kapitel beschäftigen sich damit, wie man Programme entwirft, um diese fünf potenziellen Zielgruppen zu erreichen und die fünf Aufträge zu erfüllen. Ich werde wichtige, vielseitig anwendbare Prinzipien darstellen und spezifische Wege erläutern, wie wir in Saddleback arbeiten.

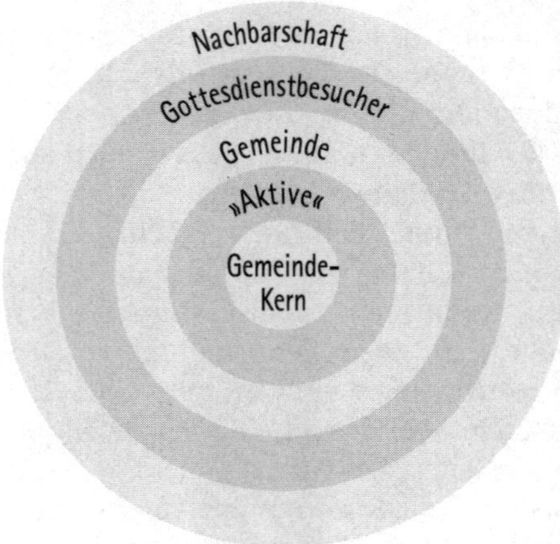

Abb. 5.7a

Die oben stehenden Kreise stellen unsere beabsichtigte Bewegung dar. Wir wollen kirchendistanzierte Jugendliche auf den Kern zu bewegen. Von dort »befördern« wir sie dann wieder zurück hinaus in die Nachbarschaft, um ihrerseits kirchendistanzierte Jugendliche zu erreichen.

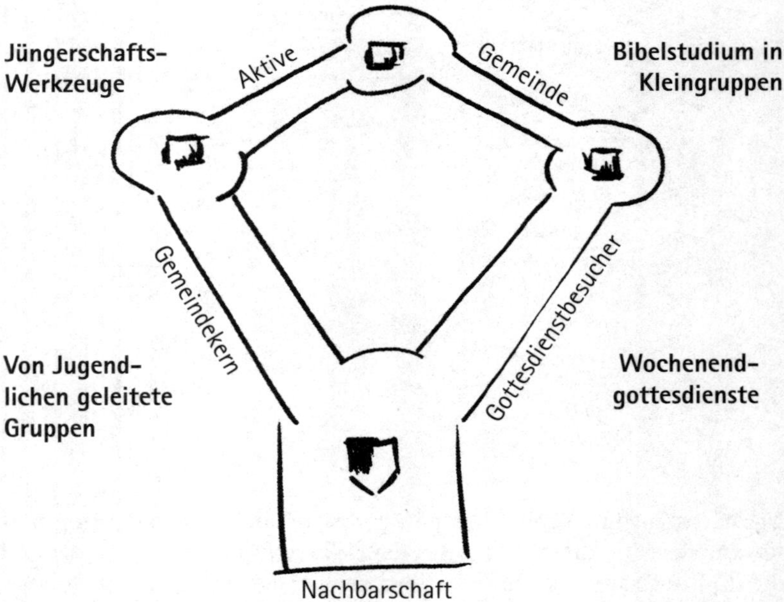

Abb. 5.7b **Freundschafts-Evangelisation**

Die fünf primären Veranstaltungen, wie sie in Abbildung 5.5 aufgelistet sind, sind an eine einfache bildliche Darstellung des Baseballspiels angelehnt. Durch diese Darstellung erklären wir unseren Mitgliedern visuell unseren Entwicklungs- und Gemeindezugehörigkeitsprozess.

Du findest eine detaillierte Beschreibung jedes dieser Programme in den Kapiteln 6–10. Darüber hinaus gibt es noch einige weitere Veranstaltungen, die wir »sekundäre Veranstaltungen« nennen. Diese werden in Kapitel 12 beschrieben. Du wirst dort sehen, wie diese sekundären Veranstaltungen die Bewegung von der Nachbarschaft zum Gemeindekern unterstützen. Du wirst auch verstehen, warum wir die bildliche Darstellung des Baseballspiels benutzen, um Bewegung zu vermitteln.

Jetzt wird's persönlich

1. Schreib die Namen deiner Veranstaltungen auf und benote sie in den Feldern nach ihren Zielgruppen.

Programm	Nachbarschaft	Gottesdienstbesucher	Gemeinde	»Aktive«	Gemeindekern

2. Müssen einige von deinen Programmen spezieller werden? Wenn eines deiner Programme auf mehrere Zielgruppen zielt, was musst du tun, um es spezieller zu machen?

3. Wissen die Jugendlichen, die deine Veranstaltungen besuchen, für wen diese gedacht sind?

4. Wie würdest du diese Tabelle für deine Jugendarbeit ausfüllen?

Wen wollen wir erreichen? *Potenzielle Zielgruppe*	**Was ist unser Ziel?** *Primärer Auftrag*	**Wie wollen wir das erreichen?** *Primäres Programm*
Nachbarschaft		
Gottesdienstbesucher		
Gemeinde		
»Aktive«		
Gemeindekern		

5. Wie viele Jugendliche gibt es ungefähr in deiner Gemeinde?

Nachbarschaft: ______

Gottesdienstbesucher: ______

Gemeinde: ______

»Aktive«: ______

Gemeindekern: ______

6. Schreib deine eigene Definition von jeder potenziellen Zielgruppe (siehe Seiten 83–85) auf.

Nachbarschaft: ______

Gottesdienstbesucher: ______

Gemeinde: ______

»Aktive«: ______

Gemeindekern: ______

7. Was sind die entscheidenden Schritte, die die Jugendlichen machen, um in den nächsten Kreis zu kommen?

Anmerkungen

[1] Unsere Jugend-Wochenendgottesdienste finden zur selben Zeit wie die Gottesdienste für die Erwachsenen statt. Zum Zeitpunkt der Veröffentlichung dieses Buches haben wir jedes Wochenende drei Termine – Samstagabend 17:00 Uhr, Sonntagmorgen 08:45 und 11:00 Uhr. Diese Veranstaltungen haben alle dieselbe Struktur. Kapitel 7 wird diese Gottesdienste näher erläutern.

Element 4
Die Veranstaltungen

6 Wie man die Jugendlichen der Nachbarschaft erreicht

Die Erfüllung des Missionsauftrags

Aaron Gutridge war der Football-Star der Tustin High School. Jede Woche berichtete die lokale Zeitung über seine außergewöhnlichen Fähigkeiten. Jeder in der Schule wusste, wer er war und er hatte enormen Einfluss. Er war ganz sicher kein Christ, kam aus einer kaputten Familie und die einzigen Momente, in denen er das Wort »Gott« in den Mund nahm, waren lästerliche Flüche auf dem Spielfeld.

Aaron wurde von seinem Freund Matt, einem Jugendlichen unserer Gemeinde, zu unserer Freitagabend-Veranstaltung »Overtime« eingeladen. »Overtime« ist eine Pizza-Party abends nach dem Footballspiel. Um eine Pizza zu bekommen, musste Aaron ein Adresskärtchen ausfüllen. In dem Moment, in dem er das tat, wurde er von einem unbekannten Nachbarschaftsjugendlichen zu einem potenziellen Gottesdienstbesucher. Er war nicht länger ein völliger Fremder.

Am darauf folgenden Dienstag schrieb ich Aaron einen Brief. Ich brachte meine Freude darüber zum Ausdruck, dass er unsere Gemeinde besucht hatte und lud ihn ein, gemeinsam mit Matt mal am Sonntagmorgen zu kommen. Ich war angenehm überrascht, als Matt am kommenden Sonntag Aaron und mit ihm fünf weitere nicht-christliche Freunde aus dem Footballteam mitbrachte. An diesem Sonntag hörte Aaron zum ersten Mal die frohe Botschaft Gottes. Nach der Kirche luden wir die Jungs zu einem Sonntagnachmittag-Basketballspiel mit einigen unserer erwachsenen Mitarbeiter ein. Sie sagten zu, wir spielten, wir Leiter gewannen, und Aaron und seine Freunde kamen die nächsten Sonntage wieder, um Revanchen zu spielen. Innerhalb weniger Monate veränderte sich Aarons Motivation, in die Kirche zu gehen, und er vertraute sein Leben Gott an. Er wurde ein aktiver Teilnehmer unserer Mittwochsbibelstunde, die für Jugendliche der Gemeinde konzipiert ist. Innerhalb eines Jahres legte er seinen ganzen Ehrgeiz darein, in seinem Glauben weiterzukommen. Kurz darauf kam er in die Leitergruppe, die für Kernjugendliche gedacht ist. Aaron spielte auch weiter

Football und ging aufs College. Heute ist er hauptamtlicher Jugendpastor.

Wenn du dir Aarons Geschichte genau anschaust, wirst du erkennen, dass eine Menge Faktoren zusammen kamen, die ihn in Kooperation mit Gottes Souveränität schließlich erreichten: eine harmlose Gemeindeveranstaltung, die er besuchen konnte (»Overtime«), ein befreundeter Jugendlicher, der ihn einlud (Matt), ein nachfolgender Plan (der Brief), ein Einstiegsprogramm, das ihm half, sich mit dem Glauben anzufreunden (das Wochenendgruppenprogramm), persönlicher Kontakt durch die Basketballspiele (erwachsene Mitarbeiter) und andere Veranstaltungen, um sein Wachstum zu fördern (also Gemeinde-, »Aktiven«- und Gemeindekernprogramme).

Ich würde eine solche Geschichte gerne über jeden Jugendlichen erzählen, der zu einer Gemeindeveranstaltung kommt, aber leider kann ich das nicht. Geistliches Wachstum, wie es mit Aaron geschah, ist unser Ziel, aber es passiert nicht mit jedem Jugendlichen.

Evangelisation ist kein Programm, sie ist ein Prozess

Wenn du willst, dass deine Arbeit Nachbarschaftsjugendliche erreicht, die Gott noch nicht kennen, dann musst du dich sehr bemühen, ihr ein Herz für Evangelisation zu vermitteln. Jugendarbeiten, die kirchendistanzierte Jugendliche wirklich erreichen, sehen Evangelisation nicht nur als eine gute Idee, sondern als essentiellen Bestandteil ihrer Arbeit an. Wenn du die Evangelisation zu einer Priorität machen willst, musst du sicherstellen, dass sie nicht auf ein Programm reduziert wird.

Evangelisation ist kein Programm, sie ist ein Prozess – die Entwicklung einer Person.

Wir können keine Veranstaltungen schaffen, die attraktiv genug sind, um mit der Welt konkurrieren zu können.

Ich glaube nicht, dass wir Jugendliche dazu schulen sollten, außergewöhnliche Veranstaltungen zu erfinden. Eine beständige missionarische Veranstaltung lässt sich nicht einfach aus dem Hut zaubern. Unsere Gemeinde liegt nur wenige Minuten von Disneyland und hundert anderen

Unterhaltungsattraktionen entfernt und wir haben nicht die Mittel, um Veranstaltungen zu schaffen, die mit dieser Welt konkurrieren können. Auch dir fehlen diese Mittel wahrscheinlich. Wir haben aber viel mehr als diese materiellen Dinge: Wir haben einen Inhalt, der Leben verändert (das Wort Gottes) und feste Beziehungen, um die wir uns kümmern. Damit kann die Welt mit all ihrer Unterhaltung nicht mithalten.

Es ist diese Wahrheit, die unsere Jugendlichen verstehen. Ich möchte, dass sie persönliche Verantwortung für ihren Glauben entwickeln und ihr Leben mit offenen Augen und Herzen leben.

Während meiner ganzen Zeit in der Jugendarbeit war es ein Segen zu sehen, wie viele ganz normale Jugendliche ihre Freunde zu Jesus Christus führten. Es war eine erfolgreiche Mischung aus unserer Jugendarbeit und den Jugendlichen selbst, die ihr Möglichstes taten und dann Gott das Unmögliche tun sahen. Ich kann das Handeln Gottes nicht erklären, aber ich kann dir zeigen, was wir tun, um von unserer Seite den Missionsauftrag gewissenhaft zu erfüllen.

Die Evangelisation in unserer Arbeit umfasst das Verständnis und die praktische Umsetzung von drei Elementen:

1. Die Entwicklung eines evangelistischen Grundverständnisses
2. Die konstante Herausforderung, aktiv zu evangelisieren
3. Ein Gottesdienst, zu dem Jugendliche gern ihre Freunde mitbringen (siehe Kapitel 7)

Der Rest dieses Kapitels wird die ersten beiden Elemente als Weg zur Entwicklung der Evangelisation in deiner Jugendarbeit erforschen. Kapitel 7 wird dir zeigen, wie der Gottesdienst in Saddleback als offene Tür von der Nachbarschaft zur Gruppe fungiert.

Evangelistische Jugendarbeit drückt eine Überzeugung aus

In Matthäus 9,12–13 sagt Jesus: »Nicht die Gesunden brauchen den Arzt, sondern die Kranken ... Denn ich bin gekommen, um die Sünder zu rufen, nicht die Gerechten.«

Die Botschaft dahinter lautet: »Ich bin hier, um die Außenseiter einzuladen, nicht um die Eingeweihten, die Insider, zu verhätscheln.« Viele Jugendarbeiten sind super darin, ihre »Innenseiter« zu verwöhnen – und lausig darin, die Außenseiter zu erreichen.

Jugendarbeiten, in denen der Missionsauftrag erfüllt wird, sind normalerweise solche, in denen die Leitung, die Mitarbeiter und die Jugendlichen die Wichtigkeit dieser Aufgabe verstanden haben und eine gemeinsame Leidenschaft für ihre Umsetzung teilen. Wenn der Auftrag der Evangelisation von deiner Gemeindeleitung nicht so richtig akzeptiert und unterstützt wird, wirst du einen ständigen Kampf zu kämpfen haben. Es entstehen Spannungen, wenn Jugendmitarbeiter kirchendistanzierte Jugendliche erreichen wollen, die Kirche aber nur die schon Geretteten bauchpinseln will. Ich habe schon viele Jugendleiter an diesem Konflikt scheitern sehen.

Es entstehen Spannungen, wenn Jugendleiter kirchendistanzierte Jugendliche erreichen wollen, die Kirche aber nur die schon Geretteten bauchpinseln will.

Um den Missionsauftrag in deiner Jugendarbeit zu verwirklichen, muss es eine gemeinsame evangelistische Grundhaltung aller Beteiligten geben. Jeder in deiner Gemeinde muss verstanden haben, dass es unsere Verantwortung ist, die Gute Nachricht mit anderen zu teilen, wo immer wir hingehen. Diese ansteckende Haltung dringt in eine Gemeinde ein und zieht Mitarbeiter an, die ihre Jugendlichen lieben und motivieren. Es gibt mindestens vier Wege, um eine evangelistische Grundhaltung auszudrücken.

»Wir wissen, dass es schwierig wird – aber wir tun es trotzdem«

Evangelisation ist harte Arbeit. Nichtgläubige Menschen sind kritisch und nehmen unsere Methoden und unsere Botschaft nicht so leicht an wie Gläubige. Der Apostel Paulus sagte: »Denn das Wort vom Kreuz ist denen, die verloren gehen, Torheit.« (1 Kor 1,18)

Evangelisation unter Jugendlichen ist für mich als Jugendleiter schwierig. Wenn ich auf dem Schulhof ein Gespräch mit einem Schüler beginne, werde ich oft als Bedrohung empfunden. Ich wurde schon oft von Eltern angegangen, die mich mit ihren Kindern gesehen haben und nichts über mich wussten. Ich nehme es ihnen nicht übel, wenn sie mich fragen, wer ich bin und was ich auf dem Schulgelände zu suchen habe. Sie fürchten, ich könnte ein Perverser oder ein Sektenführer sein und dazu gibt es ja leider heutzutage genug Anlass.

Evangelisation ist auch für Jugendliche schwierig. Sie fürchten sich vor Ablehnung. Sie haben Angst, dass sie nicht verstanden werden, dass ihnen die richtigen Worte fehlen oder dass sie als Spinner abgestempelt werden. Diese natürlichen Ängste lähmen sie und bewirken, dass sie ihrer Umwelt ihren Glauben lieber verschweigen. Das ist auch ein Punkt für viele Jugendmitarbeiter, die eben diese Ablehnung fürchten.

Evangelisation wird auch dann zum Problem, wenn bestimmte Eltern in der Gemeinde die Aufgabe der Jugendarbeit darin sehen, dass sie sich nur um ihre Kinder kümmern soll und nicht um Jugendliche außerhalb der Gemeinde. Ich hatte schon Gespräche mit Eltern, die über Nachbarschaftsjugendliche sagten: »Die Gemeinde sollte diese Jugendlichen nicht ansprechen. Das sind die Schüler, die mein Sohn den ganzen Tag in der Schule sieht und er sollte mit ihnen nicht auch noch in der Kirche zu tun haben müssen. Er braucht einen sicheren Hafen in der Gemeinde!«

Wenn mein erster Zorn über eine solche Aussage verflogen ist, versuche ich ganz ruhig den biblischen Auftrag der Evangelisation zu erklären. Jugendgruppen, die den Missionsauftrag erfüllen wollen, müssen ihren Anteil an kirchendistanzierten Jugendlichen haben. Wenn deine Jugendarbeit die »Verhätschler« nicht gelegentlich unglücklich macht, dann nimmst du wahrscheinlich den Auftrag der Evangelisation nicht ernst genug.

Die größte Hürde zur Evangelisation besteht für viele Jugendleiter vermutlich in der Gemeindeleitung oder dem Elternkreis. Viele Gemeinden finden Evangelisation gut, solange sie keine Schwierigkeiten aufwirft. Leider macht Jugendevangelisation oft Schwierigkeiten, und die Kirchen, die »Ordnung« vor Evangelisation stellen, geben dem Hausmeister mehr Macht als dem Heiligen Geist.

Nicht-Christen können die »Heiligkeit« von Kircheneigentum nun mal nicht unbedingt nachvollziehen. Sie wissen nicht, dass der Teppich im Gemeinschaftsraum von Mrs. Jennings persönlich verlegt wurde und Essensflecken auf dem Teppich so etwas wie Blasphemie bedeuten. Nachbarschaftsjugendliche denken nicht daran, ihre Sprache zu ändern, wenn sie in die Kirche kommen – sie sprechen, wie sie immer sprechen und sie rauchen, machen Unordnung und lungern herum. Sie machen Probleme, weil sie nicht respektieren, was kirchliche Teenager zu respektieren gelernt haben. Wenn du das Gefühl hast, dass ich gerade deine Jugendlichen beschrieben habe, dann bist du in guter Gesellschaft. Mit den Menschen, die Jesus anzog, waren die Kirchenführer seiner Zeit absolut nicht einverstanden!

Zu guter Letzt ist Evangelisation schwierig, weil es den Feind gibt. Die Rettung von Menschen ist der Gegenstand eines sehr realen Krieges, denn Satan will nicht, dass Menschen zu Jesus finden. Eine evangelistische Haltung muss sich gegen alle Kräfte behaupten, die gegen Gott und seine Kinder gerichtet sind.

»Man kann nicht über den Missionsauftrag streiten«

Jugendliche, die die Bibel kennen, verstehen ihre Rolle in der Evangelisation sehr gut. Jesus hat uns nicht vor die Wahl gestellt, als er in Apostelgeschichte 1,8 sagte: »Ihr werdet meine Zeugen sein.«

Eine evangelistische Haltung zu entwickeln heißt, Evangelisation als unsere ureigenste Aufgabe anzusehen. Das muss zu einer klaren Überzeugung werden, oder du wirst in Versuchung kommen aufzugeben, wenn deine Jugendlichen sich nicht von deiner Begeisterung anstecken lassen. Sie werden deine Botschaft anhören und der Schlussfolgerung zustimmen, aber sie werden vor der aktiven Umsetzung zurückschrecken, denn Evangelisation ist ein schwer zu beackerndes Feld. Wenn du aber Evangelisation als unwiderruflichen Auftrag Gottes ansiehst, wirst du daran festhalten, auch wenn du auf Widerstand triffst.

»Wir wollen Mitarbeiter, die Jugendliche lieben«

Evangelistische Jugendarbeit braucht Mitarbeiter, die die Jugendlichen wirklich lieben. Wenn du Jugendliche erreichen willst, musst du gern mit ihnen zusammen sein. Ein guter Missionar geht nicht in ein Dorf und verabscheut die Leute dort, weil sie ihn nicht verstehen. Ein Jugendmitarbeiter muss ein echtes Herz für Kids haben, und zwar nicht nur für die netten in der Gemeinde, sondern auch für solche, die nicht so leicht zu lieben sind.

Jugendarbeiten, die erfolgreich kirchendistanzierte Jugendliche erreichen, werden fast immer von einem Mitarbeiter geführt, dessen Herz für Nichtchristen schlägt. Diese Person versteht die Botschaft Christi: »Ebenso wird auch im Himmel mehr Freude herrschen über einen einzigen Sünder, der umkehrt, als über neunundneunzig Gerechte, die es nicht nötig haben umzukehren.« (Lk 15,7)

Es ist unmöglich, Gottes Herz nahe zu kommen, ohne sich denen zu nähern, für die sein Sohn, unser Retter, sein Leben gab.

»Wir brauchen Mitarbeiter, die einen evangelistischen Lebensstil vorleben«

Wenn die Schlüsselperson in einer Gemeinde keinen evangelistischen Lebensstil vorlebt, dann werden es die Freiwilligen und Jugendlichen auch nicht tun. Alles Schwierige – wie auch Evangelisation – muss von der Leiterschaft vorgemacht werden.

Der Großteil der Teenager, mit denen ich bisher gearbeitet habe, hat nicht gerade einen Freudensprung vollführt, als es um den Missionsauftrag ging. Viele wollten es lieber nicht tun. Sie waren zufrieden mit den Freunden, die sie in der Kirche hatten und verspürten kein besonderes Bedürfnis, Kirchendistanzierte zu erreichen. Aber wenn sie sehen, wie ihre Leiter ihnen ein ansteckendes Christsein vorleben und sie immer wieder in der Bibel vom Missionsauftrag lesen, beginnen sie, diese Aufgabe nach und nach auch zu ihrer Priorität zu machen. Eine evangelistische Jugendarbeit spornt die Teilnehmer und Mitarbeiter an, Trendsetter in Sachen Evangelisation zu werden.

Eine evangelistische Jugendarbeit spornt die Teilnehmer zu einem evangelistischen Lebensstil an

In Kapitel 4 hast du gelernt, dass eine der Aufgaben der Leitung das ständige Kommunizieren des Sinns und Zwecks deiner Jugendarbeit ist. Wenn du Nachbarschaftsjugendliche erreichen willst, musst du den Missionsauftrag besonders betonen, wann immer du die Aufträge wiederholst.

In der Saddleback Church reden wir mit den Jugendlichen ständig über den Missionsauftrag, schon in den frühesten Stadien ihres Glaubens. Wir wollen, dass die Jugendlichen begreifen, dass Kirchendistanzierte zuerst von Christen angezogen werden und dann von Christus. Jesus lehrte uns in Matthäus 5,14, dass wir Lichter sein und so hell scheinen sollen, dass andere Gottes Licht in uns erkennen. Dieser Vers macht deinen ganzen Lebensstil zu einem wichtigen Faktor für die Jugendarbeit. Jugendliche müssen immer wieder daran erinnert werden.

Wir erwarten von unseren Jugendlichen nicht, dass sie *Missionare* werden, aber wir wollen, dass sie *evangelistisch* leben. Wir erwarten nicht, dass sie sich auf dem Schulhof auf einen Tisch stellen und anfangen zu predigen (das wäre schon eher die Aufgabe eines Missionars), aber wir möchten, dass sie den Wunsch entwickeln, dass ihre nichtgläubigen Freunde zu Gott finden, dass sie für sie beten und sie zu geeigneten Veranstaltungen einladen (evangelistisch).

Feure deine Jugendlichen mit starken Slogans an

Während meines letzten Jahres (von elf) in meiner vorherigen Kirche begann mein evangelistischer Eifer etwas zu ermüden. Die Jugendlichen fühlten das und folgten meinem Beispiel. Es entstand eine allgemeine evangelistische Apathie. Als ich zur Saddleback Church kam, hatte ich meine »Lebensgeister« wieder erneuert und wollte, dass meine Jugendlichen das merkten. Wir begannen mit einer kleinen Gruppe, aber wir wuchsen schnell, während die Jugendlichen die folgenden drei Slogans ständig hörten und verstanden.

»Wir werden wachsen«

Ich wollte, dass den Jugendlichen gleich sonnenklar war, dass wir die Aufgabe haben, hinauszugehen und allen Menschen von Gottes Liebe zu erzählen. Ich erklärte, dass es nicht unsere Aufgabe war, die größte Gemeinde in der Stadt zu werden, aber wir sollten Gottes Auftrag im Missionsbefehl ernst nehmen. Wenn wir unseren nicht-christlichen Bekannten nichts von unserem Glauben erzählten, vermittelten wir damit ja sozusagen die Botschaft, dass sie unsere Anstrengung nicht wert seien. Wenn wir die Aufgabe der Evangelisation aber ernst nähmen, dann würden wir wachsen. Ich wollte damit nicht die »Je größer, desto besser«-Mentalität unterstützen. Ich sage nur, »je mehr Evangelisation, desto besser« und das »desto größer« kommt dann von alleine.

Wenn wir unseren nicht-christlichen Bekannten nichts von unserem Glauben erzählen, vermitteln wir damit ja sozusagen die Botschaft, dass sie unsere Anstrengung nicht wert seien.

»Wie werden kein heiliges Geklüngel veranstalten«

Ich wollte nicht, dass unsere Jugendarbeit zu einem exklusiven Klub wurde und sorgte deshalb dafür, dass dies alle begriffen. Ich bezeichne unsere Arbeit nicht als »Jugendgruppe«, denn eine ausgeprägte Gruppenmentalität regt nicht zum Wachstum an. Es ist bequem und kuschelig, sich in einer Gruppe zu befinden. Eine gesunde Jugendarbeit aber wächst und wird größer.

Das ist eine Blockade für viele Jugendmitarbeiter. Sie fragen oft: »Sollte ich meine Jugendlichen denn nicht ermutigen, sich von der Welt fern zu halten und eine Art sichere Insel zu bilden? Ich will sie doch dazu bringen, dass sie sich möglichst intensiv mit Gott beschäftigen und mit anderen Christen zusammen sind! Sollte man dann nicht versuchen, sie ein wenig abzuschirmen?«

Meine Antwort lautet »Ja« zu den ersten beiden Fragen und »Nein« zur letzten. Natürlich sind wir als Christen nicht von der Welt, aber wir leben in ihr und es hat keinen Sinn, sich vor ihr zu verstecken. Und Christus hat uns nicht gerettet, um einen Kuschelklub zu gründen.

> **Natürlich sind wir als Christen nicht »von der Welt«, aber wir leben in ihr und es hat keinen Sinn, sich vor ihr zu verstecken.**

»Diese Veranstaltung ist nicht für dich gedacht«

Manchmal sage ich meinen Jugendlichen, dass sie eine Veranstaltung nur besuchen dürfen, wenn sie einen Freund mitbringen. Ich bin es leid, evangelistische Programme zu entwerfen, die das Interesse am Glauben wecken sollen und dann kommen nur Jugendliche, die sowieso schon fromm sind. Wenn du dir die Arbeit machst, ein evangelistisches Programm zu entwerfen, musst du den Jugendlichen deiner Gemeinde genau erklären, für wen diese Veranstaltung gedacht ist.

Achte darauf, bei welchen Veranstaltungen du deine Jugendlichen dazu ermunterst, nicht-christliche Freunde mitzubringen. Einmal fragte ich einen Jugendlichen: »Warum hast du denn gar keine Freunde mitgebracht?«, und er antwortete mir: »Ich wusste nicht, dass die Veranstaltung für Kirchendistanzierte gedacht war.« Darauf erwiderte ich: »Aber jedes Mal, wenn ich es angekündigt habe, habe ich doch gesagt: ›Bring einen Freund mit‹.« Seine nächsten Worte machten mich nachdenklich. »Ja, aber du sagst ja *immer,* wir sollen unsere Freunde zu allem mitbringen.« Damals habe ich eine wichtige Lektion gelernt: Ich musste mir genauer darüber klar werden, welche Veranstaltungen wirklich für die Evangelisation geeignet waren.

Sogar jetzt noch, nachdem unsere Jugendarbeit ein atemberaubendes Wachstum erfahren hat, wiederholen wir diese drei Slogans immer wieder. Menschen vergessen nämlich so leicht, was nicht oft genug betont wird. Wir wollen uns nicht mit den schon geretteten Jugendlichen begnügen und die aus den Augen verlieren, die Gott noch nicht kennen.

Motivier die Jugendlichen in kleinen Schritten

Wenn du den Jugendlichen helfen willst, ein Herz für die Evangelisation zu entwickeln, dann tu dies in kleinen, nachvollziehbaren Schritten. Nichts ist niederschmetternder für Jugendliche, als sie einfach auf die Straße zu schicken, um mit völlig Fremden über ihren Glauben zu sprechen. Die meisten Jugendlichen sollten diese Art der Evangelisation gar nicht machen müssen. Gott kann zwar auch solche Gespräche positiv nutzen, aber diese Art der Evangelisation ist nun wirklich nicht jedermanns Sache. Wenn du deinen Jugendlichen Möglichkeiten zeigst, die sie auch wirklich umsetzen können, dann werden sie sicherer und offener, wenn es darum geht, ihren Freunden von ihren Erfahrungen mit Gott zu erzählen. Du wirst ihnen eher Mut machen, wenn du den ganzen Prozess in kleine Happen unterteilst, als wenn du sie mit einer Verantwortung überhäufst, die selbst gestandene Christen in Angst und Schrecken versetzt.

Hier ist ein Beispiel, wie unsere kleinen Schritte aussehen:

Schritt 1: Erzähl deinem Freund bei passender Gelegenheit, dass du an Gott glaubst.
Schritt 2: Lad deinen Freund zu einer geeigneten Veranstaltung ein.
Schritt 3: Sag deinem Freund, warum du an Gott glaubst.
Schritt 4: Erzähl deinem Freund, wie du Christ geworden bist.
Schritt 5: Frag deinen Freund, ob er oder sie Gott näher kommen möchte.

Diesen Prozess nennen wir *Freundschafts-Evangelisation.*

Obwohl dies mehr eine mündliche Aktivität als ein richtiges Programm ist, sprechen wir davon als dem primären Programm, um Nachbarschaftsjugendliche zu erreichen.

Programmgestaltung für Nachbarschaftsjugendliche: Das Modell der Saddleback Church

Die Saddleback Church hat primäre und sekundäre Veranstaltungen für jede potenzielle Zielgruppe. Die primären Veranstaltungen werden hier und in den nächsten vier Kapiteln beschrieben; Kapitel 12 zeigt und beschreibt unsere sekundären Programme. Ich hoffe, dass unsere Beispiele dir gute Ideen für deine Arbeit geben und dass du, von unseren Methoden sozusagen »unterwältigt« bist, weil sie so simpel sind. Weil wir zielgerichtet arbeiten, legen wir auf die Aufrechterhaltung der Programme keinen unbedingten Wert. Wenn eine der Veranstaltungen ihre Zielgruppe nicht mehr erreicht oder die fünf Aufträge (Evangelisation, Gemeinschaft, Jüngerschaft, Dienst, Anbetung) nicht mehr optimal verkörpert, dann ändern wir sie oder beenden sie ganz.

Primäres Nachbarschaftsprogramm: Freundschafts-Evangelisation

Zu Beginn des Schuljahres setzen wir eine Einheit namens *Freundschafts-Evangelisation*. Wir geben jedem Jugendlichen eine etwa brieftaschengroße Karte, auf die er die Namen von fünf nicht-christlichen Freunden schreiben soll (siehe Abb. 6.1).[1] Dann bitten wir sie, jeden Tag für diese Freunde zu beten und Gott darum zu bitten, dass er ihnen eine Gelegenheit und die Kraft gibt, mit diesen Freunden über ihn zu sprechen. Ein Jugendleiter hat diese Idee übernommen und eine so genannte H.I.T.-Liste für die Freunde, für die sie beten, eingeführt. H.I.T. steht für »Hearts In Transition« oder »Herzen in der Veränderung«.

Freundschafts-Evangelisation

Schritt 1: Erzähl deinem Freund bei passender Gelegenheit, dass du an Gott glaubst.
Schritt 2: Lad deinen Freund zu einem geeigneten Programm ein.
Schritt 3: Sag deinem Freund, warum du an Gott glaubst.
Schritt 4: Erzähl deinem Freund, wie du Christ geworden bist.
Schritt 5: Frag deinen Freund, ob er oder sie Gott näher kommen möchte.

Abb. 6.1 (Vorderseite)

Freunde, für die ich bete ...

1. ______________________
2. ______________________
3. ______________________
4. ______________________
5. ______________________

Viel vermag das inständige Gebet eines Gerechten! (Jakobus 5,16)

Abb. 6.1 (Rückseite)

Manche Jugendliche gehen alle fünf Schritte mit einem Freund in der ersten Schulwoche durch. Andere brauchen das ganze erste Halbjahr, um durch die ersten zwei zu kommen.

Wir haben einige unserer Jugendmitarbeiter dazu ausgewählt, sich besonders um die Jugendlichen zu kümmern, die diese Herausforderung annehmen. Je mehr wir mit ihnen über die Freundschafts-Evangelisation sprechen, desto lieber werden sie uns ihre Erfahrungen und Fortschritte mitteilen.

Jetzt wird's persönlich

1. Wie würdest du deine Leidenschaft für die Evangelisation definieren?

2. Wann hast du das letzte Mal mit einem Nichtgläubigen über deinen Glauben gesprochen? Wie stark können deine Jugendlichen mitbekommen, dass du einen evangelistischen Lebensstil pflegst?

3. Nenne einige Jugendliche in deiner Gemeinde, denen du gern Leidenschaft für Evangelisation vermitteln würdest.

4. Nenne einige Jugendliche in deiner Gemeinde, die ein Herz für Kirchendistanzierte haben. Hat jemand diese Jugendlichen kürzlich ermutigt?

5. Wie schätzt du die evangelistische Haltung deiner Jugendarbeit auf einer Skala von 1 bis 10 ein (1 = Heiliges Geklüngel, 10 = Leidenschaft für die Kirchendistanzierten)?

   1 2 3 4 5 6 7 8 9 10

6. Was wären einige Programmpunkte, die du als absolute Highlights für Nachbarschaftsjugendliche bezeichnen würdest?

7. Was wären einige griffige Slogans, die du mehrfach über das Jahr wiederholen könntest?

8. Glaubst du, die Freundschafts-Evangelisation würde bei einigen deiner Jugendlichen funktionieren? Warum oder warum nicht?

9. Nenne jemanden aus deinem Team, der Jugendliche durch diesen Prozess begleiten könnte. Wie könnten ihm die anderen Mitarbeiter helfen?

Anmerkungen

[1] Nachbarschaftsjugendliche sind die einzigen, für die wir kein primäres Programm haben. Unser primäres Programm (Freundschafts-Evangelisation) ist *an* sie gerichtet und nicht *für* sie gemacht. Wie schon erwähnt, wollen wir nicht, dass Jugendliche sich auf eine evangelistische Veranstaltung verlassen. Evangelisation ist ein Prozess, für den sich die Jugendlichen begeistern sollen und keine Veranstaltung, die sie mal eben so besuchen. Wir haben kontinuierliche Programme für unsere anderen Zielgruppen – Gottesdienstbesucher, Gemeinde, »Aktive« und Kernjugendliche.

7 Wie man gottesdienstbesuchende Jugendliche hält

Die Erfüllung von Gottes Auftrag der Anbetung

Nehmen wir einmal an, Stacy ist eine unserer regelmäßig teilnehmenden Jugendlichen, die die Freundschafts-Evangelisation angenommen hat. Sie hat für fünf Freunde gebetet und schließlich den Mut gefunden, ihre Freundin Kayla zu einem unserer Programme einzuladen. Hast du einen Gottesdienst oder eine andere Veranstaltung, zu der deine Jugendlichen ihre Freunde ohne Probleme mitbringen können? Wenn ja, dann wird dieser Gottesdienst sowohl Christen als auch Nichtchristen ansprechen.

In der Saddleback Church würde eine Jugendliche wie Stacy ihre Feundin zu einem der drei Wochenendgottesdienste mitnehmen (einer ist Samstags und zwei Sonnntags), die getrennt von den Erwachsenengottesdiensten stattfinden. Diese Gottesdienste sind eigens für Jugendliche konzipiert und erfüllen den Auftrag der Anbetung. Die Strategie unserer Gemeinde ist es, Gemeinschaftssuchende jeden Alters zu unseren Wochenendgottesdiensten zu bringen.[1]

Einige Jugendmitarbeiter wundern sich vielleicht darüber, weil sie sich vorstellen, wie es wäre, wenn ihre Jugendlichen ihre kirchendistanzierten Freunde zu einem gewöhnlichen Sonntagsgottesdienst einladen würden. Unsere Wochenendgottesdienste sind allerdings alles andere als traditionell. Unsere Jugendlichen, die die Freundschafts-Evangelisation angenommen haben, haben keine Probleme damit, ihre Freunde dorthin mitzunehmen, weil diese Gottesdienste in keiner Weise peinlich sind. Die meisten erzählen ihren nicht-christlichen Freunden: »Es ist nicht so, wie du es dir vorstellst. Vertrau mir und probier es einfach mal aus!«

Wie ich schon in Kapitel 2 erwähnte, beschränken viele Jugendleiter den Gottesdienst auf das Singen von Liedern. Aber Gottesdienst ist mehr als nur das! Wir definieren ihn als *den Ausdruck unserer Liebe zu Gott*. Wir wollen den Sinn des Gottesdienstes erfüllen, indem wir unsere Liebe zu Gott durch Beten, Singen, Wortbeiträge, Zeugnisse, Danken und Hören des Wortes Gottes ausdrücken.

Der Stil unserer Wochenendgottesdienste soll das Vorurteil beseitigen, dass Kirche langweilig und nicht zeitgemäß ist. Ein Gottesdienst muss nicht einschläfernd wirken. Da unser Gottesdienst Jugendliche erreichen soll, versuchen wir eine einzigartige Mischung aus Spaß, jugendlicher Beteiligung und einer klaren Aussage zu entwerfen. Obwohl das Wort »Spaß« nicht in die traditionelle Definition von Gottesdienst zu passen scheint, wollen wir, dass die Jugendlichen eine richtig gute Zeit haben, wenn sie in die Kirche kommen. Wir wollen ihnen vermitteln, was schon König David sagte: »Ich freute mich, als man mir sagte: ›Zum Haus des HERRN wollen wir pilgern.‹ ... Dient dem HERRN mit Freude!« (Ps 122,1; 100,2)

Ich glaube, dass Gott die Vielseitigkeit im Gottesdienst willkommen heißt, denn auch sonst scheint ihm Vielseitigkeit zu gefallen. Die Betonung eines bestimmten Gottesdienststiles scheint eher soziologischer als theologischer Natur zu sein. Die Bibel schreibt keinen bestimmten Aufbau des Gottesdienstes vor, obwohl Jesus uns in Johannes 4,24 zwei wichtige Anteile nennt: Wir sollen im Geist (Liebe) und in der Wahrheit anbeten. In unseren Wochenendgottesdiensten predigen wir die Wahrheit und tun alles aus dem Gedanken der Liebe heraus, damit Christen und Nichtchristen wirklich erleben können, wie wundervoll Gott ist.

Die Reaktionen der Menge beim Pfingstereignis (Apg 2) waren gemischt. Einige machten sich über die Apostel lustig, während andere erstaunt über das waren, was sie sahen. Aber Gott war nicht böse über die Spötter. Er fügte seinem Königreich an diesem Tag 3.000 neue Gläubige hinzu. Die Verbindung zwischen Anbetung und Evangelisation scheint schon damals funktioniert zu haben und auch heute noch erfahren wir dasselbe.[2]

Meine Absicht ist nicht, dich in diesem Kapitel zu überzeugen, dass du deinen Gottesdienst für Kirchendistanzierte auf den Sonntagmorgen legen solltest. Er kann ebenso gut am Mittwochabend oder nur einmal im Monat stattfinden oder sogar nur einmal pro Quartal. Vielleicht hast du ihn auch so konzipiert, dass er den Auftrag der Gemeinschaft erfüllt. Nochmal zur Erinnerung: Es gibt keine Strategie, die für alle Gemeinden gleichermaßen passt. Deine Programmentwürfe hängen davon ab, wie viel Zeit, Hilfe und Mittel dir zur Verfügung stehen.

Die Betonung eines Gottesdienststiles scheint eher soziologischer als theologischer Natur zu sein.

Dein Programm für gottesdienstbesuchende Jugendliche: Eine offene Tür für Distanzierte

Wenn du deinen Gottesdienst als offene Tür für Nachbarschaftsjugendliche betrachtest, solltest du vier Elemente beachten, die dir helfen können, Jugendliche zu erreichen und zu halten:

1. Eine angenehme Atmosphäre
2. Das Spaßelement
3. Die Mitarbeit der Jugendlichen
4. Eine verständliche Botschaft

Ein Gottesdienst braucht eine angenehme Atmosphäre

Jugendliche verbringen viele Stunden am Tag in der Schule, wo sie normalerweise keine so positive Atmosphäre vorfinden. Die Stimmung ist dort meistens negativ, angespannt und durch Cliquenverhalten geprägt. Ein Gottesdienst sollte als Gegenpol dazu eine deutlich positive Atmosphäre verbreiten.

Sehr früh in meiner Jugendarbeit hörte ich jemanden sagen: »Solange sich Jugendliche in ihrer Umgebung nicht wohl fühlen, sind sie für Gottes Wort nicht aufnahmefähig.« Man könnte auch sagen: »Wenn Jugendliche spüren, dass sie nicht geliebt werden, können sie die Botschaft der Liebe nicht verstehen.«

Wenn Jugendliche in deine Gruppen kommen und dort nicht spüren, dass man sich um sie kümmert, sie akzeptiert und schätzt, wird es ihnen sehr schwer fallen, eine Verbindung zwischen dem herzustellen, was sie fühlen (angenehme Umgebung) und dem, was sie über Gottes Liebe hören (theologisches Verständnis).

Jesus zeigt uns in der Erzählung von der Samariterin am Brunnen (Joh 4), wie stark eine positive Grundstimmung wirken kann. Jesus schuf diese positive Atmosphäre, indem er die jüdische Tradition brach und mit einer Samariterin sprach.

Solange sich Jugendliche in ihrer Umgebung nicht wohl fühlen, sind sie für Gottes Wort nicht aufnahmefähig.

Sie war erstaunt, dass Jesus mit ihr redete. Dann schickte er ihr eine verständliche Botschaft der Liebe – er sprach von lebendigem Wasser, dass sie trinken musste, damit sie nie wieder Durst bekam. Die gute Atmosphäre war geschaffen, bevor von Gott gesprochen wurde.

Du kannst eine angenehme Atmosphäre auf verschiedene Arten schaffen. Die unten stehende Liste zeigt einige einfache Unterschiede zwischen einer angenehmen und einer gespannten Atmosphäre.

Angenehme Atmosphäre

- Zeitgemäße Musik wird gespielt
- Erwachsene und jugendliche Mitarbeiter begrüßen die hereinkommenden Personen
- Fotos, die lustige Szenen aus der Jugendarbeit zeigen, hängen an der Wand
- Die Sitzgelegenheiten sind so arrangiert, dass sie einladend wirken

Unangenehme Atmosphäre

- Der Seniorenchor singt, begleitet von Orgelmusik
- Die Jugendmitarbeiter haben eine »Lästerecke« gebildet und machen sich über die Hereinkommenden lustig
- Die Zehn Gebote hängen an der Wand, daneben sind die Namen der Jugendlichen notiert, die die Gebote in der letzten Woche gebrochen haben
- Die Sitzgelegenheiten sind nach Größe, Gewicht und Beliebtheit arrangiert

Obwohl die negative Liste etwas übertrieben ist, zeigt jeder Punkt einen krassen und allgemeinen Fehler, den du vermeiden solltest. Es gibt mindestens zwei allgemein gültige Grundregeln, wie du eine angenehme Atmosphäre schaffen kannst.

Die Zehn-Minuten-Regel

Die Gestaltung deines Gruppenraumes sollte wenigstens zehn Minuten, bevor die ersten Jugendlichen eintreffen, beendet sein. Wir machen einen fatalen Fehler, wenn wir glauben, dass das Treffen beginnt, wenn die Jugendlichen eingetroffen sind. Dann zu versuchen, noch schnell mit der Vorbereitung fertig zu werden, ist unschön und die Jugendlichen kommen mitten in eine hektische Situation, in der niemand Zeit hat, sie angemessen zu begrüßen. In so einer Situation wird ein Jugendlicher nur kurz begrüßt, wenn überhaupt einer der Anwesenden

Zeit dazu findet. Danach wird er allein gelassen, damit wir unsere Vorbereitungen abschließen können.

Obwohl die meisten Besucher von Freunden begleitet werden, fühlen sie sich doch nicht so richtig willkommen, wenn sie eine neue Umgebung zum ersten Mal betreten. Du wirst keine zweite Chance kriegen, um einen guten ersten Eindruck zu hinterlassen. Viele Besucher werden dich und deine ganze Jugendarbeit nach der ersten Begrüßung einschätzen. Die Jugendlichen sollten einen freundlichen Raum betreten: Musik läuft im Hintergrund, einige relaxte Leute begrüßen sie und an der Wand hängen Fotocollagen oder irgendetwas anderes Nettes, mit dem sie sich beschäftigen können, um nicht gleich als Neue aufzufallen.

Viele Besucher werden dich und deine ganze Jugendarbeit nach der ersten Begrüßung einschätzen.

Die »Begrüßer« sollten Jugendliche sein, die wissen, worum es geht und jeden am Eingang mit einem Lächeln und einem freundlichen Händedruck begrüßen. Jugendliche Gruppenleiter sollten sich zu den Besuchern stellen, ein Gespräch mit ihnen beginnen und sie sozusagen ein wenig »bei der Hand nehmen«. Wenn ein Jugendlicher allein kommt, sollte einer der Jugendlichen ihn mit anderen bekannt machen. Besucher sind wenig beeindruckt, wenn sie von den Erwachsenen begrüßt werden – das wird sozusagen vorausgesetzt. Aber Jugendliche, die zum ersten Mal kommen, sind tief beeindruckt, wenn ein Gleichaltriger sie anspricht, offensichtlich echtes Interesse an ihnen zeigt und sich dann um ihr Wohlbefinden kümmert und sie mit anderen bekannt macht.

Wann warst du das letzte Mal in einer Gruppe, in der du niemanden kanntest? Wie hast du dich da gefühlt? Weil wir uns in unseren Gruppenräumen wohl fühlen, vergessen wir oft, wie unangenehm es ist, allein irgendwo zu sein. Die Zehn-Minuten-Regel wird dir helfen, rechtzeitig mit der Vorbereitung des Raumes fertig zu sein, damit neu ankommende Jugendliche herzlich willkommen geheißen werden können.

Achte auf angemessene Körperkontakte

Wir alle wissen, wie heikel es sein kann, einen Jugendlichen zu berühren. Ich stehe aber dennoch auf dem Standpunkt, dass Körperkontakt zu einer positiven Umgebung und Atmosphäre beitragen kann. Natürlich darf das auf keinen Fall aufdringlich sein. Aber jede Art von angemessener Berührung – Händeschütteln, kurz umarmen oder Abklatschen von Hand zu Hand – ist okay und sollte ganz normal und locker vorkommen. Die Jugendlichen in unserer Gegend geben sich normalerweise nicht die Hand. Stattdessen stehen sie da und begrüßen sich mit einem einsilbigen Grunzen: »Hi«. Aber wenn ich Jugendliche treffe, dann strecke ich ihnen immer meine Hand entgegen. Vielleicht halten sie mich dann für leicht altmodisch, aber gleichzeitig ist dieser Händedruck vielleicht der einzige positive erwachsene Impuls, den sie den ganzen Tag (oder in manchem Fall die ganze Woche) über bekommen haben.

Vor Beginn des Gottesdienstes gehe ich im Raum herum und versuche, so viele Jugendliche wie möglich persönlich zu begrüßen. Sie sollen das Gefühl haben, dass ich sie persönlich wahrgenommen habe.

Ein Gottesdienst braucht ein Spaßelement

Viele Nichtchristen oder unbeteiligte Jugendliche sind der Meinung, dass die Kirche – und damit Gott – langweilig ist. Eine tolle Zeit in einer Kirche zu haben ist deshalb der beste Weg, dieses Vorurteil zu zerstören. Gott gab uns die Fähigkeit zu lachen und wir sollten das nicht als gottlos ansehen. Wenn du eine Veranstaltung schaffst, die Jugendlichen Spaß macht, dann ist es wahrscheinlicher, dass sie zu dir und zu deiner Botschaft Zugang finden.

Ich habe schon jede Menge Kritik von Kirchenmitgliedern bekommen, weil in unserer Jugendarbeit »zu viel Spaß gefördert wird«. Trotzdem entschuldige ich mich nicht dafür, Spaß für Jugendliche zu planen. Wir hören von diesen Jugendlichen ständig: »Ich hätte nie gedacht, dass Kirche Spaß machen kann«. Wenn ich einen Jugendlichen lachen sehe, dann sehe ich einen Jugendlichen, der bereit dafür ist zu erkennen, dass die Quelle seines Lachens der Schöpfer aller Freude ist – Gott selbst.

Gott gab uns die Fähigkeit zu lachen und wir sollten das nicht als gottlos ansehen.

Wenn du dieses Prinzip einsetzt, dann unterscheide *Spaß* von *Klamauk*. Freude und Humor sind nicht das Gleiche. Versuch nicht, etwas sein zu müssen, das du gar nicht bist, aber arbeite daran, eine Atmosphäre zu kreieren, die Spaß macht.

Ein Gottesdienst braucht die Mitarbeit von Jugendlichen

Jugendliche müssen beim Gottesdienst und in der ganzen Jugendarbeit mit einbezogen werden. Wenn Jugendliche die Möglichkeit haben, sich mit und für jemanden oder etwas zu engagieren, das sie mögen, dann wird es ihnen leichter fallen, sich auch auf anderen Gebieten weiter zu entwickeln.

Wenn wir ein Programm für Jugendliche entwerfen, fragen wir uns immer: »Ist das etwas, was die Jugendlichen tun könnten?« Wenn wir zum Beispiel ein Theaterstück, ein Video, einen Sketch oder Ähnliches machen wollen, dann suchen wir nach Jugendlichen, die das realisieren können.

Ein Weg für Jugendliche, in unsere Gemeinde einzusteigen ist, einem unserer vielen Mitarbeiter-Teams beizutreten. Da gibt es Theaterteams, Videoteams, Begrüßungsteams, Musikteams und andere (eine komplette Liste findest du auf Seite 208). Wir versuchen, diese Teams als leichten Einstieg für die Mitarbeit zu gestalten. Nehmen wir zum Beispiel an, der 17-Jährige Josh taucht bei einem unserer Gottesdienste auf, es gefällt ihm, er kommt wieder und möchte schließlich beim Musikteam mitmachen. Wir sagen dann: »Super! Du bist dabei! Das neueste Mitglied in der Band!« Wir benutzen keine Schablone, um zu sehen, wo er geistlich steht, bevor er mitmachen darf. Wenn Josh kein Christ ist, dann vertrauen wir darauf, dass er Gott für sich entdeckt, während er in der Band probt und spielt. So beginnt zum Beispiel der Leiter des Musikteams (ein Kernjugendlicher) jede Probe mit einer kurzen Andacht und einem Gebet. Josh wird mehr über Gott erfahren, wenn er in der Band spielt und mit seinen Musikerkollegen herumhängt, als wenn er einfach einen Gottesdienst besucht und dann wieder nach Hause geht.

Jugendliche zur Eigeninitiative anzuspornen kann während des ganzen Gottesdienstes geschehen und muss nicht auf die Mitarbeiter-Teams beschränkt sein. So können Jugendliche zum Beispiel durch Folgendes »aktiv gefordert« sein:

- kreative Lehrmethoden
- Anspiele/Theaterstücke[3]
- interaktive Spiele
- Rollenspiele
- Diskussionen
- Zeugnisse

Ein Weg, das Interesse von Jugendlichen zu wecken, ist, ihnen zu zeigen, dass die Veranstaltung nicht allein von den Erwachsenen abhängt. Wir wollen, dass die besuchenden Jugendlichen sehen, wie andere Kids das Programm mit gestalten – und hierbei nicht nur die *»perfekten«* Jugendlichen sehen. Jeder Jugendliche sollte die Möglichkeit haben, mitmachen zu können, wenn er das will.

Ein Gottesdienst braucht eine verständliche Botschaft

Unsere vom moralischen Verfall geprägte Welt zwingt die Jugendlichen, immer hartnäckiger nach Antworten und der Wahrheit zu suchen. Kirchendistanzierte Jugendliche sind heute viel begieriger darauf, geistliche Wahrheit zu entdecken und zu erforschen, als zu dem Zeitpunkt, zu dem ich mit der Jugendarbeit anfing. Früher habe ich geglaubt, dass ich eine enorm unterhaltsame Botschaft bräuchte, um die Jugendlichen zu erreichen. Heute sehe ich die Unterhaltung als Kommunikationshilfe an, aber viel eindringlicher ist die Botschaft von Jesus Christus, die Sinn macht.

Weil der Gottesdienst von Christen und Nichtchristen besucht wird, ist es wichtig, einen geistlichen Impuls zu bringen, der beide herausfordert. Das ist durchaus möglich. Gottes Wort ist wahr und deshalb ist es für jeden relevant. Wenn ich also predige, dann spreche ich die Bedürfnisse von Teenagern an und benutze als meine Quelle die Bibel. Wenn es zur praktischen Anwendung kommt, dann präsentiere ich für gewöhnlich verschiedene Schritte für Suchende und Christen. So sage ich zum Beispiel: »Denjenigen unter euch, die Gott kennen lernen wollen, empfehle ich ... «, und zeige ihnen spezielle Schritte auf. Dann sage ich: »Den Christen unter euch rate ich ... «, und dann gebe ich ein paar Tipps, die den bereits Gläubigen in dieser Sache weiter helfen. Auf diese Weise fühlt sich niemand vor den Kopf gestoßen oder über- bzw. unterfordert.

Versuche, unterschwellige Fragen zu beantworten.

Neu hinzukommende Jugendliche beobachten und beurteilen den Prediger die ganze Zeit, sprich vor, während und nach der Predigt. Unbewusst stellen sie drei Fragen:

1. Kann ich dir vertrauen?
2. Bedeute ich dir etwas?
3. Weißt du, wovon du redest?

Diese Fragen gibt es seit dem antiken Griechenland, als Aristoteles drei Bestandteile der erfolgreichen Kommunikation identifiziert hat. Er lehrte, dass ein großer Redner *Ethos, Pathos* und *Logos* gleichermaßen vertreten müsse. *Ethos* ist mit dem Wort ethisch verwandt. Ein Redner ist uneffektiv, wenn er nicht vertrauenswürdig ist. *Pathos* bezieht sich auf das Einfühlungsvermögen und Verständnis eines Sprechers. Ein Redner kann eloquent sein, aber wenn er keine Liebe zeigt, nützt es ihm nichts. Und *Logos*, die Wurzel unseres Wortes logisch, bezieht sich auf das Wissen über die Sache.

Ethos und *Pathos* deiner Rede werden in deinem Auftreten sichtbar. Neue Jugendliche werden sich anhand deines Auftretens ein Urteil über deine Vertrauenswürdigkeit bilden. Deswegen ist es auch so wichtig, vorher Kontakte zu knüpfen und Interesse zu signalisieren. Diese Gespräche werden ihre Wahrnehmung von dir beeinflussen, bevor du mit deiner eigentlichen Botschaft begonnen hast.

Gib deiner Botschaft einen kreativen Titel

Wenn du die Frage nach Vertrauenswürdigkeit (Ethos), Anliegen (Pathos) und Wissen (Logos) beantwortet hast, musst du noch die Frage beantworten: »Warum sollte ich dir zuhören?« Ein kreativer Titel kann Interesse wecken und dir sofortige Aufmerksamkeit verschaffen.

Ich benutze gerne »Wie man«-Titel, um das Interesse derjenigen Jugendlichen zu wecken, die die Bibel als ein Märchenbuch ansehen, das für ihr Leben keine weitere Bedeutung hat. Ein »Wie man«-Titel verspricht automatisch interessant zu werden, denn er besagt, dass ich etwas fürs Leben, etwas Relevantes lernen kann. Zum Beispiel: »Heute wird er darüber predigen, wie ich meine Freundschaften verbessern kann.« Einige Beispiele für »Wie man«-Titel sind:

- »Wie man ruft, ohne zu schreien« (Evangelisation)
- »Wie man attraktiv ist, ohne gut auszusehen« (Gal 5 – Frucht des Geistes)
- »Wie man die Liebe findet, wenn man sich zum Kotzen fühlt« (Jona)
- »Wie man bei sich selbst eine Herzoperation vornimmt« (Hartherzigkeit)
- »Wie man mitten im Getümmel bemerkt wird« (Mt 9 – Jesus heilt die blutflüssige Frau)

Investiere Zeit, um deine Predigttitel kreativ, interessant und ansprechend zu gestalten. Die meisten Jugendlichen sind an Gähn-Titel wie »Hosea: Ein Beispiel der Liebe Gottes« gewöhnt. Ein packenderer Titel wäre: »Würde Gott wollen, dass du eine Nutte heiratest?« Frag mal deine Jugendlichen, welchen Titel sie interessanter fänden. (Frag ruhig auch die Eltern, um zu sehen, welcher Titel dich in Schwierigkeiten bringt!)

Stellen wir uns vor, du bereitest eine Predigt darüber vor, was die Bibel über Kraftausdrücke sagt und Jakobus 2 ist dein zu Grunde liegender Text. Du könntest deine Ansprache »Was die Bibel über unsere Wortwahl zu sagen hat« nennen oder ihr einen kreativen Titel geben, der dann lautet: »Wie man einen rülpsenden Drachen zähmt«. Der letzte Titel ist etwas derb, aber er macht neugierig. Das wird dir helfen, die Aufmerksamkeit der Jugendlichen zu bekommen.

Entwickle einen Einstieg, der Interesse weckt

Ein guter Einstieg ist das Allerwichtigste, um die Jugendlichen gleich zu Anfang abzuholen und für deine Message zu gewinnen. Ich könnte zum Beispiel eine Geschichte über meine erste große Liebe erzählen: »Es war in der zweiten Klasse. Ihr Name war Margaret Montgomery. Ich schubste ihre Schaukel an, als sie mich aus Versehen mit dem Fuß traf und ich rücklings im Sand landete. Ich fing an zu weinen. Sie lachte mich aus und machte am nächsten Tag Schluss mit mir.«

Diese humorvolle Einleitung würde mir helfen, eine Predigt zu dem Thema »Wie man eine Liebe findet, die einen nicht mehr verlässt« anzufangen.

Wenn ich predige, wähle ich immer feste Themen. Ich frage mich zum Beispiel: »Was sagt die Bibel über Freundschaften?« Ich mache das Gleiche mit Themen wie Versuchung, Familie, Sex, Gruppenzwang, Kraftausdrücke und so weiter. In Veranstaltungen für Jugendliche mit mehr geistlichem Tiefgang spreche ich über Bücher der Bibel oder zusammenhängende Passagen.

Themengebundenes Predigen bietet viele Gelegenheiten, Bilder aus dem wirklichen Leben zu benutzen. Erzähl Geschichten über persönliche Erfahrungen oder Schwierigkeiten. Diese Authentizität wird dich »echter« machen, denn Jugendliche finden eher eine Beziehung zu jemandem, der schon einmal versagt hat, als zu einem, der perfekt zu sein scheint.

Vereinfache deine Botschaft

Niemand wird leugnen, dass Jesus ein Meisterredner war. Er benutzte eine einfache Sprache, erzählte Geschichten und gebrauchte einprägsame Bilder und Vergleiche. Studier die Einfachheit seines Lehrstils und versuch, es ihm nachzumachen. Wenn du zu neuen Jugendlichen sprichst, dann versuch nicht, sie mit deinem Wissen zu beeindrucken. Du solltest versuchen, sie mit Gottes Größe zu beeindrucken und ihnen zu zeigen, wie seine Wege heutzutage ganz praktisch begangen werden können.

Gerate nicht in Versuchung, zu viel Wissen in eine Ansprache zu packen. Du wirst noch genug Gelegenheiten finden, es loszuwerden. In der Vergangenheit habe ich meine Predigten gern mit Informationen aufgerüstet, die meinen Homiletik-Professor beeindruckt hätten, statt Botschaften zu vermitteln, die ein 14-Jähriger Besucher verstehen kann.

Es ist deprimierend, aber selbst wenn sie die Botschaft verstehen, vergessen die meisten Jugendlichen sie innerhalb der nächsten 24 Stunden wieder. Weil das so ist, solltest du deine Botschaften zu einer Schlüsselaussage vereinfachen. Ich nenne diese Aussage »Die Idee dahinter«, denn es ist die eine Wahrheit, ein Prinzip oder ein Gedanke, den die Jugendlichen sich merken sollen. Wenn ich zum Beispiel über Jona rede, dann könnte die Idee dahinter sein: »Du kannst vor Gott davonlaufen, aber du kannst ihm nicht entwischen«. Diesen Gedanken stelle ich zu Anfang einmal vor und dann wiederhole ich ihn während der Predigt mehrmals.

In der Vergangenheit habe ich meine Predigten gern mit Informationen aufgerüstet, die meinen Homiletik-Professor beeindruckt hätten, statt Botschaften zu vermitteln, die ein 14-Jähriger Besucher verstehen kann.

Benutz verständliche Bibelstellen

Wenn du eine Bibelstelle liest, dann nimm eine Übersetzung, die deine Jugendlichen verstehen können. Dieser Punkt ist jetzt nicht dafür gedacht, eine Diskussion über Bibelübersetzungen loszutreten, aber wenn die Jugendlichen die Stelle nicht verstehen oder sie ihnen total altertümlich vorkommt, dann werden sie wahrscheinlich kaum Interesse daran entwickeln, einmal selbst in die Bibel zu schauen. Wenn ich ins Kino gehe und eine gute Vorschau sehe, dann bekomme ich Lust auf diesen Film. Wenn mir die Vorschau nicht gefällt, dann will ich auch den Film nicht sehen. Dasselbe Prinzip gilt bei Jugendlichen und dem Wort Gottes.

Gib den Jugendlichen eine kurze schriftliche Zusammenfassung, damit sie dir folgen können

Teile den Jugendlichen einen Zettel mit den wichtigsten Aussagen deiner Predigt aus und einem Lückentext, der auszufüllen ist, damit sie sich in die Botschaft einfinden (siehe Abbildung 7.1). Einige unserer Jugendlichen machten sich ein Spiel aus dem Motto: »Füll die Lücken aus, bevor Doug die Antwort sagt.« Von diesem Spiel wurde mir erstmals durch eine Mitarbeiterin berichtet, die meinte, dass die Jugendlichen der Predigt nicht genügend Aufmerksamkeit schenken würden. Ich sagte ihr, dass ich es toll fände, dass ihre Jugendlichen dieses Spiel spielten. Sie war geschockt (auch das fand ich toll). Es stört nicht, ich bemerke es nicht und sie müssen ihren Grips benutzen, um die richtige Antwort zu finden. Manchmal kommen sogar Jugendliche hinterher zu mir, weil sie ihre eigene Antwort besser fanden als meine.

Abbildung 7.1 ist ein Beispiel für eine Predigtzusammenfassung. Wir haben als Überschrift den Titel »Auf dem Weg zur geistlichen Reife« gewählt und am rechten Rand des Blattes sieht man unsere Auftragsaussage. Ich möchte, dass die Jugendlichen unseren Auftrag möglichst oft vor Augen haben.

Stell praktische Hilfen zur Verfügung

In der Gemeinde, in der ich aufwuchs, hörte ich tausende von Predigten, mit denen ich im wahren Leben nichts anfangen konnte. Ich halte es für ein Armutszeugnis, wenn man am Ende der Predigt keine Hinweise zur praktischen Anwendung gibt. Die erste Predigt, die mir Hinweise zur Umsetzung gegeben hat, hat nicht nur mein Leben verändert, sondern auch meinen Kommunikationsstil. Ich will den Jugendlichen Handlungsschritte zeigen, damit sie erkennen, wie die Wahrheit der Bibel ihr Leben beeinflussen kann. Ich möchte, dass sie zu Hörern und dann zu Boten des Wortes werden (siehe Jak 2,14–26).

Diese Schritte zu erstellen ist meist der schwierigste Teil bei der Zusammenstellung einer Predigt. Wenn du dich in die Jugendlichen hineinversetzt und dir Gedanken machst, was sie mit dem anfangen könnten, was du ihnen beibringst, wird dir das helfen, deine Botschaft für sie wertvoller zu machen.

Auf dem Weg zur geistlichen Reife

Wie man sich vor dem Schrumpfen bewahrt

Wichtige Gedanken für ein Neues Jahr
»Für jetzt bleiben Glaube, Hoffnung, Liebe, diese drei; doch am größten unter ihnen ist die Liebe.« (1 Kor 13,13)

- ► Glaube ist unser
- ► Hoffnung ist unser
- ► Liebe ist unser

»Was ihr braucht, ist Ausdauer, damit ihr den Willen Gottes erfüllen könnt und so das verheißene Gut erlangt.« (Heb 10,36)

Ein kontinuierlicher Wachstumsplan
»Da uns eine solche Wolke von Zeugen umgibt, wollen auch wir alle Last und die Fesseln der Sünde abwerfen. Lasst uns mit Ausdauer in dem Wettkampf laufen, der uns aufgetragen ist, und dabei auf Jesus blicken, den Urheber und Vollender des Glaubens.« (Heb 12,1–2a)

1. Finde ____________________
»Da uns eine solche Wolke von Zeugen umgibt.«
► Glaube:
► Hoffnung:
► Liebe:

2. Entferne ____________________
»Wollen auch wir die Last und die Fesseln der Sünde abwerfen.«
► Hindernis 1:
► Hindernis 2:

3. Konzentrier dich auf ____________________
»Und dabei auf Jesus blicken.«
► Bibel (Zeit mit Gottes Wort)
► Gebet (Zeit mit Gott)
► Verantworten (Zeit mit einem anderen Christen)

4. Tu nicht ____________________
»Lasst uns mit Ausdauer in dem Wettkampf laufen, der uns aufgetragen ist.«
► Geistliches Wachstum entsteht durch viele kleine ____________________
► Geistliches Wachstum ist ____________________

Jugendarbeit der Saddleback Church

Abb. 7.1

Der Auftrag unserer Jugendarbeit besteht darin, Jugendliche, die Jesus Christus nicht kennen, zu ERREICHEN, sie mit anderen Christen zu VERBINDEN, ihnen zu helfen, in ihrem Glauben zu WACHSEN, sie zu ermutigen, ihren Dienst zu ENTDECKEN und mit ihrem ganzen Leben Gott zu EHREN.

Gebet	Das sollte die Basis von allem sein, was du tust.
Zielpunkt	Basierend auf deiner Bibelstelle oder deinem Thema: Was sollen sich die Jugendlichen behalten? Das ist »die Idee dahinter«. Fang im Geist mit dem Ziel an.
Handlung	Das bezieht sich auf das Sortieren deiner Gedanken. Schreib deine Hauptgedanken auf und überleg dir einen logischen und nachvollziehbaren Aufbau deiner Predigt.
Personalisierung	Erzähl von dir persönlich. Bezieh deine Lebenserfahrungen mit ein. Berichte auch von Niederlagen und Versagen.
Praxis	Hier ist die Umsetzung angesagt. Zeig den Jugendlichen eine Richtung und Beispiele für das, was du gerade gesagt hast.

Abb. 7.2

Nimm dir Zeit für die Vorbereitung
Wenn du die oben stehenden Ideen einbringen willst, dann nimm dir Zeit für die Vorbereitung, denn das wird sich positiv bemerkbar machen. Aus der Hüfte zu schießen kann auf Dauer nicht funktionieren. Du kannst vielleicht ein- oder zweimal damit durchkommen, aber ohne gute Vorbereitung wird es dir an Tiefe und Klarheit fehlen. Das Kästchen oben wird dir bei der Vorbereitung helfen.

Ein Programm für gottesdienstbesuchende Jugendliche: Das Saddleback-Modell

Ich möchte noch einmal erwähnen, dass unserer nicht der einzige Typ von Gottesdienst ist, der funktioniert. Es gibt verschiedene Wege, um Jugendliche zu erreichen. Du wirst diesen Gottesdienst vielleicht gar nicht machen können, weil dir Zeit, Hilfe und die erforderlichen Mittel fehlen. Vielleicht ist dein Gottesdienst völlig anders – aber genauso erfolgreich –, wenn du eine positive Atmosphäre, ein Spaßelement, jugendliche Mitwirkung und eine verständliche Botschaft hast.

Unsere primäre Gruppenveranstaltung: Wochenendgottesdienste

Momentan finden die Wochenendgottesdienste der Saddleback Church in einem separaten Gebäude statt. Die meiste Zeit während meiner Jugendarbeit habe ich nicht über den Luxus eines eigenen Raumes verfügt. Oft musste ich den Raum mit anderen Gruppen teilen. Der Raum, den wir jetzt haben, ist nicht gerade einladend. Er hat keine Fenster, eine niedrige Decke und schmale Flure, die meistens von Jugendlichen belagert werden. Wir müssen hart für eine positive Atmosphäre arbeiten, wenn die Gegebenheiten gegen uns sind.

Wenn Jugendliche zu unseren Wochenendgottesdiensten kommen, werden sie am Eingang von einem Jugendlichen begrüßt und bekommen ein Programm in die Hand gedrückt. Das Heft ist nichts besonderes, aber es hat gleich in mehrfacher Hinsicht seinen Nutzen. Es gibt den Begrüßern einen Grund, an der Tür zu stehen, und den Ankommenden eine Möglichkeit, etwas in der Hand zu halten und sich dahinter zu verstecken. Außerdem enthält es Ankündigungen zu anderen Veranstaltungen, Werbung für unsere Kleingruppen (der nächste Interessenkreis), die Liedtexte und die oben erwähnte Predigtzusammenfassung.

Aus dem Gottesdienstraum schallt entweder Musik vom Band oder unsere Band spielt.[4] Auf unserer großen Leinwand läuft ein Video – entweder ein Sport-Highlight oder etwas Lustiges. Im Raum stehen runde Tische und Stühle für die Jugendlichen und die Mitarbeiter. Ich ziehe die Anordnung in mehreren kleinen Kreisen den Stuhlreihen vor, denn die Tische erlauben eine natürlichere Gesprächsatmosphäre und lassen den Raum weniger steif aussehen. Außerdem gibt das unseren Jugendleitern (in einer Veranstaltung, die vorwiegend von Jugendlichen besucht wird) die Möglichkeit, jeweils einen Tisch zu betreuen. Zudem können die jugendlichen Mitarbeiter so besser überschauen, ob die Leute an den Tischen sich wohl fühlen und Gesprächspartner haben. Unser Ziel ist, dass jeder Gast an diesem Tag *mindestens* vier Mal begrüßt wird: einmal am Eingang, dann von mir, vom »Tischleiter« und hoffentlich auch von den Jugendlichen an seinem Tisch.

So ein Wochenendgottesdienst dauert etwa siebzig Minuten. Wir durchlaufen denselben Gottesdienst drei Mal an einem Wochenende: Samstag um 17:00 Uhr, Sonntag um 08:45 und um 11:00 Uhr. Unser Zeitplan sieht dabei folgendermaßen aus:

11:00	Beginn mit der Band und zwei Auftaktliedern
11:08	Begrüßung mit einem lustigen Einstieg
11:15	Vorstellung von einem Mitarbeiter-Team
11:20	Theaterstück von Jugendlichen
11:25	Band und Chor
11:35	Erfahrungsberichte von Jugendlichen
11:40	Predigt
12:10	Abschluss

Die Band fängt an

Unsere Band ist gut! Das war sie nicht von Anfang an, doch inzwischen ist sie echt klasse. Ein Grund für diese hohe Qualität liegt darin, dass unsere Gemeinde Musik zu einer ihrer Prioritäten bestimmt hat und wir die Jugendlichen schon früh ermutigen, ihre musikalischen Fähigkeiten einzusetzen.

Die zwei Eröffnungslieder sind für gewöhnlich topaktuelle christliche Songs. Sie sind eher als einladender Vortrag gedacht und nicht als gemeinsame Lieder. Wenn die Band zu spielen beginnt, ist das das Zeichen, sich einen Platz zu suchen.

Begrüßung mit einem lustigen Einstieg

Die Begrüßung sollte am besten von einem Jugendlichen ausgeführt werden, aber ich habe eine absolute Schwäche für die Begrüßung, und deshalb heiße ich oft die Besucher willkommen. Wir machen daraus keine große Sache und zeigen auch nicht mit dem Finger auf die »Neuen«, aber wir ermutigen die Jugendlichen an den Tischen, sich gegenseitig zu begrüßen. Dann kündige ich den lustigen Einstieg an.

Dieser Einstieg kann ein Spiel sein, das wir mit den Jugendlichen auf der Bühne veranstalten oder das die Jugendlichen an ihren Tischen spielen und bei dem sie zusammenarbeiten und gegen andere Tische antreten können. Den Gewinnern schenken wir eine Schachtel Mohrenköpfe oder so etwas. Wenn es passt, zeigen wir einen kurzen Ausschnitt aus einem Film oder einer Fernsehshow und probieren, diesen dann später in unser Thema mit einzubauen.

Vorstellung von einem Mitarbeiter-Team

Wie ich schon erwähnt habe, haben wir verschiedene Bereiche und Teams, in denen man mitarbeiten kann (siehe die detaillierte Liste auf Seite 208). An dieser Stelle stellen wir einen dieser Bereiche vor. Für gewöhnlich dreht unser Videoteam einen kurzen Videoclip (etwa drei

Minuten) über eines der Teams. Das ist nicht nur ein Highlight für die Mitglieder, es ist auch eine gute Werbung, um neue Jugendliche für dieses Team zu interessieren.

Theaterstück von Jugendlichen

Unsere Theatergruppe führt jede Woche ein kurzes Stück auf. Meist schreiben die Jugendlichen einen Sketch, der genau zu meinem Predigtthema passt. An einigen Wochenenden werden die Stücke mit 1 benotet, an anderen bekommen sie eine 3–. Unabhängig von der Qualität sehe ich Theater als super Element an, um meine Aussage in der Predigt einzuleiten oder zu illustrieren.

Band und Chor

Unser zweiter Musikteil besteht meistens aus Lobpreisliedern. Manche Kritiker empfinden das als Abweichung vom besucherorientierten Konzept. Das ist wahr, wenn man bedenkt, dass die meisten Nichtchristen gar nicht so richtig wissen, was sie da singen – wenn sie überhaupt mitsingen. Trotzdem halte ich gute Musik und echten Lobpreis für ein absolut wichtiges Element im Gottesdienst. Die Nichtchristen singen für gewöhnlich nicht mit, aber sie beobachten die anderen sehr genau und hören auf die Worte in den Liedern. Wenn die Band gut ist und die Texte nicht zu platt-fromm daherkommen, dann sind sie dem Singen gegenüber nicht grundsätzlich abgeneigt. Sie gehen innerlich mit und damit ist ein guter Anfang gelegt.

Ich rate Jugendleitern nicht, in ihren Gottesdiensten Lobpreislieder zu singen, wenn es keine gute Band gibt. Bevor ich zur Saddleback Church kam, haben wir in unseren Jugendgottesdiensten gar nicht gesungen. Wir hatten keine guten Musiker und nur einige wenige Jugendliche in der ersten Reihe hätten mitgesungen. Und schlecht gesungene Lobpreislieder empfinden kirchendistanzierte Jugendliche als äußerst peinlich. Lobpreislieder sind definitiv kein Muss für einen Gottesdienst, der noch in den Kinderschuhen steckt.

Erfahrungsberichte von Jugendlichen

Fast jede Woche erzählt einer der Jugendlichen etwas aus seinem Leben. So ein Erfahrungsbericht kommt zur Hälfte von den so genannten »Kernjugendlichen«, zur anderen Hälfte von Jugendlichen aus anderen »Kreisfeldern«. Wir wollen, dass die Jugendlichen authentische Berichte vom Leben mit Gott hören – ruhig auch aus den Anfangsphasen.

Paulus schrieb in Römer 1,12, dass es gut für uns ist, wenn wir »miteinander Zuspruch empfangen durch euren und meinen Glauben«. Das ist mein Lieblingsteil im Gottesdienst, denn ich kann nicht oft genug hören, wie Gott im Leben »meiner« Jugendlichen wirkt. Wenn wir die Jugendlichen bitten, sich ein Erlebnis mit Gott ins Gedächtnis zu rufen und es aufzuschreiben, dann ist es besser formuliert und dadurch auch stärker. Früher hatte ich oft Jugendliche, die unvorbereitet nach vorn kamen und dann sagten: »Äh ... also ... Doug fragte mich, ob ich nicht mal was über meinen Glauben erzählen will ... und ... äh ... ich weiß grad gar nicht, wo ich anfangen soll ... ich war eigentlich schon immer Christ ... «

Nach so einem Zeugnis wird sich wohl kaum jemand bekehren, also helfen wir den Jugendlichen mit einem Zeugnis-Leitfaden, sich zu überlegen, was genau sie sagen möchten (siehe Abb. 7.3). Dann trifft sich jemand aus unserem Team mit dem Jugendlichen, liest sich durch, was er geschrieben hat, gibt ihm ein Feedback, hilft ihm bei einigen Formulierungen und betet noch mit ihm zusammen.

Predigt

Die Elemente einer verständlichen Predigt wurden in diesem Kapitel bereits beschrieben (siehe Seiten 117–120). Es sind:

- kreativer Titel und spannende Einleitung
- einfache Geschichten und Bilder
- eine verständliche Bibelübersetzung
- schriftliche Zusammenfassung mit Lückentext
- praktische Handlungshilfen

Wenn deine Predigt inhaltlich von der Kirchenleitung vorgegeben wird, dann schaff dir Literatur über kreative Predigtideen an, um den Stoff aufzupeppen.

Formulier ein Erlebnis, das du mit Gott hattest

Das Beispiel des Apostel Paulus

Wir Christen haben von Gott den Auftrag erhalten, unseren Glauben mit anderen zu teilen. Obwohl es viele Methoden gibt, um unseren Glauben mitzuteilen, ist keine effektiver, als jemandem persönlich zu berichten, wie Gott in unserem eigenen Leben gewirkt und Veränderung geschenkt hat. Biblische und geschichtliche Fakten kann man anzweifeln und man kann anderen Leuten die Schuld an einer schlechten Situation geben.
Aber es ist schwierig, den ehrlichen Bericht eines Menschen, dessen Leben sich durch ein Eingreifen Gottes verändert hat, nicht zu beachten.
Wenn du erzählen willst, was Gott in deinem Leben getan hat, ist es hilfreich, deine Story ausformuliert aufzuschreiben und in einen logischen Zusammenhang zu bringen. Lass uns die Geschichte der Bekehrung des Apostels Paulus als Grundschema für dein Zeugnis nehmen.
Lies in der Bibel nach: Apostelgeschichte 26,1–23

Die Einstellung von Paulus und seine Taten vor seiner Bekehrung – Verse 1–11

Er lebte als Pharisäer – V.5 (vgl. Gal 1,13–14)
Er verhaftete viele Christen – V.10
Er stimmte dem Tod von Christen zu – V.10
Er verfolgte Christus – V.11

Die Umstände seiner Bekehrung – Verse 12–18

1. Wohin ging er?
2. Zu welcher Zeit war das?
3. Was hat er gesehen?
4. Wer begleitete ihn?
5. Was hat er gehört?

Lies 2 Kor 5,17; Gal 6,15

Die Änderungen seiner Sichtweise nach seinem Erlebnis – Verse 19–23

Welche Hinweise auf Reue und Bekehrung des Paulus tauchen in den folgenden Versen auf?

6. Vers 19 ______________________________
7. Vers 20 ______________________________
8. Vers 21 ______________________________
9. Verse 22–23 ___________________________

Lies 1 Joh 1,5–9; 2,3–6

Bitte wenden ...

Abb. 7.3/1

Formulier ein Erlebnis, das du mit Gott hattest

Jetzt bist du an der Reihe

Einleitung

- Name ______________________________
- Schulklasse (oder Alter) ______________________________
- Schule ______________________________
- Stadt ______________________________

Meine Einstellung, bevor ich Christ wurde (wenn es passt, bezieh deinen familiären und kirchlichen Hintergrund mit ein. Vermeide religiöse Begriffe, das könnte einige deiner Zuhörer befremden.)

1. ______________________________
2. ______________________________
3. ______________________________
4. ______________________________
5. ______________________________

Die Umstände meiner Bekehrung/meines besonderen Erlebnisses mit Gott – Zeit, Datum, Menschen, Motivation, etc.

1. ______________________________
2. ______________________________
3. ______________________________
4. ______________________________
5. ______________________________

Die Änderungen meiner Einstellung seit meiner Bekehrung/meinem besonderen Erlebnis mit Gott – bitte mit Schmackes!

1. ______________________________
2. ______________________________
3. ______________________________
4. ______________________________
5. ______________________________

Bemerkungen dazu

Abb. 7.3/2

Jetzt wird's persönlich

1. Welche Veranstaltung siehst du als deine »offene Tür« für Jugendliche, die das erste Mal kommen?

2. Bewerte deine Gottesdienste in den folgenden Sparten (1 = armselig, 2 = braucht noch Arbeit, 3 = okay, 4 = gut, 5 = super):

   ____ angenehme Atmosphäre
   ____ Spaßelement
   ____ Mitwirkung der Jugendlichen
   ____ verständliche Botschaft

   Wie kannst du die Bereiche, die eine schlechte Note bekommen haben, verbessern?

3. Kommst du früh genug, um für eine angenehme Atmosphäre zu sorgen? Warum oder warum nicht?

4. Kann sich ein Besucher leicht in deine Jugendarbeit einfinden und mitmachen? Gibt es einen vorgegebenen Weg und Anleitungen?

5. Wenn du predigst, auf welchen der drei Begriffe musst du am meisten achten: *Ethos, Pathos oder Logos?*

6. Bekommst du von Besuchern ein Feedback der Eindrücke bei ihrem ersten Besuch? Wie könntest du ihnen das erleichtern?

7. Bringen deine Jugendlichen ihre Freunde gern mit? Woher weißt du das?

Anmerkungen

1 Wenn Schüler den Gottesdienst mit ihrer Familie besuchen und dann noch in den Schülergottesdienst wollen, müssen sie mehrere Stunden in der Kirche verbringen. In der Saddleback Church haben wir zusätzlich zu den vier Erwachsenengottesdiensten drei Jugendgottesdienste. Beide Veranstaltungen laufen gleichzeitig. Manche Familien besuchen gemeinsam einen normalen Gottesdienst und dann gehen die Kids in den Jugendgottesdienst, während die Eltern sich kirchlichen Aufgaben widmen (zum Beispiel in der Sonntagsschule mitarbeiten etc.). Manche Jugendliche besuchen nur den Jugendgottesdienst, unabhängig von ihren Eltern, und manche besuchen den Wochenendgottesdienst sogar, obwohl ihre Eltern gar nicht in die Kirche gehen.

2 Genauso wie in Apostelgeschichte 2 sehen wir hier beide Reaktionen. Einige Jugendliche machen sich darüber lustig, andere sind erstaunt. Obwohl es natürlich unser Ziel ist, dass alle angesprochen werden, stören wir uns nicht weiter an den Lachern, weil wir wissen, dass unsere Richtung stimmt.

3 Mit der Hilfe von Laurie Polich und Duffy Robins, zwei anderen Jugendarbeitern, habe ich ein Buch namens *Spontaneous Melodrams* (erschienen bei Zondervan Publishers, Grand Rapids 1996) geschrieben, das 24 einfach umsetzbare Anspiele enthält (je zwölf aus dem Alten und dem Neuen Testament). Sie sind einfach zu spielen, machen Spaß und sind eine sehr gute Methode, deine Jugendlichen mit einzubeziehen. Ansonsten kannst du auf die bewährten Theaterkataloge der Willow-Creek-Edition (Projektion J, Asslar) zurückgreifen.

4 Wenn dir das Wort »schallen« Unbehagen einflößt, dann hast du zwei Möglichkeiten: 1. Gewöhn dich dran oder 2. Mach die Musik leiser. Ich halte Variante 3 (die Musik ausschalten) nicht für eine gute Idee. Teenager und Musik gehören einfach zusammen.

8 Pflege der Gemeinde-Jugendlichen

Die Erfüllung von Gottes Auftrag der Gemeinschaft

Gottesdienste haben zum Ziel, dass eine große Anzahl von Jugendlichen angesprochen und angelockt werden. Die Veranstaltungen für Gemeindejugendliche dagegen haben es sich zur Aufgabe gemacht, das geistliche Wachstum der Jugendlichen in Kleingruppen zu fördern.

Ich werde regelmäßig gefragt: »Wie bringe ich meine Jugendarbeit zum Wachsen?« Meist antworte ich: »Kümmer dich um die Jugendlichen, die Gott dir anvertraut hat. Pflege sie sorgsam!«

Jesus hat in Matthäus 25,21 ein Gleichnis erzählt, um dieses Betreuerprinzip zu verdeutlichen: »Sehr gut, du bist ein tüchtiger und treuer Diener. Du bist im Kleinen ein treuer Verwalter gewesen, ich will dir eine große Aufgabe übertragen. Komm, nimm Teil an der Freude deines Herrn.«

Jugendliche zu betreuen und zu pflegen bedeutet, ihnen gewissenhaft bei ihrem Wachstum im Glauben zu helfen. Das gründlichste und messbarste Wachstum findet bei den Jugendlichen statt, die eine vertrauensvolle, verlässliche und intakte Beziehung zu einem ihrer Jugendmitarbeiter haben. Diese Beziehungen werden für die Gemeindejugendlichen durch Gemeinschaft möglich. Wie wir in Kapitel 2 gelernt haben, kommt Gemeinschaft in der Jugendarbeit zu Stande, wenn man die Jugendlichen persönlich kennt, sich um sie kümmert, sie verantwortlich behandelt und sie auf ihrem geistlichen Weg ermutigt.

In Jugendarbeitskreisen haben wir das Wort *Gemeinschaft* bereits überstrapaziert und verallgemeinert, weil wir einfach alles so bezeichnen, was wir mit Jugendlichen machen. Wir haben eine »Gemeinschaftsstunde«, die findet im »Gemeinschaftsraum« statt und die drei Jugendlichen, die nicht in den Raum kommen, »kapseln sich von der Gemeinschaft ab«. Wir pflegen die Gemeinschaft auf unserem jährlichen Ausflug in den Vergnügungspark und versprechen Gemeinschaft bei jeder Ankündigung: »Wir hoffen, dass ihr alle kommen könnt; es wird eine super Gemeinschaft werden.« Aber unser »All-Inclusive«-Wort scheint das Gemeinschaftsbild des Neuen Testaments nicht mehr abzudecken.

In den ersten Gemeinden war Gemeinschaft mehr auf Beziehung als auf Unterhaltung bezogen.

In den ersten Gemeinden war Gemeinschaft mehr auf Beziehung als auf Unterhaltung bezogen. Sie beinhaltete sowohl Teilen (1 Joh 1,7) und das Brechen des Brotes (Apg 2,42) mit anderen Gläubigen als auch die Entwicklung einer engen Beziehung mit Christus (1 Kor 1,9) und mit anderen Gläubigen (Gal 2,9). Das ist doch ein ganz anderes Bild, als mit ein paar Jugendlichen herumzuhängen und Volleyball zu spielen.

Der effektivste Weg, biblische Gemeinschaft unter Jugendlichen zu schaffen, verläuft über Kleingruppen. Weil sie mehr persönliche Aufmerksamkeit als größere Veranstaltungen erlauben, sind sie eine dauerhafte Möglichkeit für die Entwicklung von engen Beziehungen. Sie verschaffen ein Zugehörigkeitsgefühl, das die Teenager verzweifelt suchen und das Cliquen, Gangs und Kulte so attraktiv macht. In der Kirche sind Kleingruppen existenziell wichtig, besonders für die geistliche Reife der Jugendlichen. In allen funktionierenden Jugendarbeiten, die ich kenne, wird dieses System der Kleingruppen vertreten.

Kleingruppen sind eine dauerhafte Lösung für die Entwicklung von Beziehungen.

Eine gute Kleingruppe verbindet Jugendliche mit anderen Jugendlichen und vermittelt ein Zusammengehörigkeitsgefühl innerhalb der Jugendarbeit.

»Wir brauchen keine Kleingruppen. Unsere Jugendgruppe ist sowieso schon so klein; wir haben nur fünfzehn Jugendliche«, sagst du jetzt vielleicht. Nein, fünfzehn Jugendliche sind eine Menge. Jugendliche können in einer so großen Gruppe bequem untertauchen, aber sie können sich nicht in einer Gruppe von vier oder fünf Leuten verstecken. Wenn Kleingruppen existieren, dann kann die Jugendarbeit im *Kleinen* Wachstum bewirken. Dort bekommen die Jugendlichen Betreuung, die sie in den großen Treffen nicht erhalten.

Als ich endlich begriffen hatte, dass ich mich nicht um jeden in unserer Jugendarbeit kümmern kann, habe ich gelernt, auf die Kleingruppen zu bauen. Ab diesem Zeitpunkt ist unsere Arbeit wirklich explodiert. Andere Mitarbeiter änderten ihre Rolle von Anstandsdamen zu Hirten und ihre Hingabe wurde umso intensiver, je mehr die Jugendlichen begannen, sich zu öffnen und Beziehungen einzugehen. Die Konzentration auf die Kleingruppen half uns, die Hintertür zu schließen; die Jugendlichen verließen uns nicht mehr so schnell, wie sie gekommen waren.

1. Thessalonicher 2,8

Ich hatte eine solche Zuneigung zu euch,	Jugendarbeit ist ein Ausdruck der Liebe Gottes für Jugendliche. Du kannst das persönlich in deiner Kleingruppe ausdrücken.
dass ich bereit war	Es lohnt sich so sehr, einen Jugendlichen geistlich wachsen zu sehen.
nicht nur Gottes Gute Nachricht mit euch zu teilen,	Teilen ist das, was wir in den Kleingruppen tun. Wir lassen die anderen an unserem Leben teilhaben – in guten und in schlechten Zeiten. Unser Geschenk an die Jugendlichen ist nichts Geringeres als das Evangelium Gottes. Diese Quelle der Wahrheit bieten wir an.
sondern auch mein eigenes Leben.	Wir sind mehr als nur Leiter, die Fakten lehren. Wir teilen auch unser Leben und investieren uns in Beziehungen, und zwar ohne Hintergedanken und unterschwellige Erwartungen.
So lieb hatte ich euch gewonnen.	Eines der Ziele der Kleingruppen ist, dass dir die Jugendlichen wichtig werden. Dieser Weg zur Sympathie ist mit Geduld und Anstrengungen gepflastert. Es gibt keine Einzelkämpfer in unserer Jugendarbeit. Du bist Teil eines Teams: verlass dich auf andere und sei selbst verlässlich.

Abb. 8.1

Kleingruppen sind nichts Neues in der Jugendarbeit und es sind Dutzende exzellenter Bücher darüber erschienen, wie man Kleingruppen aufbaut, leitet und fördert. Ich möchte daher hier nur noch einmal die Vorzüge der Kleingruppen betonen und einige praktische Tipps geben, wie eure Mitarbeiter sie intakt und effektiv halten können.

Das Gute an Kleingruppen

Die Worte des Apostels Paulus könnten ein Werbeslogan für Kleingruppen sein: »Ich hatte eine solche Zuneigung zu euch, dass ich bereit war, nicht nur Gottes Gute Nachricht mit euch zu teilen, sondern auch mein eigenes Leben. So lieb hatte ich euch gewonnen.« (1 Thess 2,8)

In den Gruppenveranstaltungen teilen wir das *Evangelium* mit den Jugendlichen, in den Kleingruppen teilen wir unser *Leben*. Es gibt in der Jugendarbeit natürlich mehr zu tun als Spiele zu leiten, Predigten zu verfassen, Camps zu organisieren und Gitarre zu spielen. Das sind alles wichtige Aufgaben, aber ein Jugendleiter, der eine Gruppe von Jugendlichen pflegen und eine Atmosphäre der Liebe schaffen kann, wird eine Tiefe der Jugendarbeit erfahren, die man niemals erreichen wird, wenn man nur vorne steht und eine gute Show abzieht. Nicht nur der Jugendleiter wird von einer intensiveren Arbeit profitieren, auch die Jugendlichen können auf mindestens vier Arten Nutzen daraus ziehen.

Ein Jugendleiter, der eine Gruppe von Jugendlichen pflegen und eine Atmosphäre der Liebe schaffen kann, wird eine Tiefe der Jugendarbeit erfahren, die man niemals erreichen wird, wenn man nur vorne steht und eine gute Show abzieht.

Kleingruppen ermöglichen persönliche Beziehungen

Die meisten Jugendlichen genießen es, auch mal ein Teil der anonymen Menge zu sein. Aber wenn sie vor die Wahl gestellt würden, ein unbekanntes Gesicht in der Menge oder ein wohl bekanntes Mitglied einer kleinen Gruppe zu sein, würden sie sich garantiert für Letzteres entscheiden.

Obwohl ich der Jugendleiter in meiner Kirche bin und von mir erwartet wird, dass ich jeden kenne, tue ich das nicht. Ich *erkenne* viele von den Jugendlichen, die zu unseren Gottesdiensten kommen, aber ich *kenne* sie nicht. Aber die Jugendlichen in meiner Kleingruppe kenne ich wirklich. Ich kenne nicht nur ihre Namen. Ich weiß von ihren Familien, Konflikten, Ängsten, Stärken und Schwächen. Und sie kennen meine. Diese Intimität ist der Grund, warum wir gleichzeitig größer und auch kleiner werden wollen – größer durch Wachstum und kleiner durch die Kleingruppen. Auch innerhalb einer ständig wachsenden Jugendarbeit kann und muss ein Jugendlicher in einer kleinen Gruppe wohl bekannt sein und dort von einem Kleingruppenleiter betreut werden, der Gott und seine Jugendlichen liebt.

Wir möchten gleichzeitig größer und kleiner werden.

Kleingruppen ermöglichen Jugendlichen, sich mitzuteilen

Während einer Großveranstaltung werden die meisten Jugendlichen einer Predigt zuhören, aber kaum Gelegenheit haben, ihre Meinung dazu zu sagen. Selbst wenn sich Gelegenheiten dazu bieten, werden die meisten Jugendlichen den Mund halten, weil sie Angst haben, sich zu blamieren. In einer Kleingruppe wird eine vertraute Atmosphäre hergestellt, in der die Jugendlichen ihre Meinung sagen können und sich nicht gehemmt fühlen.

Neulich fragte ein Jugendlicher am Ende unserer Kleingruppe schüchtern: »Was denkt ihr eigentlich über Masturbation?« Es war offensichtlich, dass die Frage ihn sehr beschäftigte und er wollte seine Schwierigkeiten mit den Personen besprechen, mit denen er in den letzten Monaten eine enge Beziehung aufgebaut hatte. Dieser Junge hätte sich niemals getraut, seine Frage in einer größeren Gruppe zu stellen.

Kleingruppen ermöglichen Jugendlichen, ihren Glauben für sich persönlich zu entdecken

Kleingruppen machen die persönliche Anwendung des Glaubens möglich. Unsere Jugendlichen hören viele Predigten, aber die Botschaften in den Predigten sind oft schwierig umzusetzen, bevor sie in den Kleingruppen noch einmal vertieft und diskutiert werden. Wenn wir zum Beispiel über die Frage reden, wie man anderen von seinem Glauben erzählt, dann kann ein Jugendlicher berichten, wie *er* in *seiner* Schule über Gott spricht. Plötzlich wandert die Botschaft der Predigt von einer unpersönlichen Bühnenpräsentation in die Kleingruppe und in das *persönliche* Leben eines jeden Einzelnen.

Meine Vorträge über Jugendarbeit sind sehr wichtig für Jugendleiter. Sie können inspirieren und anspornen, aber sie sind kaum anwendbar, wenn sie nicht mit den anderen Beteiligten besprochen und den jeweiligen Gegebenheiten angepasst werden. Manche Jugendleiter kehren von so einem Vortrag heim und legen ihre Notizen in den Schrank, wo sie dann für immer liegen bleiben. Viele unserer Jugendlichen machen dasselbe mit der Bibel. Wenn ihr Inhalt nicht besprochen und auf ihr Leben übertragen wird, betrachten sie die Bibel als irgendwie wichtiges, aber praktisch irrelevantes Buch.

Kleingruppen ermöglichen verantwortliche Beziehungen

Wenn einer meiner Jugendlichen ankündigt, er werde versuchen, etwas gerade Gelerntes in seinem Leben anzuwenden, dann weiß er, dass seine Gruppe ihn nächste Woche nach seinen Erfahrungen *fragen* wird. Teilen und Teilhaben öffnet die Tür zur Verantwortlichkeit. Christen, die keine solchen Beziehungen pflegen, bringen sich selbst in Schwierigkeiten. Als Christ zu leben ist zu schwierig, um es allein schaffen zu können.

In Jakobus 5,16 steht: »Darum bekennt einander eure Sünden, und betet füreinander, damit ihr geheilt werdet.« Gute Kleingruppen ermöglichen den Jugendlichen, ihre Erfolge, Schwierigkeiten und Fragen miteinander zu teilen und sich auf ihre Gemeindefamilie in jeder Situation zu verlassen. Ein Gefühl der Gemeinschaft wird in Kleingruppen entwickelt, wenn die Mitglieder sich immer näher kommen. Wir sollen:

- dem anderen dienen (Gal 5,13)
- den anderen akzeptieren (Röm 15,7)
- dem anderen vergeben (Kol 3,13)
- den anderen grüßen (Röm 16,16)
- die Lasten des anderen tragen (Gal 6,2)
- sich um den anderen kümmern (Röm 12,10)
- den anderen ehren (Röm 12,10)
- den anderen unterrichten (Röm 15,14)
- uns dem anderen unterordnen (Eph 5,21)
- den anderen ermutigen (1 Thess 5,11)

Die Beständigkeit von Kleingruppen

Je beständiger eine Kleingruppe ist, desto größer ist ihr Nutzen. Abb. 8.2 zeigt die Resultate der Kleingruppenarbeit. Jede Jugendarbeit kann diese drei Gruppentypen einführen, um den Jugendlichen zu helfen, untereinander in Kontakt zu kommen.

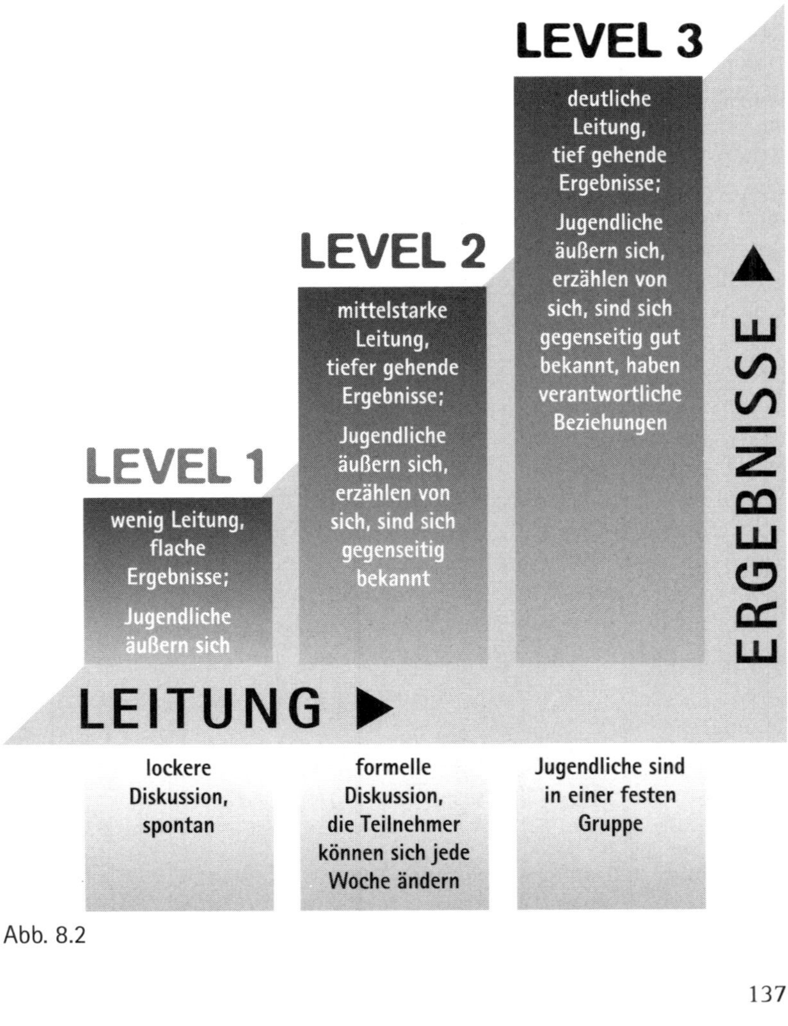

Abb. 8.2

Level 1-Kleingruppe
Die Jugendlichen werden ohne bestimmtes System am Anfang oder Ende eines Jugendtreffens in Kleingruppen zusammengesteckt. Es gibt keine Beständigkeit von Treffen zu Treffen. Das Ziel ist es, die Jugendlichen zur Diskussion über aufgeworfene Fragen anzuregen. Die Level 1-Kleingruppe wird als *ein* Teil einer Veranstaltung angesehen, ist aber für das Gesamtkonzept entbehrlich. In diesen Kleingruppen bedarf es keiner ausgeprägten Leitung. Sie können direkt von vorne aus angeregt werden, indem man Fragen und eine begrenzte Zeit zur Beantwortung stellt.

Level 2-Kleingruppe
Diese Gruppenart hat schon eine größere Beständigkeit. Diese besteht darin, dass jede Woche ungefähr dieselben Jugendlichen teilnehmen, sie aber kein fester Rahmen an die Teilnahme bindet. Eine Level 2-Gruppe konzentriert sich mehr auf die Diskussion von Fragen als auf den Aufbau von Beziehungen zwischen den Teilnehmern. Ihr Ziel ist es, die Fragen zu diskutieren und so das in der Predigt Gehörte besser zu verarbeiten. Oft hat der Jugendleiter hier die Rolle eines Moderators und Stichwortgebers. Dieses Kleingruppenformat ist ein wichtiger Teil einer Veranstaltung.

Level 3-Kleingruppe
Dieser Typ konzentriert sich mehr auf die Jugendlichen als auf das Predigen. Der Inhalt dient zwar meist dazu, eine Diskussion zu entfachen, aber die Betonung liegt auf Gemeinschaft, Beziehungen, Lebensstil und Verantwortlichkeit. Diese Kleingruppe ist eher selbst eine Veranstaltung als nur ein Teil davon. Die Teilnehmer sind jede Woche dieselben und ihre Teilnahme wird erwartet. Das Ziel ist nicht, die Gruppe zu vergrößern und neue Mitglieder einzuführen, sondern Vetrauen und Freundschaft untereinander zu entwickeln. Der Leiter dieser Gruppe hat die Rolle eines Hirten oder Ratgebers.

Was deine Leitung leisten muss, um eine intakte Kleingruppe zu schaffen

Beständige, vertrauensvolle Kleingruppen tauchen nicht einfach so auf. Wie das Leben sind sie ein Prozess und keine einmalige Veranstaltung. Eine funktionierende Kleingruppenstrategie erfordert harte Arbeit von

Seiten der Leitung. Es wird dir helfen, gesunde Kleingruppen zu bilden, wenn du folgende Prinzipien anwendest.

Beständige, vertrauensvolle Kleingruppen tauchen nicht einfach so auf.

Leg die Werte für die Kleingruppe fest

Es ist wichtig, dass du dir darüber im Klaren bist, welche Werte in deiner Gruppe zu Tage treten sollen, sowohl in den Beziehungen als auch in der Haltung. Kleingruppenleiter haben verschiedene Persönlichkeiten und Stile und sollten auch ihre Jugendlichen so behandeln. Es liegt in deiner Verantwortung, die Werte zu definieren, die du fördern willst. Auch wenn du diese zusammen mit deinen Kollegen festlegst, musst du fest von ihnen überzeugt sein und sie kompromisslos unterstützen. Werte für Kleingruppen sind zum Beispiel:

Authentizität: Alle Leiter müssen aufrichtig und sichtbar ein Leben mit Christus leben. Sie müssen ehrliche Leiter sein, keine Schauspieler.
Vertrauenswürdigkeit: Kleingruppen müssen ein sicherer Ort sein, in dem man ehrlich sein kann. Was der Gruppe mitgeteilt wird, muss unter den Mitgliedern bleiben.
Vertrauen in die Botschaft: Jugendliche sollten sich sicher genug fühlen, um ihre Gefühle auszudrücken und Fragen zu stellen. Keine Frage ist dumm oder falsch.
Liebe zu anderen: Das ist ein Lernprozess, der mit gegenseitigem Respekt beginnt. Es muss den Jugendlichen zum Beispiel möglich sein, ihre Gedanken zu Ende zu führen, ohne dass sie unterbrochen werden. Niemand sollte gehänselt oder niedriger geachtet werden als andere usw.

Es ist deine Aufgabe, jeden Teilnehmer auf die Werte hinzuweisen, die ihr beschlossen habt. Du kannst nicht darauf vertrauen, dass alle Mitarbeiter automatisch die Werte kennen und wissen, wie sie in den Kleingruppen anzuwenden sind. Als ich diesen Fehler machte, hatte ich plötzlich Leiter, die zu Möchtegern-Lehrern mutiert waren und eine Atmosphäre geschaffen hatten, in der keine Widerrede geduldet wurde. Daraus habe ich gelernt, dass ich niemals einfach davon ausgehen darf, dass wir alle dieselben Werte haben. Deine Werte sollten klar, knapp und bündig formuliert sein und allen Beteiligten ständig mitgeteilt werden.

Leg Grundregeln fest

Zu viele kleine Gruppen gehen zu Grunde, weil der Leiter am Anfang keine Grundregeln aufgestellt hat. Es ist wichtig, das Konzept geistig durchzugehen und feste Grenzen zu setzen, damit jeder weiß, was er erwarten kann. Hier sind einige Fragen, die du dir selbst stellen solltest, bevor du mit dem Aufbau von Kleingruppen beginnst:

- Was soll aus den Kleingruppen entstehen?
- Nach welchen Kriterien teilen wir die Jugendlichen ein (zum Beispiel Klasse, Schule, Interessen)?
- Wie können die Jugendlichen erfahren, wer in welcher Gruppe ist?
- Wie lange sollen die Gruppen zusammen bleiben (zum Beispiel acht Wochen, ein halbes Jahr)?
- Werden es offene Gruppen sein, in die man zu jeder Zeit einsteigen kann?
- Werden es geschlossene Gruppen sein, in die man während der festgelegten Laufzeit nicht einsteigen kann?
- Dürfen Jugendliche mit ihren Freunden ihre eigene Gruppe bilden?
- Werden die Gruppen nach Geschlechtern getrennt oder gemischt sein?
- Werden die Gruppen von Erwachsenen oder Jugendlichen oder von einer Kombination aus beidem geleitet werden?
- Was werden wir tun, wenn die Jungengruppe schon nach fünf Minuten beendet ist und die Mädchengruppe sich über eine Stunde lang unterhält?

Es gibt nicht »die richtige« Antwort auf diese Fragen. Die Antworten hängen von deinen Zielen, deinen Jugendlichen, Mitarbeitern, Treffpunktzeiten und Örtlichkeiten ab. Zum Beispiel gibt es als Antwort auf die zweite Frage mindestens zehn Möglichkeiten, die Gruppen aufzuteilen.

1. Alter
2. Geschlecht
3. Schule
4. Nachbarschaft
5. Zeitplan
6. Interessen (zum Beispiel Sport, Theater, Musik)
7. Freundschaften
8. Persönlichkeitstypen
9. Stadium der geistlichen Reife
10. Namen ziehen

Was in unserer Arbeit funktioniert, funktioniert vielleicht nicht in deiner. Wir lassen unsere Jugendlichen gerne Gruppen gründen, die auf schon bestehenden Freundschaften basieren, denn so gibt es gleich ein Grundvertrauen. Wenn bestehende Beziehungen für einzelne Mitglieder der Gruppe ein Problem sind, dann greifen wir ein und stecken einige Schüler zu einer anderen Gruppe, wo die Chemie eher stimmt. Für gewöhnlich lassen wir die Jugendlichen den Namen eines Freundes aufschreiben, mit dem sie gerne in der Gruppe wären, und gehen auf ihre Wünsche ein. In allen diesen Kleingruppenentscheidungen bitten wir Gott, uns mit Weisheit auszustatten.

Erleichtere den Gruppenleitern ihre Aufgabe

Wenn die Gruppenleiter über die Treffs hinaus noch Zeit in ihre Gruppe investieren möchten, dann sollten sie diese Zeit für ihre Beziehungen mit den Jugendlichen und nicht zur Vorbereitung nutzen. (Vergiss nicht: Das Hauptziel unserer Kleingruppen ist Gemeinschaft. Wenn es Jüngerschaft wäre, dann hätte ich eine andere Ansicht darüber, wie die Leiter ihre Zeit nutzen sollten.) Ich möchte ihnen ihre Aufgabe möglichst erleichtern, indem ich ihnen eine Themenliste gebe, die sie für ihre Kleingruppenarbeit benutzen können. So sparen sie Zeit bei der Vorbereitung.

Es wird nicht von ihnen erwartet, dass sie die angegebenen Fragen Wort für Wort stellen; sie sollen ihnen lediglich als Einstieg in die Diskussion dienen. Viele finden es hilfreich, eine Liste mit Vorschlägen zu haben, aus der sie auswählen können. (Wir geben auch passende Bibelstellen dazu.)

Fang mit allgemeinen Fragen an, bei denen das Diskussionsende offen ist und geh dann zu spezifischeren Fragen über. Zum Schluss sollte es immer um die praktische Anwendung gehen. Versuch, deinen Kleingruppenleitern mehr Fragen vorzugeben, als sie brauchen, dann haben sie eine Auswahl. Ein Beispiel eines solchen Curriculums ist in Abb. 8.3 aufgeführt.

Bilde die Grundfähigkeiten aus

Ich habe Seminare über Kleingruppendynamik besucht und sogar ein ähnliches Fach während meines Studiums besucht, aber am meisten habe ich durch die Erfahrung gelernt. Bilde Kleingruppenleiter in einigen Grundfähigkeiten aus, aber erschlag sie nicht mit Theorie und Rhetorik. Gib ihnen ein paar Grundideen und lass sie durch persönliche Erfahrung lernen. Unten stehend finden sich einige Regeln, die wir kürzlich bei einer Fortbildung für Kleingruppenleiter verwendet haben.

- Hab keine Angst vor der Stille
- Zeig, dass die Meinung jedes Einzelnen wichtig ist
- Denk nicht, dass du auf alles die richtige Antwort haben musst
- Halt die Gruppe beim Thema
- Wechsel nicht zu schnell zu einer neuen Frage über. Frage: »Möchte noch jemand etwas dazu sagen?« Die Priorität liegt auf dem Dialog, nicht auf der Beantwortung aller Fragen
- Versuch nicht, das Gespräch zu beherrschen
- Bitte Gott, dir seine Augen und Ohren zu geben

Was immer du zu deinen Grundregeln bestimmst, halte deinen Mitarbeitern die Liste stets vor Augen. Du kannst auf jedem Leitertreffen fünf Minuten dafür verwenden, einen Punkt der Liste noch einmal durchzusprechen.

Sorg für Nachwuchs

Wenn eine Jugendarbeit kirchendistanzierte Teens durch Freundschafts-Evangelisation erreicht, dann wird die Anzahl der Gottesdienstbesucher wachsen. Nach und nach werden mehr Jugendliche in die Gemeinde überwechseln und in Kleingruppen eintreten. Wenn die Kleingruppen klein bleiben sollen, dann musst du für einen ständigen Nachschub an Gruppenleitern sorgen.

Der Körper: Spielzeug oder Werkzeug

1 Korinther 6,12–20

»12 ›Alles ist mir erlaubt‹ – aber nicht alles nützt mir. ›Alles ist mir erlaubt‹ – aber nichts soll Macht über mich haben. 13 ›Die Speisen sind für den Bauch da und der Bauch für die Speisen‹ – Gott wird beide verfallen lassen. Der Leib ist aber nicht für die Unzucht da, sondern für den Herrn, und der Herr für den Leib. 14 Gott hat den Herrn auferweckt; er wird durch seine Macht auch uns auferwecken. 15 Wisst ihr nicht, dass eure Leiber Glieder Christi sind? Darf ich nun die Glieder Christi nehmen und zu Gliedern einer Dirne machen? Auf keinen Fall! 16 Oder wisst ihr nicht: Wer sich an eine Dirne bindet, ist ein Leib mit ihr? Denn es heißt: ›Die zwei werden ein Fleisch sein.‹ 17 Wer sich dagegen an den Herrn bindet, ist ein Geist mit ihm. 18 Hütet euch vor der Unzucht! Jede andere Sünde, die der Mensch tut, bleibt außerhalb des Leibes. Wer aber Unzucht treibt, versündigt sich gegen den eigenen Leib. 19 Oder wisst ihr nicht, dass euer Leib ein Tempel des Heiligen Geistes ist, der in euch wohnt und den ihr von Gott habt? Ihr gehört nicht euch selbst; 20 denn um einen teuren Preis seid ihr erkauft worden. Verherrlicht also Gott in eurem Leib!«

Eröffnungsfragen

(Es gibt verschiedene mögliche Antworten)

1. Was ist der teuerste und wertvollste Gegenstand, den du besitzt?
2. Achtest du darauf, wie du diesen Gegenstand behandelst, oder behandelst du ihn wie Müll? Passt du auf ihn auf oder dürfen andere mit ihm machen, was sie wollen?
3. Was sagt es über Menschen aus, wenn sie ihren wertvollsten Gegenstand nicht pflegen?
4. Was ist mit deinem Körper? Würdest du ihn als wertvollen Gegenstand bezeichnen?
5. Welche Parallelen siehst du zwischen dem Gebrauch eines wertvollen Gegenstands und deinem Körper?
6. Manche Menschen sehen den Körper als ein Spielzeug an, andere als ein Werkzeug. Wie würdest du den Unterschied zwischen diesen beiden Sichtweisen beschreiben?

Abb. 8.3/1

Spezifische Fragen zur Bibelstelle

1. Such die Bedeutungen des Wortes »Körper« in dem Text heraus. Wenn das alles wäre, was du über deinen Körper wüsstest, was würdest du über ihn wissen?
2. In den Versen 12 und 13 zitiert Paulus zwei der beliebtesten korinthischen Sprichwörter. Welche sind es?
3. Was, glaubst du, bedeuten diese Sätze? Welche Sichtweise des Körpers – Spielzeug oder Werkzeug – vermitteln sie?
4. Wie hat Paulus diese Sätze widerlegt und dagegen argumentiert? (Beachte vor allem die Aussagen in Vers 12 und 13 nach dem Bindestrich!)
5. Paulus sagt, dass unsere Körper Glieder Christi sind (V. 15). Dann fragt er: »Darf ich nun die Glieder Christi nehmen und zu Gliedern einer Dirne machen?« Worauf will er hier hinaus?
6. In Vers 18 scheint Paulus zu sagen, dass sexuelle Sünde in eine eigene Kategorie zu fallen scheint. Heißt das, dass sexuelle Sünden schlimmer sind als andere Sünden?
7. Wie lautet das Gebot, das uns gegeben wird, um mit sexueller Versuchung umzugehen (V. 18)? Nenne Beispiele, wann wir uns vor Versuchungen hüten sollten.
8. Der letzte Satz lautet: »Verherrlicht also Gott in eurem Leib!« Wie könnte das aussehen?

Fragen zur persönlichen Anwendung

1. Hältst du die sexuellen Richtlinien der Kirche für zu locker oder zu streng? Warum?
2. Was sind deiner Meinung nach heutzutage die drei Hauptquellen der Versuchung von Jugendlichen?
3. Gibt es einen neuen Aspekt, den du aus der heutigen Bibelpassage ziehen kannst, der dir zeigt, wie man sexuelle Versuchung bekämpfen kann?
4. Mit wem kannst du über deine Fragen zu Sex und Versuchung sprechen?

Abb. 8.3/2

In unserer Jugendarbeit werden die Kleingruppen von Erwachsenen geleitet, aber in jeder Gruppe gibt es auch einen jugendlichen Mitarbeiter, der bei Bedarf für den Erwachsenen einspringen kann. Wir ermutigen unsere Jugendlichen auch, sich zu überlegen und mit Gott zu besprechen, ob sie, wenn sie in die Oberstufe kommen, selbst eine Kleingruppe leiten könnten. So wachsen sie in Aufgaben hinein und lernen, ihre erwachsenen Mitarbeiter genau zu beobachten. Und sie betrachten die Kleingruppen mit anderen Augen.

Investiere in deine Mitarbeiter

Wenn du die Kontaktperson der Jugendmitarbeiter bist, dann solltest du die meiste Zeit mit ihnen verbringen. Vielleicht ziehst du es vor, mehr mit den Jugendlichen zu machen, um Beziehungen zu festigen, aber vergiss nicht, dass jede Minute, die du mit deinen Mitarbeitern verbringst, später zu einer verfielfachten Minute mit den Jugendlichen wird. Wenn Kleingruppenleiter selber wachsen, werden sie ihre Jugendlichen noch besser betreuen.

Ein Programm für Gemeinde-Jugendliche: Das Saddleback Modell

Unser primäres Gemeindeprogramm: Hausbibelarbeit in Kleingruppen

Unsere Kleingruppen treffen sich zu Hause bei den Gemeindemitgliedern. Diese wöchentlichen Treffen nennen wir Hausbibelarbeit (HBA). Wir benutzen das Wort Bibelarbeit anstelle von Kleingruppen aus werbetechnischen Gründen: Die meisten Christen legen einen höheren Wert auf Bibelarbeit als auf Kleingruppen. Die HBA hat zwar auch wirklich eine Bibelarbeitsphase, aber hauptsächlich wird Wert auf die Bildung einer engen Gemeinschaft gelegt. Wir treffen uns aus verschiedenen Gründen in den privaten Wohnungen der Leute:

Privatwohnungen sind gemütlicher
Die meisten Räume unserer Gemeinde werden von verschiedenen Gruppen genutzt. Deshalb haben wir keinen Raum ganz für uns, den

wir nach unseren Wünschen gestalten können. Außerdem können die wenigsten Gebäude mit der angenehmen Atmosphäre einer Wohnung mithalten. Wir versuchen, die Besucherzahl in jeder HBA-Gruppe auf dreißig Jugendliche und sechs Gruppenleiter zu beschränken, dann haben wir ein Jugendlichen-Mitarbeiter-Verhältnis von 5:1.

In Privatwohnungen wird die Familie mit einbezogen

Wir benutzen gerne die Wohnungen der Jugendlichen, denn das bindet ihre Eltern mit ein. Manche der Eltern helfen bei der Begrüßung, während andere selber eine Kleingruppe leiten. Wir hatten sogar schon Paare, die uns dafür dankten, dass sich ihre Ehe so verbessert hat. Sie stellten ihr Haus für eine Bibelgruppe zur Verfügung und verschwanden dann zu einem gemeinsamen Rendezvous! Diese wöchentliche Verabredung hat ihre Ehe gestärkt und war damit wiederum ein gutes Beispiel für unsere Jugendlichen.

Treffen in Privatwohnungen verleihen den Ehrenamtlichen mehr Verantwortung

Ehrenamtliche Mitarbeiter werden einer Jugendarbeit nicht lange treu bleiben, wenn man ihnen keine Verantwortung überträgt. Indem wir Privathäuser benutzen, geben wir den Freiwilligen mehr Freiheiten, ihre pastoralen Wünsche zu befriedigen, denn daheim müssen sie nicht nur einfach dasitzen und mir als Jugendpastor zusehen. Wenn die Ehrenamtlichen sich in Privatwohnungen treffen, dann wird jeder Einzelne von ihnen zu einem »Pastor« seiner Kleingruppe.

Treffen in Privatwohnungen verringern die Fahrtwege, machen es dadurch den Jugendlichen leichter und geben die Möglichkeit zu mehreren Terminen pro Woche

Die Strategie, die Bibeltreffen in Privatwohnungen zu legen, erlaubt uns, mehr Jugendliche zu erreichen, die normalerweise keine Fahrgelegenheit zum Gemeindezentrum haben. Uns in privaten Wohnungen zu treffen gibt uns auch die Möglichkeit, mehrere Termine in der Woche anzubieten. In der Vergangenheit hatten wir Jugendliche, die sagten: »Ich arbeite Mittwochabend und kann nicht kommen«, oder »Ich habe an dem Abend Bandprobe«. Jetzt treffen sich unsere Kleingruppen an allen Abenden von Montag bis Donnerstag, was eine größere Auswahl möglich macht.

Ein typischer Plan für eine Hausbibelarbeit

18:50 Die Leiter treffen ein
19:00 Die Jugendlichen beginnen einzutreffen
19:15 Allgemeine Begrüßung und Ansagen
19:20 Arbeitsbeginn für die ganze Gruppe
19:40 Zeit in den Kleingruppen
20:30 Ende

Die Leiter treffen ein: 18:50

HBA-Gruppen werden von erwachsenen Ehrenamtlichen geleitet. Für unsere erwachsenen Leiter haben wir drei Hauptrollen: Lehrer, Pastor und Kleingruppenleiter.

Die Aufgabe des »Lehrers« ist es, bei einer HBA eine etwa 15- bis 20-minütige Bibelarbeit vorzubereiten. Wir schreiben ein Arbeitspapier für jede Bibelarbeit und händigen es den Lehrern aus, damit alle mit demselben Material arbeiten. Der Lehrer leitet auch eine Kleingruppe.

Die Aufgabe des »Pastors« (Ehrenamtlicher) ist es, die gesamte HBA zu überblicken und sich vor allem um die Gruppenleiter zu kümmern. Die Aufgaben des HBA-Pastors umfassen, dafür zu sorgen, dass die Jugendlichen miteinander in Kontakt kommen, dass die Gruppenleiter abwesende Jugendliche kontaktieren, die Gruppengröße im Rahmen halten, den Leitern bei der Betreuung der Jugendlichen assistieren und selbst als Gruppenleiter fungieren. (Wenn du den Ausdruck »Pastor« in deiner Kirche nicht benutzen kannst, dann verwende Wörter wie »Hirte«, »Mittler«, »Mentor« oder Ähnliches.)

Die anderen Erwachsenen, die an einer HBA teilnehmen, fungieren als Gruppenleiter. Sie ermutigen den HBA-Lehrer und kümmern sich ebenfalls wie ein Pastor um ihre Gruppe.

Die Jugendlichen beginnen einzutreffen: 19:00

Wir nutzen die erste Viertelstunde, um vom Alltag abzuschalten, zu relaxen, zu begrüßen, Snacks zu essen (wenn der Gastgeber welche bereitstellt) und auf die Zuspätkommer zu warten. Wir haben gelernt, dass die Jugendlichen umso später kommen, je später wir beginnen. Viele Jugendleiter beschweren sich darüber, dass ihre Jugendlichen immer zu spät kommen, aber in Wirklichkeit haben sie den Jugendlichen dieses Verhalten antrainiert, indem sie die Startzeit immer weiter nach hinten verschoben haben.

Allgemeine Begrüßung und Ansagen: 19:15

Da die Kleingruppen in der Saddleback Church in mehr als zwanzig Privatwohnungen stattfinden, müssen die HBA-Pastoren dafür Sorge tragen, dass die Jugendlichen auf dem Laufenden bleiben. Unsere HBA-Pastoren können dazu eine Hotline anrufen, bei der ihnen die Ansagen für die Woche auf Band mitgeteilt werden.

Arbeitsbeginn für die ganze Gruppe: 19:20

Da die Betonung unserer Kleingruppen auf Gemeinschaft liegt, müssen unsere Lehrer keine Experten sein. Aber wir sind mit Mitarbeitern gesegnet, die sehr gute Arbeit machen und den Jugendlichen den Stoff verständlich vermitteln können.

Obwohl jede Menge Arbeitspapiere für Bibelarbeiten bei konfessionellen Verlagshäusern und christlichen Buchhandlungen erhältlich sind, haben wir uns darauf geeinigt, unsere eigenen zu schreiben. Keiner der Verfasser solcher Vorlagen kennt deine Jugendlichen, deine Umgebung und deinen Stil. Unser größter Erfolg bei den HBAs war die Verwendung der »Minuten-Bibel für Jugendliche« (Siehe Anhang C). Für eines der wöchentlichen Treffen schrieben wir eine Bibelaufgabe, die von den Bibelgruppen bearbeitet und auf sie angewendet werden konnte.

Wir schreiben die meisten unserer Aufgaben in einen Spiralblock, den Jugendliche benutzen können, um sich Notizen während der Stunde zu machen und Gebetsanliegen ihrer Gruppe aufzuschreiben. Die Jugendlichen können die Bücher auch mit nach Hause nehmen, um mit ihnen weiterzuarbeiten oder ihren Eltern zu zeigen, was sie so machen.

Zeit in den Kleingruppen: 19:40

Nach der Bibelarbeit gehen wir in die Kleingruppen, die sich in verschiedenen Räumen der jeweiligen Wohnung treffen. Jeder Kleingruppenleiter bekommt einen Vorlagenzettel mit Fragen zu der Bibelstelle, die behandelt wird (siehe Abb. 8.3).

Unser Team hat sich entschieden, gleichgeschlechtliche Kleingruppen zu bilden. Wir glauben, dass es für die Jugendlichen einfacher ist, eine gegenseitige Vertrautheit zu entwickeln, wenn sie sich mit Gleichgeschlechtlichen in einer Gruppe befinden. Es gibt noch genügend Gelegenheiten innerhalb unserer Veranstaltungen oder auf Freizeiten, in gemischten Kleingruppen Themen oder Situationen zu diskutieren.

Ende 20:30

Manche Gruppen sind früher fertig als andere (für gewöhnlich sind es die Jungen), aber auch sie bleiben noch bis etwa 21:00 da und lassen den Abend ausklingen.

Jetzt wird's persönlich

1. Wer sind die Jugendlichen, um die du dich speziell kümmerst?

   a)
   b)
   c)
   d)
   ...

Sind sie dir »wichtig« geworden (siehe 1 Thess 2,8)?

2. Welch Vor- und Nachteile hat deine momentane Kleingruppenarbeit?

3. Schau dir die einzelnen Typen auf den Seiten 137–138 noch einmal an; was für eine Kleingruppe hast du?

4. Was sind für dich drei wichtige Gruppenwerte?

5. Was benötigen deine Kleingruppenleiter, um den Jugendlichen effektiver in ihrer geistlichen Entwicklung zu helfen?

6. Wie kannst du deinen Jugendlichen die Wichtigkeit von Kleingruppen deutlich machen?

7. Was ist für dich die größte Schwierigkeit bei der Leitung deiner Kleingruppe?

9 Die Ausbildung der »aktiven« Jugendlichen

Die Erfüllung von Gottes Auftrag der Jüngerschaft

Die traurigsten Momente meiner Jugendarbeit waren die, wenn ich einen ehemals engagierten Jugendlichen wieder traf, der vom Glauben abgekommen war. Ich wünschte, ich könnte sagen, dass all die Geschichten von Jugendlichen, die jetzt selber professionell in der Jugendarbeit tätig sind oder die starke, christliche Familien gebildet haben, meine Trauer über die anderen ausgleichen könnten. Aber leider können sie das nicht! Ich frage mich immer, was wohl bei ihnen schief gelaufen ist und was ich noch hätte tun können: »Hätte ich nur dies oder das getan, dann würden sie heute noch dabei sein!«.

Vor einigen Jahren traf ich zufällig Jake Brazelton, einen ehemaligen Jugendlichen aus meiner Gemeinde. Er war inzwischen Ende Zwanzig und hatte mit Gott gar nichts mehr am Hut. Er hatte nicht nur unsere Gemeinde, sondern auch seinen Glauben verlassen. Keiner unserer Mitarbeiter hätte jemals vermutet, dass Jake so abdriften würde; er war über vier Jahre ein äußerst aktiver Teilnehmer gewesen. Wir konnten uns darauf verlassen, dass er an allen Veranstaltungen teilnahm. Ich gebe es ungern zu, aber er war in meiner Jüngerschaftsgruppe gewesen.

Jake und ich unterhielten uns fast eine Stunde lang. Nach unserem Gespräch verstand ich, dass er über die Bibel, christliche Dogmen und Theologie Bescheid wusste, aber nie gelernt hatte, seinen Glauben wirklich zu leben und geistlich weiterzukommen. Als Teenager entwickelte er sich weiter, weil er an Veranstaltungen teilnahm. Solange ein Programm da war, lernte er Neues dazu. Unsere Veranstaltungen wurden zu einer regelrechten Droge für ihn und er war teilnahmesüchtig.

Ich fragte mich: »Wo habe ich Fehler gemacht?« Gott benutzte mein Gespräch mit Jake dazu, dass ich mir ernsthafte Gedanken über unsere Arbeit machte. Mit der Zeit begriff ich, dass wir eine Gemeinde geschaffen hatten, die die Jugendlichen ermutigte, mehr unseren Veranstaltungen und ihren Kontaktpersonen zu trauen, als sich Jesus Christus hinzugeben und seinen Wegen zu folgen. Zu viele Gespräche mit Ehemaligen wie Jake brachten mich dazu, unsere Jüngerschaftsstrategie radikal zu ändern.

Das Geheimnis der Jüngerschaft

Ich hatte Dutzende von Büchern über Jüngerschaftsschulung gelesen und das einzige gemeinsame Element, das ich fand, war die abweichende Beschreibung ihrer Aufgabe. In jedem dieser Bücher versuchte ich, eine spezifische Definition von Jüngerschaft zu finden, die zu einem funktionierenden Jüngerschaftsprogramm für Jugendliche umgesetzt werden konnte. Ich habe nie eine gefunden. Dadurch habe ich gelernt, dass die Aufgabe, Christen zu geistlichem Wachstum zu verhelfen, eine sehr schwierige ist.

Zu den vielfältigen Methoden kommen noch die einzigartigen Wachstumsmuster der Jugendlichen hinzu. Weil Jugendliche auf geistlichen Input völlig verschieden reagieren, können wir gar kein einheitliches Jüngerschaftsprogramm entwerfen, das bei allen gleichermaßen ankommt. Die Grundregel ist, dass es keinen einheitlichen Weg für die Schulung von hingegebenen Nachfolgern Jesu gibt.

Meine Definition von Jüngerschaftsschulung lautet einfach: »Den Jugendlichen dabei helfen, Jesus immer ähnlicher zu werden.« Bei einigen Jugendlichen dauert es sechs Monate, bevor wir ein nennenswertes Wachstum beobachten können, andere brauchen sechs Jahre! Deswegen muss unser Vorgehen immer persönlich sein und eine Beziehung zu ihnen enthalten.

Am Anfang bestand der Stil meiner Ausbildung aus 50 % Lehre und 50 % persönlicher Beziehung. Die meisten Jüngerschaftsprogramme haben in etwa diesen Aufbau. Im Fall von Jake Brazelton zum Beispiel haben wir uns getroffen (Beziehung) und sind dann verschiedene Schulungsmaterialien durchgegangen (Lehre). Ich dachte, dass Jake zu einem hingegebenen Christen wurde und sich damit der Jüngerschaftszyklus aus 2. Timotheus 2,2 erfüllte: »Was du vor vielen Zeugen von mir gehört hast, das vertrau zuverlässigen Menschen an, die fähig sind, auch andere zu lehren.« Auch Jesus schulte seine Jünger (Lehre) und lebte mit ihnen (Beziehung). Aber Jesus tat noch etwas anderes, das ich vor meinem Gespräch mit Jake nie bemerkt habe: Er kündigte seinen Jüngern an, dass er sie verlassen würde. Er hat seine Jünger systematisch *auf seine Abwesenheit vorbereitet.*

Dieses Element der Vorbereitung hatte in meinen frühen Jahren der Jüngerschulung gefehlt. Ich vernachlässigte, was Jugendliche wie Jake am meisten brauchten: Ich konzentrierte mich nicht auf eine Strategie, die unseren Jugendlichen helfen würde, geistliche Gewohnheiten und Fähigkeiten zu entwickeln, die es ihnen auch dann noch ermöglichen würden, bei der Stange zu bleiben und sich weiterzuentwickeln, wenn sie einmal nicht mehr in der Jugendarbeit waren. Für viele Jugendliche hat unser Jüngerschaftsplan nur eine stärkere Hingabe oder sogar eher eine Abhängigkeit von Veranstaltungen und Personen gebracht. Wir erzogen sie zur Abhängigkeit, statt sie mit den nötigen Fähigkeiten zur geistlichen Unabhängigkeit auszurüsten.

Heute weiß ich, dass Jugendliche mehr als Information und Beziehungen benötigen. In viele Jugendarbeiten gibt es enorm bibelfeste Jugendliche, die keinerlei Früchte tragen. Diese Jugendlichen haben alle die richtigen Antworten (Wissen), aber sie treffen täglich falsche Entscheidungen. An einem bestimmten Punkt muss sich der Jugendliche von allen Krücken lösen und beginnen, geistlich auf eigenen Füßen zu stehen. Das wird nicht passieren, wenn wir einen Jüngerschaftsplan auf Programme aufbauen. Es wird am ehesten geschehen, wenn das Verhältnis ungefähr so aussieht:

$^1/_3$ Lehre und Schulung
$^1/_3$ unabhängige geistliche Gewohnheiten (oder Disziplinen)
$^1/_3$ Beziehung

Weil das Wort »Disziplin« negative Assoziationen mit sich bringt, konzentrieren wir uns mehr auf das neutralere Wort »Gewohnheiten« und ermutigen unsere Jugendlichen, geistliche Gewohnheiten zu entwickeln, die sie auf ihrer langen Reise im Glauben stärken und unterstützen.

Eine neue Methode der Jüngerschaftsschulung für Jugendliche

Ich bin immer ein bisschen argwöhnisch, wenn ich das Wort »neu« in Bezug auf Jüngerschaft lese. Vermutlich gibt es Gruppen, die das, worüber ich jetzt in einzelnen Schritten schreiben werde, schon anwenden, aber ich habe noch nie eine schriftliche Quelle gesehen, die diese Art von Jüngerschaftsstrategie vorstellt.

Setz dich für Gewohnheiten ein statt für Programme

Wenn Jugendliche ihr ganzes Leben lang beim Glauben bleiben sollen, dann müssen sie beständige Gewohnheiten für ein geistliches Wachstum entwickeln. Der Anstoß dazu, diese Gewohnheiten zu entwickeln, ist vielleicht das größte Geschenk, das wir den Jugendlichen mitgeben können, wenn sie den Herausforderungen, Entscheidungen und Krisen des Lebens begegnen.

Die Frage lautet einfach: »Wenn die Tage der Veranstaltungen und Vorbilder vorbei sind, was wird dann den Glauben in schweren Zeiten aufrechterhalten?«

Die Antwort: Die Gnade Gottes und die erlernten Gewohnheiten.

Das ist der Grund, warum sich unsere Jugendarbeit so stark auf die Entwicklung geistlicher Gewohnheiten konzentriert. Im warmen Nest der Kleingruppen können die Gruppenleiter die Jugendlichen viel besser ermutigen und ihnen Hilfsmittel für ihre Entwicklung geben, als nur die Erwartung aussprechen, dass die Jugendlichen noch ein zusätzliches Jüngerschaftsprogramm an einem anderen Abend der Woche besuchen sollten.

Definiere hilfreiche geistliche Gewohnheiten

Bevor du die richtigen Hilfsmittel für das geistliche Wachstum deiner Jugendlichen entwickelst, musst du erst die Gewohnheiten identifizieren, die deine Schützlinge später besitzen und pflegen sollen.

In der Saddleback Church haben wir sechs Gewohnheiten festgelegt, die wir unseren Jugendlichen mitgeben wollen. Es sind vielleicht nicht die sechs Gewohnheiten, die du für deine Arbeit wählen würdest, aber übergehe die Idee (Endresultat) nicht, nur weil unsere Listen (Mittel) sich unterscheiden. Das Prinzip der Vermittlung von Gewohnheiten ist auf deine Jugendarbeit übertragbar, unabhängig davon, welche Gewohnheiten du für die Wichtigsten hältst.

Unsere Prioritäten haben wir festgelegt, indem wir uns gefragt haben: »Welche Gewohnheiten sind wichtig für ein lebenslanges geistliches Wachstum?« Man kann auch fragen: »Welche Gewohnheiten hast du dir angeeignet, um deine Beziehung zu Jesus Christus aufrechtzuerhalten?« Die, die wir daraufhin aufgelistet haben, sind die, die ich seit dem Beginn meiner Glaubensreise entwickelt habe und auf die ich mich verlassen kann.

Wir wollen, dass unsere »aktiven« Jugendlichen:

- regelmäßig Zeit mit Gott verbringen, bei der sie beten und in der Bibel lesen
- verantwortliche Beziehungen zu anderen Christen haben und pflegen
- sich dem »Leib Christi«, also der Gemeinde, als Ganzes angliedern (nicht nur der Jugendarbeit)
- die Prinzipien des Gebens und des Zehnten verstehen
- sich Schlüsselstellen der Bibel einprägen
- die Bibel aus eigenem Antrieb lesen

Achtung – das sind nur die aus unserer Sicht wichtigsten *Gewohnheiten*, die die Jugendlichen entwickeln sollen. Diese Liste beinhaltet nicht alles, was sie vor ihrem Austritt aus der Jugendarbeit wissen sollen. Wir versuchen, das Lehrelement für Jüngerschaft durch verschiedene Veranstaltungen und Angebote abzudecken (siehe auch »Bibelinstitut« in Kapitel 12).

Finde oder erfinde Hilfsmittel (»Werkzeuge«), um diese Gewohnheiten zu trainieren

Wenn du die Gewohnheiten erst einmal definiert hast, ist es wichtig zu fragen: »Welche Werkzeuge (oder Hilfsmittel) können meinen Jugendlichen dabei helfen, diese Fähigkeiten zu entwickeln?« Natürlich können auch die besten Hilfsmittel nicht garantieren, dass die Jugendlichen hingegebene Nachfolger werden und ihr ganzes Leben auf dem »rechten Pfad« bleiben. (Auch die Pharisäer haben gewissenhaft solche »Werkzeuge« benutzt!) Aber nur so kannst du sicherstellen, dass du die Jugendlichen nicht durch eine Bindung an ein Programm oder an dich gehandikapt hast. Es ist aber nicht genug zu sagen: »Ich will, dass die Jugendlichen die Bibel gelesen haben, bevor sie gehen.« Sie brauchen ein Hilfsmittel, das ihnen die Bibellektüre erleichtert und ihnen hilft, in ihrem Glauben zu wachsen. Das bedeutet, dass du dich um gute Literatur kümmern oder etwas Eigenes verfassen solltest.

Ich habe es auf beide Arten getan. Momentan ziehe ich die Schaffung eigener Hilfsmittel vor, denn das ist nicht nur erschwinglicher, sondern scheint bei den Jugendlichen auch besser anzukommen als irgendetwas Gekauftes. Wenn du etwas selber machst, merken die Jugendlichen deutlich, dass es dir wirklich am Herzen liegt.

Den meisten Jugendmitarbeitern fehlt es an Zeit, Hilfe oder Mitteln, um eigenes Material herzustellen. Und die, die Talent, Hilfe und die Möglichkeiten dazu haben, können mit den professionellen Gestaltungsmöglichkeiten eines Verlags nur schwer mithalten. Aber du hast etwas, was wichtiger ist – ein brennendes Herz. Wenn ich meinen Jugendlichen etwas selbst Verfasstes an die Hand gebe, dann betrachten sie es als Geschenk von mir. (Ich habe noch nie einen Jugendlichen sagen hören: »Och, ich hätte lieber etwas Gekauftes gehabt«.)

Natürlich solltest du dir keinen unnötigen inneren Stress machen, wenn du einfach nicht genug Zeit hast, um etwas selber zu schreiben. Dann kannst du immer noch entsprechende Materialien anschaffen oder die Jugendlichen sich etwas kaufen lassen.

Konzentrier dich auf die Ermutigung

Zusätzlich zu der Rolle des Erschaffers oder Finders von Hilfsmitteln hast du auch die Rolle des Ermutigers. Du solltest Jugendliche ständig ermutigen, gute Gewohnheiten zu entwickeln. Oder noch besser, ermutige die Kleingruppenleiter, die dann wiederum die Hüter der Entwicklung dieser Gewohnheiten bei den Jugendlichen sein werden.

Einer der Wege, auf denen ich unsere »aktiven« Jugendlichen motiviere, ist ein monatlicher Brief (wie der unten stehende). Weil sich die Jugendlichen für jedes Hilfsmittel eintragen müssen, das sie bekommen möchten (siehe Abb. 9.1), habe ich die Namen und Adressen unserer »Aktiven«. Ich sende diesen Jugendlichen immer mal Briefe oder rufe sie an, um zu erfahren, wie es ihnen so geht.

Lieber Freund,

ich hoffe, dass es dir gut geht. Hast du die Bibelarbeit zum Thema »Wurzeln schlagen« schon erhalten? Ich habe bisher alle möglichen Arten von Feedback von denjenigen bekommen, die sich bisher für diese Bibelarbeit entschieden haben:

»Das ist die beste Bibelarbeit, die ich je gemacht habe!«

»Äh, also, ich habe ... ich habe die erste Seite gelesen, aber um ehrlich zu sein, jetzt liegt sie unter dem Rattenkäfig ... «

»Fields, das ist ja kaum zu glauben! Du hast drei verschiedene Typos benutzt!«

»Ich fange bestimmt bald damit an. Versprochen!«

Ich freue mich so sehr, dass du die Bibel besser kennen lernen willst! Es gibt wirklich kein interessanteres und wichtigeres Buch auf der Welt.

Hier ein paar Tipps, die dir vielleicht dabei helfen können, das Bibelstudium zu einer neuen guten Gewohnheit werden zu lassen:

1. *Gib nicht auf! Lass mich oder deinen Kleingruppenleiter wissen, wie du vorankommst.*
2. *Geh kleine Schritte. Gewohnheiten stellen sich ein, wenn man jeden Tag und mindestens vier Wochen am Stück etwas tut. Auch Bibellesen kann zur Gewohnheit werden.*
3. *Bitte Gott jedes Mal um eine neue Erkenntnis, wenn du die Bibel zur Hand nimmst.*
4. *Markier die Fehler, die du in der Ausarbeitung findest und teil sie mir mit, damit ich sie korrigieren kann.*
5. *Teil jede neue Erkenntnis mit deinem »J.V.G. Fünf«-Partner.*
6. *Wenn du etwas nicht verstehst, dann lass die Stelle aus und geh weiter vor. Lass dich dadurch nicht davon abhalten, die Lektion zu beenden.*

Ich habe dich unheimlich gern und bin Gott sehr dankbar dafür, dass er dich geschaffen hat!

Doug

P.S.: Wir haben noch andere Jüngerschaftswerkzeuge auf Lager (zum Beispiel das »Zeit-der-Stille«-Tagebuch, die »Segensbank« oder »Verborgene Schätze«)! Wenn du mehr darüber erfahren möchtest, dann lass es mich wissen.

JA! Ich will mich entwickeln
Geistliche Gewohnheiten

Ich möchte mehr wissen über:

❒ »Segensbank« oder	❒ »Wurzeln schlagen«
❒ »J.V.G. Fünf«	❒ (brauche noch einen Partner)
❒ »Verborgene Schätze«	❒ »Zeit der Stille«-Tagebuch

Name ______________________________

Telefonnummer ______________ Klasse ______________

Schule ______________________________

Adresse ______________________________

Abb. 9.1

Zusätzlich zu meiner Ermutigung hat jeder Jugendliche die Unterstützung seiner Kleingruppe. Da wir wollen, dass die Jugendlichen ihre Gewohnheiten selbst entwickeln, müssen weder sie noch ihre Mentoren einen zweiten Abend für den Besuch eines zusätzlichen Jüngerschaftsprogrammes aufwenden. Die Werkzeuge *sind* unser Jüngerschaftsprogramm.

Ein Programm für »aktive« Jugendliche: Das Saddleback Modell

Unsere primären Programme für »aktive« Jugendliche: Jüngerschaftswerkzeuge

Bevor wir die Eigenschaften der Hilfsmittel betrachten, sollten wir zwei Dinge bedenken. 1.: Kein Jugendlicher will alle Materialien auf einmal. Wir ermutigen die Jugendlichen, nur so viele Hilfsmittel zu bestellen, wie sie auch benutzen. 2.: Es ist finanziell aufwendig, Hilfsmittel zu erstellen und/oder zu kaufen. Wenn die Kosten für die Hilfsmittel das von der Gemeinde bereitgestellte Budget sprengen, dann musst du einen anderen Weg finden, um sie zu finanzieren. Du könntest die Eltern bitten, sich zu beteiligen oder versuchen, Sponsoren innerhalb der Gemeinde aufzutreiben, die die Materialien bezahlen und für die Jugendlichen beten.

Gewohnheit 1: »Zeit der Stille«-Tagebuch:
Regelmäßig Zeit mit Gott verbringen, beten und in der Bibel lesen
Wenn du dir eine Seite des »Zeit-der-Stille«-Tagebuchs anschaust (Abb. 9.2), dann wirst du sehen, dass sie aus nicht viel mehr als ein paar Schlüsselfragen und einem Teil zum selbst Ausfüllen besteht. Eine kleine Zeichnung gehört auch noch dazu. Wir haben herausgefunden, dass die Größe DIN A 5 am besten geeignet ist. Die kleine Fläche und die große Zeichnung verdeutlichen den Jugendlichen, dass sie nicht so viel schreiben müssen. Wir verwenden für jedes Tagebuch nur 31 Seiten, damit die Jugendlichen mehrmals pro Jahr ein neues Tagebuch beginnen können und jedes Mal das Gefühl bekommen, etwas vollendet zu haben. Es ist aber nicht so, dass sie das Tagebuch unbedingt innerhalb eines Monats voll geschrieben haben müssen (siehe Abb. 9.3).

Datum ______________________________

Heute gelesene Bibelstelle

____

Was diese Bibelstelle für mich bedeutet

____

____

Gebetswunsch

____

____

Heutiger Eintrag

____

____

____

____

____

____

____

____

____

____

Sprichwörter 11,20

»Verkehrte Menschen sind dem Herrn ein Greuel, er hat Gefallen an denen, die den rechten Weg gehen.«

Abb. 9.2

Mein Geschenk für dich

Dieses Tagebuch ist mein Geschenk für dich, damit du in deinem Glauben weiterkommst. Ich kann mir nichts Spannenderes vorstellen, als zuzusehen, wie sich Leben verändern, wenn Menschen näher zu Gott kommen. Dieses »Zeit-der-Stille«-Tagebuch soll dir helfen, hilfreiche Gewohnheiten zu entwickeln, um reifer zu werden.

Warum eine Stille Zeit?
Unsere Welt ist laut und hektisch und die wichtige Zeit mit Gott wird in all dem Trubel leicht vergessen. Es ist so wichtig, dass du dir jeden Tag Zeit nimmst und dich mit Gott verabredest. Auch Jesus hat sich immer wieder diese Auszeiten gegönnt – »Jesus zog sich an einen einsamen Ort zurück, um zu beten.« (Lukas 5,16)
Der Grundsatz ist, dass du keine richtige Beziehung führen kannst, ohne Zeit mit der betreffenden Person zu verbringen. Mit der Beziehung zu Gott ist es ganz genauso. Wenn du Zeit mit Gott verbringst, wirst du:

- ihn immer besser kennen lernen
- immer mehr Liebe für ihn empfinden
- eine Richtung für dein tägliches Leben bekommen
- Kraft bekommen, um weiterzumachen
- immer mehr wie er werden

Warum 31 Tage?
Nein, es gibt nicht eine Seite für jeden Tag im Monat. Es ist zwar super, jeden Tag eine Zeit mit Gott zu verbringen, aber das soll nicht in Zwang ausarten. Ich möchte das Heft einfach kurz und überschaubar halten, damit du das Gefühl hast, du kannst es gut bewältigen. Egal, wie lange du brauchst, um das Heft fertig zu stellen, wir werden es dann zusammen feiern und ich werde dir gern ein Neues geben (wir haben vier verschiedene Ausgaben davon).

Gibt es einen Bibelleseplan, der mit diesem Tagebuch zusammenhängt?
Nein! Lies, was immer du möchtest und notier dir im Tagebuch, was für dich besonders interessant, unklar oder wichtig war. Wenn du nicht weißt, was du lesen sollst, fang am besten mit dem Evangelium des Johannes

Abb. 9.3/1

oder mit dem Brief an die Philipper an. Wenn du einen Leseplan willst, kannst du die »Minuten-Bibel« lesen oder dir einen Leseplan an unserem Informationstisch holen.

Was hat es mit dem Sprichwort auf jeder Seite auf sich?
Ich mag das Buch der Sprichwörter, denn es steckt randvoll mit Weisheiten für das tägliche Leben. Zufällig gibt es 31 Kapitel im Buch der Sprichwörter. Es lag also nahe, davon auf jedes Blatt im Tagebuch einen Spruch zu drucken. Der ist für deinen Lesespaß gedacht.

Was soll ich auf die Seite schreiben?
Was immer du willst! Du kannst deine Gebete aufschreiben, deine neuesten Erkenntnisse. Oder schreib Gott einen Brief, berichte über deine geistliche Reise, halt fest, was du lernen willst – es gibt keine Regeln. Es ist dein geistliches Tagebuch. Schreib rein, was dir auf dem Herzen liegt.

Was mache ich, wenn ich fertig bin?
Dann bekommst du das nächste Heft. Sieh dir die 31 Seiten noch einmal an und überleg, was du in dieser Zeit so mit Gott erlebt hast. Dann kannst du deine Gebetsanliegen, Wünsche oder Ziele in das neue Heft übertragen oder neue aufstellen oder, oder, oder ...

Ich bin auf deine Entwicklung sehr gespannt!

Herzliche Grüße
Doug

»Freu dich innig am Herrn! Dann gibt er dir, was dein Herz begehrt.«
Psalm 37,4

Abb. 9.3/2

Wenn die Jugendlichen das nächste Tagebuch anfordern, haben wir Gelegenheit, sie nach ihren Erfahrungen zu fragen und uns mit ihnen über den Abschluss der vorherigen Tagebuchs zu freuen.

Gewohnheit 2: »J.V.G. Fünf«: Verantwortliche Beziehungen zu anderen Christen haben und pflegen

»J.V.G.« steht für »Jugendlichen-Verantwortlichkeits-Gruppe« und »Fünf« ist die Anzahl der Minuten, die die Jugendlichen in der Woche zusammen beten sollen. Wir bestärken alle Jugendlichen darin, dass sie sich einen christlichen Freund suchen – möglichst in der Schule –, mit dem sie beten und zu dem sie eine verlässliche und verantwortliche Beziehung aufbauen können. Das bedeutet nicht, dass sie mitten auf dem Schulhof beten oder dass sie sich auf ihre Schultische stellen und ihre Klassenkameraden anpredigen. Sie sollen sich lediglich irgendwo in der Schule treffen und in der Woche fünf Minuten gemeinsam beten.

Wir erinnern unsere Jugendlichen regelmäßig daran, sich einen »J.V.G. Fünf«-Partner zu suchen und wir beenden auch unsere Freizeiten immer mit dem Auftrag, möglichst noch vor der Heimfahrt einen Partner zu finden. Die Erfahrungen und der Antrieb der Freizeiten können schnell verblassen, wenn der Jugendliche danach in ein Loch fällt. Die Jugendlichen behalten ihren »J.V.G. Fünf«-Partner meist das ganze Schuljahr über.

Wenn die Schüler erstmal einen Partner gefunden haben, machen wir aus der Partnerschaft eine große Sache. Wir lassen sie einen »J.V.G. Fünf«-Vertrag unterschreiben (siehe Abb. 9.4) und geben ihnen eine Karteikarte, auf der sie die Telefonnummer ihres Partners vermerken können (siehe Abb. 9.5).

Gewohnheit 3: »Verborgene Schätze«: Sich Schlüsselstellen der Bibel einprägen

»Verborgene Schätze« ist ein einfaches Merkspiel. Wenn sich »aktive« Jugendliche für dieses Hilfsmittel eintragen, geben wir ihnen ein Set von drei bis fünf Versen. Jeder Vers steht auf einer kleinen gefalzten und gelochten Karte. Wenn sie die Verse auswendig gelernt haben, bekommen sie die nächsten. Dazu erhalten sie einen kleinen Zettel, der erklärt, warum wir gerade diese Verse ausgewählt haben, und der sie ermutigt, nicht aufzugeben.

JVG 5
Jugendlichen-Verantwortlichkeits-Gruppe

Vertrag

Ich, ____________________________, wünsche mir, in meiner Beziehung zu Gott weiterzukommen und erkenne hiermit mein Bedürfnis nach persönlicher Verantwortlichkeit an.

Ich verpflichte mich, mich einmal in der Woche mit meinem Partner zu treffen, um gemeinsam zu beten und uns gegenseitig zu ermutigen.

»Darum bekennt einander eure Sünden, und betet füreinander, damit ihr geheilt werdet.«
Jakobus 5,16

______________________________	______________________________
Unterschrift	Name des Partners
______________________________	______________________________
Datum	Unterschrift des Partners

Abb. 9.4

Jugendlichen-Verantwortlichkeits-Gruppe

Ich will in meiner Beziehung zu Gott weiterkommen und ich erkenne mein Bedürfnis nach persönlicher Verantwortung an.
Ich verpflichte mich, mich einmal in der Woche mit meinem Partner zu treffen, um zusammen zu beten und uns gegenseitig zu ermutigen.

______________________________	______________________________
Partner	Telefon-Nr. des Partners

»Darum bekennt einander eure Sünden, und betet füreinander, damit ihr geheilt werdet.«
Jakobus 5,16

Abb. 9.5

Gewohnheit 4: Kirchenbesuch: Sich dem »Leib Christi«, also der Gemeinde, als Ganzes angliedern (nicht nur der Jugendarbeit)

Das ist die einzige der sechs Gewohnheiten, für die wir kein spezielles Material haben, das wir den Jugendlichen geben können. Wir sprechen mit ihnen darüber, wie wichtig es ist, sich über die Jugendarbeit hinaus für die gesamte Gemeinde zu interessieren und sich auch in anderen Bereichen umzusehen und eventuell einzubringen.

Gewohnheit 5: »Segensbank«: Die Prinzipien des Gebens und des Zehnten verstehen

Von all den hier beschriebenen Materialien ist es bei diesem am Schwierigsten, die Jugendlichen dafür zu begeistern. Um ein besseres Verständnis für das Geben zu schaffen, habe ich eine Materialbox namens »Segensbank« erfunden. In diesem Kästchen ist eine Kassette mit einer Ansprache über die Wichtigkeit des Gebens, einige Bibelstellen zum Zehnten, ein Stapel Briefumschläge für Spenden und eine nette Spendendose.

Das ist das einzige der fünf Hilfsmittel, bei dem wir nicht groß nachhaken. Wir wollen nur wissen, ob die Jugendlichen zu dem Thema Fragen haben, aber wir wollen sie nicht unter Druck setzen. Schließlich sollen sie nicht spenden, um ihre Leiter zu befriedigen, sondern weil sie Gott lieben.

Gewohnheit 6: »Wurzeln schlagen«: Die Bibel aus eigenem Antrieb lesen

Dieses Bibelstudienmaterial hat seinen Namen aus Kolosser 2,6–7: »Ihr habt Christus als Herrn angenommen. Darum lebt auch in ihm! Bleibt in ihm verwurzelt und auf ihn gegründet, und haltet an dem Glauben fest, in dem ihr unterrichtet wurdet. Hört nicht auf zu danken!«

Ich habe spezifische Bücher aus der Bibel ausgewählt und Fragen dazu aufgeschrieben, die die Jugendlichen beantworten sollen, nachdem sie die Stellen gelesen haben. Diese Fragen sollen sie zum Nachdenken anregen. Während die »Zeit-der-Stille«-Tagebücher zu bewusstem Lesen anregen sollen, ermutigt »Wurzeln schlagen« zu einem tieferen, zusammenhängenderen Studium der Bibel.

Siehe dazu Abb. 9.6 als Beispiel für die Bearbeitung des Philipper-Briefs.

Wurzeln schlagen

Fragen zu Philipper 1,12–14

1. Was geschah als Reaktion auf die Gefangennahme von Paulus?

2. Was sagen die Erfahrungen von Paulus über den Einsatz für Gott in schwierigen Umständen aus?

3. Wie kann man die Erfahrungen von Paulus auf den folgenden Vers beziehen? »Wir wissen, dass Gott bei denen, die ihn lieben, alles zum Guten führt, bei denen, die nach seinem ewigen Plan berufen sind.« (Römer 8,28)

4. Fühlst du dich manchmal in der Schule »gefangen« oder an jemanden »gekettet«?

5. Wie könnte dir deine »Gefangenschaft« helfen, über Gott zu reden?

Fragen zu Philipper 1,15–18

1. Paulus spricht von zwei verschiedenen Arten der Predigt, die praktiziert werden, während er im Gefängnis sitzt. Eine Gruppe hat ehrliche Absichten, während die andere Gruppe aus Egoismus handelt. Paulus erkennt die unterschiedlichen Motive, aber er freut sich, dass die Botschaft Christi verkündet wird, ganz gleich, welche Beweggründe dahinter stehen.
   Was könnte ein solches negatives Motiv einer Gemeinde sein?

2. Was kann man tun, wenn man unlautere Absichten erkennt?

Abb. 9.6

Jetzt wird's persönlich

1. Gib deine Definition für Jüngerschaftsschulung an!

2. Kann man geistliches Wachstum messen? Wie?

3. Wann hast du deine geistlichen Gewohnheiten entwickelt? Gibt es in deinem geistlichen Wachstum ein bestimmtes Muster?

4. Definier dein Bild eines »aktiven« Christen. Was sind für dich die Gewohnheiten eines »aktiven« Christen?

5. Welche Hilfsmittel können einen dabei unterstützen, Gewohnheiten für geistliches Wachstum zu entwickeln?

6. Welche spezifischen Schritte kannst du unternehmen, um Jugendliche für geistliche Gewohnheiten zu begeistern?

10 Die Herausforderung der Kernjugendlichen

Die Erfüllung von Gottes Auftrag des Dienstes

Eine der größten Freuden, die man als Jugendleiter haben kann, ist zu sehen, wie Jugendliche aktiv in der Gemeinde mitarbeiten. Es sind die hingebungsvollen Jugendlichen aus dem Kern der Gemeinde, die für gewöhnlich ein Herz für die Sache entwickeln und nach dem Herauswachsen aus der Jugendarbeit einen Weg finden, sich einzubringen, ganz gleich, wohin das Leben sie führt.

Das Wort »Gemeindekern« wirkt fehlplatziert, wenn man es aus seinem Kontext der fünf Kreise der Hingabe (siehe Abb. 5.1, S. 82) herausnimmt. Ich habe viele Jugendarbeiter getroffen, die sagten: »Ich habe Kernjugendliche, aber sie sind nicht der einsatzfreudige Typ; viele von ihnen sind eher apathisch.«

In unserer Arbeit würden wir diese Jugendlichen nicht »Kernjugendliche«, sondern »regelmäßige Teilnehmer« nennen. Sie besuchen alles, aber sie sind nicht darauf erpicht, sich weiter zu entwickeln und selbst Aufgaben zu übernehmen.

Je mehr unser Team über das Dienen nachdenkt, desto mehr bin ich überrascht, wie offen die Jugendlichen für dieses Thema sind. Es macht ihnen Spaß zu entdecken, dass sie mit Gaben beschenkt sind und dass Gott sie einsetzen will. In manchen Gemeinden ist es nicht so schwierig, Jugendliche für die Mitarbeit zu begeistern, sondern eher, die Gemeinde und deren Leitung davon zu überzeugen, dass Teenager eine wichtige Rolle im Leib Christi spielen.

In manchen Gemeinden ist es nicht so schwierig, Jugendliche für die Mitarbeit zu begeistern, sondern eher, die Gemeinde und deren Leitung davon zu überzeugen, dass Teenager eine wichtige Rolle im Leib Christi spielen.

Jugendliche zum Einsatz motivieren

Jugendliche aller Stufen der geistlichen Entwicklung können den Auftrag des Dienens erfüllen. Einige hochmotivierte Jugendliche beginnen vielleicht sogar selbstständig damit, sich einzubringen.

Obwohl wahrscheinlich nicht alle deine Jugendlichen sich in die Arbeit einbringen wollen, ist es nicht nötig, dass sie erst alle 5 Kreise durchlaufen haben, bevor sie über die Möglichkeit einer Mitarbeit nachdenken. Es wäre idiotisch zu sagen: »Du willst dich also einbringen – schön! Aber du darfst damit nicht anfangen, bevor du nicht alle Stufen durchlaufen hast.«

Kapitel 7 betont, wie wichtig es ist, gottesdienstbesuchende Jugendliche in die Arbeit mit einzubeziehen, ohne dass sie vorher einen »Aufnahmetest« machen müssen. Auch Nichtchristen können anderen dienen. Ihr Einsatz liegt dann zwar nicht im Gehorsam gegenüber Gott begründet, aber das kann sich auch während des Dienstes entwickeln. Jedes Jahr beobachte ich, wie Jugendliche ihr Leben Gott ganz schenken, *nachdem* sie mit auf dem Missionseinsatz in einem kleinen mexikanischen Dorf waren, den wir regelmäßig durchführen.

Die folgenden Schritte sollen dir helfen, deine Jugendlichen über die Aufgabe des Dienens zu informieren und sie dafür zu begeistern.

Hör auf, Jugendliche als die »Zukunft der Kirche« zu sehen

Ich kann es nicht leiden, wenn ich Gemeindemitglieder sagen höre: »Wir brauchen eine starke Jugendarbeit, denn die Jugend ist die Zukunft der Kirche.« Jugendliche sind nicht die Zukunft der Kirche, sie sind die *gegenwärtige* Kirche, genauso wie alle anderen Gläubigen. Obwohl das Gerede von der Zukunft der Kirche harmlos und nett klingt, ist es in Wirklichkeit lähmend. Wir sollten die Jugendlichen ermutigen, *heute* mitzuarbeiten und für ihren Glauben einzustehen, statt erst darauf zu warten, dass sie erwachsen werden. Der Apostel Paulus ermutigte Timotheus in seinem Dienst, indem er sagte: »Niemand soll dich wegen deiner Jugend gering schätzen.« (1 Tim 4,12) Wir müssen dieselbe Botschaft an unsere Kids vermitteln!

Jugendliche sind nicht die »Zukunft der Kirche«, sie sind die gegenwärtige Kirche.

Jesus hat nie gesagt: »Nimm dein Kreuz und folge mir ... wenn du erwachsen bist.« In der Bibel steht nirgendwo eine Mindestaltersangabe für den Einsatz im Reich Gottes. Gott hat mit Menschen wie David, Jeremia oder Maria alle Altersgrenzen gesprengt. Eine intakte Kirche ist dadurch gekennzeichnet, dass sie allen Christen, unabhängig von ihrem Alter, dabei hilft, ihre Gaben zu entdecken und sie dann auch einzusetzen.

Rede kontinuierlich von der Notwendigkeit des Dienens

Alle Jugendlichen sollten erfahren, wie viel Freude der Einsatz ihrer Fähigkeiten bringt. Sogar während unserer Gottesdienste betonen wir, dass unsere Jugendarbeit auf aktiver Teilnahme und nicht auf passivem Zuschauen aufbaut. Wir wiederholen diese Aussage oft, denn sie ist absolut wichtig. Petrus sagt den Christen: »Darum will ich euch immer an das alles erinnern, obwohl ihr es schon wisst und in der Wahrheit gefestigt seid, die ihr empfangen habt.« (2 Petr 1,12). Wir müssen die Jugendlichen immer wieder daran erinnern, dass ein Leben als Zuschauer ein vergeudetes Leben ist und dass es unser ureigenster Lebenssinn ist, das Reich Gottes aktiv mitzugestalten.

Erklär den Jugendlichen, dass sie dazu geschaffen sind, sich einzubringen

Für viele Jugendliche ist die Erkenntnis, dass sie eine Aufgabe in der Gemeinde wahrnehmen können, richtiggehend revolutionär. In Epheser 4,11–12 wird uns gesagt: »Und er gab den einen das Apostelamt, ... andere setzte er ein ... als Hirten und Lehrer, um die Heiligen für die Erfüllung ihres Dienstes zu rüsten, für den Aufbau des Leibes Christi.«

Meine Rolle als Pastor ist es also, Gottes Volk (die Jugendlichen) für das Werk Gottes vorzubereiten (Einsatz in der Gemeinde). Welch eine Ehre und Verantwortung!

In der Saddleback Church lehren wir, dass jeder Christ

- für den Dienst geschaffen ist (Eph 4,10)
- zum Dienst gerettet ist (2 Tim 1,9)
- zum Dienst berufen ist (1 Petrus 2,9–10)
- für den Dienst begabt ist (1 Petrus 4,10)

- zum Dienst berechtigt ist (Mt 28,18–20)
- zum Dienst verpflichtet ist (Mt 20,26–28)
- zum Dienst vorzubereiten ist (Eph 4,11–12)
- für den Dienst notwendig ist (1 Kor 12,27)
- für seinen Dienst belohnt wird (Kol 3,23–24)

Wir können nicht davon ausgehen, dass ein Jugendlicher von allein auf all das kommt. Sogar die meisten Erwachsenen, die ich kenne, kennen nicht alle diese Bibelstellen, die wir deshalb nicht oft genug wiederholen können.

Hilf den Jugendlichen dabei, ihre Geistesgaben zu entdecken

Christen jeden Alters werden nicht nur eingeladen, das Spiel mitzuspielen, sie wurden auch dafür ausgerüstet, es gut zu spielen. Eine der aufregendsten Rollen, die ich als Jugendleiter habe, ist, Jugendlichen begreiflich zu machen, dass sie von Gott reich mit Geistesgaben beschenkt wurden (Röm 8; 1 Kor 12; Eph 4). Ich sage so gern: »Herzlichen Glückwunsch – du bist einmalig begabt!« Es ist toll zu sehen, wie die Augen groß werden, wenn sie feststellen, dass Gott sie mit ganz besonderen Gaben ausgerüstet hat. Ich lasse sie dann einen einfachen »Gabentest« machen, um ihr Interesse weiter anzufachen. Dieser kurze Test soll sie dazu bringen, sich über verschiedene Gaben Gedanken zu machen, damit ihnen die Entdeckung ihrer »Sonderausstattung« leichter fällt.[1]

Jugendliche werden ihre Gaben aber am ehesten entdecken, wenn sie mit verschiedenen Aufgaben zu experimentieren beginnen. Solange Jugendliche nicht wirklich im Dienst involviert sind, können sie nicht sicher wissen, worin sie gut sind.

Lass die Jugendlichen ihr S.H.A.P.E.[2] entdecken

Wir gehen davon aus, dass Gott jedes Individuum für eine besondere Aufgabe »geformt« hat. Das Akronym S.H.A.P.E., das englische Wort für »Form«, steht für die fünf Elemente, die bestimmen, wie der Dienstbereich einer Person aussehen sollte.

S pirituelle (oder Geistes-) Gaben: »Wie hat Gott dich ausgerüstet?«
H erzensneigung: »Was machst du gerne? Wofür verspürst du eine Leidenschaft?«
A ngeborene Fähigkeiten: »Mit welchen Fähigkeiten wurdest du geboren? Welche Fähigkeiten hast du schon vor deiner Beziehung zu Gott entwickelt?«
P ersönlichkeit: »Wie wird deine einzigartige Persönlichkeit Einfluss darauf haben, wie und wo du deine geistlichen Gaben und Fähigkeiten einsetzt?«
E rfahrungen: »Wie können deine Erfahrungen, sowohl die positiven als auch die negativen, genutzt werden, um anderen zu helfen?«

Ein Weg, deine Jugendlichen dazu zu bringen, über ihre Begabungen nachzudenken, ist ein richtiger »S.H.A.P.E«-Kurs. Verwende jeweils mindestens eine Stunde, um jedes einzelne der fünf Elemente genau zu erklären. Ich nenne meine S.H.A.P.E.-Kurse »In Form kommen«.[3] Etwa einmal im Jahr biete ich eine solche Reihe an, denn schließlich ist es eines unserer Hauptanliegen, Jugendliche für ihren Dienst zu begeistern.

Nachdem ich einen solchen Kurs gehalten habe, helfen wir den interessierten Jugendlichen, einen Platz in einem unserer 29 von Jugendlichen geleiteten Diensten zu finden. Obwohl jeder einem solchen Team beitreten kann, können nur Kernjugendliche (diejenigen in Kleingruppen) eine Gruppe leiten oder einen neuen Arbeitszweig beginnen. So garantieren wir, dass wir reife(nde) Christen am Steuer der einzelnen Einsatzorte haben.

Das S.H.A.P.E.-Profil

Nach Beendigung der S.H.A.P.E.-Kurse oder nach dem Kurs 301 (siehe Kapitel 12), ermutigen wir die »aktiven« Jugendlichen, ein S.H.A.P.E.-Profil auszufüllen. In diesem Profil werden den Jugendlichen Fragen gestellt, die sie anregen, über ihre geistlichen Begabungen, ihre Herzensneigungen, ihre Fähigkeiten, ihre Persönlichkeit und ihre Erfahrungen nachzudenken. Wenn die Jugendlichen während des Kurses kein wirkliches Interesse zeigen oder die S.H.A.P.E.-Profile nach dem Kurs nicht abgeben, setzen wir sie nicht unter Druck. Stattdessen konzentrieren wir uns zuerst auf diejenigen, die einen Ansatz von Eigenmotivation zeigen. Um diese Jugendlichen kümmern wir uns dann einzeln.

Hilf den Jugendlichen, sich basierend auf ihrem S.H.A.P.E.-Profil einzusetzen

Wenn sich ein Leiter und ein Jugendlicher treffen, um das Testergebnis des Jugendlichen zu besprechen, erforschen sie, wie der Jugendliche sein einzigartiges Begabungsprofil benutzen kann, um Gott zu dienen. Der Leiter hilft dem Jugendlichen dann entweder, in einen bestehenden Arbeitszweig einzusteigen oder einen neuen zu starten.

Nehmen wir Josh als Beispiel. Josh ist in der Oberstufe und sein S.H.A.P.E.-Profil sieht folgendermaßen aus:

Spirituelle Gabe: Die meisten Punkte bekam er für ›Gastfreundschaft‹.
Herzensneigung: Josh liebt es zu planen, zu organisieren und findet es gut, wenn andere sich wohl fühlen.
Fähigkeiten: Er ist gut in Zeichensprache, kann kochen und alles mögliche reparieren.
Persönlichkeit: Er geht offen auf Menschen zu.
Erfahrungen: Er wurde Christ, weil er die Leiter seiner Heimatgemeinde mochte, die sich bei seinem ersten Besuch angestrengt haben, seinen Aufenthalt so angenehm wie möglich zu gestalten.

Als Josh und ich sein S.H.A.P.E.-Profil gemeinsam durchgingen, hatte er keine Antwort auf die letzte Frage gehabt: »Wenn ich einen bestimmten Weg einschlagen könnte, mit meinen speziellen Begabungen Gott zu dienen, dann wäre das ... «

Da Josh keine spezifischen Ideen hatte, wusste ich, dass es mein Job war, einen bereits bestehenden Einsatzort für ihn zu finden, wo er mal hineinschnuppern konnte. Wir fanden einen. Uns kam die Idee, dass Josh der Gastgeber, Koch und Leiter unseres monatlichen »Dinner for Ten« werden könnte (siehe S. 208).

Bevor Josh da war, gab es dabei immer Pizza. Jetzt macht sich Josh jedes Mal viele Gedanken, bereitet ein besonderes Essen vor, begrüßt die Gäste herzlich und macht ihnen den Abend so angenehm wie möglich. Josh hat eine großartige Möglichkeit des Einsatzes für sich entdeckt, die mir ganz besonders zusagt!

Nicht jedes S.H.A.P.E.-Profil lässt auf Anhieb erkennen, welche Aufgabe optimal zu dieser Person passt. Oft habe ich mir den Kopf zerbrochen und Gott gebeten, mir eine Idee zu geben, damit ich nicht »Nun ja, ... ich weiß nicht, wo du dich einbringen könntest« sagen und damit die Begeisterung bremsen musste. Und andere Male waren die Testergebnisse der Jugendlichen völlig anders als der Weg, den sie sich eigentlich vorgestellt hatten.

Warum passiert so etwas? Weil Gottes Weg nicht immer der logischste Weg ist. Wenn wir nicht auf eine klare Richtung kommen, haben wir zwei Möglichkeiten:

1. Bete und sprich in den nächsten Wochen mit deinen Mitarbeitern, bis mehr Klarheit über die Aufgabe besteht
2. Ermutige den Jugendlichen, sich erst mal in einem Arbeitszweig einzusetzen, der ihm einigermaßen zusagt, bis Gott ihm eine andere Richtung aufzeigt

Nori hat sich zum Beispiel für Option 2 entschieden. Sie wollte unbedingt einen Babysitter-Dienst anbieten. An diese Tätigkeit hatte ich gar nicht gedacht, als ich die Ergebnisse ihres S.H.A.P.E.-Profils sah, aber Nori war fest entschlossen, sich ein paar andere Teenager zu suchen, die dann mit ihr zusammen bei Teamtreffen auf die Kinder der erwachsenen Mitarbeiter aufpassen sollten. Sie bot ihre Dienste auch unter der Woche an, damit unsere ehrenamtlichen Mitarbeiter mal ausgehen und sich mit Bekannten treffen konnten. Als andere Jugendliche sahen, dass Babysitten ein Dienst am Reich Gottes sein kann, sagten sie: »Das kann ich auch! Ich will mitmachen!«

Kümmer dich weiterhin um ihren Entdeckungsprozess und ihren Glauben

Wir dürfen nicht annehmen, dass es reicht, die Jugendlichen auf eine Einsatzmöglichkeit zu bringen und sie dann allein zu lassen. Viele Jugendliche finden ihren idealen Weg erst nach mehreren Versuchen. Sie können unsere Hilfe bei der Suche nach neuen Möglichkeiten brauchen, sich einzubringen.

Zusätzlich zu ihrem möglichen Einsatz in der Gemeinde wollen wir uns auch weiterhin darum kümmern, dass und wie sie auf ihrem Weg mit Gott vorankommen. Wenn unsere Jugendlichen nicht in unserem Jugendleiter-Programm sind, dann können sie sich in ihrem Dienst verlieren. Wir wollen unseren jungen Mitarbeitern ständig zeigen, dass wir sie schätzen. Über die Jugendlichen, die im Gemeindekern sind (die also an einer Kleingruppe teilnehmen oder eine solche leiten und Jüngerschafts-Gewohnheiten lernen), bleiben wir monatlich durch einige einfache Fragen in Kontakt, die wir »EKG« nennen, weil es darin um ihr Herz und seinen Zustand geht (Abb. 10.1). Obwohl wir diese Jugendlichen jede Woche sehen, gibt ihnen dieses Blatt die Möglichkeit, uns zu informieren, wie es mit ihrer Beziehung zu Gott und in ihrem Dienst vorangeht. Es besteht keine Pflicht, den Bericht auszufüllen, aber die meisten Jugendlichen machen das gern, weil sie wissen, dass uns ihr Leben wichtig ist und weil sie uns gerne über ihre Arbeit berichten wollen.

Wie man jugendliche Mitarbeiter (Gemeindekern) zu einem Jugendleiterteam macht

Teil eines Jugendleiterteams zu sein erfordert noch mehr Hingabe und Verlässlichkeit als die Teilnahme an einem Dienst. Wir haben einige Gemeindekernjugendliche, die entweder keine Zeit für die Jugendmitarbeit haben oder die für die Anforderungen, die wir erwarten, noch nicht bereit sind.

Candice und Amy zum Beispiel, sind zwei unserer Kernjugendlichen. Beide bringen ihre kreativen Talente ein (Theater) und beide sind in einer Kleingruppe (Gemeinde). Candice befindet sich in den ersten Stadien der Entwicklung von Jüngerschafts-Gewohnheiten (»Aktive«), während Amy schon seit mehreren Jahren eine »aktive« Jugendliche ist. Keines der Mädchen ist Jugendmitarbeiterin. Amy hat zu viel mit Arbeit und Schule zu tun, während Candices Lebensstil nicht gerade dem entspricht, was wir von unseren Jugendleitern erwarten. Sie lässt sich ständig von der hiesigen Party-Szene in Versuchung bringen und trinkt gelegentlich. Obwohl sie sich durchaus auch im Glauben weiter entwickelt, ist sie nicht der Typ Christ, den wir als Jugendmitarbeiter einsetzen möchten.

Vielleicht ziehst du jetzt eine Augenbraue hoch und möchtest Candice verteidigen, denn niemand ist perfekt. Das stimmt, aber Gott hat an seine Leiter einen sehr hohen Anspruch. Das Motto für unsere Jugendmitarbeiter ist Epheser 4,1: »Ich, der ich um des Herren willen im Gefängnis bin, ermahne euch, ein Leben zu führen, das des Rufes würdig ist, der an euch erging.«

»EKG« – Gemeindekern-Bericht:
Wie geht es deinem Herzen?

1. Wie waren in diesem Monat deine Zeiten mit Gott?

2. Was hast du diesen Monat über deine Beziehung zu Gott gelernt?

3. Wie geht es in deinem Dienst voran?

4. Wofür soll ich für dich diesen Monat beten?

5. Gibt es noch etwas, das du mich wissen lassen möchtest?

Abb. 10.1

Erkenne Jesu Definition der Leitung

Jesus gab seinen Jüngern ein Bild der Leiterschaft, das unser Standard sein sollte. Matthäus 20,25–28 berichtet, dass Jesus seine Jünger zusammenrief und ihnen sagte: »Ihr wisst, dass die Herrscher ihre Völker unterdrücken und die Mächtigen ihre Macht über die Menschen missbrauchen. Bei euch soll es nicht so sein, sondern wer bei euch groß sein will, der soll euer Diener sein, und wer bei euch der Erste sein will, der soll euer Sklave sein. Denn auch der Menschensohn ist nicht gekommen, um sich dienen zu lassen, sondern um zu dienen und sein Leben hinzugeben als Lösegeld für viele.«

Jesus zerschmetterte nicht nur ein weiteres Paradigma der Pharisäer, er formulierte auch sein Prinzip für Größe: *Sei ein Leiter, der dient.*

Dienende Leiterschaft klingt für die meisten Jugendlichen nicht gerade attraktiv. Die Idee geht gegen die allgemeine Tendenz, sich den Platz vorne im Auto oder an der Essensausgabe sichern zu wollen. Wenn deine momentane jugendliche Mitarbeiterschaft irgendwie ungesund erscheint, dann solltest du vielleicht für einige Monate »den Laden schließen«. Erklär deinen Jugendlichen, dass du über Veränderungen nachdenkst und dass du mit einer neuen Sichtweise wieder starten wirst. Versuch dann, die folgenden Ideen einzubringen.

Jesus zerschmetterte nicht nur ein weiteres Paradigma der Pharisäer, er formulierte auch sein Prinzip für Größe: Sei ein Leiter, der dient.

Entwickle eine jugendliche Mitarbeiterschaft, die ein dienendes Herz und einen gefestigten Lebensstil hat

Das Modell der Jugendleitung, das ich am wenigsten leiden kann, ist eins, in dem die Mitarbeiter durch Abstimmungen gewählt werden. Diese Art der Auswahl, von Sympathie und Anwesenheit beeinflusst, ist weder gerecht noch biblisch. Die Mitarbeiter nach Popularität und Status auszuwählen, kann vielleicht für ein soziales Komitee sinnvoll sein, aber nicht für Jugendarbeit. Wenn in deiner Jugendarbeit eine »Leitung« durch Stimmwahl eingesetzt wurde, solltest du den Namen dieser Einrichtung lieber von »Leitung« in so etwas wie »Veranstaltungs-Komitee« ändern. Dadurch machst du deutlich, dass es sich dabei nicht um biblische Leiterschaft handelt und dass du sie aus dem Kerninteressenkreis herausnimmst. Solch eine Gruppe könnte als Planungsteam für Veranstaltungen (zur Entscheidung von Fragen zu Zeitplan und Aktivitäten) dienen, aber nicht als Kernprogramm.

Stell dir mal vor, wie es gewesen wäre, wenn die religiösen Führer zur Zeit Jesu abgestimmt hätten, wer an der Seite des Sohnes Gottes sein dürfte. Es ist anzunehmen, dass so einige Jünger dann wohl nicht dabei gewesen wären. Anderen durch wirkliche Dienerschaft und nicht durch Popularität zu helfen, sollte der Anspruch der jugendlichen Mitarbeiter sein.

Als Gott Samuel schickte, einen König für Israel zu ernennen, sagte er von Davids Bruder Eliab: »Sieh nicht auf sein Aussehen und seine stattliche Gestalt, denn ich habe ihn verworfen. Gott sieht nämlich nicht auf das, worauf der Mensch sieht. Der Mensch sieht, was vor den Augen ist, der Herr aber sieht das Herz.« (1 Sam 16,7)

Heb deine Erwartungen an jugendliche Mitarbeiter

Wenn du deine Standards für jugendliche Mitarbeiter entwickelst – oder neu definierst –, dann heb deine Erwartungen. Gott hat hohe Standards für Leiter festgelegt (siehe 1 Timotheus) und es ist nicht falsch, genau diese von Jugendlichen zu erwarten, wenn sie geistliche Leiter werden wollen.

Es ist nicht ungewöhnlich für Lehrer, Sporttrainer und Musiklehrer, große Leistungen von Schülern zu erwarten. Die Schüler wissen, dass sie großen Einsatz aufbringen müssen, wenn sie wirklich etwas erreichen wollen. Warum sollten wir von den Leuten, die in Gottes Team spielen wollen, weniger erwarten?

Bevor wir unser Leiterschaftsprogramm begannen, fertigten unsere Jugendlichen aus dem Gemeindekern eine Liste mit Anforderungen an, die sie an den Lebensstil eines jugendlichen Mitarbeiters stellten. Wir baten sie, dass sie ein Portrait von einem jugendlichen Mitarbeiter entwickeln sollten, das auf biblischen Grundsätzen beruht (siehe Abb. 10.2). Als Nächstes baten wir unsere Kernjugendlichen, ebenfalls ein Profil eines jugendlichen Mitarbeiters zu entwickeln (siehe Abb. 10.3).

Rede über deine Erwartungen an einen jugendlichen Mitarbeiter

Nachdem du eine Liste der Anforderungen an einen jugendlichen Mitarbeiter erstellt hast, stell sicher, dass deine Jugendlichen und die erwachsenen Leiter sie kennen und verstehen. Sag klar und deutlich, dass Leiterschaft nicht Jedermanns Sache ist. Wenn Jugendliche die Ansprüche nicht erfüllen – und einige werden sie nicht erfüllen –, dann teile ihnen behutsam mit, dass sie etwas ganz Besonderes sind, dass du sie schätzt und lieb hast und dass sie nicht weniger wert sind als andere.

Porträt eines jugendlichen Mitarbeiters, der einen gefestigten Lebensstil hat

Er/sie muss:

- andere Menschen akzeptieren
- anderen gegenüber verlässlich sein
- aufrichtig freundlich sein
- authentisch und transparent sein
- demütig sein
- ermutigend wirken
- geistlich wachsen
- Gott dadurch ehren, dass er seinen Willen tut und nicht den Willen anderer Menschen
- gewissenhaft in kleinen Dingen sein
- hilfsbereit sein und gern dienen
- das Leben lieben
- eine positive Einstellung haben
- stolz darauf sein, ein Christ zu sein
- Vorbild für jeden christlichen Jugendlichen sein

Abb. 10.2

Profil eines jugendlichen Mitarbeiters, der Einsatz in der Jugendarbeit zeigt

Er/sie:

- beaufsichtigt und leitet mindestens einen Dienst
- begrüßt beim Wochenendgottesdienst und bei anderen Veranstaltungen die Gäste
- ist der Einigkeit unserer Jugendarbeit verschrieben
- identifiziert sich total mit der Jugendarbeit
- redet auch in der Schule offen von seinem Glauben
- ist in alle wichtigen Veranstaltungen involviert
- kümmert sich um Einzelgänger und Besucher
- löst Probleme, ohne sich zu beklagen
- spricht positiv von seinem Team und von anderen Jugendmitarbeitern
- spricht Gottesdienstbesucher und Mitschüler an
- sucht nach Gelegenheiten, sich einzubringen
- trifft sich mit anderen jugendlichen Mitarbeitern zum Beten
- versteht die Prinzipien und weiß, warum wir tun, was wir tun.

Abb. 10.3

Wenn du deine Anforderungen sichtbar machst, dann zeigt das, dass der »Job« für jeden Mitarbeiter offen ist, der die entsprechende Qualifikation mitbringt. Ich habe Jugendliche kennen gelernt, die die Bedingungen gelesen und daraufhin ihr Leben radikal verändert haben, weil sie Teil von etwas Bedeutendem sein wollten.

Wenn die Jugendlichen immer noch mitmachen wollen, nachdem sie unsere Erwartungen kennen gelernt haben, müssen sie einen kurzen Antrag ausfüllen (siehe Abb. 10.4) und wir führen dann ein Gespräch mit ihnen.

Antrag für Jugendmitarbeiter

Füll diesen Antrag so genau und gründlich wie möglich aus.
Du wirst im Gespräch Gelegenheit haben, deine Antworten zu erklären und weiter auszuführen.

1. Warum möchtest du in die jugendliche Leiterschaft?

2. Wie würden deine nicht-christlichen Freunde wohl deine Beziehung zu Gott beschreiben?

3. Wie würden deine christlichen Freunde deine Beziehung zu Gott beschreiben?

4. Wie würden deine Eltern deine Beziehung zu Gott beschreiben?

5. Wie geht deine »Freundschafts-Evangelisation« voran?

6. Erzähl etwas über dein geistliches Wachstum und deinen Gebrauch der folgenden Werkzeuge:
   - »Zeit der Stille«-Tagebuch
   - »J.V.G. Fünf«
   - »Verborgene Schätze«
   - »Segensbank«
   - »Wurzeln schlagen«

Abb. 10.4

Führ Gespräche mit potenziellen Mitarbeitern

Wenn Jugendliche die Liste der Erwartungen gelesen und den Antrag ausgefüllt haben, treffe ich mich mit ihnen zu einem Gespräch unter vier Augen, um sicherzugehen, dass sie die Bedeutung geistlicher Leiterschaft verstehen. Wir gehen jede Verpflichtung durch und ich gebe Beispiele für die Bedeutung der einzelnen Punkte.

In dem Profil eines jugendlichen Mitarbeiters, der Einsatz in der Jugendarbeit zeigt (Abb. 10.3) steht zum Beispiel: »löst Probleme, ohne sich zu beklagen.« Also erkläre ich, dass der jugendliche Mitarbeiter Stühle besorgen soll, wenn der Samstagabend-Gottesdienst überfüllt ist, statt zu jammern: »Doug, wir haben nie genug Stühle!«.

Weil viele Jugendliche sich selbst viel strenger bewerten, als ich das tue, lesen sie die Liste und halten sich dann nicht mehr für geeignet. Natürlich stimmt das meist nicht und sie sind sehr wohl für den »Job« geeignet. Dann bringe ich alles unter Dach und Fach, indem ich den Jugendlichen einen »Vertrag für jugendliche Mitarbeiter« ausfüllen lasse (siehe Abb. 10.5).

Vertrag für jugendliche Mitarbeiter

Mein Einsatz für Jesus

- Ich erkenne Jesus als Sohn Gottes an und habe eine persönliche Beziehung zu ihm.

Mein Einsatz für geistliches Wachstum

- Ich verpflichte mich, dass ich mich für mein geistliches Weiterkommen einsetze, indem ich eine Hausbibelarbeit besuche.
- Ich verpflichte mich, geistliche Gewohnheiten einzuüben:
  - regelmäßige Zeiten mit Gott (»Zeit der Stille«-Tagebuch)
  - Verantwortlichkeit gegenüber einem anderen Christen (»J.V.G. Fünf«)
  - Auswendiglernen wichtiger Bibelstellen (»Verborgene Schätze«)
  - Einsatz in der Gemeinde
  - Geben des ›Zehnten‹ (»Segensbank«)
  - persönliche Bibelarbeit (»Wurzeln schlagen«)

Abb. 10.5/1

Mein Einsatz für ein Dienst-Team

- Ich verpflichte mich, regelmäßig an einer Tätigkeit in der Gemeinde teilzunehmen oder eine zu leiten.

Mein Einsatz für einen gefestigten Lebensstil

- Ich verpflichte mich zu einem Lebensstil, der vor Gott bestehen kann, da ich weiß, dass mein Leben ein Modell für andere Jugendliche ist und meine Beziehung zu Gott widerspiegeln sollte.

Mein Einsatz für die Freundschafts-Evangelisation

- Ich verpflichte mich, meinen Freunden von meinem Glauben zu erzählen und sie zu den entsprechenden Veranstaltungen mitzubringen.

Mein Einsatz für die Jugendarbeit

- Ich verpflichte mich, bei einem Wochenendgottesdienst die anderen Jugendlichen zu begrüßen, um eine angenehme Atmosphäre herzustellen.
- Ich verpflichte mich, bevor ich mit der jugendlichen Leiterschaft anfange, die Kurse 101, 201 und 301 (und 401 innerhalb von sechs Monaten nach Beginn der Leiterschaft) zu besuchen.
- Ich verpflichte mich, ein verbindliches monatliches Jugendmitarbeitertreffen zu besuchen.
- Ich strebe an, monatlich einen »EKG«-Bericht abzulegen.
- Ich verpflichte mich, fremde Jugendliche bei allen Veranstaltungen, die ich besuche, anzusprechen und zu begrüßen.
- Ich verpflichte mich, die Definition unseres Auftrags auswendig zu lernen.
- Ich verpflichte mich, die festgelegten Werte und den Lebensentwicklungsprozess zu verinnerlichen.
- Ich verpflichte mich, in meiner Schule evangelistisch tätig zu werden, mit anderen jugendlichen Mitarbeitern meiner Schule zu beten und für Veranstaltungen meiner Gemeinde zu werben.

____
Unterschrift des Jugendlichen

____
Unterschrift der Eltern

____
Datum

Abb. 10.5/2

Bezieh die Eltern in den Prozess mit ein

Wir bitten die Eltern jedes Jugendlichen, den Mitarbeitsvertrag ihrer Sprösslinge mit zu unterschreiben, damit allen Beteiligten klar ist, was von unseren jugendlichen Mitarbeitern erwartet wird. Wir sagen den Eltern, dass sie fünf Dinge von unseren erwachsenen Mitarbeitern erwarten können.

1. Wir werden ein christliches Leiterschafts-VORBILD für ihr Kind sein.
2. Wir werden als MENTOREN für den Jugendlichen fungieren.
3. Wir werden ihre Entwicklung als jugendliche Mitarbeiter BEGLEITEN.
4. Wir werden sie durch Ermutigung und Feedback MOTIVIEREN.
5. Wir werden sie ermutigen, ihre Begabungen zu MULTIPLIZIEREN, indem sie sie mit anderen teilen.

Wir machen uns besonders über das Familienleben unserer jugendlichen Mitarbeiter Gedanken. Wir wollen, dass die Eltern wissen, dass wir ihre Kinder nicht mehrere Abende in der Woche von Zuhause wegholen wollen. Für geistliches Wachstum muss man keine Familienzeit opfern oder andere Verpflichtungen ausfallen lassen. Kurz gesagt, wir arbeiten daran, die Zustimmung der Familie zu bekommen.

Verbring Extra-Zeiten mit jugendlichen Mitarbeitern

Wegen der hohen Ansprüche an die jungen Mitarbeiter sollte es auch eine hohe Belohnung geben. Die jugendlichen Mitarbeiter sollten mehr Zeit mit dir und den anderen erwachsenen Leitern bekommen. Ich möchte meine Zeit damit verbringen, ein Leiter der Leiter zu sein.

Ein erwachsener Ehrenamtlicher und ich nahmen neulich einen unserer jugendlichen Mitarbeiter auf eine Vortragsreise quer durch Amerika mit. Als wir zurückkamen, vertraute mir seine Mutter an, dass ich seit dem Tod seines Vaters so etwas wie eine Vaterfigur für ihren Sohn geworden war. Sie sagte: »Die Reise hat in ihm einen bleibenden Eindruck hinterlassen und ihm das Gefühl gegeben, dass er geschätzt und wichtig genommen wird.« Er wurde nach dieser Reise sogar ein noch besserer Leiter.

Viele Jugendleiter fragen mich, ob nicht manche Jugendliche bei uns manchmal sauer auf mich sind, weil ich mich so auf die Mitarbeiter konzentriere. Nein, das ist nicht so – hauptsächlich, weil ich kein großes Aufhebens darum mache. Ich sage nicht: »Hey, ich habe drei Freikarten für das Spiel am Samstag bekommen und ich nehme Pat und Robbie mit, weil sie Mitarbeiter sind.« Ich nehme sie einfach mit. Sicherlich beschweren sich manche Jugendliche untereinander oder bei ihren Eltern über vermeintliche Bevorzugungen. Aber wenn sie sich beklagen, dann haben sie etwas mit den ersten Jüngern gemeinsam. Die diskutierten auch darüber, wer welche besondere Behandlung bekommen sollte und wer rechts und links neben Jesus im Himmel sitzen durfte (siehe Mt 20,20–28).

Ich möchte meine Zeit damit verbringen, ein Leiter der Leiter zu sein.

Auch Jesus hatte immer eine Menschenmenge um sich, aber auf Dauer war er mit zwölf ganz bestimmten Jüngern zusammen. Aber sogar innerhalb der Zwölf gab es einen engeren, aus Petrus, Jakobus und Johannes bestehenden Kreis. Ich fühle mich nicht mehr schuldig, wenn ich feststelle, dass ich nach Jesu Beispiel handele.

Hab keine Angst, wenn du nur mit einem kleinen jugendlichen Mitarbeiter-Team startest. Es ist besser, zwei wirklich gute, gefestigte Mitarbeiter zu haben, als über fünfzig Jugendliche zu herrschen, die mitmischen wollen, während sie weiterhin den Lebensstil führen, der ihnen gerade passt. Wenn du die Anforderungen erhöhst, wirst du klein anfangen, aber du wirst eine stabile Basis aufbauen. Ein solides Fundament wird ein gesundes Wachstum sichern, denn die geistliche Reife wird ein Ideal für zukünftige Mitarbeiter in deiner Arbeit sein.

Es ist besser, zwei wirklich gute, gefestigte Mitarbeiter zu haben, als über fünfzig Jugendliche zu herrschen, die mitmischen wollen, während sie weiterhin den Lebensstil führen, der ihnen gerade passt.

Ein Programm für Kernjugendliche: Das Saddleback Modell

Unser primäres Programm für Kernjugendliche: Jugendliche Mitarbeiter

In der Saddleback Church machen wir klar, dass wir unsere Erwartungen an die Jugendlichen, denen wir den Titel *Mitarbeiter* oder *Leiter* anvertrauen, sehr hoch ansetzen. Wir glauben, dass die Jugendlichen, die wir in leitenden Rollen platzieren, nicht nur zur Teilnahme am Gottesdienst (Besucher), zu Kontakt gegenüber anderen Jugendlichen durch Kleingruppen (Gemeinde), zu geistlichem Wachstum aus eigenem Antrieb (»Aktive«) und zum persönlichen Einsatz (Gemeindekern) bereit sein sollten, sondern auch zu einem Lebensstil, der Gott ehrt und über alle Fragen erhaben ist.

Wir erwarten, dass sich unsere reifen Jugendlichen zu folgenden Fixpunkten verpflichten:

- ► einer engen Beziehung zu Gott
- ► geistlichem Wachstum (Kleingruppen und Gewohnheiten)
- ► Dienst

Außerdem sollen sie als Vorbilder dienen für

- ► einen gefestigten Lebensstil
- ► Verbindlichkeit gegenüber der Jugendarbeit
- ► Freundschafts-Evangelisation

In unserem persönlichen Gespräch gehen wir alle Punkte des Mitarbeiter-Vertrags (siehe Abb. 10.5) durch. Fast alle Jugendlichen, die den ganzen Prozess durchlaufen haben, glänzen später als wirklich gute Leiter.

Jetzt wird's persönlich

1. Kennst du deine Geistesgaben? Wenn ja, welche sind es?
2. Was gefällt dir oder gefällt dir nicht am S.H.A.P.E.-Profil (siehe Anhang E)?
3. Wie stehst du zu folgender Aussage: »Jugendliche sind nicht die zukünftige Kirche; sie sind die gegenwärtige«?
4. Was tust du, um Jugendliche zum persönlichen Einsatz zu ermutigen?
5. Wie hilfst du Jugendlichen, in die Mitarbeit hineinzuwachsen?
6. Wie definierst du »jugendliche Mitarbeiter/Leiter«?
7. Was sind einige unabdingbare Eigenschaften, die du von jugendlichen Mitarbeitern/Leitern erwartest?
8. Nenn jemanden aus deinem Team, der die Einführung und Durchführung deines Mitarbeiter-Programms betreuen könnte. Wie kann der Rest des Teams diese Person unterstützen?
9. Nenn spezifische Bereiche, in denen Jugendliche sich einbringen können.

Anmerkungen

[1] Einen Gaben-Test findest du in verschiedenen Publikationen, zum Beispiel im gleichnamigen Buch von Christian A. Schwarz (C&P-Verlag) oder bei D.I.S.G. Ein bereits fertig ausgearbeitetes Programm für zukünftige Mitarbeiter, die ihren Platz in der Gemeinde finden wollen, bietet das Set »D.I.E.N.S.T.« aus der Willow Creek-Edition (Projektion J, Asslar).

[2] Zum besseren Verständnis von S.H.A.P.E. empfehle ich Rick Warrens *Kirche mit Vision* (Projektion J, Asslar, 1998), S. 342–369.

[3] Der Gaben-Test stammt aus meinem Buch *The Word on Finding and Using your Spiritual Gifts.*

11 Fünf Merkmale von intakten Jugendveranstaltungen

Nachdem wir die Einzelheiten der Entwicklung einer zielgerichteten Jugendarbeit betrachtet haben, werfen wir jetzt einen Blick auf fünf Merkmale, die essenziell für alle Programme sind, unabhängig von der Zielgruppe.

Intakte Programme
- müssen Beziehungen an erste Stelle setzen,
- brauchen neue Ideen,
- brauchen Stärke unabhängig von Persönlichkeit,
- brauchen ein funktionierendes Betreuungssystem und
- Klarheit über ihr Ziel und ihre potenzielle Zielgruppe.

1. Beziehungen an erste Stelle setzen

Dave, einer unserer erwachsenen Leiter, startete freitagabends eine weiterführende Bibelarbeit. Diese Bibelarbeit war drei Monate lang sehr schlecht besucht, aus welchem Grund auch immer. Zu Beginn des vierten Monats fand unsere Winterfreizeit statt. Während dieses Wochenendes entwickelte Dave einige Beziehungen zu Jugendlichen und die gaben seiner Bibelarbeit dann den entscheidenden Antrieb. Nach der Freizeit erfuhr Daves Bibelarbeit einen dramatischen Anstieg der Teilnehmerzahlen. Das Programm selbst wurde nicht attraktiver, die Beziehungen wurden es.

Positive Beziehungen sind der Schlüssel zum Wachstum in der Jugendarbeit. Ein gängiges Beispiel ist ein Mädchen, das gern eine unattraktive Jugendarbeit besucht, weil ihre beste Freundin auch dort ist, obwohl sie auch die Gemeinde ihrer Eltern, die eine gute Jugendarbeit hat, besuchen könnte. Wir sehen es immer wieder: Beziehungen ziehen am besten.

Eine gute Jugendarbeit bemüht sich, beziehungsreich zu werden. Die erwachsenen Leiter stellen den Aufbau von Beziehungen zu den Jugendlichen in den Vordergrund und diese Beziehungen erhöhen die Effektivität der Jugendarbeit und steigern dadurch die geistliche Reife der Jugendlichen. Diese Art der Jugendarbeit wird zu einer Arbeit MIT Jugendlichen, statt zu einer programmorientierten Veranstaltung FÜR Jugendliche.

Unabhängig vom Grad ihrer geistlichen Reife brauchen alle Teenager Beziehungen zu Erwachsenen, die sich für sie interessieren und sie anleiten. Keine Veranstaltung, und sei sie noch so toll, kann persönliche Wärme bieten, denn Programme bilden keine Beziehungen, Menschen tun das. Während eine Veranstaltung die Aufmerksamkeit des Jugendlichen gewinnen kann, hilft ihm eine Beziehung bei der Umsetzung seiner Ziele. Programme sind wichtig – aber erst, wenn Beziehungen entwickelt wurden.

Diese Art der Jugendarbeit wird zu einer Arbeit MIT Jugendlichen statt zu einer programmorientierten Veranstaltung FÜR Jugendliche. Veranstaltungen bilden keine Beziehungen, Menschen tun das.

Erst dann werden Jugendliche in ihrem Glauben wachsen – besonders, wenn die Leiter die in Kapitel 1 beschriebene geistliche Reife besitzen. Diese Art der Jugendarbeit verlangt offensichtlich nach Menschen, die gewillt sind, sich um die Jugendlichen zu kümmern und Zeit in sie zu investieren. Je mehr Jugendliche du in deiner Gruppe hast, desto mehr Erwachsene wirst du brauchen, um die Gruppen klein zu halten. Ich kenne zwar fast alle Jugendlichen bei uns vom Sehen, aber ich kann nur zu wenigen eine persönliche Bindung aufbauen.

Jugendarbeit baut Hundehütten

Vor einigen Jahren prägte ich den Satz »Jugendarbeit baut Hundhütten«. Meine Frau Cathy wollte eine Hundehütte kaufen, aber ich fand die Dinger zu teuer. Nachdem ich einige Preise verglichen hatte, sagte ich in meiner Arroganz: »Ich kann eine für viel weniger Geld bauen!« Cathy lächelte wissend und nahm mein Angebot an. Ich nahm mir einen kompletten Samstag frei und bat Jeff, einen Jugendlichen aus meiner Gemeinde, mir zu helfen. Ich wusste, dass er handwerklich begabt war, denn er hatte im letzten Zeugnis eine 2– in Holzarbeiten bekommen (ich hatte besagtes Zeugnis gefunden, als ich während einer Bibelgruppe bei ihm zu Hause nach Essen stöberte).

Jeff und ich bauten den ganzen Tag lang an dieser Hundehütte, von der einige böse Zungen heute behaupten, sie sähe aus wie eine kleine Version der Arche Noah. Wie auch immer, am Tag nach unserem Bauprojekt rief mich Jeffs Mutter an und sagte mir, ihr Sohn sei nach dem Bau der Hundehütte viel begeisterter von Jesus, als er es je nach einer regulären Veranstaltung gewesen war. Ich war baff. Wie sich herausstellte, hatte Jeff ihr detailliert von unserem gemeinsamen Tag berichtet. Er hatte ihr von unserer Fahrt zum Baumarkt erzählt und wie ich den Verkäufer behandelt hatte. Sie erfuhr von den Dingen, über die wir uns unterhalten hatten. Jeff erzählte von unserer kleinen Essensschlacht auf dem Parkplatz vor einem Bistro, von der fröhlichen Stimmung bei uns zu Hause, meiner Fähigkeit, nicht zu fluchen, wenn ich mir mit dem Hammer auf den Finger haue, wie ich mit meinen Kindern umgehe und was sich nicht in meinem Kühlschrank findet. (Er erzählte seiner Mutter: »Ich habe noch nie einen Kühlschrank eines Erwachsenen gesehen, in dem sich kein Alkohol befindet.«) Jeff merkte und erzählte alles! Er sagte: »Doug ist ganz normal. Man sieht, dass es ihm Spaß macht, ein Christ zu sein.«

Zu meiner Überraschung beeinflusste unser gemeinsamer Tag seinen Glauben entscheidend. Danach verbrachte er mehr Zeit mit mir und wir lernten uns besser kennen. Jeff wollte nicht nur noch weiter an der Hundehütte bauen (ich vermute, dass das eine Ausrede war, um mehr Zeit mit mir verbringen zu können), sondern wurde auch ein angenehmerer Zuhörer während der Bibelstunden. Ich habe gelernt, nie zu unterschätzen, welche Bedeutung es haben kann, einfach Zeit mit Jugendlichen zu verbringen.

Viele unserer Ehrenamtlichen haben ein schlechtes Gewissen, weil sich nicht genügend Zeit haben, um sie in die Beziehungen mit Jugendlichen zu investieren. Diese selbstauferlegte »Schuld« hat einige sogar schon dazu bewogen, ganz mit der Jugendarbeit aufzuhören. Da es so schwierig ist, außerhalb unseres Zeitplans noch Zeit für die Jugendlichen aufzubringen, müssen wir die Jugendlichen eben in unseren Zeitplan hineinbringen.

Ich habe gelernt, meine Beziehungen zu pflegen, während ich nebenbei Hausarbeit oder Besorgungen erledige. Wenn sich die Beziehung entwickelt, müssen die Jugendlichen nicht mehr ständig konzentriert unterhalten werden, sondern schätzen *jede* gemeinsame Zeit. Hier eine einfache Formel, um sich dieses Prinzip zu merken:

Erfinde keine Aktivitäten, um Jugendliche in dein Leben einzubeziehen; plane sie lieber in deine schon vorhandenen Aktivitäten mit ein.

Durch die viele Zeit, die ich über die Jahre mit christlichen und nicht-christlichen Teenagern verbracht habe, habe ich herausgefunden, dass alle Jugendlichen gewisse Dinge von Erwachsenen benötigen. Erwachsene müssen:

Als Vorbild fungieren

Als erwachsene Leiter müssen wir erkennen, dass wir während unserer Zeit mit den Jugendlichen Vorbilder sind, Rollenmodelle eines Lebensstils im Sinne Gottes. In einer sehr realen Weise sagen wir den Jugendlichen, was Paulus im 1. Korinther 11,1 sagte: »Nehmt mich zum Vorbild, wie ich Christus zum Vorbild nehme.«

Jugendliche sehen und hören alles, was wir tun und sagen. Sie merken sich, wie wir Auto fahren und erinnern sich an unsere flapsigen Kommentare über andere Leute, unseren Lebensstil und gemeinsam erlebte Situationen.

Bevor meine Frau und ich Kinder hatten, war sie ehrenamtlich unglaublich aktiv. Nach unserem ersten Kind blieb sie auf diesem *Unglaublich*-Niveau. Nach zwei Kindern wechselte sie zum *Immer-noch-großartig*-Status. Und jetzt, mit drei Kindern, beschreibt sie sich als *beschäftigte* Ehrenamtliche. Sie findet es schwierig, zusätzlich zu unseren Kindern noch Zeit für andere Jugendliche zu haben. Um mit ihnen in Kontakt zu bleiben, nimmt sie Teenager-Mädchen mit zum Einkaufen. Während sie einkauft, verhält sie sich als christliches Vorbild. Meine drei Kinder lieben diese Einkaufstouren, denn Teenager sind lustig. Den Mädchen macht es Spaß, weil sie Zeit mit Cathy verbringen können und die Kinder nett finden. Cathy ist froh, weil sie Teenager liebt und ihre Einkäufe dank der Hilfe der Mädchen in der halben Zeit erledigen kann. Jeder hat etwas davon! Selbst diese recht bedeutungslos erscheinende Zeit ist eine großzügige Einzahlung auf das Vorbildskonto. Bevor du allein irgendwohin gehst, denk nach und ruf vielleicht einen Jugendlichen an.

Cathy und ich bekamen kürzlich einen Brief von einem Mädchen, das früher in unserer Gemeinde war und jetzt auf dem College ihren Abschluss macht.

Liebe Cathy, lieber Doug,

vielen Dank für alles, was ihr in den letzten Jahren für mich getan habt. Seit ich denken kann, habt ihr mich mit eurer Freundschaft unterstützt und so einen großen Teil zu meiner Entwicklung beigetragen. Ihr beide habt mir gezeigt, wie man eine solide Ehe führt, treue Beziehungen zu Freunden und anderen Menschen aufrechterhält, und vor allem, wie man ein Leben führt, das Gott ehrt. Ihr habt meine Sicht von mir selbst, von der Welt und von Gott tief beeinflusst.

Das, was ich meine, ist schwierig auszudrücken, aber ich wollte, dass ihr wisst, wie sehr ich euch schätze.

In Liebe,
Cynda

Ich hoffe, du hast den Kernsatz des Briefes bemerkt. Cynda sagte nicht: »Ihr habt mir *gesagt*, wie man eine solide Ehe führt und lebt und liebt.« Sie sagte: » ... ihr habt mir *gezeigt* ... « Wow!

Authentisch sein

Eines der Merkmale von guten Jugendmitarbeitern ist ihre Echtheit, wenn sie mit Jugendlichen zusammen sind. Solche Jugendmitarbeiter scheuen sich nicht, durchschaubar zu sein und Schwächen zu zeigen. Sie können über das Gebet reden und zugeben, dass ihr Gebetsleben im Moment nicht so ist, wie es sein sollte. Sie können Fehler und Ängste zugeben, weil sie wissen, dass ihre Ehrlichkeit den Jugendlichen Hoffnung geben kann, wenn sie das Gefühl haben, völlig am Ende zu sein.

Die meisten Jugendlichen haben die falsche Wahrnehmung, dass ihre Leiter, wenn schon nicht perfekt, dann doch zumindest nahe dran sind. Ich weiß das, weil sie Dinge sagen, wie: »Du würdest nicht verstehen, was ich durchmache« oder: »Du hast bestimmt noch nie solche Schwierigkeiten gehabt«.

Jugendliche gewinnen Mut, nach einem Fehler wieder aufzustehen und weiterzumachen, wenn erwachsene Mitarbeiter ehrlich mit ihnen ihre eigenen Schwierigkeiten teilen. Du brauchst natürlich nicht all deine Sünden öffentlich zur Schau zu stellen – aber sei ehrlich, wenn du über das Leben und den Prozess des Glaubens sprichst. Wenn dir eine geistliche Disziplin schwer fällt, dann sprich offen darüber.

Du brauchst nicht alle deine Sünden öffentlich zur Schau zu stellen, aber sei ehrlich, wenn du über das Leben und den Prozess des Glaubens sprichst.

Akzeptanz ausdrücken

Wenn ein Jugendlicher mit einem Nasenpiercing, grünem Haar und Tätowierungen auftaucht und du herausfindest, dass er aus einer kaputten Familie kommt, sexuell missbraucht wurde und Kettenraucher ist, dann muss er geliebt und akzeptiert werden, wie Gott ihn liebt und akzeptiert. Was er *tut,* muss nicht akzeptiert werden, aber *er* muss als das akzeptiert werden, was er ist – ein Geschöpf Gottes.

Ich habe eine enge Beziehung zu einem Jugendlichen in unserer Arbeit, der ein absoluter »Party-Löwe« ist. Ihm gefallen unsere Gespräche, aber er ist nicht bereit, sein Leben Gott anzuvertrauen. Er lässt sich fast jedes Wochenende volllaufen, aber aus irgendeinem Grund kommt er gern in die Kirche. Wenn ich ihn sonntagmorgens sehe, lege ich meinen Arm um ihn und sage ihm, dass ich mich freue, ihn zu sehen. (Ich brülle ihm das sehr laut in sein Ohr, um ihn sein Kopfweh wegen seines Katers so richtig spüren zu lassen.) Außerdem sage ich ihm, dass ich es hasse, was er sich da antut. Auf seiner Suche nach Wahrheit kann er mich als jemanden ansehen, der ihn selbst liebt und akzeptiert, aber das ablehnt, was er tut. Er wäre der Erste, der dir sagen würde, dass ich regelmäßig für ihn bete.

Helfen, Stress abzubauen

Schüler sind gestresst! Und ihr Stresslevel steigt immer mehr, statt weniger zu werden: Leistungsdruck, schlechte Zukunftsaussichten, Konkurrenzdenken, Gruppenzwänge, Freizeitstress – Schüler müssen lernen, sich zu entspannen, Pausen zu machen, nicht so schnell erwachsen zu werden. Sie müssen lernen, dass nicht alles im Leben ernst sein muss.

Um den Jugendlichen zu helfen, ihren Stress zu bekämpfen, kannst du öfters mal eine Veranstaltung unter der Woche ausfallen lassen, um eine Verpflichtung von ihrem Terminplan zu nehmen. Einmal im Monat canceln wir unsere mittwöchliche HBA, gehen stattdessen zusammen aus und lassen es uns gut gehen. Jede der Kleingruppen macht das, was allen Beteiligten den meisten Spaß macht. Das hilft den

Jugendlichen nicht nur, Stress abzubauen, sondern fördert auch die Gemeinschaft.

Geistlich herausfordern

Wenn wir Beziehungen zu Jugendlichen entwickeln, erlangen wir auch das Recht, dass uns zugehört wird, wenn wir über geistliche Dinge reden. Das ist sozusagen der Beginn unserer Gespräche über Gott. Teenager wollen in dem Glauben an Gott einen Sinn finden und probieren, wie er am besten in ihr Weltbild passt. In dem Maße, in dem der moralische Verfall der Welt voranschreitet, wird die Suche unserer Teenager nach Antworten verzweifelter.

In dem Maße, in dem der moralische Verfall der Welt voranschreitet, wird die Suche unserer Teenager nach Antworten verzweifelter.

Wenn du eine Beziehung zu einem Jugendlichen entwickelst, scheu dich nicht, ihn oder sie danach zu fragen, wie ihre Beziehung zu Gott vorangeht. Frag die Jugendlichen in deiner Kleingruppe ungeniert, ob sie regelmäßig die Bibel lesen. Die Jugendlichen wissen, dass du sie Gott näher bringen willst und werden daher über Fragen bezüglich ihres Glaubens nicht überrascht sein. Egal, wo sie sich befinden, es kann ihnen immer geholfen werden, auf Gottes Weg weiterzukommen. Und du solltest da sein, um jeden kleinen Schritt zu feiern.

Vor kurzem fragte ich einen Jugendlichen, der eins der ersten Male auf einer unserer Veranstaltungen war, ob er betete. Er sagte: »Nicht wirklich. Ich weiß nie so recht, was ich zu Gott sagen soll.« Ich erwiderte etwas wie: »Oh ja, das kenne ich. Manchmal weiß ich auch nicht, was ich sagen soll. Versuch am besten, mit Gott so zu reden, als wäre er ein Freund von dir, der direkt neben dir sitzt. Das ist auch eine Sache der Übung. Je öfter man es macht, desto besser flutschts. Hey, pass mal auf: Wie wärs, wenn du ab heute jeden Tag eine Minute mit Gott redest und nächste Woche frage ich dich, wie es gelaufen ist, okay?«

Wie du siehst, kann eine geistliche Angelegenheit ein ganz natürlicher Teil eines freundschaftlichen Gesprächs sein.

2. Veranstaltungen brauchen neue Ideen

Als Jugendleiter liebst du wahrscheinlich kreative, neue Ideen, die du zur Bereicherung in deine Programme einfließen lassen kannst. Wenn du weißt, wo du hin willst (Erfüllung der fünf Aufträge) und wen du erreichen willst (potenzielle Zielgruppe), werden dir neue Ideen helfen, effektivere Programme zu entwerfen. Aber ohne die fünf Aufträge und die potenzielle Zielgruppe sind die besten Ideen nutzlos und haben keine Basis.

Ohne die fünf Aufträge und die potenzielle Zielgruppe sind die besten Ideen nutzlos und haben keine Basis.

Hier sind drei Methoden, mit denen du mehr Ideen finden kannst, als du je brauchen wirst.

Ideen-Archiv

Man muss nicht immer das Rad neu erfinden: Seit 1969 veröffentlicht Youth Specialities *Ideen*-Bände mit praxisgetesteten Programmideen. Diese außergewöhnlichen Bücher werden von kreativen Jugendarbeitern geschrieben, die ihre am besten funktionierenden Ideen mit anderen teilen wollen. Mehr als 3.500 Ideen sind nach Themen geordnet wie: Spiele, spezielle Veranstaltungen, bedeutsame Diskussionen, Streiche, Gruppenbildung, Werbung, Gottesdienst, Freizeiten, Mission, Straßeneinsätze, kreative Lernspiele, Spendenideen, Abenteuerspiele, Eltern, Bibelarbeiten, kreative Kommunikation und jugendliche Mitarbeiterschaft[1]. Doch auch in Deutschland sind viele Bücher und Broschüren mit den gesammelten Anregungen vieler Jahre erschienen.

Wenn du noch keine Bücher mit Ideen hast, dann willst du das vielleicht zu deiner nächsten Investition machen. Wenn du dir diese Bücher besorgst, dann sieh sie unter dem Gesichtspunkt der fünf Aufträge durch. Wenn eine Idee zum Beispiel bei der Evangelisation helfen kann, dann ist sie es wert, notiert zu werden. Wenn ich diese Bücher durchgehe, dann markiere ich das Material, das ich hilfreich oder interessant finde, und fotokopiere es. Ich hefte die Ideen unter sieben Stichworten ab: (1) Evangelisation, (2) Anbetung, (3) Gemeinschaft, (4) Jüngerschaft, (5) Dienst, (6) Eltern/Familie oder (7) Leiterschaft.

Auch deine eigenen Einfälle und Beobachtungen oder die deiner Mitarbeiter solltest du schriftlich festhalten und einsortieren.

Die Essenz von guten Veranstaltungen ist einfach deine Fähigkeit, eine Idee zu finden und sie deiner Situation anzupassen. Sogar eine schlechte Idee kann einen neuen Gedanken bringen. Fühl dich nicht gezwungen, immer die Originalkonzepte zu verwenden. Ich habe zu viele Jugendleiter getroffen, die kreativ, aber nicht effektiv waren. Wenn ich entweder Kreativität oder Effektivität zur Priorität machen müsste, dann würde ich mich für Letzteres entscheiden.

Verteilerlisten

Werbung in egal welcher Form ist eine super Ideenquelle. Versuche, deinen Namen und deine Adresse (nicht Telefonnummer) auf so viele Verteilerlisten wie nur möglich zu bekommen. In Kürze wirst du so viel Werbung bekommen, dass nicht nur dein Papierkorb überquillt, sondern du mit Sicherheit auch einige gute und neue Ideen bekommst. Auch wenn eine Werbung mir keine Ideen gibt, kann sie mir vielleicht ein gutes Beispiel für Layout und Design liefern.

Internet

Ich bin erstaunt, wie viele Jugendarbeitsideen sich im Cyberspace herumtreiben. Fast jedes Mal, wenn ich ins Internet gehe, finde ich eine neue, mit Ideen voll gestopfte Jugendseite. Du kannst auch meine Homepage anmailen (www.dougfields.com). Auf ihr findest du auch eine Liste mit Links zu interessanten Internetseiten.

3. Veranstaltungen müssen unabhängig von den beteiligten Personen stark sein

Eine gute Jugendarbeit muss auch über die Person des Leiters hinaus Kraft besitzen. Wenn ein Leiter mit einer charismatischen Persönlichkeit eine Jugendarbeit ohne starkes Fundament verlässt, dann wird diese Jugendarbeit schnell zu Grunde gehen. Deine Veranstaltungen sind nur so stark wie dein Team. Wir alle haben schon von erfolgreichen

Managern gehört, die »hart gearbeitet haben, um sich zur Ruhe zu setzen«. Nun ja, ich liebe meine Arbeit! Obwohl ich mich eigentlich noch nicht zur Ruhe setzen möchte, will ich die bedeutsamen Aspekte und Erkenntnisse mit anderen teilen, um Schwierigkeiten in meinem Bereich zu beheben und ein gutes Fundament aufzubauen. Um bessere Leiter zu werden, müssen wir

- Verantwortung aufteilen,
- Abwesenheiten einplanen und
- für Nachwuchs sorgen.

Verantwortung aufteilen

Ich bin das Wort *delegieren* leid, denn inzwischen wird es eigentlich nur noch für *abladen* gebraucht. Delegation heißt oft: »Ich habe keine Zeit, das zu tun, also lade ich es auf dich ab.« Keiner mag es, voll geladen zu werden.

Ein besseres Konzept ist hier sicherlich *Integration*, denn sie besagt: »Ich möchte dir helfen, dass du dich in die Jugendarbeit einbringen kannst. Lass uns diese Aufgabe zusammen erledigen mit der Perspektive, dass du meine Hilfe das nächste Mal nicht mehr brauchst.«

Wenn du deine Arbeitslast nicht teilst, dann wirst du das Fundament deiner Arbeit beschädigen und anderen Helfern die Möglichkeit nehmen, ihre Begabungen einzubringen.

Wenn du deine Arbeitslast nicht teilst, dann wirst du das Fundament deiner Arbeit beschädigen und anderen Helfern die Möglichkeit nehmen, ihre Begabungen einzubringen.

Abwesenheiten einplanen

Leg einfach mal eine spontane Abwesenheit ein, um herauszufinden, ob deine Jugendarbeit auf deiner Persönlichkeit aufbaut. Teil einem deiner Mitarbeiter mit, dass du ein bestimmtes Programm kurzfristig nicht leiten kannst oder nicht erscheinen wirst. Gib ihm kurze Anweisungen, aber sag ihm, dass er auf sich allein gestellt ist. Wenn die Veranstaltung ein Flopp wird, dann hängt zu viel an deiner Persönlichkeit.

Wenn es wie geplant läuft, kannst du dir zu einem Team von fähigen Mitarbeitern gratulieren, das unabhängig von dir arbeiten kann. Danach gratulier deinem Team!

Für Nachwuchs sorgen

Ich fühle mich sehr verantwortlich für das Ausbilden von potenziellen Leitern, die meinen Platz in der Saddleback Church einnehmen können, falls der Herr mich »nach Hause ruft« oder mich an einen anderen Ort sendet. Am meisten freue ich mich, wenn ich geistliche Reife und wirkliche Führungsqualitäten bei Leuten sehe, die für die Jugendarbeit prädestiniert sind und bei deren Aus- und Fortbildung ich meine Hand im Spiel hatte.

4. Veranstaltungen benötigen ein funktionierendes Betreuungssystem

Wenn Gott dich mit der Arbeit mit Jugendlichen betraut hat, dann sieh zu, dass du merkst, wenn ein Jugendlicher nicht anwesend ist, denn physische Präsenz gibt oft einen Hinweis auf die geistliche Verfassung. Sprichwörter 27,23 sagt: »Kümmere dich um das Aussehen deiner Schafe und sorge für deine Herden.«

Wenn du deinen Jugendlichen vermittelst, dass deine Jugendarbeit ihr »Zuhause außerhalb ihres Zuhauses« sein soll, dann musst du diese Aussage durch eine intensive Betreuung unterstützen. Wenn eines meiner drei Kinder eines Abends nicht nach Hause käme, würde ich verzweifelt die Polizei benachrichtigen und fieberhaft nach ihm suchen. Zwei wichtige Fragen, die man beachten sollte, sind: Merkst du überhaupt, wenn ein Jugendlicher nicht anwesend ist? Hakst du nach, wenn ein Jugendlicher fehlt?

Je größer deine Gruppe wird, desto schwieriger wird es, diese Fragen zu beantworten. Wir erwarten von unseren Kleingruppenleitern, dass sie sich um die Jugendlichen in ihrer Gruppe kümmern. Für die gottesdienstbesuchenden Jugendlichen haben wir eine andere Betreuungsstrategie. Jugendliche, die unsere Kirche zum ersten Mal besuchen, werden gebeten, eine Infokarte auszufüllen. Ihr Name wird auf einer Teilnehmerliste eingetragen und eine aktuelle Kopie dieser Liste befindet sich dann beim nächsten Wochenendgottesdienst auf jedem Tisch. Wenn sich die Jugendlichen setzen, suchen sie ihren Namen auf der Liste und kreuzen ihn an. Jeden Montag kommt ein ehrenamtlicher Mitarbeiter ins Büro und überträgt die angekreuzten Namen auf eine Hauptliste. Jeder Name bekommt einen eigenen Code, der in den Computer eingescannt wird. Das Resultat des Scannens ist ein Ausdruck, der die Anwesenheitsfrequenz jedes Jugendlichen zeigt. Wenn ein Jugendlicher drei Wochen nacheinander fehlt, wird er von einem unserer Mitarbeiter angerufen, der sich nach seinem Ergehen erkundigt und nachhakt, warum er nicht mehr gekommen ist.

Natürlich muss es nicht so technisiert abgehen; du kannst auch eine normale Adressenliste benutzen. Lass die Jugendlichen die Informationskarten ausfüllen und stell dann eine Liste zusammen. Nimm dir einige Minuten in der Woche Zeit, um die Liste durchzusehen und festzustellen, wer da war und wer gefehlt hat und reagiere entsprechend. Wenn deine Arbeit wächst, wirst du dir allerdings ein effizienteres System ausdenken müssen.

5. Veranstaltungen brauchen Klarheit über ihren Auftrag und die potenzielle Zielgruppe

In einer intakten Jugendarbeit sollte nie die Frage auftauchen, warum deine Arbeit existiert. Du solltest wissen, welchen primären Auftrag deine Veranstaltungen erfüllen, für wen sie erstellt sind und was für gewöhnlich bei jeder Veranstaltung passiert. (Siehe Anhang D für eine Übersicht der Programme und ihrer Schlüsselwerte.)

Wenn du diese Informationen ausarbeitest, kannst du deiner Gemeinde den »großen Rahmen« deiner Jugendarbeit aufzeigen. Wenn sich die Programme ändern, aktualisier die Informationen und teil sie deinem Pastor sowie den ehrenamtlichen Mitarbeitern, den Eltern und Jugendlichen mit. Deine Mitarbeiter sind das Blut deiner Jugendarbeit und je besser sie informiert sind, desto mehr werden sie dich unterstützen. Menschen, die eine gute Sache nicht unterstützen, sind meist einfach nicht richtig informiert.

Jetzt wird's persönlich

1. Welche Note auf einer Skala von 1 bis 10 würdest du deiner Jugendarbeit für die Entwicklung von Beziehungen zu den Jugendlichen geben? Welche Beispiele bestätigen deine Note?
2. Was sind deine schönsten Erlebnisse und Erfahrungen aus Beziehungen mit Jugendlichen?
3. Wie forderst du deine Jugendlichen geistlich heraus, nachdem du dir das Recht erworben hast, angehört zu werden?
4. Hängen deine Veranstaltungen von Personen ab? Wenn das er Fall ist, welche Programme und welche Personen sind es? Welche Schritte können unternommen werden, die Veranstaltungen zu stärken und die Wichtigkeit der Person zu mindern?
5. Wie erfährst du, wenn ein regelmäßiger Teilnehmer einige Wochen abwesend ist? Wenn ein Jugendlicher ein unregelmäßiger Teilnehmer ist, woher weißt du, ob er oder sie da ist oder fehlt? Hast du ein beständiges Betreuungssystem, um abwesende Jugendliche »nachzufassen«?
6. Nenne einige Jugendliche in deiner Arbeit, die einsam sind und eine Beziehung brauchen.
7. Wie kannst du Beziehungen zu einsamen Jugendlichen schaffen?
8. Hast du eine kurze schriftliche Beschreibung aller deiner Veranstaltungen?

Anmerkungen

[1] Du kannst das Ideen-Set bestellen bei:
Youth Specialities,
1224 Greenfield Drive,
El Cajon, CA 92021
U.S.A.

Element 5
Der Prozess

12 Benutze einen sichtbaren Prozess, um deinen Plan mitzuteilen

Stell dir vor, du wirst mitten in der Wüste ausgesetzt und musst den Weg nach Hause finden. Deine einzigen Hilfsmittel sind deine Verpflegung, eine Karte und ein Kompass. Ohne Pause nach Hause zu laufen wäre unmöglich – der Weg ist zu lang. Also studierst du die Karte und legst Plätze fest, an denen du essen, dich ausruhen und auf den nächsten Abschnitt des Weges vorbereiten kannst. Sobald deine Route fest steht, machst du dich auf den Weg. Es wird kein einfaches Unternehmen, aber das Ziel ist sichtbar. Jeder Tag bringt neue Abenteuer, bei denen du außergewöhnliche Erfahrungen machst und viel lernst. Und am Ende kommst du zu Hause an.

Ich benutze diese Geschichte gern, um zu erklären, wie ein visueller Prozess für Jugendliche auf dem Weg nach Hause – also zu geistlicher Reife – als Karte dienen kann. Durch die Planung deiner Veranstaltungen, die die Rastplätze auf ihrem Weg darstellen, zeigst du den Jugendlichen visuell und zusammenhängend die Route ihrer geistlichen Entwicklung. Genauso wie der Weg durch die Wüste in der Geschichte ist der Weg zu geistlicher Reife nicht einfach, aber das Ziel ist in gut zu bewältigender Reichweite.

Bevor wir uns in dieses Kapitel stürzen, schauen wir noch einmal zurück auf die Elemente 2, 3 und 4. Die in der Definition des Auftrags ausgedrückten Prinzipien Gottes enthüllen, *warum* deine Jugendarbeit existiert (Element 2), die potenzielle Zielgruppe definiert, *wen* du erreichen willst (Element 3) und die Veranstaltungen legen fest, *wie* du dein Ziel erreichen und deinen Auftrag erfüllen wirst (Element 4). Ein Prozess (Element 5) wird dir helfen mitzuteilen, *wohin* du deine Jugendlichen führen willst.

Eine Übersicht über den Entwicklungsprozess der Saddleback Church

Wenn ein Prozess den Weg zu geistlichem Wachstum beschreibt, dann fragst du dich jetzt vielleicht: »Sind die 5 Kreise nicht ein Prozess? Benutzt du diese nicht, um Jugendliche von der Nachbarschaft zum Gemeindekern und wieder zur Nachbarschaft zu führen?« Das ist eine gute Frage.

Obwohl die Kreise als bildliche Darstellung des Prozesses dienen *können*, haben wir in der Saddleback Gemeinde das Prinzip des Baseballspiels gewählt, weil es einfach ist und viel Action vermittelt. Den Jugendlichen bei uns in Amerika ist es außerdem sehr vertraut. Fast jeder weiß, dass es beim Baseball eine vorgezeichnete Bahn von einer »Base« zur anderen für die Läufer gibt, die punkten wollen. In unserer Jugendarbeit sind die Jugendlichen die Läufer und wir trainieren sie, indem wir sie von Base zu Base oder besser: von Veranstaltung zu Veranstaltung schicken, damit sie ihren Lauf vollenden und punkten können. Wir wollen unsere Jugendlichen von passiven Zuschauern auf den Rängen zu aktiven Spielern machen, zu Kernjugendlichen, die das Ziel mit einem »Homerun« erreichen. Genauso wie im Baseball bekommen wir keine Punkte für Läufer, die an den Bases hängen geblieben sind. Deshalb ermutigen wir die Jugendlichen, auf Sieg zu laufen (Phil 3,14) und sich von allem zu befreien, was sie behindern könnte (Heb 12,1–2).

Die bildliche Darstellung des Baseballspiels (»Entwicklungsprozess«) verzahnt sich mit den fünf Kreisen (»Kreise der Hingabe«). Abbildung 12.1 zeigt die Position der potenziellen Zielgruppe, wenn die Kreise und das Baseballspiel kombiniert werden.

Den Jugendlichen dient ein solcher Prozess als Routenplan zur geistlichen Entwicklung. Dieser

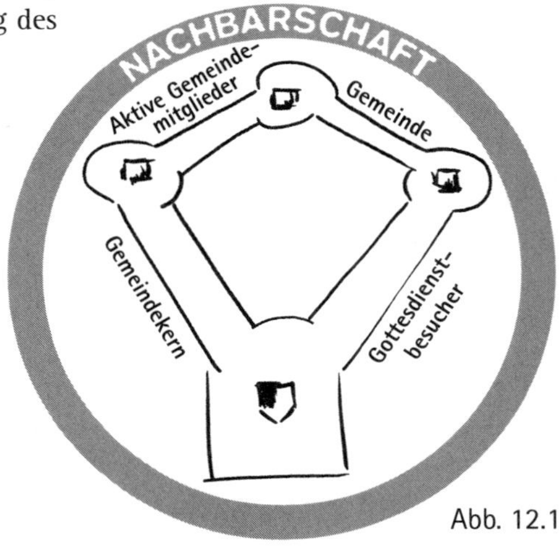

Abb. 12.1

Landkarte können sie folgen. Durch die Verbindung einer Veranstaltung mit einem Punkt auf der Karte können die Jugendlichen leicht feststellen, wo sie sich befinden (siehe Abb. 12.2). Es ist ein bisschen so, wie wenn man auf einer Infotafel den »Sie befinden sich hier«-Pfeil entdeckt.

Wenn die Jugendlichen ihre Position im Prozess des geistlichen Wachstums erkennen, können wir sie ermutigen, den nächsten Schritt zu tun und eine auf sie zugeschnittene Veranstaltung zu besuchen, um ihr Weiterkommen zu fördern. Wenn die Jugendlichen sehen, dass du aus ihnen »Homerun-Spieler« Gottes machen willst, dann verstehen sie auch, dass sie das nicht schaffen können, wenn sie an der zweiten Base stehen bleiben.

Die primären Veranstaltungen in den Kapiteln 6–10 sind auf diesem System der bildlichen Darstellung eines Baseballspiels aufgebaut (siehe Abb. 12.2). Wenn du die Veranstaltungen um das Baseballfeld betrachtest, wirst du feststellen, dass Jugendliche zu jedem Zeitpunkt in den Prozess einsteigen können. Sie müssen nicht mit dem Wochenend-

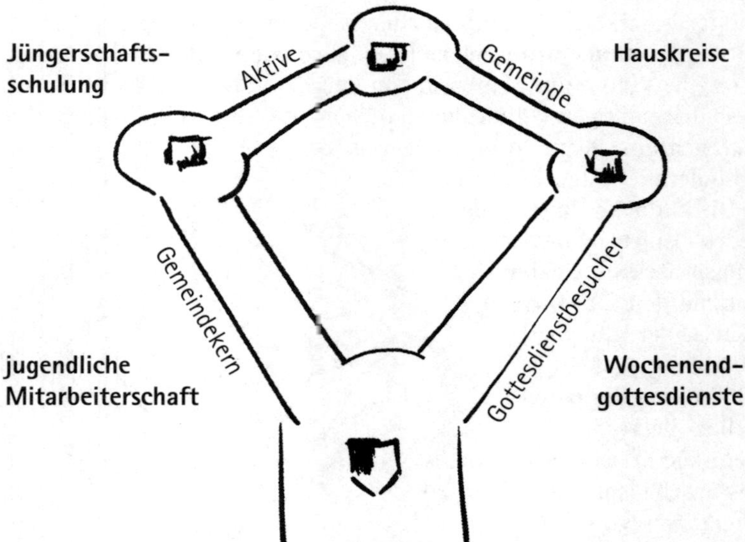

Abb. 12.2 **Freundschafts-Evangelisation**

gottesdienst beginnen und sich schön der Reihe nach über die einzelnen Bases vorkämpfen. Die meisten Jugendlichen kommen durch den Wochenendgottesdienst in unsere Jugendarbeit, weil ein Freund sie eingeladen hat, aber sie müssen nicht dort beginnen.

Ein detaillierter Blick auf den Entwicklungsprozess der Saddleback Church

Sekundäre Veranstaltungen: Nach Notwendigkeit konzipiert

Zusätzlich zu unseren 5 primären Veranstaltungen haben wir 13 weitere entwickelt, die uns helfen, die Jugendlichen um das »Spielfeld« zu führen. Wir nennen diese Hilfsveranstaltungen unsere *sekundären Veranstaltungen.* Jede ist dazu gedacht, einen der biblischen Aufträge zu erfüllen *und* eine der Zielgruppen zu erreichen – genauso wie die primären Veranstaltungen.

Damit du ein vollständiges Bild von unserem Entwicklungsprozess für Jugendliche bekommst, möchte ich dir diese sekundären Veranstaltungen vorstellen. Sie erhalten von uns nicht soviel Aufmerksamkeit wie unsere primären Veranstaltungen, und dies aus drei Gründen:

- Sie finden nicht so oft statt,
- sie erreichen nicht so viele Jugendliche
- und da nicht alles in unserer Arbeit primär sein kann, verwenden wir auf sie weniger Zeit, Werbung und Mittel.

Es sind keine schlechten Veranstaltungen (wir würden sie nicht machen, wenn es so wäre), sie sitzen einfach sozusagen auf dem Rücksitz hinter unseren primären Veranstaltungen.

Einer der Schlüsselfaktoren unserer sekundären Veranstaltungen ist, dass sie spezielle Bedürfnisse erfüllen, die die primären nicht abdecken können. Ein Beispiel: Unsere Wochenendgottesdienste sind für besuchende Jugendliche konzipiert, aber da sie inzwischen sehr groß geworden sind, mussten wir kleinere Veranstaltungen für die anbieten, die sich durch eine große Gruppe eingeschüchtert fühlen. Eine Antwort auf dieses Problem war eine sekundäre Veranstaltung, die wir »Dinner for Ten« nennen und von der du bald lesen wirst.

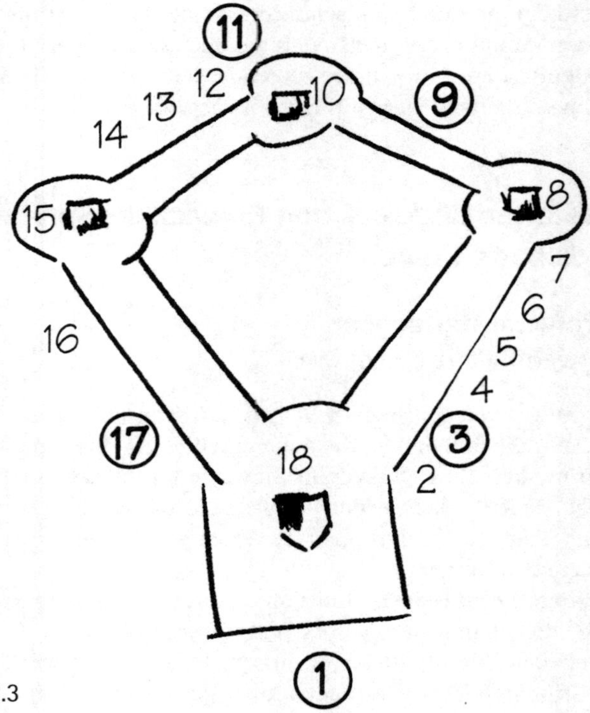

Abb. 12.3

Wir ordnen sowohl die sekundären als auch die primären Veranstaltungen der Reihe nach um unser Baseballfeld an, um unseren Prozess für geistliches Wachstum darzustellen (siehe Abb. 12.3 und in Anhang D die Übersicht über alle unsere Veranstaltungen und die Aufträge, die sie erfüllen).

1. Freundschafts-Evangelisation (siehe Kapitel 6)
2. »Hot-Nights«
3. Wochenendgottesdienste (siehe Kapitel 7)
4. Glaubensgrundkurs
5. »Dinner for Ten«
6. »TNT: Teens 'n' Temptation« (Suchthilfeprogramm)
7. Dienst-Teams
8. Kurs 101
9. Hausbibelarbeiten (HBA) (siehe Kapitel 8)

10. Kurs 201
11. Jüngerschaftsschulung (siehe Kapitel 9)
    - »Zeit der Stille«-Tagebuch
    - »J.V.G. Fünf«
    - »Verborgene Schätze«
    - »Wurzeln schlagen«
    - »Segensbank«
12. Lobpreis und Anbetung
13. Monatlicher Missionseinsatz
14. Kurzbibelschule
15. Kurs 301
16. Dienstbereichsleiter
17. Jugendliche Mitarbeiterschaft (siehe Kapitel 10)
18. Kurs 401

1. Freundschafts-Evangelisation

Siehe Kapitel 6.

2. »Hot Nights«

Einer der besten Wege, die Freundschafts-Evangelisation zu ergänzen und Nachbarschaftsjugendliche zu erreichen, sind Veranstaltungen, zu denen Jugendliche kommen können, wenn sie sowieso eine Party suchen. Ich nenne diese Veranstaltungen »Hot Nights«. Die besten Zeitpunkte für solche »Hot Nights« sind zum Beispiel Silvester, Fasching, Abschlussfeiern oder ähnliche Gelegenheiten, bei denen Jugendliche sich auf Party-Jagd befinden. Eine Gemeinde kann der Nachbarschaft sehr dienlich sein, wenn sie eine Veranstaltung sponsort, die kirchendistanzierte Jugendliche von wenig empfehlenswerten Partys und/oder Schwierigkeiten abhält und ihnen trotzdem Spaß bietet.

Die »Hot Nights« sind die perfekte Alternative für unsere Jugendlichen, die sich sonst sehr anstrengen müssen, um Nachbarschaftsjugendliche zu unseren Gottesdiensten zu bringen (siehe Kapitel 6, das zweite von fünf Elementen in unserer Freundschafts-Evangelisation).

Leider werde ich immer wieder kritisiert, weil wir nicht in allen Nachbarschaftsveranstaltungen »das volle Evangelium lehren«. Ich kann das ganz gut wegstecken, weil ich das große Bild sehe, das wir zeichnen. Diese Abende sind nicht unsere primäre evangelistische Strategie; die liegt auf der Freundschafts-Evangelisation durch unsere Jugendlichen. (Ein Beispiel für einen Handzettel, den wir den Jugendlichen auf einer »Hot Night« geben, siehst du in Abb. 12.4.)

Unsere Junior High- und High School-Gruppen versuchen, jedes Jahr drei Nachbarschaftsveranstaltungen zu Stande zu bringen. Beide Gruppen machen etwas an Silvester, zur Zeugnisübergabe und gelegentlich an Halloween. Unsere Junior High-Gruppe mietet einen kompletten Wasserpark für die Fete nach der Zeugnisvergabe. Unsere High School-Gruppe verwandelt das Kirchengelände zur Versetzungszeit in eine Art Rummelplatz. Für ein paar Dollar Eintritt erleben die Jugendlichen einen Abend mit gutem Essen, kostenlosen Haarschnitten (nur so zum Spaß) und packenden Gladiatoren-Spielen: Sumo-Ringen in aufblasbaren Klamotten, Velcro-Wandspringen (eine abgeänderte Version des Bungee-Jumping) und allem möglichen, was Spaß macht, was wir mieten können und was von unserer Versicherung gedeckt wird!

Wenn deine Mittel beschränkt sind, kannst du einen solchen Zeitpunkt nutzen, um gemeinsam mit anderen kirchlichen Jugendarbeiten etwas zu organisieren. Durch die Zusammenarbeit mit anderen Gemeinden werden dir nicht nur mehr Mittel zur Verfügung stehen, um eine für verwöhnte Jugendliche attraktive Veranstaltung auf die Beine zu stellen, sondern im gemeinsamen Einsatz könnt ihr als Leib Christi auch die Nachbarschaft viel stärker beeinflussen. Vergiss nicht, innerhalb des Leibes Christi sollte es keinen Konkurrenzkampf geben – es gibt genug kirchendistanzierte Teenager, die zu keiner Gemeinde gehören.

3. Wochenendgottesdienste

Siehe Kapitel 7.

4. Glaubensgrundkurs (Jüngerschaft)

Einmal im Monat haben wir einen Glaubensgrundkurs, der einige der Grundsätze des Glaubens erklärt. Unser Glaubensgrundkurs besteht aus insgesamt sechs Sitzungen, eine im Monat. Diese Treffen werden von einem unserer ehrenamtlichen Mitarbeiter gehalten, der ein Herz für neue Gläubige hat. Er erklärt ein bisschen, beantwortet Fragen und hilft den Jugendlichen, einige Anfangsschritte in die richtige Richtung zu gehen. Wir sehen diese Kurse als Unterstützung unserer Wochenendgottesdienste und wöchentlichen Bibelstunden. Es gibt dazu auch Arbeitsbücher, damit die Jugendlichen zu Hause weiter darüber nachdenken und eventuelle Fragen in ihrer Kleingruppe diskutieren können.

Auf dem Markt gibt es verschiedene bewährte Glaubensgrundkurse (zum Beispiel den ALPHA-Kurs (Projektion J), die bereits fix und fertig vorbereitetes Material bieten und auf die du für eine solche Veranstaltung zurückgreifen kannst.

Schon, dass du da bist!

WARUM wir diese Party schmeißen?

Weil wir uns für DICH, das LEBEN und GOTT interessieren.

- ► DU … als einzigartige Person
- ► das LEBEN … als eine abenteuerliche Reise
- ► GOTT … als Erfinder von beidem

JEDER sucht nach LEBEN & persönlicher ERFÜLLUNG. VIELE Menschen glauben, sie könnten das in

- ► Beziehungen
- ► Sex
- ► Alkohol
- ► Partys

finden.

WAS DIR AUCH EINFÄLLT … die Menschen haben ALLES VERSUCHT in ihrer Suche nach wahrem Leben.

Doch all diese Dinge bringen nur vorübergehende Befriedigung.

Es gibt eine ANTWORT

In der Saddleback Church versuchen wir zu zeigen, dass

1. GOTT uns liebt und uns eine BEZIEHUNG ZU IHM SCHENKEN will.
2. eine enge BEZIEHUNG zu Gott möglich ist.
3. GOTTES Weg wirklich zum LEBEN führt.

Jesus sagt: *»Der Dieb kommt nur, um zu stehlen, zu schlachten und zu vernichten; ich bin gekommen, damit sie das Leben haben und es in Fülle haben.«* Joh 10,10

Wenn du Interesse hast, würden wir dich LIEBEND gern mal wieder bei uns begrüßen! Wir haben drei gleiche Jugend-Gottesdienste, die du BESUCHEN kannst:

Samstag 17:00 Uhr, Sonntag 08:45 Uhr, Sonntag 11:00 Uhr.

Jede Woche treffen sich Hunderte von Teens bei uns zu einem Gottesdienst der etwas anderen Art: mit einer tollen Live-Band, witzigen Videos und Spielen, unterhaltsamen Theaterstücken und Impulsen der Hoffnung für das Leben.

Komm am besten gleich an diesem Wochenende! Wir treffen uns in Raum 404. Wenn du irgendwelche Fragen hast, dann ruf uns einfach an.

Abb. 12.4

5. »Dinner for Ten« (Gemeinschaft)

Beim »Dinner for Ten« laden wir Jugendliche, die erst ein paar Mal bei uns waren und noch keinen richtigen Anschluss haben, zu mir nach Hause zum Abendessen ein. Früher gab es immer Pizza, bis einer unserer Kernjugendlichen einen Koch-Dienst startete. Jetzt gibt es köstliche Gerichte auf Papptellern. Jeden Sonntagabend essen wir gemeinsam, erzählen uns Geschichten und versuchen, den Jugendlichen den Einstieg in die Gruppe zu erleichtern. Außer dem Tischgebet gibt es bei dieser Veranstaltung nichts explizit Geistliches.

Das »Dinner for Ten« ist die perfekte Gelegenheit für die Mitarbeiter, Jugendliche kennen zu lernen, die verzweifelt auf der Suche nach jemandem sind, der sich für sie interessiert. Je größer deine Jugendarbeit wird, desto notwendiger wird diese Art von Kontakten in kleinen Gruppen.

6. »TNT: Teens 'n' Temptation« (Gemeinschaft)

Dies ist ein wöchentliches Treffen für Jugendliche, die mit verschiedensten Arten von Suchtverhalten – meist bezogen auf chemische Drogen – kämpfen. Unsere Gemeinde hat ein starkes Drogenprogramm mit sehr gut geschulten ehrenamtlichen Mitarbeitern, und dies hier ist die Version für Jugendliche. Jugendliche, die an »TNT« teilnehmen, haben meist so massive Probleme, dass sie sich nicht in andere Teile der Jugendarbeit einbringen. Diese Gruppe ist oft ihre einzige Jugendarbeitserfahrung.

7. Dienst-Teams (persönlicher Einsatz)

Jeder Jugendliche kann zu jeder Zeit einem Arbeitskreis beitreten, der von einem jugendlichen Mitarbeiter geführt wird. Zur Zeit haben wir 29 verschiedene Einsatzbereiche.

- Kunst
- Babysitten
- Camping
- Krebshilfe
- Kochen
- Computer
- Theater
- Seelsorge
- Büroarbeit
- Fotografie
- Gebet
- Video
- Musik & Beschallung
- Begrüßungsdienst
- Besucherbetreuung
- »Jacken für Jesus«
- Missionseinsätze
- Mountainbiken
- Umweltschutz
- Zeichensprache
- »Big Church Transition«
- Kindergottesdienstmithilfe
- Wochenendvorbereitung
- »WeltSchuhHilfe«
- Skateboarden
- Armenküche
- Singteam
- Surfen

Einige der Arbeitskreise, wie zum Beispiel das Theater-Team, treffen sich wöchentlich (Samstagmorgen), während andere sich nur zusammenfinden, wenn sie eine Veranstaltung oder Aufgabe vorbereiten müssen, wie zum Beispiel das Camping-Team vor einem Ausflug. Diese Teams bieten Jugendlichen eine einfache und unterhaltsame Gelegenheit, sich persönlich einzubringen. Ehrlich gesagt laufen nicht alle diese Gruppen wie geschmiert. Einige funktionieren sehr gut, andere benötigen regelmäßige Anstöße.

8. Kurs 101 (Gemeinschaft)

Das ist unser Mitgliedschaftskurs und einer der vier Kurse in unserem Entwicklungsprozess. Genauer gesagt ist es die Jugendversion unseres normalen Mitgliedschaftskurses. In diesem Kurs vermitteln wir die Grundlagen der Mitgliedschaft in unserer Gemeinde. Wir erklären die fünf Aufträge, die Veranstaltungen und die Arbeitsbereiche.

Wir haben den Kurs 101 als unsere offizielle Tür von der Besucherstufe zur Gemeindestufe geschaffen. Die Jugendlichen sind nicht verpflichtet, den Kurs 101 zu besuchen, bevor sie an einer Bibelgruppe teilnehmen, aber wir ermutigen sie immer dazu. Die Seiten 216–217 geben einen Überblick über alle vier Kurse, die wir anbieten und wie sie als »Bases« auf dem Spielfeld dienen.

9. Hausbibelarbeiten (HBA)

Siehe Kapitel 8.

10. Kurs 201 (Jüngerschaft)

Nachdem die Jugendlichen den Kurs 101 besucht haben, bieten wir Kurs 201 an. Dieser konzentriert sich auf die Gewohnheiten, die Christen dabei helfen, in ihrem Glauben weiter zu kommen und geistliche Reife zu entwickeln. In diesem Kurs stellen wir die in Kapitel 9 besprochenen Gewohnheiten vor. Die Teilnehmer erhalten Werkzeuge, die ihnen beim Entwickeln der Gewohnheiten helfen sollen.

Ebenso wie Kurs 101 ist auch hier die Teilnahme nicht verpflichtend.

11. Jüngerschaftsschulung

Siehe Kapitel 9.

12. Lobpreis und Anbetung

Neben unseren Wochenendgottesdiensten (Besucher) und unseren Bibelgruppen (Gemeinde) ist das Lobpreistreffen unsere einzige andere wöchentliche Veranstaltung. Jeden Sonntagabend von 18:00 bis 19:00 Uhr steht auf unserem Terminplan nichts anderes, als Gott durch Lob und Gebet zu ehren. Wir machen dafür nicht übermäßig viel Werbung, aber viele »aktive« Jugendliche wollen Gott ihre Gefühle gern in dieser Form ausdrücken. Da die Zeit des Singens in unseren Wochenendgottesdiensten beschränkt ist und wir in den Bibelgruppen gar nicht singen, sehnen sich viele Jugendliche nach einer solchen Gelegenheit. An diesem Abend wird auch eine kurze Andacht über eine Bibelstelle gehalten, aber die Betonung liegt auf dem Gesang.

Wir haben es auf den frühen Sonntagabend gelegt, damit unsere Jugendlichen nicht zweimal die Woche spät nach Hause kommen (am anderen Abend finden die HBAs statt). Wenn die Jugendlichen nur einmal pro Woche bis spät wegbleiben dürfen, dann ermutigen wir sie, regelmäßig zu den Bibelarbeitsgruppen zu kommen und zum Lobpreis nur, wenn sie es einrichten können. Am letzten Sonntagabend des Monats findet unser »Familien-Lobpreis« statt, zu dem wir dann die Familien der Jugendlichen einladen.

13. Monatlicher Missionseinsatz (Dienst)

Monatlich führen wir ein Missionsprojekt in unserer Umgebung oder in Mexiko durch. Wenn wir nicht nach Mexiko fahren, nehmen wir an zwei von Jugendlichen geleiteten Arbeitseinsätzen namens »WeltSchuhHilfe« und »Jacken für Jesus« teil. Wir sammeln gebrauchte Schuhe und Jacken in unserer Gemeinde und unsere jugendlichen Einsatzleiter organisieren dann »Schuh und Jacken-Partys«, auf denen sie die Schuhe putzen, sortieren und reparieren und die Jacken reinigen und flicken. Dann bringen sie sie zu Obdachlosenheimen oder Altkleidersammlungen. Oftmals veranstaltet eine der Kleingruppen eine solche Party als Gruppenprojekt.

Obwohl die meisten Missionsprojekte für »aktive« Jugendliche ausgelegt sind, kann jeder Jugendliche mitmachen, unabhängig von seinem geistlichen Wachstum. Wenn die Jugendlichen vor der Abreise noch nicht an Gott glauben, dann ändert sich das oft unterwegs.

Einige unserer Missionsprojekte verlangen mehr als andere. Die einfacheren Einsätze sind die lokalen Missionstage. Zweimal im Jahr planen wir Arbeitseinsätze in Mexiko, die einen hohen Grad an Einsatzbereitschaft erfordern. Einmal im Jahr reisen wir in ein Dritte-Welt-

Land (für gewöhnlich Haiti) und leisten dort Aufbauarbeit. Am liebsten würden wir mit allen Jugendlichen einmal nach Haiti fahren, aber die meisten müssen erst Erfahrungen in Tagesprojekten sammeln.

14. Kurzbibelschule (Jüngerschaft)

Wir haben die »Kurzbibelschule« geschaffen, um unseren »aktiven« Jugendlichen ein tiefer gehendes Wissen über Gottes Wort zu vermitteln. Einmal im Monat bieten wir einen dreistündigen Kurs über Bibelkunde, Theologie oder Apologetik an. Wir haben 24 Kurse, die Aspekte dieser Hauptthemen behandeln.

Die Themen der Bibelkunde sind:
- Einführung in die Bibel
- Übersicht über das Alte Testament
- Der Pentateuch
- Die Geschichtsbücher
- Die Lehrbücher
- Die prophetischen Bücher
- Übersicht über das Neue Testament
- Die Evangelien
- Die Apostelgeschichte
- Die paulinischen Briefe
- Die Pastoralbriefe
- Die Katholischen Briefe
- Hermeneutik

Im Bereich Theologie bieten wir sechs verschiedene Kurse an:
- Einführung in die Theologie
- Gott gegen Teufel/
  Himmel gegen Hölle
- Die Auferstehung
- Sünde, Erlösung und Rechtfertigung
- Die Kirche
- Eschatologie

In der Apologetik (Verteidigung des Glaubens) studieren wir die Wahrheit, damit die Jugendlichen genau wissen und vertreten können, an was sie glauben und warum sie es glauben. Diese Kurse beinhalten:
- Einführung in die Apologetik
- Die Autorität und Authentizität der Bibel

- Schöpfung und Evolution
- Was glauben die Mormonen?
- Sektenkunde
- Evangelisation für Fortgeschrittene

15. Kurs 301 (Dienst)
Wenn die Jugendlichen die Kurse 101 und 201 besucht haben, können sie am Kurs 301 teilnehmen. In diesem Kurs helfen wir den Jugendlichen, ihre geistlichen Gaben, Fähigkeiten und Talente zu entdecken, die Gott ihnen gegeben hat. Diesen Kurs müssen sie besucht haben, wenn sie ihren Einsatz in der Gemeinde beginnen wollen. Jeder kann einem Dienst-Bereich beitreten, aber Jugendlichen, die einen eigenen, neuen Arbeitskreis beginnen wollen, helfen wir zuerst, ihr S.H.A.P.E. zu entdecken (siehe Kapitel 10 und Anhang E). Kurs 301 ist auch hilfreich für jugendliche Mitarbeiter.

16. Dienstbereichsleiter
Wenn Jugendliche den Kurs 301 machen und ein S.H.A.P.E.-Profil (siehe Kapitel 10) ausfüllen, sind sie mit allem gerüstet, um einen eigenen Arbeitskreis zu gründen oder die Leitung eines bereits existierenden Bereichs zu übernehmen. Dienstbereichsleiter sind Kernjugendliche, die aus irgendeinem Grund nicht Teil der jugendlichen Mitarbeiterschaft sind. Ihre Hauptaufgabe ist es, das Funktionieren des Teams zu überwachen und darauf zu achten, dass sich um alle anderen Jugendlichen dieses Teams ausreichend gekümmert wird. Diese Mitarbeiter sind auch das Verbindungsglied zwischen den Mitgliedern eines Dienst-Bereichs (siehe Kapitel 7) und unserer erwachsenen Leitung. Wenn sich zum Beispiel ein erwachsener Mitarbeiter informieren will, wie ein Arbeitsbereich läuft, oder an einem Dienst teilnehmen möchte, dann kontaktiert er den Dienstleiter.

17. Jugendliche Mitarbeiterschaft
Siehe Kapitel 10.

18. Kurs 401
Die ist die letzte Etappe in unserem Prozess. Dieser Kurs beginnt damit, dass wir die Grundgedanken der anderen drei Kurse (101, 201, 301) noch einmal wiederholen. Wir geben den Jugendlichen praktische Tipps, um eine persönliche Erklärung zu verfassen, in der sie ihre Vorstellung von ihrem Leben mit Gott und ihrer ganz speziellen Berufung

darstellen sollen. Die meisten Jugendlichen, die am Kurs 401 teilnehmen, haben sich schon der Freundschafts-Evangelisation verschrieben und so konzentrieren wir uns die meiste Zeit darauf, die Weltmission, ihre Notwendigkeit und die Gelegenheiten für Missionsreisen zu besprechen. Am Ende diese Kurses erhalten unsere Jugendlichen die Chance, an einem unserer ausgedehnteren Missionseinsätze teilzunehmen. Die meisten Jugendlichen, die Kurs 401 abgeschlossen haben, empfinden in Bezug auf ihr geistliches Weiterkommen nicht etwas wie: »So, jetzt habe ich es endlich geschafft«. Sie sind viel eher begierig darauf, Kirchendistanzierte in die Jugendarbeit zu bringen und ihren Freunden in ihrem Glaubensleben weiterzuhelfen.

So, das waren also unsere sekundären Veranstaltungen. Bitte behalte im Gedächtnis, dass neun dieser Veranstaltungen nur einmal im Monat stattfinden. Wir schaffen es nicht, alle wöchentlich anzubieten. Man muss auch nicht für alle sekundären Veranstaltungen übermäßig viel planen, aber sie sind ein wichtiges Instrument, um kirchendistanzierte Jugendliche zum Gemeindekern zu bringen.

Ein Beispiel für einen Zeitplan unseres monatlichen »Super-Sonntag« folgt.

Super-Sonntag

13:00–15:00 Uhr
- Glaubensgrundkurs
- Kurs 101
- Kurs 201
- Kurs 301
- Kurs 401
- Jugendliche Mitarbeiter-Treffen

15:00–17:30 Uhr
- Kurzbibelschule

16:00–17:30 Uhr
- »Dinner for Ten«

18:00–19:00 Uhr
- Familien-Lobpreis

Abb. 12.5

ERREICHEN	VERBINDEN	WACHSEN	ENTDECKEN	EHREN
»Geht und macht Jünger«	*»Tauft sie«*	*»Lehrt sie zu gehorchen«*	*»Liebe deinen Nächsten wie dich selbst«*	*»Liebe den Herrn von ganzem Herzen«*
Evangelisation (Mission)	**Gemeinschaft** (Mitgliedschaft)	**Jüngerschaft** (Reife)	**Dienst** (Mitarbeit)	**Anbetung** (Lobpreis)

DAS WICHTIGSTE GEBOT

»Jesus antwortete ihm: ›Du sollst den Herrn, deinen Gott, lieben mit ganzem Herzen, mit ganzer Seele und mit all deinen Gedanken.‹ Das ist das wichtigste und erste Gebot. Ebenso wichtig ist das zweite: ›Du sollst deinen Nächsten lieben wie dich selbst.‹ An diesen beiden Geboten hängt das ganze Gesetz samt den Propheten.«
Matthäus 22,37–40

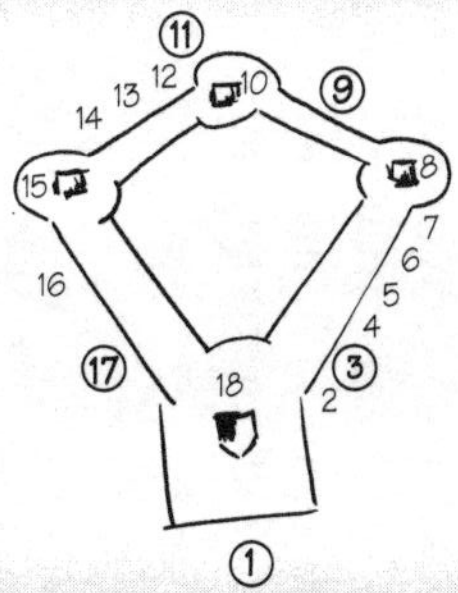

DER MISSIONSAUFTRAG

»Darum geht zu allen Völkern, und macht alle Menschen zu meinen Jüngern; tauft sie auf den Namen des Vaters und des Sohnes und des Heiligen Geistes, und lehrt sie, alles zu befolgen, was ich euch geboten habe. Seid gewiss: Ich bin bei euch alle Tage bis zum Ende der Welt.«
Matthäus 28,19–20

1. FREUNDSCHAFTS-EVANGELISATION
2. Hot Nights
3. WOCHENENDGOTTESDIENSTE
4. Glaubensgrundkurs
5. »Dinner for Ten«
6. »TNT: Teens 'n Temptation«
7. Dienst-Teams
8. Kurs 101
9. HAUSBIBELARBEITEN (HBA)
10. Kurs 201
11. JÜNGERSCHAFTSSCHULUNG
    - »Zeit der Stille«-Tagebuch
    - »J.V.G. Fünf«
    - »Verborgene Schätze«
    - »Wurzeln schlagen«
    - »Segensbank«
12. Lobpreis und Anbetung
13. Monatlicher Missionseinsatz
14. Kurzbibelschule
15. Kurs 301
16. Dienstbereichsleiter
17. JUGENDLICHE MITARBEITERSCHAFT
18. Kurs 401

Was zu tun ist, wenn der Prozess steht

Ein Prozess, der nur auf dem Papier existiert, ist nutzlos. Du musst als Leiter strategisch handeln, damit die Beteiligten deinen Prozess verstehen.

Mach deinen Prozess sichtbar

Die Jugendlichen sollten eine bildliche Darstellung von deinen Plänen haben. Ob du das Bild eines Baseballfeldes, eine Anordnung konzentrischer Kreise, eine Pyramide, einen Trichter, ein Gürteltier oder eine Treppe benutzt, ist ganz egal. Es muss nur allgemein verständlich sein und die Jugendlichen müssen das Bild regelmäßig zu Gesicht bekommen.

Alle unsere Besucher kennen unseren Entwicklungsprozess. Nicht alle interessiert er oder sie verstehen ihn, aber sie sehen ihn jede Woche. Er hängt nicht nur an der Wand unseres Gruppenraumes, er ist auch jedes Mal auf der Rückseite der wöchentlichen Bekanntmachung abgedruckt (siehe Abb. 12.5).

Identifiziere Schlüsselpunkte, an denen du die Einsatzbereitschaft überprüfst

Die Kurse 101–401 sind als »Bases« identifiziert – die erste Base ist 101, die zweite 201, die dritte 301, das Schlagmal 401. Diese Kurse sind die verschiedenen Punkte in unserem Entwicklungsprozess, an denen wir die Jugendlichen zu Veränderungen ermutigen.

Die Jugendlichen sollen jeden Kurs nur einmal absolvieren und alle vier Kurse sind freiwillig. Sie können unsere primären Veranstaltungen ohne vorherige Teilnahme an den Kursen besuchen (die Ausnahme ist jugendliche Mitarbeiterschaft; jugendliche Mitarbeiter müssen die Kurse 101–301 besucht haben [siehe Kapitel 10]).

Eine Skizze der Kurse folgt.[1]

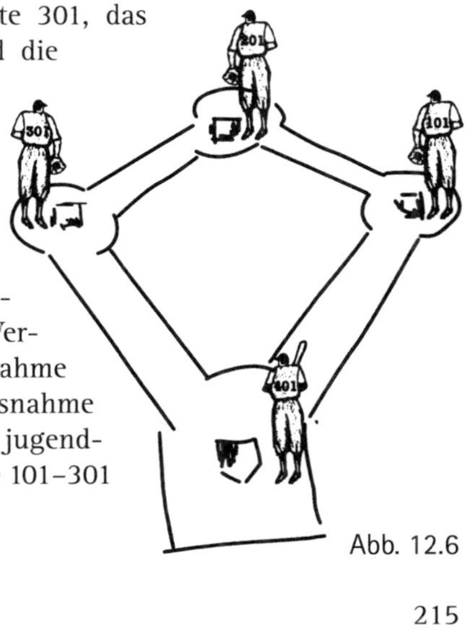

Abb. 12.6

Kurse 101 bis 401

Erste Base: Kurs 101

Was wir vermitteln:

Unsere Errettung (Was Gott für uns getan hat)
- ► Taufe
- ► Abendmahl
- ► Was wir glauben

Unsere Aussagen (Warum es unsere Gemeinde gibt)
Unsere Strategie (Wie wir unsere Aufträge erfüllen wollen)

Wir fordern unsere Jugendlichen auf

- ► zu einem Leben mit Gott
- ► zum Eintritt in die Gemeinde (Mitgliedschaft)
- ► zur Einbindung in einen Hauskreis

Zweite Base: Kurs 201

Was wir vermitteln:

Geistliche Reife
Notwendige Gewohnheiten für geistliches Wachstum
- ► regelmäßige Zeiten mit Gott
- ► Verlässlichkeit
- ► Bibelverse einprägen
- ► Einbringen in die Gemeinde
- ► den Zehnten geben
- ► Bibelstudium

Wir fordern unsere Jugendlichen auf

- ► zum Entwickeln hilfreicher Gewohnheiten
- ► zum Gebrauch unserer Hilfswerkzeuge

Dritte Base: Kurs 301

Was wir vermitteln:

Wie man seinen gottgegebenen S.H.A.P.E. entdeckt

- ► Geistliche Gaben
- ► Herzensneigungen
- ► Fähigkeiten
- ► Persönlichkeit
- ► Erfahrungen

Wir fordern unsere Jugendlichen auf

- ► zur Entdeckung ihres Einsatzortes
- ► zum Beginn einer persönlichen Arbeit

Schlagmal: Kurs 401

Was wir vermitteln:

- ► Entwicklung einer persönlichen Erklärung
- ► Entwicklung einer Sicht von Weltmission (Mission)
- ► Einsatz für die Freundschafts-Evangelisation (Evangelisation)

Wir fordern unsere Jugendlichen auf

- ► zu einer längeren Missions-Erfahrung
- ► zu einem Lebensstil der Freundschafts-Evangelisation

Werbe sinnvoll für die weiteren Schritte des Prozesses

Wenn du deine Veranstaltungen planst, überleg dir, wie du die Jugendlichen ermutigen wirst, immer wieder den nächsten Schritt zu tun. Wir machen zum Beispiel bei den Wochenendgottesdiensten Werbung für den Kurs 101 und die Kleingruppen für die Besucherjugendlichen. Für sie ist das der nächste Schritt, den sie gehen können. Es wäre sinnlos, sie jetzt schon in Kurs 301 locken zu wollen, da sie noch gar nicht so weit sind.

Wenn wir von unseren nächsten Schritten reden, dann bezeichnen wir dies als ›*Gateway promotions*‹ (Tor-Werbung). Wir fragen uns nämlich: »Wie können wir das Tor zur nächsten Veranstaltung öffnen?« Wenn wir zum Beispiel eine Hot Night haben, müssen wir uns vorher Gedanken machen, wie wir das nächste Tor öffnen wollen. Bei uns bekommt jeder kirchendistanzierte Jugendliche einen Handzettel mit einer Einladung zu den Wochenendgottesdiensten (wie der auf Seite 207, siehe Abb 12.4). Bei den Wochenendgottesdiensten machen wir Werbung für die Hauskreise. Und bei den Hauskreisen für die Jüngerschaftsschulung. Die Kids, die die Kurse 101–301 besucht haben, ermutigen wir zur Mitarbeit.

Erkenne, dass der Prozess nicht immer nach Plan wirkt

Ein Entwicklungsprozess kann nicht bei jedem, der daran teilnimmt, die planmäßige Entwicklung garantieren. Es ist absolut möglich, dass ein Jugendlicher deinen Prozess durchläuft, ohne die geistliche Reife zu erreichen, die du erwartet hast, denn bloße Teilnahme an Veranstaltungen bedeutet nicht automatisch Wachstum.

Jesus stand mit den Pharisäern vor demselben Problem – ihre Füße folgten einem Prozess, aber ihr Herz kam dabei nicht mit.

Die Reife eines Jugendlichen erkennst du an seiner Hingabe, seiner Einsatzfreude und der Art, wie er mit in ganz alltäglichen Situationen umgeht. Ich möchte dich ermutigen, auf diese Dinge hin zu planen. Zeig deinen Kids, dass du diesen Plan mit ihnen verfolgst, einen Plan, den sie gut nachvollziehen können und der sie ansteckt.

WEN versuchen wir zu erreichen? **Potenzielle Zielgruppe**	**WAS** ist unser Ziel? **Primärer Auftrag**	**WIE** wollen wir das erreichen? **Primäre Veranstaltungen**	**WIE** können wir die Bewegung unterstützen? **Sekundäre Veranstaltungen**
Nachbarschaft	Evangelisation	Freundschafts-Evangelisation	Hot Nights
Gottesdienst-besucher	Lobpreis und Anbetung	Wochenend-gottesdienste	Spezielle Veranstaltungen Dienst-Bereiche »Dinner for Ten« »TNT« Glaubensgrundkurs Kurs 101
Gemeinde	Gemeinschaft	Hauskreise	Kurs 201
»aktive« Gemeinde-mitglieder	Jüngerschaft	Jüngerschaftswerkzeuge für den eigenen Gebrauch »Zeit der Stille«-Tagebuch »J.V.G. Fünf« »Verborgene Schätze« »Segensbank« »Wurzeln schlagen«	Lobpreis und Anbetung Kurzbibelschule Monatlicher Missionseinsatz Kurs 301
Gemeindekern	Dienst	Jugendliche Mitarbeit	Dienstbereichsleiter Kurs 401

Abb. 12.7

Jetzt wird's persönlich

1. Bringen deine Veranstaltungen Jugendliche in einer festgelegten Reihenfolge von der Distanz zum Gemeindekern?
2. Glaubst du, ein Prozess zur geistlichen Reife in deiner Jugendarbeit wäre sinnvoll? Welches sichtbare Symbol könntest du benutzen, um den Jugendlichen ihre Fortschritte zu zeigen?
3. Was sind die Vor- und Nachteile von Kursen wie 101, 201, 301 und 401?
4. Werte deine »Gateway promotions« (Tor-Werbung) von einer Veranstaltung zur nächsten aus. Wissen die Jugendlichen, welchen Schritt sie als Nächstes gehen sollten?
5. Wie würde ein geistlich reifer »Abgänger« aussehen, wenn er oder sie deine Arbeit verlässt? Wo stünde er fünf Jahre nach seinem Abschied aus deiner Jugendarbeit? Unterstützt deine Veranstaltungsstrategie dieses Ziel?
6. Wissen deine Jugendlichen, wie eine geistlich reife Person aussieht?
7. Auf welchen Wegen kannst du deinen Prozess zur geistlichen Reife mitteilen?

Anmerkungen

[1] Wenn du mit den Lebensentwicklungs-Kursen aus Rick Warrens Buch *Kirche mit Vision* vertraut bist, dann wirst du die Ähnlichkeiten bemerken. Rick und ich haben das Material, das wir für die Erwachsenenkurse benutzen, für die Jugendlichen umgeschrieben. Die bearbeitete Version für Jugendliche läuft über etwa zwei Stunden, im Gegensatz zu den bei Erwachsenen benötigten vier Stunden. Sie ist erhältlich über *Making Young Lives Count* (siehe Seite 392).

Element 6
Die Werte

13 Schlüsselwerte definieren und mitteilen

Wenn du eine intakte Jugendarbeit aufbauen willst, musst du viel Zeit mit deinem Leiterschafts-Team verbringen, um zu besprechen, welche Werte euch wichtig sind. Ich nenne diese Werte *ausgearbeitete Werte*, weil sie nicht spontan in deiner Arbeit auftauchen werden. Deine Werte müssen strategisch geplant und sorgfältig ausgefeilt werden, damit sie deine Arbeit beeinflussen können.

In unserem Modell beantworten die Werte die *Was*-Frage:

- Die Aufträge enthüllen, *warum* deine Arbeit existiert.
- Die Zielgruppe definiert, *wen* du erreichen willst.
- Die Veranstaltungen bestimmen, *wie* du dein Ziel erreichen und einen Auftrag erfüllen willst.
- Der Prozess macht deutlich, *wohin* du deine Jugendlichen in ihrem geistlichen Wachstum führen willst.
- Die Werte besagen, *was* in deiner Arbeit wichtig ist.
- Die Kraft Gottes bestimmt, *wann* Wachstum passieren wird.

Wenn du dir die oben stehenden Elemente (Aufträge, potenzielle Zielgruppe, Veranstaltungen und so weiter) als Zutaten eines Kuchens vorstellst, dann wirst du feststellen, dass alle für das Gelingen des Rezepts unabdinglich sind. Keine von ihnen ist einfach nur Zuckerguss. Wie die anderen Zutaten auch sind deine Werte ein Schlüssel zum Erfolg deiner Arbeit, denn sie beeinflussen alles, was du tust. Spezifische, geplante Werte *fassen das in Worte, was du durch deine ganze Arbeit hindurch scheinen lassen willst.*

Warum sind Werte wichtig?

Eine gute, intakte Jugendarbeit entwickelt eine aus mehr als einer Person bestehende Leiterschaftsbasis. Wenn die Mitarbeiterschaft expandiert, müssen die Schlüsselwerte allen Mitarbeitern vermittelt werden. Sie müssen nicht nur wissen, warum ihre Arbeit existiert (die fünf Aufträge), sondern auch, welche Werte letztendlich dabei zum Tragen kommen sollen.

In der Saddleback Church wollen wir, dass sowohl unsere jugendlichen als auch unsere erwachsenen Mitarbeiter die Schlüsselwerte der Gemeinde kennen, damit sie jeder in ihrem oder seinem persönlichen Arbeitsfeld vermitteln kann. So soll zum Beispiel ein an einem Hauskreis teilnehmender Jugendlicher von den Leitern genauso behandelt werden, wie wenn er in einem anderen Hauskreis wäre. Die Persönlichkeit jedes Leiters ist unterschiedlich, aber die vermittelten Werte sollten dieselben sein.

Die Persönlichkeit jedes Leiters ist unterschiedlich, aber die vermittelten Werte sollten dieselben sein.

Woher kommen die Werte?

Die Werte der Saddleback-Jugendarbeit wurden von unseren jugendlichen und erwachsenen Mitarbeitern gemeinsam definiert. Zuerst fragte ich die erwachsenen Mitarbeiter, welche Werte ihnen wichtig seien. Dann machte ich eine Liste dieser Werte und der Beispiele, die sie benutzten, um sie zu beschreiben.

Als Nächstes traf ich mich mit den jugendlichen Mitarbeitern. Das war kein besonders gutes Erlebnis! Sie schienen überhaupt nicht zu verstehen, was ich von ihnen wollte, aber zum Glück war Gott mir einmal mehr wohl gesonnen. Einer plötzlichen Eingebung folgend sagte ich ihnen, sie sollten mal eine andere Gemeinde besuchen! Ich erklärte, dass ich sie nicht aus der Jugendarbeit schmeißen wollte, ich wollte einfach, dass sie andere Gruppen anschauten, mit denen sie überhaupt nichts zu tun hatten. Ich teilte jeden einer Gemeinde zu und machte deutlich, wie wichtig es war, dass sie allein hingingen, damit keiner einen Freund zum Verstecken benutzen konnte.

Bei unserem nächsten Leiterschaftstreffen war diesen Jugendlichen viel klarer, was ich mit »Werten« meinte. Einige der Jugendlichen empfanden ihren Aufenthalt in der anderen Gruppe als unangenehm, fühlten sich total allein gelassen oder unbeholfen. Sie hatten ganz neu erlebt, wie es ist, ein neuer Besucher zu sein. Dadurch kehrten sie mit neuen Einsichten über die Werte zurück, die unsere Arbeit bestimmen sollten.

Um auf eine realistische und einprägsame Anzahl von Werten zu kommen, habe ich einige zusammenfassen müssen und um Gottes Führung bei der Auswahl gebetet. Jeder schien zufrieden mit dem Endprodukt zu sein. Da alle zu dieser Liste der Werte mit beigetragen hatten, waren sie ganz wild darauf, sie auch umzusetzen.

Unsere Werte nennen sich R.E.L.A.T.I.O.N.S.H.I.P.S.

Für uns sind »Relationships« (= Beziehungen) sehr wichtig. Wir wollen, dass Jugendliche durch Jesus Christus eine lebendige Beziehung zu Gott haben. Wir wollen, dass unsere Mitarbeiter starke Beziehungen untereinander, zu den Jugendlichen und zu den Eltern der Jugendlichen haben. Wir wollen, dass Jugendliche verlässliche Beziehungen zu anderen Jugendlichen und zu ihren eigenen Eltern haben und wir wollen, dass die ganze Gemeinde eine gute Beziehung zur Jugendarbeit hat. Beziehungen sind das Rückgrat aller unserer Werte. Deswegen benutzen wir das Wort *Relationships*, um uns unsere definierten Werte zu merken.

R ELEVANTE BEZIEHUNGEN
E RMUTIGUNG
L ACHEN UND FEIERN
A NNAHME
T RANSPARENZ
I NTENSIVES EINBRINGEN DER JUGENDLICHEN
O RIENTIERUNG NACH AUßEN
N UMERISCHES WACHSTUM
S PIRITUELLES WACHSTUM
H EIMATGEFÜHLE
I NTIMITÄT
P ROFESSIONALITÄT
S TRATEGISCHE BETREUUNG

Relevante Beziehungen

Unser Ansatz für die Arbeit mit Jugendlichen ist, sie durch Beziehungen positiv zu beeinflussen, denn wir wissen, dass dies der beste Weg ist, ihnen in ihrem geistlichen Wachstum zu helfen. Unser Leiterschaftsstil wurde von der Philosophie der überkonfessionellen Arbeit von »Young Life« beeinflusst. Diese Gruppe hat uns die Wichtigkeit einer beziehungsorientierten Jugendarbeit deutlich gemacht. Jim Rayburn, der Gründer von Young Life, hatte erkannt, dass ein Leben lauter spricht als alle Worte und dass Entdeckung und Wachstum am stärksten im Kontext einer Beziehung geschehen.

Leiter erwerben sich das Recht, gehört zu werden, indem sie sich zuerst um die Menschen kümmern.

Ermutigung

Wir wollen, dass eine Gemeinde die Macht der Worte versteht und lernt, sie weise zu benutzen. Die Bibel lehrt uns, dass die Zunge ein mächtiges Werkzeug ist (siehe Jak 3,1–12) und dass die Worte aus unserem Mund das widerspiegeln, was sich in unseren Herzen befindet (Mt 12,34–35). Unsere Beziehung zu Gott ermöglicht es uns, Worte zu verwenden, die Menschen stärken und nicht herunterziehen (siehe Eph 4,29).

Jugendliche bekommen meist nicht viel Ermutigung. Für sie ist die Schule oft ein Ort voller Spott, Bissigkeit und zerstörender Worte und bei vielen fehlt auch zu Hause aufrichtige Bestätigung. Wir wollen, dass unsere Gemeinde ein Ort ist, an dem Jugendliche ermutigt werden.

Lachen und Feiern

Wir wollen auch, dass unsere Jugendlichen bei uns Spaß haben. Sie sind so gestresst, und die Kirche sollte ein Ort sein, an dem sie eine Einstellung der Freude und des Feierns erleben können. Obwohl wir Spaßelemente vor allem in unseren Wochenendgottesdiensten bewusst einplanen (Besucherjugendliche), wollen wir, dass überall in unserer

Arbeit eine herzliche Atmosphäre voller Lebensfreude herrscht. Wir verlangen von unseren Leitern nicht, dass sie Profi-Komiker sind, aber wir suchen fröhliche, positive und humorvolle Menschen. Wir glauben, dass wir ernst über Gott reden und gleichzeitig fröhlich das Leben feiern können.

Dieser Wert bedeutet mir persönlich besonders viel, weil ich mich mit 14 Jahren bekehrt habe, nachdem ich das Glaubensbekenntnis eines Komikers gehört hatte. Er erzählte, dass die Quelle seiner Freude und seines Lachens Gott sei. Das war der Wendepunkt in meinem Leben. Gott hatte das, was mir wichtig war (Humor), benutzt, um meine Aufmerksamkeit zu erlangen. Bis heute ist das ein starker persönlicher und beruflicher Wert für mich geblieben.

Annahme

Wir wollen, dass sich jeder bei uns angenommen fühlt, unabhängig von seinem Aussehen, Notendurchschnitt, Ansehen in der Schule oder Sporterfolgen. Deswegen investieren wir viel Zeit, damit die Jugendlichen sich willkommen und wohl fühlen.

Wir wollen auch die Verschiedenartigkeit der Menschen anerkennen. Während uns die geistliche Entwicklung unserer Jugendlichen am Herzen liegt, erkennen wir gleichzeitig, dass dieses Wachstum bei jedem Jugendlichen verschieden verläuft. Wir wollen den Jugendlichen keinen Druck machen, wenn sie Probleme haben oder nicht »plangerecht« weiterkommen. Auch Probleme können ein Zeichen des Wachstums sein. Der verlorene Sohn hatte sein Zuhause verlassen und erst auf die Nase fallen müssen, bevor er mit seinem Leben weiterkam. Ein Teil seiner Reise war es, seinem Vater den Rücken zuzukehren.

Wir ermutigen natürlich niemanden zum Ungehorsam, aber wir haben kein Problem damit, wenn ein Jugendlicher zweifelt und Schwierigkeiten hat. Wirkliche Annahme fragt nicht: »Wo bist du gewesen?« Sie sagt: »Schön, dass du wieder da bist!« Diese Art bedingungsloser Liebe ist die Liebe unseres Vaters, die wir auch praktizieren möchten.

Annahme fragt nicht: »Wo bist du gewesen?«
Sie sagt: »Schön, dass du wieder da bist!«

Transparenz

Wir schätzen Ehrlichkeit. Wir wollen, dass unsere Mitarbeiter *echt* sind. Denk immer daran, dass Teenager Unehrlichkeit und Aufgesetztheit leicht erkennen. Es wundert mich eigentlich, dass Jugendliche sich immer zu ehrlichen, transparenten und damit auch leicht angreifbaren Erwachsenen hingezogen fühlen, obwohl unsere Gesellschaft tagtäglich Betrug, Täuschung, Unehrlichkeit und Vertuschung praktiziert und auch fördert. Wir wollen Vorbilder für Jugendliche sein, aber trotzdem ehrlich und damit verletzlich bleiben. Wir wollen ihnen zeigen, dass Straucheln und Versagen unausweichlich sind und dass sie nicht die Einzigen sind, die immer wieder scheitern. Wir wollen in unserer Arbeit transparente Jugendliche, die von transparenten Erwachsenen gelernt haben.

Intensives Einbringen der Jugendlichen

Wir fragen immer wieder: »Wie kann sich ein Jugendlicher in unsere Arbeit einbringen?« Wir wollen nicht, dass die Jugendlichen nur unsere Veranstaltungen besuchen, sondern sich mit ihren einmaligen Gaben selbst einbringen. Wir sagen ihnen: »Wir fänden es klasse, wenn du mitmachen würdest, statt nur zuzusehen.« Dann versuchen wir, es ihnen so einfach wie möglich zu machen, den Einstieg in einen Bereich der Jugendarbeit zu finden.

Orientierung nach außen

Wir legen großen Wert auf nach außen gerichtete Orientierung. Wir wollen unsere Botschaft auf so vielen Wegen wie möglich mitteilen. Unsere Teilnehmer und Leiter sollen keine »Kuschelclub«-Mentalität an den Tag legen. Wir wollen, dass sie leidenschaftlich unsere Mission leben: die Welt mit der Guten Nachricht zu erreichen.

Numerisches Wachstum

Zahlenmäßiges Wachstum ist nicht unser Hauptziel. Wir sind viel mehr an der intakten und gesunden Jugendarbeit als an Zahlen interessiert. Weil aber Gesundheit normalerweise dem Wachstum vorausgeht, *erwarten* wir, dass unsere Arbeit auch zahlenmäßig wächst. Wir wollen nicht wachsen, um die größte Jugendarbeit in unserem Teil des Landes zu werden, sondern weil unzählige Jugendliche Gott brauchen. Numerisches Wachstum kann auch zeigen, dass wir Bedürfnisse richtig erkannt haben und stillen, kurzum: dass wir auf dem richtigen Weg sind.

Wir wollen, dass jede Jugendarbeit wächst – nicht nur unsere! Wir wollen nicht wachsen, indem wir Jugendliche aus anderen Gemeinden abwerben. Das ist kein Wachstum, das ist Schäfchenklau. Ehrliches numerisches Wachstum bedeutet, dass unsere Jugendlichen in ihrem Glauben wachsen und eine Vision für Freundschafts-Evangelisation entwickeln und dass dadurch immer neue Leute dazu kommen.

**Wir wollen nicht wachsen,
indem wir Jugendliche aus anderen Gemeinden abwerben.**

Geistliches Wachstum

Die Tatsache, dass wir geistliches Wachstum wichtig nehmen, scheint offensichtlich zu sein, aber wir wollen klarstellen, dass es unser Ziel ist, hingegebene Nachfolger Jesu auszubilden. Wir wollen, dass alle unsere Jugendlichen auf dem von Gott für sie vorgesehenen Weg weiterkommen. Obwohl wir einen festgelegten Prozess für geistliches Wachstum haben, erwarten wir nicht, dass am Ende der Glaube eines jeden gleich aussieht. Geistliches Wachstum ist einzigartig und schwierig zu messen. Es kann nicht garantiert, aber genährt werden.

**Geistliches Wachstum kann nicht garantiert,
aber genährt werden.**

Heimatgefühle

Wir wollen, dass sich unsere Jugendlichen in der Gemeinde wie zu Hause fühlen, deswegen arbeiten wir an der Entwicklung einer familiären Atmosphäre. Wir wollen, dass die Jugendlichen merken, dass sie unendlich wichtig sind und dass die Gemeinde ein Ort ist, wo sie hingehören.

Intimität

Eines der allgemeinen Ziele unserer ganzen Gemeinde ist es, gleichzeitig zu wachsen und kleiner zu werden. Wir wollen wachsen, indem wir Evangelisation betreiben und kleiner werden, indem wir enge Beziehungen in Kleingruppen aufbauen, so dass niemand in der Masse untergeht.

Professionalität

Wir wollen, dass die Menschen in unserer Gemeinde und der Nachbarschaft unsere Jugendarbeit ernst nehmen. Wir wollen nicht als leicht außer Kontrolle geratener Babysitter-Service für Teenager angesehen werden. Wir wissen, dass wir eine lebenswichtige Aufgabe in der Gemeinde und im Reich Gottes erfüllen.

Abgesehen davon müssen die Gemeindemitglieder uns respektieren, um uns unterstützen zu können. Wenn die Erwachsenen unserer Gemeinde uns als wichtige, gute Arbeit sehen, dann ist es wahrscheinlicher, dass sie sich mit Zeit und Mitteln einbringen. Wenn unsere Kirchenältesten sehen, dass wir wissen, was wir tun, dann sind sie eher geneigt, uns finanzielle Mittel zur Verfügung zu stellen und uns zu helfen.

Strategische Betreuung

Wenn wir unsere Gemeinde zu einem Zuhause machen wollen, dann sollten wir auch wie gute Eltern wissen, wo unsere Jugendlichen sind. Wenn sie nicht mehr zur Gemeinde kommen, müssen wir zu ihnen kommen. Weil wir das für sehr wichtig halten, arbeiten wir daran, mit den Jugendlichen in Kontakt zu bleiben, die Gott uns anvertraut hat.

Nachdem du die Schlüsselwerte der Saddleback Church kennen gelernt hast, möchtest du dir vielleicht Gedanken darüber machen, welche Werte du in deiner Jugendarbeit ausgedrückt sehen willst.
Nimm dir Zeit und schreib eine Liste.

Was du mit deinen Werten anfängst

Nachdem du eine Liste mit Werten zusammengestellt hast, braucht es einigen Aufwand deinerseits, damit diese Liste verbreitet, bekannt und ausgewertet wird. Die folgenden Schritte können dabei hilfreich sein:

Mach deine Werte bekannt

Nachdem wir über unsere Liste erst geredet, dann diskutiert, schließlich gestritten und irgendwann beschlossen hatten, als Team dahinter zu stehen, war es ein ziemlicher Aufwand, meine Mitarbeiter davon zu überzeugen, dass sie sie auswendig lernen sollten. (Die Schritte, um etwas Wichtiges auswendig zu lernen, die ich in Kapitel 4 beschrieben habe, funktionieren auch hier. Die genaue Vorgehensweise steht auf den Seiten 67ff., falls du sie dir noch einmal ansehen möchtest.)

Die Werte in ein Akronym zu packen ist eine Hilfe zum Auswendiglernen. Wenn du Schwierigkeiten damit hast, die Anfangsbuchstaben deiner Werte in ein Schlüsselwort zu fassen, probier eine andere Methode. Zum Beispiel kannst du sie deinen Mitarbeitern in Bibelversen geben, wie in Abb. 13.1 dargestellt.

Leb als Vorbild für deine Mitarbeiter

Zusätzlich zum Weitersagen der Werte muss ich sie auch vorleben, wenn ich erwarte, dass meine Mitarbeiter dasselbe tun. Wenn ich ihnen ermutigende Briefe schreibe, dann haben sie ein direktes Beispiel für Ermutigung. Wenn ich andere seelsorgerlich betreue, dann bekommen sie einen Eindruck davon, wie sie dasselbe mit den Jugendlichen ihrer Kleingruppe machen können. Jeder Wert kann vorgelebt werden.

Zeig, wie deine Werte verschiedene Bereiche der Jugendarbeit beeinflussen

Während eines Versuchs, unsere Werte in die Tat umzusetzen, kam unser Leiterschaftsteam auf spezifische Methoden, wie die Werte durch die Leitung einer Kleingruppe ausgedrückt werden könnten (siehe Abb. 13.2).

Formulier Fragen, um die Effektivität deiner Werte zu testen

Wenn deine Werte nur auf dem Papier existieren, dann werden sie nichts Gutes bewirken. Und auch, wenn deine Mitarbeiter sie auswendig lernen, können sie uneffektiv bleiben, wenn ihre Wirkung nicht ab und zu überprüft wird. Halt dein Team dazu an, Fragen zu stellen, die dir dabei helfen.

RELATIONSHIPS in Kleingruppen

Was sagt die Bibel dazu?

Relevante Beziehungen
»So waren wir euch zugetan und wollten euch nicht nur am Evangelium Gottes teilhaben lassen, sondern auch an unserem eigenen Leben; denn ihr wart uns sehr lieb geworden.«
(1. Thessalonicher 2,8)

Ermutigung
»Darum tröstet und ermahnt einander, und einer richte den anderen auf, wie ihr es schon tut.«
(1. Thessalonicher 5,11)

Lachen und Feiern
»Der Dieb kommt nur, um zu stehlen, zu schlachten und zu vernichten; ich bin gekommen, damit sie das Leben haben und es in Fülle haben.«
(Johannes 10,10)

Annahme
»Meine Brüder, haltet den Glauben an unseren Herrn Jesus Christus, den Herrn der Herrlichkeit, frei von jedem Ansehen.«
(Jakobus 2,1)

Transparenz
»Zudem kam ich in Schwäche und in Furcht, zitternd und bebend zu euch. Meine Botschaft und Verkündigung war nicht Überredung durch gewandte und kluge Worte, sondern war mit dem Erweis von Geist und Kraft verbunden.«
(1. Korinther 2,3–4)

Intensives Einbringen der Jugendlichen
»Auch der Leib besteht nicht nur aus einem Glied, sondern aus vielen Gliedern.«
(1. Korinther 12,14)

Abb. 13.1/1

Orientierung nach außen
»Darum geht zu allen Völkern, und macht alle Menschen zu meinen Jüngern; tauft sie auf den Namen des Vaters und des Sohnes und des Heiligen Geistes.«
(Matthäus 28,19)

Numerisches Wachstum
»Die Kirche in ganz Judäa, Galiläa und Samarien hatte nun Frieden; sie wurde gefestigt und lebte in der Furcht vor dem Herrn. Und sie wuchs durch die Hilfe des Heiligen Geistes.«
(Apostelgeschichte 9,31)

Spirituelles Wachstum
»Darum wollen wir beiseite lassen, was man zuerst von Christus verkünden muss, und uns dem Vollkommeneren zuwenden.«
(Hebräer 6,1)

Heimatgefühle
»Durch ihn wird der ganze Bau zusammengehalten und wächst zu einem heiligen Tempel im Herrn.«
(Epheser 2,21)

Intimität
»Darum bekennt einander eure Sünden und betet füreinander, damit ihr geheilt werdet. Viel vermag das inständige Gebet eines Gerechten.«
(Jakobus 5,16)

Professionalität
»Guter Ruf ist kostbarer als großer Reichtum, hohes Ansehen besser als Silber oder Gold.«
(Sprichwörter 22,1)

Strategische Betreuung
»Kümmere dich um das Aussehen deiner Schafe, und sorge für deine Herden.«
(Sprichwörter 27,23)

Abb. 13.1/2

RELATIONSHIPS
in Kleingruppen

Relevante Beziehungen
Mach es zu deinem Ziel, mindestens einmal im Monat ein ernsthaftes Gespräch mit jedem Jugendlichen deiner Kleingruppe zu führen.

Ermutigung
Lobe Dinge wie gute Fragen, reife Antworten oder Aufrichtigkeit.

Lachen und Feiern
Obwohl du Humoriges nicht fest einplanen musst, sollte in deiner Kleingruppe keine Totengräberstimmung herrschen.

Annahme
Bedenke, dass sich nicht alle Jugendlichen gleich entwickeln.

Transparenz
Hab keine Angst davor, offen deine Ratlosigkeit bei Fragen und deinen eigenen Schwierigkeiten zuzugeben.

Intensives Einbringen der Jugendlichen
Die Jugendlichen in deiner Gruppe sollten 90 % des Gesprächs führen, was bedeutet, dass du 90 % des Zuhörens leisten musst.

Offene, nach außen gerichtete Orientierung
Bete für Nichtgläubige und sprich immer über die Freundschafts-Evangelisation.

Abb. 13.2/1

Numerisches Wachstum
Gute Kleingruppen wachsen durch Mundpropaganda, aber sie bleiben klein durch Teilung. Bitte Gott darum, dass er genug Mitarbeiter ausrüstet.

Spirituelles Wachstum
Deine Investitionen in Beziehungen ebnen den Jugendlichen den Weg zum Wachstum.

Heimatgefühle
Wenn ein Jugendlicher nach langer Abwesenheit wieder kommt, sag: »Schön, dass du wieder da bist!«, statt zu fragen »Wo bist du gewesen?«

Intimität
Halte deine Kleingruppen jede Woche; sei beständig und vertrauenswürdig.

Professionalität
Sei dir der Wahrnehmungen der Eltern und Gastgeber der Kleingruppen bewusst.

Strategische Betreuung
Schreib einen Brief oder ruf an, wenn ein Jugendlicher deiner Kleingruppe mehrmals nicht erscheint.

Abb. 13.2/2

Unsere erwachsenen und jugendlichen Mitarbeiter kamen auf drei bis fünf Testfragen für jeden unserer Werte. Wir hatten uns in Gruppen zu drei Leuten aufgeteilt und uns fünf Minuten Zeit genommen, um Fragen bezüglich der einzelnen Werte zu formulieren.

Am Ende der Stunde habe ich die Fragen gesammelt und wir haben aus den besten einen Auswertungsbogen zusammengestellt. Hier sind zum Beispiel fünf Fragen, die wir stellen, um die Annahme zu überprüfen.

Annahme

1. Fühlen sich Jugendliche bei uns vor, während und nach dem Treffen willkommen? Werden alle Jugendlichen auf dieselbe Art und Weise begrüßt, unabhängig von Kleidung, Aussehen oder Bekanntheitsgrad?

2. Stößt die Predigt Jugendliche einer bestimmten Gruppe, Ausrichtung oder Schule vor den Kopf?

3. Verlassen die Jugendlichen das Treffen mit dem Gefühl, dass ihre Anwesenheit von jemandem wahrgenommen und geschätzt wurde?

4. Drücken die Mitarbeiter Interesse am Leben jedes Jugendlichen aus?

5. Gehen Erwachsene bewusst auf die Jugendlichen zu, fragen nach deren Namen und Befinden?

Die erste Frage wurde von einer unserer jugendlichen Mitarbeiterinnen gestellt, die übergewichtig ist. Sie sagte: »Ich fühle mich wegen meines Aussehens nicht akzeptiert. Jeder andere wird zur Begrüßung umarmt, ich bekomme nur einen Händedruck.« Sie sprach einen sehr wichtigen Punkt an. Hast du je darauf geachtet, wie wir Menschen begrüßen? Attraktive Menschen mit großer Ausstrahlung werden umarmt, während unauffälligere Typen meist mit einem »Hallo« und einem Händedruck abgespeist werden. Die hübschen, witzigen, bekannten

Jugendlichen werden deutlich wahrgenommen, während die nicht so schicken, schüchternen oder außenstehenden Jugendlichen oft ignoriert werden. Wenn wir so handeln, praktizieren wir keine Annahme!

Die zweite Frage wurde auch von einem Jugendlichen gestellt. Er bemerkte, dass ich während meiner Andachten immer nur von der El Toro-High School sprach. Obwohl wir Jugendlichen von allen Schulen da haben, erweckten meine Geschichten das Gefühl, dass unsere Arbeit hauptsächlich El Toro-Schüler anspreche. Daraufhin änderte ich das schleunigst.

Die hübschen, witzigen, bekannten Jugendlichen werden deutlich wahrgenommen, während die nicht so schicken, schüchternen oder außenstehenden oft ignoriert werden.

Wir verwenden einige Minuten unseres monatlichen Leiterschaftstreffens darauf, unsere Werte durchzugehen. Dann konzentrieren wir uns besonders auf einen einzigen Wert und überprüfen, wie sehr wir ihn noch präsent haben und wie gut er momentan erfüllt wird. Dies ist immer eine erfrischende Zeit voller neuer Ideen und Herausforderungen.

**Die 13 spezifischen Schlüsselwerte,
die ich in diesem Kapitel besprochen habe,
sind keine definitive Liste für jede Jugendarbeit;
sie sind einfach ein Beispiel.
Deine Werte werden von der Leidenschaft bestimmt,
die Gott in die Herzen deiner Mitarbeiter
und in deines gepflanzt hat.
Entdeck sie, teil sie mit, werte sie aus und sieh,
wie Gott deine Arbeit durch sie stärkt.**

Jetzt wird's persönlich

1. Nenne einige deiner wichtigsten Werte.

2. Wäre die Identifizierung einiger Schlüsselwerte hilfreich für deine Jugendarbeit? Warum oder warum nicht? Wenn ja, welche Werte, denkst du, sollten in deiner Jugendarbeit wiedergegeben werden?

3. Wie würden diese Werte deine persönliche Arbeit mit Jugendlichen beeinflussen?

4. Welches Auswahlverfahren könntest du benutzen, um eine angemessene Zahl an Werten festzulegen?

5. Wenn du mit drei Werten beginnen müsstest (zum Beispiel Annahme, Transparenz und strategische Betreuung), welche Fragen würden am besten ihre Effektivität testen?

6. Hast du das Gefühl, dass deine Arbeit einige der wichtigen Werte vernachlässigt? Wenn ja, welche Werte sind es und wie werden sie verletzt?

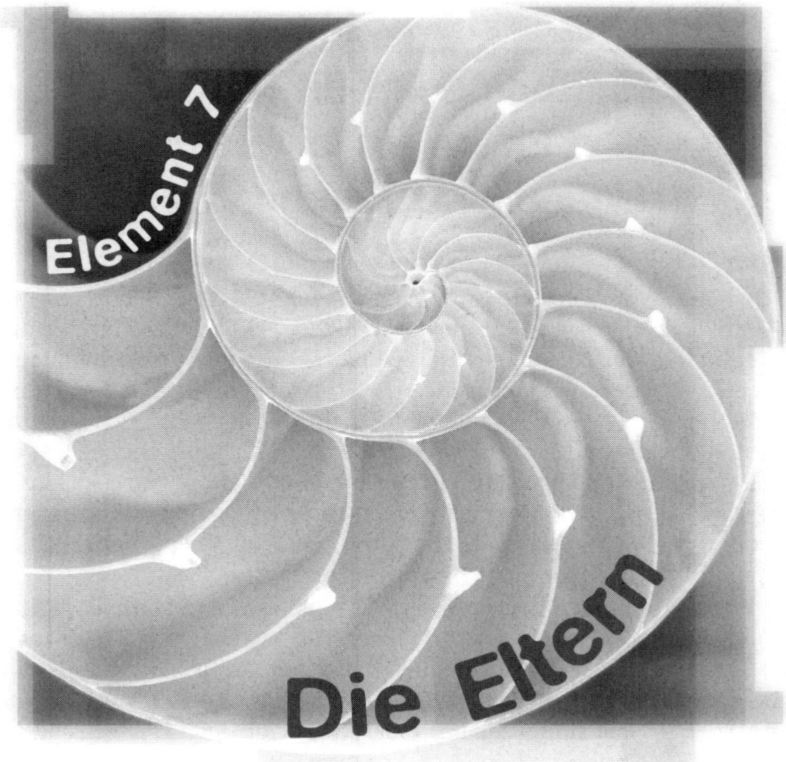
Element 7
Die Eltern

14 Zusammenarbeit mit den Eltern für eine familienfreundliche Jugendarbeit

Jugendleiter werden sich immer mehr bewusst, dass eine rein auf die Jugendlichen bezogene Arbeit weit weniger effektiv ist als eine, die die Familie mit einbezieht. Da wir Jugendliche selten in ihrer familiären Umgebung erleben, unterschätzen wir oft den Einfluss der Familie. Jeder Jugendliche ist das Produkt eines einzigartigen Familiensystems, das die Entwicklung von Glauben, Werten und Taten extrem beeinflusst. Wenn wir planen, Jugendliche auf lange Sicht zu betreuen, dann müssen wir uns ehrlich vornehmen, auch deren Familien zu betreuen, denn eine Jugendarbeit, die die Eltern ausschließt, ist ungefähr so effektiv wie ein Pflaster auf Hämorrhoiden.

Wenn du nur ein bisschen wie ich bist, dann verstehst du, dass eine familienfreundliche Jugendarbeit lebenswichtig ist. Du brauchst dich nicht schuldig zu fühlen, weil du so lange gebraucht hast, um dich in diese Richtung zu bewegen. Du bist wahrscheinlich schon von alledem überwältigt, was nötig ist, um eine Arbeit für Jugendliche zu entwickeln. Da brauchen wir von einer Arbeit für ganze Familien erst gar nicht zu sprechen. Darüberhinaus gibt es kaum Modelle, Quellen und praktische Ideen, wie man Jugendliche *und* ihre Eltern gemeinsam in eine Arbeit einbindet.

Die Komplexität der Familie und unsere Fähigkeit, damit umzugehen, können nicht in einem einzigen Kapitel dargelegt werden. Das ist ein sehr weitläufiges Thema und ich bin nebenbei auch nicht der Geeignetste, um bahnbrechende Ideen für eine auf der Familie basierende effektive Jugendarbeit vorzustellen. Daher schreibe ich dieses mehr aus der Notwendigkeit als aus dem Wissen heraus. Bevor ich zur Saddleback Church kam, hatte ich eine besser funktionierende Jugend- und Familienarbeit, als ich sie jetzt habe und das hauptsächlich, weil ich über elf Jahre in der Gemeinde mitgearbeitet hatte. Eine Jugend- *und* Familienarbeit braucht lange Zeit, um sich zu entwickeln.

Wenn die Pioniere der Jugendarbeit gleich zu Anfang eine integrative Familienarbeit geschaffen hätten, dann hätten wir heute wahrscheinlich ein weiter gefasstes Bild von Jugendarbeit im Kopf. Da das nicht passiert ist, müssen wir neu beginnen und uns langsam vorantasten, um uns mehr um das Familienleben zu kümmern. Ich bete, dass uns einige mutige Gemeinden im 21sten Jahrhundert neue Modelle für Familien- und Jugendarbeit vorstellen können (ich bete auch, dass Saddleback eine davon sein wird). Ich möchte dich herausfordern, auch in deiner Gemeinde in diese Richtung zu denken. Ich glaube, dass die größte Chance in der Herangehensweise, und nicht in der Wahl der Stoßrichtung oder der Veranstaltungskomponenten liegt.

Sei aber gewarnt, dass weder Jugendliche noch Eltern eine solche integrative Eltern-Teenager-Jugendarbeit überhaupt *wollen*, zumindest nicht über einen gewissen Grad hinaus. Obwohl Eltern einer familienfreundlichen Jugendarbeit generell offener gegenüberstehen als ihre Sprösslinge, ist ihnen eigentlich doch eine Jugendarbeit lieber, die *für* ihre Kinder und nicht gemeinsam *mit* ihren Kindern ist. Und es ist keine Überraschung, dass Jugendliche lieber das gute alte getrennte Modell vorziehen, bei dem sie eine eigene, von ihren Eltern getrennte Existenz in der Gemeinde haben. Einiges davon kann durch den natürlichen Wunsch der Jugendlichen nach Unabhängigkeit von ihren Eltern verstanden werden. Zusätzlich dazu kennen die meisten Jugendlichen meist nur eine nach Altersstufen eingeteilte Jugendarbeit.

Eine familienfreundliche Jugendarbeit basiert auf einer Serie progressiver Schritte, die aufeinander aufbauen und zu einer stärkeren Fokussierung auf die Familie führen. Diese Schritte reichen vom Generellen, das wenig Zeit erfordert, zum Spezifischen, das mehr Zeit, Energie und Mittel zur Umsetzung erfordert. Die Schritte, die wir in der Saddleback Church vorgenommen haben, sind Folgende:

Schritt 1: Eine Teamwork-Mentalität schaffen

Eine familienfreundliche Jugendarbeit entsteht, wenn Mitarbeiter reif genug sind zu erkennen, dass die Eltern nicht ihre Feinde sind. Als wir verstanden hatten, dass Jugendliche besser betreut werden können, wenn ihre Eltern mit einbezogen werden, bewegten wir uns auf eine familienfreundliche Jugendarbeit zu. Wir sahen das Gewinn-Potenzial für die Jugendlichen, die Eltern und uns.

Für einige Jugendmitarbeiter kommt diese Erkenntnis mit einem gewissen Alter, mit der Erfahrung als Elternteil oder mit der geistlichen

Reife. So war es mit mir. Bevor ich selber Vater wurde, hatte ich mich immer von den Eltern der Jugendlichen eingeschüchtert gefühlt. Obwohl so etwas nie ausgesprochen wurde, führte ich mit den Eltern einen Kampf um die Zeit ihrer Kinder. Ich sah die Eltern nicht als Eltern, sondern als Feinde, die meinen schönen Jüngerschaftsprozess behinderten. Ich wollte, dass die Eltern mir (als dem allwissenden Jugendarbeitsguru) ihre Kinder voll und ganz anvertrauten, wenn sie in die Junior High School kamen.

Mein Plan war, dass die Eltern ihre Sprösslinge dann, wenn sie mit 18 alle bekehrt, getauft, erzogen, geheiligt, geschniegelt und gebügelt waren, wieder abholen konnten. Ich behielt diese Haltung bei, bis ich erkannte, dass meine Rolle und meine Einflussmöglichkeiten im Leben der Jugendlichen begrenzt waren und dass unsere Jugendarbeit ohne eine Ausrichtung auf die Familie nur oberflächlich wirken konnte.

Abb. 14.1 zeigt das Bild, das ich jetzt von der Zusammenarbeit mit den Eltern habe. Drei Haupteinflüsse wirken zusammen, um einem Jugendlichen bei seinem Wachstum zu helfen. Je mehr die drei Parteien zusammenarbeiten und sich auf die Mitte zu bewegen, desto kraftvoller ist das Resultat. Es ist aber nicht die Absicht dieses Kapitels, sich auf die Rolle der Gemeinde oder der Eltern zu konzentrieren. Stattdessen wollen wir auf unsere Rolle als Jugendmitarbeiter schauen und sehen, wie wir unseren Teil des Teams stärken können.

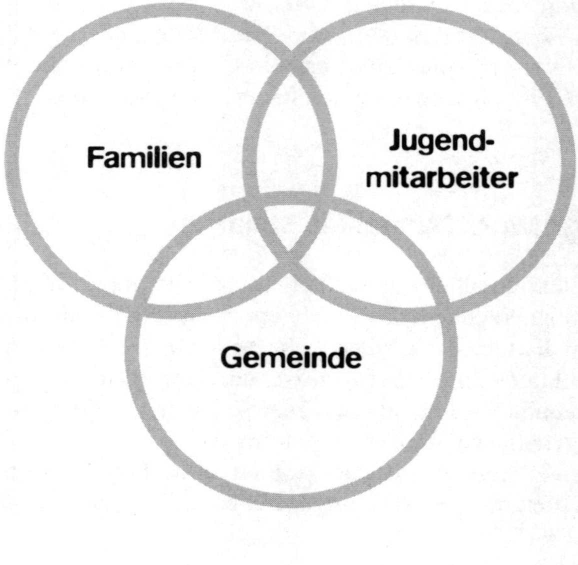

Abb. 14.1

Deine begrenzte Rolle als Jugendmitarbeiter anerkennen

Ich konnte ein Verständnis für Teamarbeit entwickeln, als ich endlich erkannte, dass Gott von den Eltern erwartet, die Hauptverantwortung für die geistliche Reife ihrer Kinder zu übernehmen. Mose beschreibt diese Erwartung in Deuteronomium 6,5–7: »Darum sollst du den Herrn, deinen Gott, lieben mit ganzem Herzen, mit ganzer Seele und mit ganzer Kraft. Diese Worte, auf die ich dich heute verpflichte, sollen auf deinem Herzen geschrieben stehen. Du sollst sie deinen Söhnen wiederholen. Du sollst von ihnen reden, wenn du zu Hause sitzt und wenn du auf der Straße gehst, wenn du dich schlafen legst und wenn du aufstehst.«

Diese Passage legt den Eltern nicht nahe, ihre Verantwortung den Jugendmitarbeitern zu übertragen. Unsere Rolle in der geistlichen Entwicklung eines Jugendlichen kann *hilfreich* sein, aber die der Eltern ist *entscheidend*. Je mehr ich diesen Punkt verstehe, desto mehr erkenne ich, wie arrogant meine Einstellung früher gewesen ist. Ich gab den Eltern ihre Rolle wieder zurück und sah mich von da an als ihr Assistent im Prozess des geistlichen Wachstums ihrer Kinder. Natürlich erhöht sich die Verantwortung eines Jugendmitarbeiters gravierend, wenn ein Jugendlicher aus einer kirchendistanzierten Familie kommt.

Unsere Rolle in der geistlichen Entwicklung eines Jugendlichen kann hilfreich sein, aber die der Eltern ist entscheidend.

Beziehungen zu den Eltern entwickeln

Es ist unmöglich, ein gute Zusammenarbeit mit Leuten zu entwickeln, die du nicht kennst. Kapitel 11 beschreibt eine Jugendarbeit, die sich auf Beziehungen gründet. Dasselbe Prinzip ist auf Eltern anzuwenden.

Für mich bedeutet das, dass ich ständig versuche, die Eltern meiner Kids kennen zu lernen und mir ihre Namen einzuprägen. Es bedeutet auch, dass ich versuche, Zeit mit ihnen zu verbringen. Wenn ich zum Beispiel zu einem High School-Footballspiel gehe, verbinge ich die eine Hälfte zusammen mit den Jugendlichen und die andere mit ihren

Eltern. Manchmal versuche ich auch, mich mit Eltern an ihrem Arbeitsplatz zum Mittagessen zu treffen und dadurch mein Interesse an ihnen zu bekunden. Ich war zum Beispiel einmal einen ganzen Tag mit einem Vater unterwegs, der Arzt ist. Er gab mir einen weißen Überziehkittel, ein Stethoskop und ein Schreibbrett. Dieser Tag war nicht nur sehr unterhaltsam und lehrreich, sondern ich habe auch einen neuen Freund und Mitstreiter gewonnen – und ein paar ziemlich derbe Krankenhaus-Geschichten gehört.

Denk daran, dass sich Jugendmitarbeiter nicht mit Eltern treffen sollten, um ihnen zu zeigen, wie man ein guter Vater oder eine gute Mutter wird, sondern um Beziehungen zu ihnen zu entwickeln, von ihnen zu lernen und mit ihnen über ihre Kinder und die Rolle zu sprechen, die wir beide in deren Leben spielen.

Die Eltern nach ihren Ängsten fragen

Mein Verständnis wuchs, als ich begriff, was Eltern von Heranwachsenden durchmachen müssen. Als ich endlich damit aufhörte, *so zu tun*, als kümmerte ich mich um die Eltern und begann, ihnen wirklich zuzuhören, bekam ich intensive Gefühle des Schmerzes, der Furcht und der Ausgeschlossenheit mit. Einige dieser Gefühle stammten daher, dass die Kinder selbstständiger wurden und die elterliche Unterstützung nicht mehr so eindeutig brauchten wie früher. Die wachsende Unabhängigkeit ihrer Kinder beunruhigt viele Eltern; das hörte man ganz offensichtlich, wenn Eltern von der immer geringer werdenen Kommunikation und Bindung sprachen. Die größte Angst der Eltern bestand darin, dass die Kinder den Glauben und die Werte, die sie daheim kennen gelernt hatten, nicht weiter für sich annehmen würden. Wenn wir uns Zeit nehmen, die Gefühle der Eltern zu verstehen, werden wir ganz neu motiviert sein, mit ihnen zu arbeiten.

Familienprioritäten respektieren

Eine solche Teamarbeit-Mentalität reduziert automatisch die Anzahl deiner Jugendveranstaltungen, damit Eltern ihre Familienprioritäten wahren können. Du kannst keine familienfreundliche Jugendarbeit aufbauen wollen und verlangen, dass die Jugendlichen mehrere Abende in der Woche unterwegs sind. Sag deinen Jugendlichen, dass sie immer mit ihren Eltern abstimmen sollten, welche Veranstaltungen sie besuchen. Bitte die Eltern stets, ihre ehrliche Meinung zu deinem Zeitplan zu äußern. Vielleicht gefallen die Zeitpunkte deiner Veranstaltungen den Jugendlichen, frustrieren aber ihre Eltern. (Und du weißt ja, geistliches Wachstum sollte nicht vom Besuch von Veranstaltungen abhängen.)

Vielleicht gefallen die Zeitpunkte deiner Veranstaltungen den Jugendlichen, frustrieren aber ihre Eltern.

Regeln und Werte der Eltern unterstützen

Wenn du willst, dass Eltern die Aufträge deiner Arbeit kennen und deine Veranstaltungen unterstützen (wie in Kapitel 3 besprochen), dann sei auch Anwalt *ihrer* Werte und Regeln. Manche Jugendliche hören eher auf Familienregeln, die Jugendmitarbeiter aussprechen, als auf welche, die sie von ihren Eltern bekommen. Während deiner Stunden kannst du dezent Familienwerte mit den biblischen Botschaften über Gehorsam und das Ehren der Eltern verbinden.

Sprich mit den Eltern deiner Kids darüber, was sie zu Hause vermitteln. Du wirst eine Fülle an Feedback bekommen, die deine Arbeit bereichern kann. Ich rede zwar nie über Dinge wie »die biblische Sicht des Badputzens«, vermittle aber familiäre Grundwerte wie Respekt, Verantwortung und die Sorge um andere.

Schritt 2: Halte die Kommunikation in Gang

Die meisten Eltern werden nicht gerne von spontanen Ideen überrascht. Sie werden gerne weit im Voraus über Veranstaltungen informiert, damit sie sich darauf einstellen können. Wenn du Eltern für dein Team gewinnen willst, musst du kommunizieren.

Kommuniziere regelmäßig

Sende den Eltern zusätzlich zu deinem Veranstaltungsplan einen Infobrief (monatlich oder vierteljährlich, abhängig von deiner Zeit, Hilfe und Mittel). Das wird sie auf dem Laufenden halten, wenn sie das Programm verlegen, Bekanntmachungen auf dem letzten Elternabend vergessen oder ihre Kinder sie nicht informiert haben. Ein Beispiel für einen solchen Infobrief ist in Abbildung 14.2 zu sehen. (Meine monatlichen Briefe sind keine literarischen Meisterwerke, aber sie sind effektive Kommunikationsmittel.)

Als allgemeine Regel gilt: Je früher die Eltern über Datum, Ziel und Kosten einer Veranstaltung Bescheid wissen, desto besser. Ein Beispiel für familienfreundliche Kommunikation ist es, die Daten der Hauptveranstaltungen 6 bis 9 Monate im Voraus und das Sommerprogramm spätestens bis Ostersonntag veröffentlicht zu haben. Du musst zu diesen Zeitpunkten noch nicht alles durchgeplant haben, aber die Termine sollten feststehen, damit auch die Familien ihre Planung vornehmen können.

Ermutigung vermitteln

Als meine erste Tochter Torie in den Kindergarten kam, lernte ich es sehr zu schätzen, wenn mich jemand in meiner Elternrolle bestätigte. Was für ein großartiges Gefühl! Während unseres Elternabends erzählte mir die Erzieherin viele wunderbare Dinge über Torie. Sie sagte, es sei fantastisch, ein Kind wie Torie in der Gruppe zu haben und schwärmte von ihrer Freundlichkeit und Offenheit anderen gegenüber. Wir hätten nicht stolzer sein können! Wir verließen den Kindergarten mit dem Wissen, dass diese Institution wunderbar war, dankten Gott für die fabelhafte Kindergärtnerin und die Tatsache, dass Torie in ihrer Gruppe war.

Nutze jede Gelegenheit, den Eltern von ihren Kindern vorzuschwärmen. Schreib ihnen Briefe oder fang sie auf dem Parkplatz der Gemeinde ab und erfreu sie mit einer Geschichte oder einem Beispiel, was du an ihrem Kind so schätzt. Ich kenne einen Jugendmitarbeiter, der nach jedem Treffen ans Telefon rennt, um bei den Eltern mit dem Benehmen, den Ideen und der Beteiligung ihres Kindes zu prahlen. So etwas ist der Atmosphäre in der Familie unendlich zuträglich!

Nutze jede Gelegenheit, den Eltern von ihren Kindern vorzuschwärmen.

Eltern-Rundbrief

Dougs Top Ten der Dinge, die alle Eltern wissen sollten

Januar

1. **MEXICALI**
   Während der Osterferien werden wir mit 4.000 anderen High School-Schülern aus dem ganzen Land in Mexicali, Mexiko, einen Arbeitseinsatz starten. Diese Woche wird sicher für alle Beteiligten lebensverändernd sein! Wir werden in notleidenden Dörfern Aufbauhilfe leisten und den Gemeinden vor Ort helfen, Unterricht und Veranstaltungen für die Kinder durchzuführen. Es würde »mehr als tausend Worte« brauchen, um diese Reise zu beschreiben. Wenn Sie also weitere Informationen haben möchten, lassen Sie es uns wissen und wir werden Ihnen eine Info-Broschüre zusenden.
   Der Zeitpunkt der Reise ist vom 06.04.–12.04. und die Kosten betragen $199 pro Teilnehmer.

2. **DINNER FOR TEN**
   Jeden Monat lade ich zehn Jugendliche in mein Haus zum Abendessen ein. Es ist ein Weg, um unsere große Gruppe persönlich zu halten. Es ist auch eine perfekte Möglichkeit für diejenigen, die wenige (oder niemanden) kennen, um neue Kontakte zu knüpfen.
   Bitte zur Anmeldung bei mir anrufen.

3. **12 STUNDEN-BLITZAUSFLUG**
   Am Freitag, den 17.03. von 19:00 bis 07:00 Uhr am darauf folgenden Morgen werden wir mit dem Bus zu verschiedenen Attraktionen und Orten im Orange County fahren, wo man Spaß haben kann.
   Das machen wir dieses Jahr zum dritten Mal und es war jedesmal fantastisch. Die Kosten betragen $ 39 und die Teilnehmerzahl ist begrenzt.

4. **EINE KLEINGRUPPE FINDEN**
   Kleingruppen sind voll im Trend! Wir haben 20 verschiedene HBAs, die sich Montag bis Donnerstagabend treffen. Das ist eine tolle Gelegenheit für Jugendliche, sich mit anderen Kids zu treffen. Es ist eine unserer besten Möglichkeiten, unsere große Gruppe durch Bibelarbeit, Kleingruppen und Gebet persönlich zu halten. Wir würden gern Ihre Tochter/Ihren Sohn zu einer der HBAs enladen. Bitte rufen Sie uns an und lassen uns wissen, ob wir helfen können.

Abb. 14.2/1

5. **»WURZELN SCHLAGEN«**
Wir haben eine Bibelarbeit entwickelt, die »Wurzeln schlagen« heißt und Jugendlichen helfen soll, zu Hause für sich die Bibel besser kennen zu lernen. Die erste Ausgabe ist eine Interpretation des Philipperbriefs, Vers für Vers. Ermutigen Sie Ihre Tochter/Ihren Sohn, es einmal damit zu versuchen. (Wir haben auch noch andere Programme für Teens entwickelt, um das Einüben von geistlichen Gewohnheiten zu unterstützen.)

6. **HAUSBOOT-TOUR**
12.–17. August: Schreibts euch in eure Terminkalender und spart schon mal dafür! Eine unglaublich geniale Urlaubs-Erfahrung der ganz anderen Art!

7. **WERTE-AUSTAUSCH**
Ich weiß, Sie sind total ausgelastet, aber ich würde mich trotzdem freuen, wenn Sie ein bisschen von Ihren Ideen und Ihren Erlebnissen mit unserem Team teilen. Ich möchte Familiengeschichten hören und erfahren, wie wir Ihrer Familie besser dienen können. Alles, was Sie aufschreiben, kann für unsere Mitarbeiter als Ideenquelle und konstante Emutigung dienen. Wir würden gerne von Ihnen hören!

8. **ELTERNABEND**
Am Mittwoch, den 29.01. veranstalten wir einen Elternabend, zu dem auch Teens eingeladen sind. Keine Angst – es wird kein langweiliger Abend wie in der Schule! Wir haben Großes geplant! Bitte merken Sie sich diesen Abend vor. Wir erwarten Sie um 19:00 Uhr in Raum 500. (Vergessen Sie auch nicht unseren »Familien-Lobpreis« am 26.01. um 18:00 im grünen Raum.)

9. **WIR BRAUCHEN GEBETSUNTERSTÜTZUNG**
Wenn Sie meine letzten beiden Briefe gelesen und gedacht haben: »Da sind sicherlich genug Eltern zum Beten; die brauchen mich nicht«, lassen Sie es sich noch einmal sagen: Wir brauchen Ihre Gebete! Ich möchte, dass für unsere Jugendarbeit regelmäßig gebetet wird. Wir werden Ihnen Gebetsanliegen aus unserer Arbeit zukommen lassen, wenn Sie sich zum Beten bereit erklären. Bitte teilen Sie uns schriftlich mit oder rufen Sie an, wenn Sie interessiert sind.

10. **SCHON AUSWENDIG GELERNT?**
»Der Auftrag unserer Jugendarbeit besteht darin, Jugendliche, die Jesus Christus nicht kennen, zu ERREICHEN, sie mit anderen Christen zu VERBINDEN und ihnen zu helfen, in ihrem Glauben zu WACHSEN, sie zu ermutigen, ihren Dienst zu ENTDECKEN und mit ihrem ganzen Leben Gott zu EHREN.«

Abb. 14.2/2

Professionalität widerspiegeln

Einer der Wege, Eltern in deinem Team zu halten, ist, dich und deine Arbeit auf professionelle Weise zu präsentieren. Wenn du deinen Instinkten und einigen Ideen in diesem Buch folgst, dann wirst du den Eltern das Gefühl geben, dass du jemand bist, der weiß, was er tut. Professionalität beinhaltet auch, dich in Gegenwart der Eltern angemessen zu verhalten. Sie achten darauf, was du anhast, wie du sprichst und wie du ihnen in einem Gespräch auf der Erwachsenenebene begegnest.

Obwohl ich nach einer Veranstaltung lieber auf dem Rasen vor der Kirche kicken gehen würde, begrüße ich die Eltern, die ihre Kinder abholen. Es macht nicht so viel Spaß, aber Eltern schätzen diese Geste.

Zwei-Wege-Kommunikation ist wichtig

Eine professionelle Jugendarbeit ermutigt zur Zwei-Wege-Kommunikation. Da du meistens das Gespräch führst, gib den Eltern eine Möglichkeit, sich konstruktiv einzubringen und dir zu zeigen, wie du ihren Familien besser dienen kannst. Ich habe es lieber, wenn Eltern direkt zu mir kommen, wenn sie eine Frage oder ein Problem bezüglich eines Aspekts unserer Jugendarbeit haben, als es durch Gerüchte zu erfahren. Wenn Eltern zu mir kommen, kann ich die Dinge ansprechen, bevor die Gerüchteküche anfängt zu brodeln.

Kürzlich diskutierten ein Vater und sein Sohn über das Thema unangemessene Musik. Der Vater hatte etwas gegen bestimmte Textstellen und sagte seinem Sohn, er wolle nicht, dass er diese Musik weiterhin höre. Der Sohn antwortete: »Doug sagt aber, dass wir uns jede Art Musik anhören können, die wir wollen.« Der Familienstreit wurde hitziger, als der Junge sagte: »Du willst, dass ich zur Kirche gehe, also gehe ich zur Kirche. Ich versuche, das zu befolgen, was der Pastor sagt, aber jetzt soll das auf einmal nicht mehr gelten, nur weil dich etwas daran stört.« Der Vater war verwirrt, weil er nicht glauben konnte, dass ich wirklich gesagt hatte, was sein Sohn behauptete. Statt mich anzurufen, erzählte der wütende Vater diese Geschichte in seiner Kleingruppe, unter dem Vorwand, man solle für ihn, seinen Sohn und mich beten. Diese Männer erzählten wiederum die Geschichte ihren Frauen. Bald wurde meine gesamte Jugendarbeit von Personen kritisiert, die ich gar nicht kannte.

In Kürze war alle Welt der Überzeugung, ich sei ein Wolf im Schafspelz. Als dann auch ich endlich von den Gerüchten erfuhr, rief ich den Vater des Jungen an. Während des Gespräches versicherte ich ihm, dass ich nicht gesagt hatte, was mir in den Mund gelegt worden war. Ich hatte erläutert: »Die meisten Nichtchristen werden ihren Musikstil nicht ändern, bevor sich ihre Herzen geändert haben.« Das war etwas völlig anderes als das, was sein Sohn »verstanden« hatte. Ich schlug ihm vor, sich meine Ansprache von diesem Abend auf Kassette anzuhören (jede Predigt wird bei uns aufgezeichnet – aus genau diesen Gründen).

Obwohl die Situation nicht lustig war, gab sie dem Vater und mir eine Gelegenheit, miteinander zu reden, voneinander zu lernen und zu besprechen, wie wir das nächste Mal besser reagieren können. Eine funktionierende Zwei-Wege-Kommunikation kann potenzielle Probleme verhindern.

Schritt 3: Hilfsmittel für Familien finden

Ein Weg, eine familienfreundliche Jugendarbeit aufzubauen, ist Hilfsmittel wie Bücher, Magazine und Videos zu Erziehungsthemen bereitzustellen. Das muss eine kontinuierliche Aufgabe sein, denn zu diesem Thema tauchen ständig neue Quellen auf. Dein Einsatz zeigt dein Interesse an der Familie und deinen Wunsch, praktische Lösungen für ihre Probleme anzubieten. Wenn du nicht die Zeit oder Möglichkeit hast, dich ständig auf dem Laufenden zu halten, dann setz dich mit einem lokalen christlichen Buchladen in Verbindung, um den Überblick zu behalten. Du kannst auch eine größere Gemeinde fragen, ob sie eine Literaturliste haben, die du für die Eltern kopieren kannst.

Wenn du neue Mittel beschaffst, dann informier die Eltern in deinen Rundschreiben darüber. Lass sie deine Audio- und Videothek nutzen und bitte sie, dass sie dich über empfehlenswertes Material informieren, das sie selber entdeckt haben. Du kannst nicht alle Antworten für Eltern haben, aber du kannst Richtungen angeben und guten Willen beweisen.

Eltern finden, die »das schon kennen«

Weil sich meine eigene Erfahrung als Vater bis jetzt auf kleine Kinder beschränkt, fühle ich mich oft überfordert, wenn Eltern bei mir Rat suchen, wenn sie zum Beispiel einen drogenabhängigen Sohn haben. Ich habe zwar immer ein, zwei Ideen und ich kann natürlich für sie beten, aber ich habe herausgefunden, dass es diesen Eltern am meisten hilft, wenn man sie mit anderen Eltern aus der Gemeinde zusammenbringt, die »das schon kennen«.

Während eines Elternabends frage ich die anwesenden Eltern, ob sie mit ihren Erfahrungen einer Familie, die momentan sehr viel Schlimmes durchmacht, helfen könnten. Wenn sie dazu bereit sind, lasse ich sie die Themen auflisten, über die sie etwas zu sagen haben. Ich habe Eltern gefunden, die Erfahrungen mit dem Tod eines Kindes, ungewollten Teenie-Schwangerschaften, Auflehnung, Okkultismus, Pornosucht, Drogenmissbrauch usw. haben und auch darüber sprechen wollen. Ich schreibe ihre Namen auf und lege eine Akte an, für den Fall, dass andere Eltern in ähnlichen Schwierigkeiten stecken.

Wenn ein solcher Anruf kommt, leite ich die Betroffenen an die Eltern weiter, die »das schon kennen«. Diese können Ideen, Erfahrungen und Hoffnung weitergeben.

Schritt 4: Familien das Lernen erleichtern

Hilfsmittel für Familien sind oft ein erster Anknüpfungspunkt, der bald jedoch von etwas Persönlicherem als einem Buch oder einer Kassette gefolgt werden muss. Eine familienfreundliche Jugendarbeit bietet Fortbildungsmöglichkeiten für Eltern an, die Fragen haben und etwas dazu lernen wollen. Wenn du keine Erfahrung damit hast, wie man Jugendliche erzieht, dann tu nicht so, als könntest du es. Finde reife christliche Eltern, die dir helfen können.

Erfahrene Eltern als Lehrer gewinnen

Ich warne immer wieder Jugendleiter davor, über die Erziehung von Jugendlichen zu reden, wenn sie nicht selbst welche haben. Eltern von Teenagern billigen mir als Vater von drei kleinen Kindern eine gewisse Einsicht in die Schwierigkeiten und Aufgaben des Elternseins zu, aber da meine Kinder noch keine Teens sind, bin ich in diesem Bereich nicht glaubwürdig. Um ehrlich zu sein, habe ich keine Ahnung, wie man als Vater von Teenagern sein oder handeln sollte.

Ich warne immer wieder Jugendmitarbeiter davor, über die Erziehung von Jugendlichen zu reden, wenn sie nicht selbst welche haben.

Was ich aber tun kann, ist, reife Männer und Frauen in unserer Gemeinde zu finden, die Heranwachsende erzogen haben und sie zu bitten, ihre Erfahrungen mit anderen zu teilen. Die besten Erfahrungen haben wir mit unserer »Eltern-Tafelrunde« gemacht – vier oder fünf kampferprobte Eltern sitzen an einem Tisch und beantworten Fragen. Ich spiele die Rolle des Moderators und leite die Fragen an die geeigneten »Experten« weiter.

Deinen Sachverstand teilen

Nur weil du keine Teenager hast, heißt das nicht, dass du Eltern nun überhaupt nichts anbieten kannst. Als Jugendmitarbeiter weißt du wahrscheinlich mehr über Jugendkultur als die meisten Eltern in deiner Gemeinde und kannst sie über die neuesten Trends auf dem Laufenden halten. Wenn du Eltern über die Teeniekultur berichtest, kannst du gleichzeitig mitteilen, was die Jugendlichen deiner Meinung nach besonders brauchen. Du brauchst keine spezifischen erzieherischen Anweisungen zu geben, aber du kannst über generelle familiäre Prinzipien sprechen. Du kannst zum Beispiel eine Weile über die aktuelle Jugendkultur reden und dann sagen: »Ich bin kein Vater von Teenagern, deswegen ist meine elterliche Erfahrung beschränkt. Da ich aber sehr viel Zeit mit den Kids verbringe, lerne ich sehr viel über ihre Kultur. Aus dem, was ich über die heutigen Jugendlichen weiß und was

Ihre Kinder mir so erzählen, glaube ich, dass Jugendliche die folgenden drei Dinge von ihren Eltern brauchen. Das erste ist ...«

Veranstalte »Ich bin normal«-Treffen

Eltern brauchen das Gefühl, dass das, was bei ihnen zu Hause passiert, normal ist. Es ist befreiend zu sehen, dass sie mit ihrer Situation nicht alleine dastehen. Diese »Ich bin normal«-Erfahrung kommt auf, wenn du Eltern zum Reden zusammenbringst oder Elternkleingruppen organisierst. Vor einigen Jahren haben wir einen Elternabend veranstaltet, der als Thema »Die Jugendkultur und die neuesten Musik-Trends« hatte. Nach ungefähr fünfzehn Minuten unterbrach mich eine Mutter: »Meine Tochter muss jeden Abend um 23:00 Uhr zu Hause sein, kommt aber nie vor 23:30 Uhr. Ich weiß nicht, was ich tun soll.«

(Ich verstehe bis heute nicht den Zusammenhang zwischen meiner Erklärung des Eagles-Songs »Hotel California« und ihrer Frage.) Ich wusste nicht, was ich ihr antworten sollte.

Es ist befreiend für Eltern, wenn sie sehen, dass sie mit ihrer Situation nicht alleine dastehen.

Ich wusste, was ich mit meiner Dreijährigen machen würde, aber ich hielt die Antwort, die mir spontan einfiel, nicht für geeignet (»Nehmen Sie ihr das Dreirad weg«), also antwortete ich: »Hat noch jemand das gleiche Problem?«

Unzählige Hände schossen nach oben! Ich fragte: »Was würden Sie in dieser Situation vorschlagen?«, und die Diskussion entbrannte auf der Stelle. Die Eltern stellten sämtliche Stühle um und setzten sich in einen Kreis und ich beendete leider nie meine fabelhafte Abhandlung über den kulturellen Einfluss der Musik.

An diesem Abend habe ich eine wichtige Lektion gelernt: Eltern können Eltern betreuen. Beim Verlassen des Treffens dankten sie *mir* für *meine* Hilfe – dabei hatte ich gar nichts getan. Ihre Gespräche untereinander bestätigten den Eltern, dass sie nicht die Einzigen sind, die Probleme haben und auch, dass ihre Probleme nicht einzigartig sind. Eine Mutter sagte: »Als ich herkam, bedrückte mich meine Situation schrecklich. Jetzt fühle ich mich ganz normal.«

Nach dem besagten Abend bat ich einen meiner Mitarbeiter, selbst Vater eines Teenagers, jeden Monat einen ähnlichen Elternabend zu leiten. Er war von der Idee begeistert. Ich besuchte keines der weiteren Treffen und die Teilnehmerzahl blieb dennoch konstant. Die Eltern kamen nicht wegen mir, sondern um zu reden und zuzuhören und herauszufinden, dass sie normal waren.

Schritt 5: Entwirf Familienveranstaltungen

Der fünfte familienfreundliche Schritt verlangt vielleicht von dir, in vollkommen neue Veranstaltungswelten vorzudringen. Stell dir die Frage: »Haben wir zur Zeit eine Jugendveranstaltung, die wir in eine Familienveranstaltung umwandeln können?«

Diese Familienveranstaltung kann jährlich, vierteljährlich, monatlich oder wöchentlich stattfinden. Wenn du die Eltern mit einbeziehen willst, dann musst du deine Veranstaltungen betrachten und Möglichkeiten finden, die Familien mit einzubinden.

Wir haben unser wöchentliches »Lobpreis und Anbetung«-Treffen, eine sekundäre Veranstaltung für Jugendliche (siehe Seite 210, Kapitel 12) genommen und daraus einmal im Monat einen »Familien-Lobpreis« gemacht. Die Jugendlichen waren erst nicht gerade begeistert davon, mit Mama und Papa zusammenzuhocken. Einige Eltern waren interessiert, aber sie fragten sich, ob sich der Zeitaufwand lohnte. Im ersten Monat sank die Teilnehmerzahl um 80 Prozent. Der Großteil unserer regelmäßigen Jugendlichen kam nicht und auch die Teilnahme der Eltern ließ zu wünschen übrig. Während des folgenden Monats haben wir einige Eltern angerufen und sie persönlich zu »Runde 2« eingeladen. Im zweiten Monat lief es viel besser. Es sind nicht nur mehr Leute gekommen, wir hatten auch viel Spaß.

Die Resonanz auf diese Familienveranstaltung war sehr positiv und hat sich auf viele Familien in unserer Gemeinde positiv ausgewirkt. Wir haben sogar Eltern, die nach mehr gemeinsamen Gottesdiensten fragen. Da die Jugendlichen den normalen Gemeinde-Gottesdienst am Wochenende nicht oder nur unregelmäßig besuchen, hatten wir das Gefühl, eine Möglichkeit schaffen zu müssen, dass Jugendliche gemeinsam mit ihren Eltern einen Gottesdienst besuchen können.

Eltern zum Jugendgottesdienst einladen

Lade immer wieder Eltern dazu ein, an deinen Jugendgottesdiensten teilzunehmen, damit sie sehen, was dort *wirklich* vor sich geht. Eltern sind immer willkommen, aber dreimal im Jahr verschicken wir in aller Form eine Einladung. Wir benutzen diese »Tage der offenen Tür«, um unsere jugendlichen Mitarbeiterschaftsteams und die Qualität unserer Veranstaltung zu präsentieren. In der Predigt behandeln wir die Eltern-Kind-Beziehung und konzentrieren uns auf Kommunikation und den Umgang mit Konflikten. Das ist auch ein guter Zeitpunkt, um unsere Vision einer familienbezogenen Jugendarbeit mitzuteilen.

»Esstischthemen« aufwerfen

Jede Woche schicken wir die Jugendlichen in den Kleingruppen mit Diskussionsfragen für die ganze Familie nach Hause. Wir fordern die Jugendlichen auch dazu auf, einmal wöchentlich am Esstisch Diskussionen über Themen anzuregen, die sie beschäftigen. Zusätzlich empfehlen wir den Jugendlichen, die Eltern über das auf dem Laufenden zu halten, was sie in der Jugendarbeit so tun und lernen. Wir wissen, dass viele unserer Jugendlichen das nicht tun und wir versuchen nicht, sie zu zwingen, aber wir erwähnen es jede Woche wieder.

Unten stehend sind einige Beispiele für »Esstischgesprächsfragen«.

Esstischgespräch:

Bibelarbeit über Jakobus 1,2–18

1. Welches sind die zwei größten Versuchungen, vor die wir als Familie gestellt werden?
2. Warum sagte Paulus, dass wir uns über diese Versuchungen freuen sollen?
3. Welchen Nutzen können diese Familien-Versuchungen haben?
4. Was hat Weisheit mit der Erfahrung aus Versuchungen zu tun?
5. Wie sollte sich unsere Familie verhalten, wenn sie Versuchungen gegenübersteht?
6. Gibt es ein Beipiel für eine Versuchung, die wir schon erlebt und »überlebt« haben, und was haben wir daraus gelernt?

Sorg für Familienspaß

Gute Jugendarbeiten planen tolle Events für Familien ein. Bei diesen Veranstaltungen kann es Talentwettbewerbe, Seifenkistenrennen, Wochenendtripps, Gladiatorenspiele oder zu besonderen Anlässen ein Galadiner geben. Die Ideen sind austauschbar, aber das Prinzip muss immer gemeinsamer Spaß sein.

Schritt 6: Nimm Eltern in dein Team auf

Eltern in dein Mitarbeiterteam aufzunehmen kann einer der weisesten Schritte sein, den du als Jugendmitarbeiter machen kannst. Wenn du die richtigen Eltern berufst, wirst du eine vollkommen neue Ebene der Unterstützung und des Enthusiasmus entdecken. Eltern im Team zu haben erzeugt ein Gefühl der Identifikation, weil die Eltern direkt an der geistlichen Entwicklung ihrer Teenager beteiligt sind. Diese Eltern sind ein einzigartiger Kanal der Kommunikation zu anderen Eltern, da sie die Jugendarbeit aus der Innenperspektive sehen. Mitarbeitende Eltern haben oft auch ein starkes Mitgefühl für Eltern in Not und können als Vorbilder für Jugendliche dienen, deren Eltern keine Christen sind.

Sorg immer dafür, dass deine Jugendlichen sich dazu äußern, wie sie zu ihren Eltern in der Jugendarbeit stehen. (Das wird in Kapitel 15 noch ausführlicher besprochen.)

Schritt 7: Biete Eltern einen geistlichen Lebensplan an

Als ich begann, Elternabende in der Schule meiner Tochter zu besuchen, war ich beeindruckt von dem Wunsch der Lehrerin, Cathy und mich in ihren großen Plan der Erziehung unseres Kindes mit einzubeziehen. Sie fragte uns, was uns wichtig ist. Sie erklärte uns ihren Wunsch, mit uns zusammenzuarbeiten, damit die schulische und die heimische Umgebung auf dasselbe Ziel hinarbeiten. Ich wurde dadurch ermutigt, denselben Plan mit den Eltern in unserer Jugendarbeit zu versuchen. Wir nennen ihn den »geistlichen Lebensplan«.

Ein »geistlicher Lebensplan« basiert auf den fünf Aufträgen unserer Arbeit. Wenn Eltern Interesse zeigen, trifft sich einer unserer Mitarbeiter mindestens einmal im Jahr mit ihnen. Das primäre Ziel eines geistlichen Lebensplans ist zu bestimmen, wie Eltern und Gemeinde gemeinsam das geistliche Leben des Teenagers fördern können. Sie tauschen Ideen aus und legen Aufgaben fest und der Jugendmitarbeiter führt Protokoll. Er notiert auch spezielle Wünsche und/oder Anliegen, die Eltern bezüglich ihrer Kinder haben. Sie beenden das Treffen mit einem Gebet und der Mitarbeiter macht eine Kopie des Protokolls. Dieses Treffen ist am effektivsten, wenn der Jugendliche weiß, dass sich ein Jugendmitarbeiter mit seinen Eltern trifft.

Da unsere Jugendarbeit eine auf den fünf Aufträgen basierende Strategie hat, ändert sich unsere Rolle im Leben des Jugendlichen durch den geistlichen Lebensplan kaum. Wir begleiten den Jugendlichen bei seinem Reifeprozess unabhängig davon. Was sich ändert, ist unser Verständnis für die Familie und unsere Sensibilität für den Jugendlichen.

Die ersten Treffen habe ich selber gehalten, dann habe ich einen anderen Mitarbeiter in meine Rolle eingewiesen. Unser Ideal ist, dass der Mitarbeiter der Kleingruppe des Jugendlichen das Treffen mit den Eltern hält, weil dann ein engerer Kontakt und größere Verlässlichkeit entsteht. Die Eltern verlassen solche Gespräche für gewöhnlich mit einem besseren Verständnis für unsere Arbeit und haben eine positivere Meinung über unsere Bereitschaft, mit ihnen zusammenzuarbeiten.

Wenn du so etwas in deiner Arbeit ausprobierst, dann sei nicht gleich entmutigt, wenn die Eltern zuerst wenig Interesse zeigen. Es ist eine einschüchternde Erfahrung. Ich dränge die Eltern nicht dazu, sich mit mir zu treffen, ich biete es nur an und erkläre den Sinn und Zweck des Ganzen.

Mit Familien zu arbeiten ist nicht einfach, aber es lohnt sich für dich, die Familien und die ganze Gemeinde. Die familienfreundliche Haltung ist essenziell für eine intakte Jugendarbeit.

Wenn du deine eigenen Schritte entwickelst oder dieses Kapitel für dich umschreibst, mach sie den Eltern zugänglich. Lass die Eltern spüren, dass du eine familienfreundliche Jugendarbeit schaffen willst. Wir senden den Leuten jedes Jahr einen Brief, um unseren Wunsch nach einer familienfreundlichen Jugendarbeit zu unterstreichen.

Jetzt wird's persönlich

1. Nenne einige Gründe, warum es schwierig ist, eine familienfreundliche Jugendarbeit zu schaffen.

2. Welche Ängste der Eltern bemerkst du?

3. War bisher deine Jugendarbeit den Familien gegenüber nicht aufgeschlossen? Wenn ja, wie hat sich das geäußert?

4. Nenn einige Wege, um besser mit den Eltern zu kommunizieren.

5. Wie, glaubst du, sehen Eltern und/oder die Gemeinde deine Jugendarbeit?

6. Wer sind kampferprobte Eltern, die als erfahrene Ansprechpartner für andere Eltern tätig sein könnten?

7. Welche Veranstaltung für Jugendliche könntest du so umändern, dass Jugendliche sie mit ihren Familien besuchen könnten?

Element 8
Die Mitarbeiter

15 Finde die Mitarbeiter, die deine Jugendlichen verdienen

Mitarbeiter können eine Jugendarbeit aufbauen oder hemmen. Eine Jugendarbeit ohne angemessene Mitarbeiterschaft kann nie funktionieren, aber eine Jugendarbeit mit einem Überschuss an guten Mitarbeitern wird immer Potenzial haben. Sprichwörter 11,14 lehrt: »Fehlt es an Führung, kommt ein Volk zu Fall, Rettung ist dort, wo viele Ratgeber sind.«

Unterbesetzte Jugendeinrichtungen sind überlastet, gestresst und zu müde für eine neue Vision. Sie fallen in einen »Aufrechterhaltungsmodus« und stagnieren. Deswegen ist es so wichtig für Jugendleiter, ihren Auftrag mit der Suche nach guten Mitarbeitern zu beginnen und zu lernen, ein Leiter der Leiter zu werden. Wenn du in einer Gemeinde bist, die Mitglieder nicht zum persönlichen Einsatz anhält, dann wird eine Entwicklung der Mitarbeiterschaft ungleich schwieriger ausfallen. Sogar Jugendarbeiten in Gemeinden, die ihre Mitglieder ständig auffordern, sich einzubringen, haben Schwierigkeiten, genug Mitarbeiter zu finden.

Unterbesetzte Jugendeinrichtungen sind überlastet, gestresst und zu müde für eine neue Vision.

Dieses und das folgende Kapitel basieren auf drei Prinzipien der Leiterschaft:

1. Du kannst es schaffen; du kannst es nur nicht allein schaffen (Kapitel 15).
2. Gott hat die Mitarbeiter; du musst sie nur finden (Kapitel 15).
3. Jugendliche verdienen Mitarbeiter, die dienen, nicht Mitläufer, die kontrollieren (Kapitel 16).

Diese Prinzipien erscheinen einfach, aber die Menge an Arbeit, die in die Entwicklung einer guten Mitarbeiterschaft fließt, ist unendlich. Es ist ein beständiger Kreislauf des Suchens, Findens, Ausbildens, Aufbauens und Anspornens. Je mehr gute Mitarbeiter du hast, desto mehr Jugendliche werden geistlich wachsen. Je mehr Jugendliche geistlich wachsen, desto größer werden die Teilnehmerzahlen und dieses Wachstum erfordert zusätzliche Mitarbeiter. Mitarbeiter auszubilden ist die beste Mischung aus Segen und Last, die ich in der Gemeinde kenne. Es ist ein *Segen*, zu sehen, wie Erwachsene Jugendlichen dienen, aber es ist ein *Last*, Erwachsene zu finden, sie auszubilden und zu motivieren.

Du kannst es nicht allein schaffen!

Wir sehen viele Jugendarbeiten scheitern, weil die Jugendleiter versuchen, alles selbst zu machen. Manche Jugendleiter erzählen mir, sie hätten keine Zeit, nach neuen Mitarbeitern zu suchen; sie haben keine Zeit, weil sie alles selber machen.

Das ist kein neues Problem. Die berühmte Leiterschaftspassage in Exodus 18 enthüllt, das Mose das Volk Israel allein führen wollte – bis sein Schwiegervater Jitro zu ihm trat und sagte:

> *»Es ist nicht richtig, wie du das machst. So richtest du dich selbst zugrunde und auch das Volk, das bei dir ist. Das ist zu schwer für dich; allein kannst du es nicht bewältigen. Nun hör zu, ich will dir einen Rat geben, und Gott wird mit dir sein ... sieh dich im ganzen Volk nach tüchtigen, gottesfürchtigen Männern um, die Bestechung ablehnen. Gib dem Volk Vorsteher für je tausend, hundert, fünfzig und zehn ... Entlaste dich, und laß auch andere Verantwortung tragen! Wenn du das tust, sofern Gott zustimmt, bleibst du der Aufgabe gewachsen, und die Leute hier können alle zufrieden heimgehen.«*
> (Ex 18,17–23)

Unterstreich diese wichtigen Sätze:
- »Es ist nicht richtig, wie du das machst«
- »So richtest du dich selbst zu Grunde«
- »Das ist zu schwer für dich; allein kannst du es nicht bewältigen«
- »Sieh dich im ganzen Volk nach tüchtigen, gottesfürchtigen Männern um«
- »Gib dem Volk Vorsteher«
- »Entlaste dich, und lass auch andere Verantwortung tragen«
- »Wenn du das tust, bleibst du der Aufgabe gewachsen«
- »die Leute hier können alle zufrieden heimgehen«

Jitro sagte Mose, dass die Leute zufrieden heimgehen würden, weil sie betreut und ihre Bedürfnisse gestillt wurden. Dieser Rat ist tausende von Jahren alt, aber er ist noch heute für jede Form der Leiterschaft aktuell.

Wenn ich nach dem besten Schüler-Leiter-Verhältnis gefragt werde, nenne ich oft als Beispiel Jesus. Er war Gott und hatte trotzdem nur ein Verhältnis von 12:1. Wegen seiner besonders engen Beziehung zu Petrus, Jakobus und Johannes könnte ich sogar sagen, dass es lediglich bei 3:1 stand. Obwohl ich nicht glaube, dass es jeweils *die* Antwort für jede Jugendarbeit gibt, glaube ich, dass die »magische Zahl« niedriger als 12 ist. In Saddleback setzen wir uns das Ziel eines 5:1-Verhältnisses in den Kleingruppen, wobei die meisten Mitarbeiter immer noch eine Menge zu tun und Zeit zu investieren haben, wenn sie sich wirklich intensiv um 5 Jugendliche kümmern wollen.

Sowohl Jitros Worte als auch das Beispiel Jesu zeigen uns unsere Hilfsbedürftigkeit. Mit diesem Imperativ kommt die größere Verpflichtung, nämlich Gott in Bezug auf das Finden von neuen Mitarbeitern zu vertrauen. Eines der Versprechen, das ich darauf anwende, Mitarbeiter zu finden, steht in Psalm 55,23: »Wirf deine Sorge auf den Herrn, er hält dich aufrecht! Er läßt den Gerechten niemals wanken.«

Dieser Vers erinnert mich daran, dass Gott noch viel mehr an meiner Jugendarbeit liegt als mir selbst. Ich liebe unsere Jugendlichen wirklich, aber Gott sorgt sich mehr um sie, als ich mir vorstellen kann und deshalb hält er mehr Ausschau nach Mitarbeitern, als ich es tue. Jugendliche ohne Mitarbeiter sind wie Schafe ohne Hirten und Jesus weist uns an, um Arbeiter zu bitten, die sich um die Schafe kümmern: »Als er [Jesus] die vielen Menschen sah, hatte er Mitleid mit ihnen; denn sie waren müde und erschöpft, wie Schafe, die keinen Hirten haben. Da sagte er zu seinen Jüngern: Die Ernte ist groß, aber es gibt nur wenig Arbeiter. Bittet also den Herrn der Ernte, Arbeiter für seine Ernte auszusenden« (Mt 9,36–38).

Diese Zusagen haben mich zuversichtlich gemacht, dass Gott die Mitarbeiter für unsere Jugendarbeit hat. Wir müssen sie nur finden.

Du kannst es schaffen! Ein Fünf-Schritte-Plan, um Mitarbeiter zu finden

Unsere Aufgabe ist es, gewissenhaft das Mögliche zu tun und darauf zu vertrauen, dass Gott das Unmögliche tut. Die folgenden Schritte werden dir helfen, das Mögliche auf deiner Suche nach Mitarbeitern zu tun. Diese Schritte sind ein kontinuierlicher Prozess. Es ist nicht realistisch, den ersten Schritt zu beenden und ihn dann für immer hinter dir zu lassen. Wenn deine Arbeit wächst, wirst du niemals aufhören, du wirst dich immer in diesem Prozess befinden.

Schritt 1: Denk über deine Auffassung von Leiterschaft nach

Deine Haltung gegenüber deinen Mitarbeitern wird deine Methoden beeinflussen, sie zu suchen. Ich mag lieber das Wort *Mitarbeiter* als *Ehrenamtliche*. Es gefällt mir, weil es Bewegung vermittelt und den Wert eines Mitarbeiters bestätigt. *Ehrenamtlicher* klingt nach jemandem, den man braucht, um einen Posten zu besetzen, den niemand sonst haben will. Ob du ehrenamtliche Mitarbeiter findest, hängt davon ab, wie du sie siehst.

Die »Wir brauchen Ehrenamtliche, um zu überleben«-Haltung

Diese Haltung besagt: »Ich brauche unbedingt jemanden, um diese Lücke zu füllen – also bitte übernimm diese Verantwortung oder leite diese Kleingruppe.« Sie ist meistens das Resultat einer Überforderung. Dieser Typ Jugendleiter überfällt potenzielle ehrenamtliche Mitarbeiter mit verzweifeltem Augenaufschlag und flehender Stimme und nimmt jeden, der sich breitschlagen lässt, statt sich nach der richtigen Person für den Job umzusehen. Jeder Jugendleiter kennt die Geschichten über die »Ich nehme jeden«-Freiwilligen, die dann zu einem Problem wurden.

Die »Wir brauchen Mitarbeiter, um zu gedeihen«-Haltung

Die Jugendleiter mit dieser Gesinnung sind weniger mit ihren Aufgaben überlastet, sondern machen sich eher Gedanken darum, wie sie die Jugendlichen weiter formen können. Sie sehen potenzielle Mitarbeiter als Diener und erwägen den einzigartigen Weg, den Gott für ihre Jugendarbeit geschaffen hat. Diese Jugendleiter wollen Lücken füllen, sind aber nicht verzweifelt. Sie glauben, dass die richtigen Leute als Mitarbeiter aufblühen und die Jugendlichen durch ihre Arbeit Früchte tragen werden.

Schritt 2: Zerstreue vorhandene Stereotypen

Es erschwert die Arbeit, neue Mitarbeiter zu finden, wenn wir an existierenden Stereotypen des »idealen Jugendmitarbeiters« festhalten. Jahrelang habe ich die Menschen in Gemeinden gefragt, wie sie einen guten Jugendmitarbeiter beschreiben würden. Hier sind die zehn häufigsten Antworten:

- jung
- witzig
- athletisch
- nicht schüchtern
- Lehrbegabung
- fundiertes Bibelwissen
- offene, auf andere zugehende Persönlichkeit
- Charisma
- Einblick in die Jugendkultur
- Besitzer eines Kleinbusses

Wenn man sich das anschaut, ist es einfach zu verstehen, warum die meisten Leute in unseren Gemeinden zögern, sich als ehrenamtliche Mitarbeiter zu melden. Sie passen nicht in diese ideale Beschreibung! Dabei repräsentieren die genannten Eigenschaften nur einen winzigen Teil des Leibes Christi und nur einen Typ Jugendleiter – einen sehr seltenen.

Wenn du Mitarbeiter finden willst, dann vermittle deiner Gemeinde ein neues Bild, wie so ein Mensch auszusehen hat. Unsere Gemeindemitglieder wissen, dass wir nach zwei besonderen Eigenschaften Ausschau halten – nach Liebe zu Gott und nach einem Herz für Jugendliche. Ich sage immer: »Wenn du Gott liebst und dich ehrlich für Jugendliche interessierst, dann wirst du ein großartiger Jugendmitarbeiter werden. Das ist alles, was du brauchst, um anzufangen.«

Dann zeige ich ihnen eine Liste der Mitarbeitertypen, nach denen wir suchen:

- Senioren
- Introvertierte
- Jung Verheiratete
- Musiker
- Schulabgänger
- Fussballer
- Biker
- Frisch Bekehrte
- Eltern
- Ex-Models
- Handwerker
- Künstler
- Ältere Ehepaare
- Studenten
- Mechaniker
- Alleinerziehende Eltern
- Buchhalter
- Reife Christen
- Menschen mit schwieriger Vergangenheit
- Computerfreaks
- Sportler
- Unternehmer
- Vielbeschäftigte
- Köche
- Verwalter
- Profi-Wrestler

Wir haben diese Liste zusammengestellt, um zu zeigen, dass wir alle Arten von Mitarbeitern für alle Arten von Jugendlichen brauchen. Ich kann mich nicht mit allen Jugendlichen in meiner Arbeit identifizieren oder mich um sie kümmern. Ich bin ein ausgesprochen extrovertierter Typ, der jeden im Raum fröhlich begrüßt und umarmt. Manche schüchternen Jugendlichen haben deshalb regelrecht Angst vor mir. Sie brauchen ruhigere, sensiblere Mitarbeiter, die sich neben sie setzen und leise Gespräche mit ihnen führen.

Nach vielen Jahren der Zusammenarbeit mit Ehrenamtlichen habe ich festgestellt, dass die besten Mitarbeiter nicht die waren, die ich mir ausgesucht hätte. Es ist vielleicht überraschend für dich, dass einige der besten Jugendmitarbeiter, die ich kenne, viel älter als der allgemeine Idealtyp sind. Ich brachte einen Mann namens Marvin Ashford in unser Mitarbeiterteam (in meiner alten Gemeinde), der bereits Mitte siebzig war. Ich bin kein Pastor mehr in dieser Gemeinde, aber mittlerweile ist Marv weit über achtzig und arbeitet immer noch mit den Jugendlichen dort. Er ist ein großartiger Jugendmitarbeiter. Er ist einfühlsam, geduldig, ermutigend und leidenschaftlich. Er beschäftigt sich stark mit den Eltern, weil er aus eigener Erfahrung alle Sorgen und Probleme kennt und geradezu brutal ehrlich ist. Marv ist nicht *»hipp«* und er weiß auch nicht viel über die angesagte Jugendkultur. Er könnte keine aktuelle Band nennen und weiß wahrscheinlich nicht mal, was MTV ist.

Aber er steht an der Tür, wenn die Jugendlichen reinkommen und er gibt ihnen eine Großvater-Umarmung und sagt: »Du weißt, dass der alte Marv dich gern hat, nicht wahr?« Und alle haben ihn gern! Diese

Jugendlichen sind von seiner bedingungslosen Liebe, seiner Authentizität und seiner Altersweisheit beeindruckt. Jugendleiter müssen ihre unrealistischen Ideale beseitigen und anfangen, nach Kandidaten wie Marv Ausschau zu halten, die Gott lieben und ein Herz für die Jugendlichen haben.

Ich habe festgestellt, dass die besten Mitarbeiter nicht die waren, die ich mir ausgesucht hätte.

Schritt 3: Vereinfache deine Einsatzmöglichkeiten

Viele von uns verlieren potenzielle Mitarbeiter, weil sie ihre Einsatzmöglichkeiten auf zwei beschränken – *Alles* oder *Nichts*. Jeder in der Gemeinde ist ein potenzieller Jugendmitarbeiter, wenn du ihm Gelegenheiten zum Dienen gibst, die weniger komplex und weniger bedrohlich sind als »die volle Ladung«.

Das folgende Diagramm zeigt vier verschiedene Typen von Mitarbeiterteams. Beachte die Reihenfolge der vier Teams innerhalb der Gesamtgemeinde. Je weiter du den Trichter heruntergehst, desto schwieriger ist es, einen Typ Mitarbeiter für diesen Bereich zu definieren.

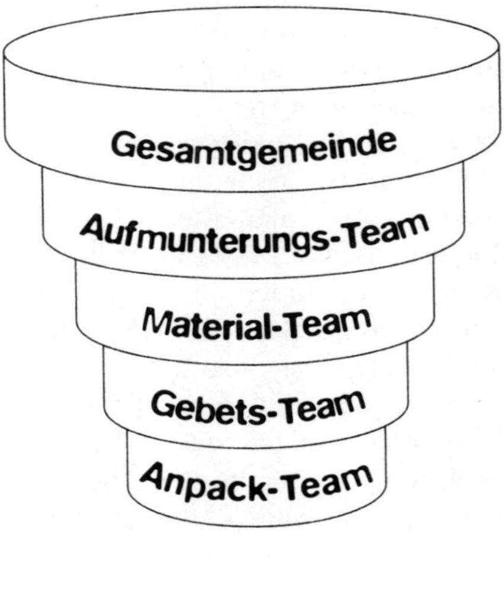

Abb. 15.1

Wie wir gesehen haben, lehrt uns Schritt 1, dass wir Mitarbeiter als Mitarbeiter und nicht als Lückenfüller ansehen sollen. Schritt 2 besagt, dass ganz verschiedene Menschen zu Dienern der Jugendlichen werden können. Schritt 3 ist wichtig, weil er betont, dass jeder im Leib Christi als potenzieller Jugendmitarbeiter angesehen werden kann.

Wenn du wirklich glaubst, dass alle Christen zum Einsatz in der Gemeinde aufgerufen sind, dann muss jeder Christ als potenzieller Jugendleiter betrachtet werden. Es ist nicht dein Job, den Leuten zu sagen, es sei Gottes Wille, dass sie in deiner Jugendarbeit mitmachen sollen. Aber es ist deine Aufgabe, die Gemeinde auf deine Bedürfnisse und die Möglichkeiten hinzuweisen, bei euch mitzuarbeiten.

Wenn du wirklich glaubst, dass alle Christen zum Einsatz in der Gemeinde aufgerufen sind, dann muss jeder Christ als potenzieller Jugendleiter betrachtet werden.

Das Aufmunterungs-Team

Unser Aufmunterungs-Team besteht aus Leuten aus unserer Gemeinde, die Unterstützung für unsere Jugendarbeit oder einen unserer Mitarbeiter bieten. Jedes Mal, wenn jemand etwas Positives über unsere Arbeit, unsere Jugendlichen oder unsere Mitarbeiter sagt, merken wir ihn uns als Jemanden, der unserer Jugendarbeit freundlich gesonnen ist. Diese »Aufmunterer« haben keine spezifische Verantwortung; wir baden uns nur in ihrem Lob und ihrer Unterstützung.

Such dir Menschen mit Besitztümern oder Fähigkeiten

Dieses Team bietet Menschen eine Gelegenheit, sich in die Jugendarbeit einzubringen, indem sie ihr Eigentum zur Verfügung stellen oder besondere Fähigkeiten einsetzen. Es sind Menschen, die unsere Arbeit unterstützen, aber nicht unbedingt viel Zeit investieren können. Sie wollen zum Beispiel nicht mit uns campen gehen, aber sie freuen sich, wenn sie uns ihr Großraumzelt leihen können. Sie wollen unsere Theatergruppe nicht leiten, aber sie bauen die Kulissen. Sie schaffen es zeitlich nicht, ständig mitzuarbeiten, geben aber gern mal einen Kurs in Freeclimbing oder Rafting. Sie lassen gern mal eine Gruppe Teens auf ihren Pferden reiten oder in ihrem Pool tollen. Und, und, und ...

Jede Gemeinde hat verfügbare Hilfsmittel, die der Jugendarbeit dienlich sein können. Einer der Fehler, die wir oft machen, ist, unsere Anpack-Mitarbeiter, die meist nur über wenig freie Zeit verfügen, mit der Suche nach Materialien für unsere Veranstaltungen zu belasten. Dadurch verschwenden wir kostbare Zeit, die sie mit Jugendlichen verbringen könnten.

Wenn zum Beispiel Micha zwei Stunden in der Woche für die Jugendarbeit aufbringen kann, dann möchte ich, dass sie diese Zeit mit den Jugendlichen verbringt und nicht mit der Suche nach Kühl-Akkus für unsere Missionsreise verschwendet. Die Kühlakkus leihe ich mir lieber aus dem Materialbestand der Gemeinde aus. Dort wird es bestimmt welche geben und ich kann sie mir auch ohne Probleme ausleihen.

Abbildung 15.2 zeigt einen Inventar-Fragebogen, den wir in unserer Gemeinde verteilen, um herauszufinden, welche Materialien es gibt, die wir uns ausleihen oder benutzen können. Wenn Gemeindemitglieder diese Liste ausfüllen, werden sie Teil unseres Material-Teams. Wir ordnen ihre Namen nach Materialien und ein Mitarbeiter ruft sie an, wenn Bedarf entsteht.

Gebets-Team

Das Gebets-Team besteht aus Frauen und Männern, die in der Jugendarbeit mitarbeiten, indem sie uns die unterstützende Basis des Gebets schenken. Das sind Menschen, die Gott lieben, aber nicht unbedingt direkt mit Jugendlichen arbeiten wollen. Ihre Aufgabe ist es, sich durch eine Liste von Gebetsanliegen zu beten, die wir ihnen monatlich zuschicken. Über die Jahre hatten wir viele Leute, die im Gebets-Team begannen, dann ihr Herz für die Jugendlichen, für die sie beteten, entdeckten und schließlich dem Anpack-Team beigetreten sind.

Die Aufmunterungs-, Material- und Gebets-Teams benötigen wenig Betreuung. Obwohl sie bedeutende Rollen in unserer Arbeit spielen, durchlaufen sie nicht unseren Interview-Prozess (siehe Kapitel 16). Da sie hinter den Kulissen und nicht direkt mit den Jugendlichen arbeiten, halten wir unsere Anforderungen an sie möglichst einfach. Der Hauptunterschied zwischen diesen drei Teams und dem Anpack-Team ist, dass letzteres *direkt* mit den Jugendlichen in Kontakt kommt und diese beeinflusst.

Inventar-Fragebogen

Name ______________________________ Telefon ______________

Adresse ______________________________

ICH HABE:

Fahrzeuge:

❐ Kleinbus	❐ Lastwagen	❐ Camper/Anhänger
❐ Boot	❐ Transportanhänger	❐ Anderes ____________

Camping-Ausrüstung:

❐ Zelt	❐ Schlafsäcke	❐ Kanister
❐ Ofen/Laterne	❐ Grill/-Zubehör	❐ Anderes

Sportgeräte:

❐ Volleyball-Set	❐ Football	❐ Fußball
❐ Badminton-Set	❐ Basketball	❐ Frisbees
❐ Tischtennisplatte	❐ Billard-Tisch	❐ Anderes ____________

Verschiedenes:

❐ Tische	❐ Musikanlage/-Zubehör	
❐ Stühle	❐ Video-Ausrüstung	❐ Großbild-Fernseher
❐ Swimming-Pool	❐ Berghütte	❐ Strandbungalow
❐ Kontakte zu Campingplätzen o. Freizeitheimen		❐ Anderes ____________

ICH KÖNNTE MIR VORSTELLEN:

❐ Helfen, bestimmte Veranstaltungen zu planen
❐ Essen für Veranstaltungen zu kaufen/zuzubereiten
❐ Bestimmte Veranstaltungen zu überwachen
❐ Jugendliche zu Veranstaltungen zu fahren
❐ Ein Wochenende pro Monat am Jugendtisch zu helfen
❐ Büroarbeit vor Camps/Ausflügen/Veranstaltungen zu leisten
❐ Mein Haus für Veranstaltungen zur Verfügung zu stellen
❐ Eine Kleingruppe bei mir zu Hause willkommen zu heißen
❐ An der Elterngruppe teilzunehmen
❐ Anderes ______________________________

ICH KÖNNTE IN FOLGENDEN BEREICHEN HELFEN UND KURSE HALTEN:

❐ Nähen	❐ Computer	❐ Handwerkliches
❐ Kochen	❐ Kunst/Grafik	❐ Organisation
❐ Tippen	❐ Marketing	❐ Technik
❐ Instrumente	❐ Design	❐ Anderes
❐ Gesang	❐ Fotografie	____________

Abb. 15.2

Das Anpack-Team

Das Anpack-Team besteht aus Menschen, die direkt mit Jugendlichen arbeiten und sich um sie kümmern. Sie sind eigentlich die Diener, während die anderen drei Teams Dienst-Unterstützer sind. Obwohl wir natürlich Helfer für alle Teams brauchen, ist Helfer für das Anpack-Team zu finden unser ultimatives Ziel. Je mehr anpackende Mitarbeiter wir haben, desto mehr Jugendliche werden persönlich betreut.

Innerhalb des Anpack-Teams haben wir zwei verschiedene Typen – die *programmbestimmten* Mitarbeiter und die *selbstständigen* Mitarbeiter. Diese Kategorien werden danach eingeteilt, wieviel Zeit der jeweilige Mitarbeiter in seine Arbeit investieren kann oder will. Die *programmbestimmten* Mitarbeiter investieren meist Zeit in eine bestimmte Veranstaltung. Darüber hinaus halten sie keinen großartigen Kontakt mit den Jugendlichen. Dies sind oftmals neue Mitarbeiter, die ihren Platz in der Jugendarbeit noch finden müssen. Selbstbestimmte Mitarbeiter sind diejenigen, die eine Vision für die Jugendarbeit haben. Sie arbeiten mit den Jugendlichen über unsere festgelegten Veranstaltungen hinaus, indem sie ihnen schreiben, sie anrufen, sie besuchen und Dinge mit ihnen unternehmen. Diese Mitarbeiter fühlen sich für den gesamten geistlichen Reifeprozess ihrer Jugendlichen verantwortlich und zeigen große Initiative, sich um sie zu kümmern.

Wenn du der verantwortliche Gesamtleiter bist, ist es dein Ziel, die programmbestimmten Mitarbeiter zu selbstständigen Mitarbeitern zu machen. Wenn ein ehrenamtlicher Mitarbeiter über ein Jahr lang nur hin und wieder bei einer Veranstaltung hilft, benötigt sie oder er vielleicht etwas Betreuung, einen behutsamen Hinweis oder eine Chance, etwas Neues auszuprobieren. Am besten »verkuppelst« du sie mit einem »Selbstständigen«. Programmbestimmte Mitarbeiter brauchen selbstständige Mitarbeiter, um Ideen für eine Einsatzmöglichkeit außerhalb der Veranstaltungsgrenzen zu entdecken.

Durch die Vereinfachung der Einsatzmöglichkeiten bietest du einer viel breiteren Basis an potenziellen Mitarbeitern einen guten Einstieg. Stück für Stück können sie in aufwändigere Aufgaben hineinwachsen.

Schritt 4: Hör nie auf, nach potenziellen Mitarbeitern zu suchen

Nach geeigneten Menschen für deine Teams zu suchen ist eine nie endende Aufgabe. Hier sind einige Wege, wie du deinen Mitarbeiterkreis noch weiter ausbauen kannst:

Erwarte von deinen Mitarbeitern, dass sie neue finden

Wir halten unsere Mitarbeiter dazu an, im Jahr einen neuen ehrenamtlichen Mitarbeiter zu finden. Als verantwortlicher Gesamtleiter bin ich letztendlich für die Entwicklung der Mitarbeiterschaft verantwortlich. Da ich aber nicht jeden in der Gemeinde und auch nicht alle Bekannten meiner Anpack-Mitarbeiter kenne, teilen sie mit mir die Verantwortung, neue Mitarbeiter zu finden. Jeff, der in der Männerarbeit mitmischt, sieht die Männer als potenzielle Jugendmitarbeiter an. Und seit Amanda im Chor ist, hält sie nach anderen Chormitgliedern Ausschau, die Gott lieben und sich um Jugendliche Gedanken machen.

Unsere besten neuen Mitarbeiter sind oft solche, die von jemandem aus unserem Team aufgetan wurden. Sie kommen sozusagen mit einem »eingebauten Mentor«, weil die Person, die sie ins Team gebracht hat, sie automatisch auch weiter betreuen wird.

Bitte Jugendliche darum, Erwachsene anzusprechen

Ich lernte Patricia, eine sechzig Jahre alte Großmutter von sechs Enkeln, während unserer Gemeindefreizeit kennen. Ich wusste, dass sie ein Herz für Jugendliche hatte, weil sie immer ein paar freundliche Worte und viel Zeit für jeden Teenie hatte, der ihren Weg kreuzte. Die Jugendlichen liebten sie!

Eines Tages sagte ich: »Patricia, hast du jemals daran gedacht, in der Jugendarbeit mitzumachen?« Sie lachte und sagte, sie sei viel zu alt und könne keinen richtigen Bezug zu den heutigen Jugendlichen herstellen. Außerdem arbeitete sie schon als Platzanweiserin. Ich versuchte sie zu überreden, indem ich sagte: »Ich kann eine neue Person auftreiben, die den Leuten hilft, ihren Platz zu finden, aber ich brauche geistlich reife Christen, die den Jugendlichen ihren Platz in Gottes Gegenwart zeigen!«

Ich fand, dass ich sehr vollmächtig klang und war enttäuscht, als mein geistlicher Manipulationsversuch nicht wirkte. Ich sprach sie noch drei Mal an und wurde jedes Mal zurückgewiesen.

Nachdem ich schließlich aufgegeben hatte, sagten zwei Jugendliche ganz nebenbei einmal zu Patricia, dass sie bestimmt eine ganz tolle Jugendmitarbeiterin wäre. Sie versprachen ihr, dass sie sie ihren Freunden vorstellen und ihr den Einstieg erleichtern würden. Und Patricia stimmte zu. Ich konnte es nicht glauben! Diese Mädchen hatten nicht Theologie studiert. Sie hatten überhaupt keine Ausbildung in Mitarbeiterführung und Personalentwicklung. Aber sie hatten eine großartige Mitarbeiterin für unser Team gewonnen. Damit hatten sie den Job eindeutig besser gemacht als ich!

Zieh Eltern als Jugendmitarbeiter in Betracht

Eltern können großartige Jugendmitarbeiter sein, wenn sie auf dem richtigen Weg ins Team aufgenommen werden. Zu Beginn jedes Schuljahrs machen wir einen großen Werbefeldzug, um Eltern für unsere drei Hauptteams (Material-, Gebets- und Anpack-Team) zu gewinnen. Bevor wir die Eltern ansprechen, reden wir mit den Jugendlichen darüber, wie sie eine Mitarbeit ihrer Eltern finden würden. Wenn der Jugendliche sein Okay gibt, dann gehen wir der Sache nach. Wenn der Jugendliche strikt dagegen ist und Angst hat, Freiheiten einzubüßen, dann verlegen wir das Ganze auf einen späteren Zeitpunkt, wenn es dem Teenie vielleicht nicht mehr so peinlich ist oder er sowieso der Jugendarbeit entwachsen ist. Wir behalten lieber den Jugendlichen in unserer Jugendarbeit, als einen Mitarbeiter zu gewinnen. Die meisten Eltern stimmen dem zu und sind bereit, ihre Mitarbeit zu verschieben, bis ihr Teenager auch so weit ist.

Bevor wir Eltern »engagieren«, interviewen wir sie wie jeden potenziellen Mitarbeiter (siehe Kapitel 16) und versuchen, ihre Motive herauszufinden. Wir können keine Eltern gebrauchen, die ihren Kindern nachspionieren, heilig erscheinen, ihre Kinder fester an sich binden oder krampfhaft jung bleiben wollen.

Setz reifere Jugendliche ein

Wenn es in deiner Gemeinde eine Junge-Erwachsenen-Gruppe gibt, dann findest du dort wahrscheinlich ein paar Leute mit Leiterbegabung, die dir bei der Jugendarbeit helfen können. Erlaub auch reifen jugendlichen Mitarbeitern in deiner Jugendarbeit, mit jüngeren Schülern (Jungscharalter) zu arbeiten.

Ein effektiver Weg, deine Teenies in der Jugendarbeit zu halten, ist, ihnen Verantwortung innerhalb der Jugendarbeit zu übertragen. Ich mag die Idee, dass Oberstufenschüler ein Jahr lang mit Jungscharkids arbeiten. Wenn diese Oberstufenschüler nicht zum Studium oder zur Ausbildung wegziehen, können sie die Kinder sechs Jahre lang betreuen. Apropos: Wir achten darauf, dass alle unsere Mitarbeiter mit Jugendlichen des gleichen Geschlechts arbeiten. Das wird noch wichtiger, wenn der Altersunterschied geringer wird.

Mach Werbung an Bibelschulen und theologischen Fakultäten

Wenn sich bei euch in der Nähe einer Bibelschule oder ein theologisches Seminar befindet, dann hast du eine großartige Gelegenheit, junge Mitarbeiter zu finden. Die meisten Studenten an kirchlichen Hochschulen kommen frisch aus Jugend- oder Junge-Erwachsenen-Gruppen und sind von ihrer Heimatgemeinde fortgezogen. Wenn du es schaffst, der erste Jugendmitarbeiter zu sein, der an ihrer Hochschule Werbung macht, hast du gute Chancen, hoch motivierte und aktive Jugendmitarbeiter zu finden.

Darüber hinaus verlangen die meisten Bibelschulen von ihren Studenten praktische Erfahrungen in der Gemeindearbeit. Schaffe in deiner Gemeinde anerkannte Praktikumsstellen, bei den die Studenten Erfahrungen sammeln können und du ihre Fortschritte überwachen kannst. Und dann mach diese Stellen publik!

Sammle gute Tipps

Zusätzlich zu den oben beschriebenen Methoden frage ich ständig Erwachsene und Jugendliche, ob sie nicht noch jemanden kennen, der in der Jugendarbeit mitmachen könnte. Ich sage: »Wir suchen nach allen möglichen Sorten von Leuten, die Gott lieben und ein Herz für Jugendliche haben. Kennst du jemanden, den ich da mal ansprechen könnte?«

Wenn ich den Namen von jemandem bekomme, den ich schon kenne, rufe ich diese Person an, erkläre unsere verschiedenen Einsatzmöglichkeiten und bitte sie oder ihn, ernsthaft zu erwägen, ob eins dieser Teams etwas für ihn /sie wäre. Ich sage dann so etwas wie: »Einige der Jugendlichen haben Sie als besonders geeignet eingeschätzt.« So kommen erst gar keine Bedenken in Richtung »Werden die Jugendlichen mich überhaupt haben wollen?« auf. Wenn ich den empfohlenen Erwachsenen nicht kenne, dann schreibe ich einen Brief wie den in Abbildung 15.3 und lasse einen Telefonanruf folgen.

Lieber Dan,

ich wollte dir mitteilen, dass du einen Beliebtheits-Wettbewerb gewonnen hast, den ich mit einigen Jugendlichen der Saddleback Church veranstaltet habe. Kürzlich fragte ich einige Schüler, ob sie Erwachsene kennen, die ihrer Meinung nach gute Mitarbeiter in unserer Jugendarbeit abgeben würden.

Dein Name wurde mit besonders enthusiastischer Unterstützung genannt.

Es wäre schön, wenn du ernsthaft darüber nachdenken könntest, unserem Team beizutreten. Wir suchen immer nach reifen Christen, die Gott lieben und sich für Jugendliche begeistern.

Wenn das auf dich zutrifft, dann würde ich dir liebend gern mehr über unsere Arbeit und die verschiedenen Möglichkeiten der Mitarbeit erzählen.

Ich werde dich so etwa in einer Woche mal anrufen, um mich nach deinen Gefühlen in dieser Sache zu erkundigen.

Danke, dass du dir die Zeit genommen hast, diesen Brief zu lesen, und schön, dass du der Typ Mensch bist, den Jugendliche respektieren!

Gott segne dich,

Doug Fields
Jugendpastor

P.S.: Falls du dich fragst, wer dir das eingebrockt hat: Sarah Boyd und Amy Allen waren besonders sicher, dass du der absolut beste Jugendmitarbeiter der Welt wärst!

Abb. 15.3

Schritt 5:
Lade die Menschen in deine Teams ein

Wenn du Leute einlädst, deinen Teams beizutreten, dann erklär ihnen möglichst genau und ansteckend deine Ziele und Träume. Die Art, wie du über deine Arbeit sprichst, ist der Beginn ihres eigenen Entwicklungsprozesses in Bezug auf Werte, Haltung und Vorsätze.

Konzentrier dich auf das Wort einladen
Das Wort *anwerben* ist eher abschreckend und klingt, als hätte man keine andere Wahl. Die Leute sind müde vom ständigen Rekrutieren für irgendwelche Tätigkeiten. Was klingt besser – »Ich will dich anwerben« oder »Ich möchte dich einladen«? Den Menschen macht es nichts aus, eingeladen zu werden, aber wer wird schon gerne rekrutiert?

Das Wort »anwerben« ist eher abschreckend und klingt, als hätte man keine andere Wahl.

Werbung per Handzettel
Ein Flyer dient als Gedächtnisstütze. Beachte, dass unser Beispiel in Abbildung 15.4 das Material-, Gebets- und Anpack-Team erwähnt. Er gibt den Leuten einen kurzen Überblick darüber, was zu tun ist. Einige Male im Jahr machen wir auch im Gemeindebrief Werbung.

Präsentiere deine »untypischen« Mitarbeiter
Marv sprengt jeden Stereotyp eines Jugendmitarbeiters. Wenn ich in meiner früheren Gemeinde mit potenziellen Mitarbeitern gesprochen habe, habe ich ihn oft mitgenommen. Wenn die Leute von einem in der Jugendarbeit nützlichen Senioren hören, sagen sie sich: »Wenn er das kann, kann ich das schon lange.«

Bring alle deine Teams zu einer großen Feier zusammen
Veranstalte einmal im Jahr eine Feier, zu der du alle deine Teams einlädst. Das kann eine Weihnachtsfeier oder ein Picknick sein. Ein wichtiger Grund für diese Party ist, allen für ihre Unterstützung zu danken. Ein anderer wichtiger Grund ist, dass Leute aus dem Anpack-Team Leute aus den anderen Teams kennen lernen sollen. Diese können mit ihnen

»Erfahrungen von der Front« teilen und sie einladen, einmal zu einer ihrer Kleingruppen zu kommen oder den Wochenendgottesdienst zu besuchen. Nancy, eine unserer Anpack-Mitarbeiterinnen, hat zum Beispiel Julie aus dem Gebets-Team bei unserer jährlichen Party getroffen und sich mit ihr über die Jugendarbeit unterhalten. Nancy lud Julie ein, sich einmal ihre Kleingruppe anzuschauen. Ihre Unterhaltung lief so:

Nancy: »Hast du schon mal dran gedacht, mit Jugendlichen zu arbeiten oder eine Kleingruppenleiterin zu werden?«

Julie: »Oh, nein! Ich glaube nicht, dass ich das könnte. Ich mag Teenager, aber ich bin zufrieden damit, für die Jugendarbeit zu beten.«

Nancy: »Ich habe früher gedacht, ich wäre zu alt für die Arbeit mit Jugendlichen. Aber es ist ganz toll! Ich würde dich gerne mal einladen, meine Kleingruppe zu besuchen, um zu sehen, ob es dich interessiert.«

Lade potenzielle Mitarbeiter erst zu einem Besuch ein, bevor sie sich verpflichten

Es ist wichtig, dass sich deine potenziellen Mitarbeiter erst einmal deine Veranstaltungen ansehen, bevor sie sich zu irgendetwas verpflichten. Sie sollen erst den »großen Rahmen« der Jugendarbeit sehen. Ich bin natürlich ganz wild darauf, neue Mitarbeiter zu kriegen, aber ich möchte weise wählen. Jemanden in die Jugendarbeit zu bringen ist einfacher als ihn wieder herauszubitten, wenn er doch nicht zu euch passt. Deswegen müssen Gesamtverantwortliche wählerisch sein.

Das nächste Kapitel konzentriert sich darauf, wie du neue Mitarbeiter für die Anpack-Teams gewinnen kannst, und gibt einige Sicherheitshinweise, damit neue Leute der Jugendarbeit nutzen und nicht schaden.

Warum sind diese Mädchen so traurig?

a) Sie wurden nicht bei den Cheerleadern aufgenommen
b) Sie sind aus dem Volleyballteam geflogen
c) Sie wurden zur Teilnahme an der Jugendarbeit in der Saddleback Church gezwungen
d) Sie haben keinen Kleingruppenleiter, der sich um sie kümmert
e) Alles

Die richtige Antwort ist »d«.

Wir suchen nicht nach dem »perfekten« Kleingruppenleiter, wir suchen nach

- Senioren
- Introvertierten
- Jung Verheirateten
- Musikern
- Schulabgängern
- Fußballern
- Bikern
- Frisch Bekehrten
- Eltern
- Ex-Models
- Handwerkern
- Künstlern
- Älteren Ehepaaren
- Studenten
- Mechanikern
- Alleinerziehenden Eltern
- Buchhaltern
- Reifen Christen
- Menschen mit schwieriger Vergangenheit
- Computerfreaks
- Sportlern
- Unternehmern
- Vielbeschäftigten
- Köchen
- Verwaltern
- Profi-Wrestlern.

Wenn du Gott liebst und ein Herz für Jugendliche hast, dann nimm dir eine Minute Zeit und füll die Kommunikations-Karte mit deinem Namen und Telefonnummer aus. Markier den Bereich, in dem du dich gerne engagieren möchtest (siehe Ende des Blattes).

Gemeinsam für die Jugendlichen,
Doug Fields
Jugendpastor

WIR SUCHEN NACH ERWACHSENEN,
DIE UNSER TEAM IN DREI BEREICHEN UNTERSTÜTZEN MÖCHTEN:

1. **Anpack Team** – Würdest du gern Zeit in Jugendliche investieren und eine Kleingruppe leiten? Jugendliche brauchen Beziehungen zu Erwachsenen – hast du eine anzubieten?
2. **Material-Team** – Hast du ein Zelt? Ein Boot? Einen Kleinbus? Würdest du uns gerne bei besonderen Events helfen? Hast du besondere Fähigkeiten anzubieten?
3. **Gebets-Team** – Wir schätzen unterstützende Gebete unendlich! Kannst du für Jugendliche und unsere Anliegen in der Jugendarbeit beten?

Abb. 15.4

Jetzt wird's persönlich

1. Warum, glaubst du, haben so viele Jugendgruppen Probleme damit, genügend Mitarbeiter aufzubauen?

2. Welches Jugendlichen-Mitarbeiter-Verhältnis empfindest du als vernünftig?

3. Welche Haltung hast du gegenüber ehrenamtlichen Mitarbeitern: »Wir brauchen Mitarbeiter, um zu überleben«, oder: »Wir brauchen Mitarbeiter, um zu gedeihen«?

4. Nenn jemanden in deiner Gemeinde, den du für dein Anpack-Team ansprechen könntest.

5. Liste die Namen deiner »Aufmunterer« auf.

6. Um welche Materialien, die du ständig brauchst, könntest du die Gesamtgemeinde bitten?

7. Nenne einige Mitglieder deiner Gruppe, die sich nach neuen Mitarbeitern umsehen könnten.

8. Was hältst du von dem Werbeflyer in Abbildung 15.4? Wer könnte dir helfen, einen effektiven Handzettel zu entwerfen?

9. Hat deine Jugendarbeit zur Zeit genug Mitarbeiter? Betreuen alle Mitarbeiter in deinem Team Jugendliche oder werden die Jugendlichen nur von einigen wenigen betreut?

10. Strahlt deine Jugendarbeit eine offene und leicht zugängliche Atmosphäre für potenzielle Mitarbeiter aus, die deine Arbeit kennen lernen wollen?

16 Wie man potenziellen Mitarbeitern hilft, Leiter zu werden

Dieses Kapitel ermutigt dich, jeden in deiner Gemeinde als potenziellen Jugendleiter zu betrachten. *Potenziell* ist hier das Schlüsselwort. Nicht jeder, der sich dafür interessiert oder auf deine Einladung antwortet, sollte ein Anpack-Mitarbeiter werden. Gute Jugendeinrichtungen sind sehr vorsichtig damit, wie sie neue Mitarbeiter in ihr Team bringen. Gute Mitarbeiter werden zu entscheidenden Eckstreben einer starken Jugendarbeit, aber die falschen Mitarbeiter können problematisch werden.

Manche Jugendleiter fragen: »Warum muss ich bei ehrenamtlichen Mitarbeitern so wählerisch sein? Ist denn nicht jeder, der Gott liebt und ein Herz für die Jugendlichen hat, ein qualifizierter Kandidat?«

Nein. Wir wären naiv, wenn wir nicht *alle* potenziellen Anpack-Mitarbeiter möglichst objektiv beurteilen würden. Wenn du für den Jugendbereich hauptverantwortlich bist, solltest du feststehende Verfahren und Kriterien für die Auswahl deiner Mitarbeiter haben. Deine Entscheidungen auf diesem Gebiet sind zu wichtig, als dass du sie ohne einen vorher festgelegten Prozess treffen könntest.

Gute Jugendeinrichtungen sind sehr vorsichtig damit, wie sie neue Mitarbeiter in ihr Team bringen.

Entwickle ein geeignetes Auswahlverfahren

In der Saddleback Church haben wir einen Zehn-Schritte-Prozess, den alle potenziellen Mitarbeiter durchlaufen müssen, bevor sie offiziell unserem Team beitreten. (Die Mitglieder des Material- und Gebets-Teams müssen das nicht.) Diese Prozedur stellt sicher, dass wir die Stärken, Schwächen, Motive und Haltung des Bewerbers kennen lernen. Sie hilft auch dabei, hingebungsvolle Mitarbeiter zu entwickeln und Konstanz in ihre Arbeit zu bringen. Obwohl dieser Prozess zeitaufwändig ist, sorgt er auf lange Sicht für weniger Ärger und eine Stärkung der Jugendarbeit. Außerdem sollte man bedenken: Jeder Personalchef führt eine ganz genaue Prüfung durch, bevor er jemanden einstellt – selbst wenn es nur eine kleine Schreibkraft ist. Und wir, die wir gemeinsam am Reich Gottes bauen, sollten keinen geringeren Maßstab anlegen, wenn es um die geistliche Begleitung unserer Kinder geht!

Wenn ich bei einem Vortrag an diesen Punkt komme, kritisieren mich oft Jugendleiter, da sie mein Auswahlverfahren für zu strikt halten. Es handelt sich meist um unerfahrene Jugendleiter. Erfahrene Jugendleiter, die bereits viele Probleme mit ungeeigneten Mitarbeitern hatten, wollen aus ihren Fehlern lernen. Unser Auswahlverfahren berücksichtigt Jugendliche und deren Familien; es minimiert Konflikte und garantiert eine sinnvolle ehrenamtliche Mitarbeiterschaft.

Leiter mit der in Kapitel 15 erwähnten »Wir brauchen Mitarbeiter, um zu überleben«-Mentalität benutzen gewöhnlich kein Auswahlverfahren. Sie stürzen sich mit Begeisterung auf jeden lebenden Freiwilligen. Doch Verzweiflung kann die Tür zu großer Frustration sein. Wenn dies deine Herangehensweise ist (und das war jahrelang auch meine), dann sieh dir die unzähligen Gemeinden an, die den Preis dafür zahlen, dass sie bei ihren Mitarbeitern nicht besser ausgewählt haben. Es scheint gerade so, als ob jeden Monat eine andere Gemeinde Schlagzeilen macht, weil Jugendliche von Mitarbeitern missbraucht wurden. Solche Mitarbeiter werden verklagt, aber geschädigt wird die gesamte kirchliche Jugendarbeit. Obwohl es unfair ist, kann so ein negatives Image jahrelang haften bleiben.

Mit Hilfe eines Auswahlverfahrens hältst du nicht nur potenzielle Belästiger und Triebtäter von deiner Jugendarbeit fern, du zeigst gleichzeitig Professionalität und vermittelst den potenziellen Mitarbeitern die Wichtigkeit ihrer Aufgabe. Auch die Familien der Jugendlichen können so davon ausgehen, dass die Betreuer ihrer Kinder vertrauenswürdig sind. Vertrauen ist wichtig, wenn du eine beziehungsorientierte Jugendarbeit entwickeln willst, in der erwachsene Mitarbeiter ihre Zeit auch außerhalb der offiziellen Veranstaltungen mit Jugendlichen verbringen.

Vertrauen ist wichtig, wenn du eine beziehungsorientierte Jugendarbeit entwickeln willst, in der erwachsene Mitarbeiter ihre Zeit auch außerhalb der offiziellen Veranstaltungen mit Jugendlichen verbringen.

Als verantwortlicher Jugendleiter, der das auf die harte Tour lernen musste, habe ich inzwischen viele schmerzhafte Konflikte vermeiden können. Mir blieb der Stress erspart, Mitarbeiter vor die Tür zu setzen, was übrigens viel härter ist, als ein aufwändiges Aufnahmeverfahren durchzuführen. Die wenigen Male, wo ich Leute bitten musste zu gehen, waren vergleichsweise einfach, weil sie schon durch den Prozess gewarnt waren – sie erfüllten eindeutig ihren Teil der Abmachung nicht, der während des Auswahlverfahrens getroffen worden war. Der Abschied wurde uns leichter gemacht, da wir unsere spezifischen Erwartungen im Voraus klar geäußert hatten.

Nun sollten wir einen Blick auf die einzelnen Schritte unseres Auswahlverfahrens werfen.

1. Interesse

Der Kontakt beginnt, wenn die potenziellen Mitarbeiter die »Warum sind diese Mädchen so traurig«-Frage in der Anzeige beantworten, die wir im Gemeindebrief schalten (siehe Abb. 15.4). Aber ehrlich gesagt sprechen uns auf diesem Weg kaum Menschen an. Viele Mitarbeiter kommen auf Grund unserer Vision und wegen persönlichen Beziehungen zu uns. Aber die meisten potenziellen Mitarbeiter gewinnen wir durch die in Kapitel 15 beschriebenen Methoden (Einladung eines Mitarbeiters, Weg vom Material- zum Anpack-Team, jährliche Dankeschön-Party usw.).

2. Erste Kontakte

Wenn uns Leute ansprechen oder wir sie, erklären wir ihnen unsere Ziele und Wünsche und die erforderlichen Schritte, um ein Jugendmitarbeiter zu werden. Die Schritte geben ihnen Zeit, über die Sache nachzudenken und zu beten, um keine impulsive Entscheidung zu treffen.

3. Das Jugendarbeits-Paket

Nach unserem ersten persönlichen Kontakt mit den potenziellen Mitarbeitern senden wir ihnen unser Jugendarbeits-Paket (siehe Anhang F), das Folgendes enthält:

- einen Willkommensbrief
- eine Übersicht über das, was Jugendliche von einem Mitarbeiter fordern
- unsere Auftragsdefinition und eine Beschreibung unserer Werte
- eine Arbeitsbeschreibung für die Mitarbeiter
- unser Aufnahmeverfahren
- unsere Anmeldung und die Frage nach eventuellen Empfehlungsschreiben

Dieses Paket enthält alle Informationen, die ein potenzieller Mitarbeiter für einen ersten Überblick braucht. Der Willkommensbrief beinhaltet auch eine Einladung, sich mal eine unserer Veranstaltungen anzusehen, und zwar am besten bevor sie sich die Zeit nehmen, die Anmeldung auszufüllen.

4. Eine Veranstaltung besuchen

Es ist wichtig, dass potenzielle Mitarbeiter eine Vorstellung ihrer zukünftigen Tätigkeit bekommen. Wir können unsere Arbeit tausendmal beschreiben, aber bevor sie sie nicht »live« gesehen haben, können sie die Jugendarbeit nicht vollständig verstehen. Obwohl der kurze Besuch nicht die Freude und den Reichtum offenbaren kann, die aus der Leitung einer Kleingruppe entstehen, vermittelt er doch einen guten Einblick in die Arbeit an sich.

Wir arbeiten hart daran, unseren potenziellen Mitarbeitern während des Besuches nichts vorzumachen. Sagen wir zum Beispiel, David hat Interesse daran, Mitarbeiter zu werden. Er ist aufgeregt und fürchtet sich ein wenig vor dem, was ihn erwartet. Auch ist er sich nicht sicher, ob er all das drauf hat, was von ihm erwartet wird. An einem Sonntagmorgen betritt er unseren Jugendraum, in dem Jugendliche sich miteinander unterhalten und ihn weitgehend ignorieren. Er stellt sich an die Wand und versucht möglichst locker auszusehen. Die Mitarbeiter im Raum sind zu sehr damit beschäftigt, die Jugendlichen zu begrüßen, um David zu bemerken. Und es sind keine Jugendlichen da, die reif genug sind, um auf ihn zuzugehen und zu sagen: »Hi! Bist du neu hier? Ich bin XY. Wie gehts dir? Ich werde dir helfen, dich hier zurechtzufinden.«

Am Ende des Treffens ist David der Erste, der den Raum verlässt. Wegen des unangenehmen Eindrucks ist er jetzt mehr an einer Tätigkeit als Pförtner statt als Jugendmitarbeiter interessiert.

Um so etwas zu vermeiden, solltest du Bewerber vorwarnen, dass sie sich während ihres Besuches wahrscheinlich etwas fehl am Platz fühlen werden und dass das auch eine Weile so bleiben wird, bis sie einige Leute kennen gelernt haben. Wenn du ihnen sagst, dass sich fast jeder in einem Raum voller unbekannter Jugendlicher ziemlich unwohl fühlt, dann werden sie vielleicht nicht so schnell abspringen.

5. Der Antrag

Wenn sich potenzielle Mitarbeiter eine unserer Veranstaltungen angesehen haben und weiterhin an einer Mitarbeit interessiert sind, dann bitten wir sie, einen Antrag auszufüllen, um mehr über sie zu erfahren. Wie du bei dem Antrag in Anhang F sehen kannst, stellen wir persönliche Fragen über ihren Glauben, ihre Einstellung und ihren Lebensstil. Jeder Fragekomplex gibt uns eine Menge Informationen, über die wir dann während des Interviews reden können.

Wenn dann bei mir zu viele »Warnlichter« angehen, dann verlangsame oder stoppe ich den Prozess und sage dem Bewerber, dass er meiner Meinung nach noch nicht bereit für die Mitarbeit ist. Wenn Grund zur Vorsicht besteht, dann »befrage ich zuvor den Herrn« (1 Kön 22,5). Weil ich ungern wichtige Entscheidungen allein treffe, diskutiere ich die Situation dann mit meinem Pastor und verlasse mich auf seine Weisheit, bevor ich handle. In Sprichwörter 15,22 steht: »Wo es an Beratung fehlt, da scheitern die Pläne, wo viele Ratgeber sind, gibt es Erfolg.«

Jemandem zu sagen, dass sie oder er nicht in die Jugendarbeit einsteigen kann, ist keine böswillige Handlung; es ist eine Sache der Mitarbeiterführung. Obwohl es keine einfache Aufgabe ist, ist es besser, sie früher als zu spät zu erledigen. So sehr es mir widerstrebt, jemandem zu sagen, dass er oder sie für unser Team nicht geeignet ist – noch schlimmer ist, wenn diese Person zu einem Problem in der Jugendarbeit wird.

Jemandem zu sagen, dass er oder sie nicht in die Jugendarbeit einsteigen kann, ist keine böswillige Handlung; es ist eine Sache der Mitarbeiterführung.

An diesem Punkt im Auswahlverfahren wird deine Leiterschaft getestet werden. Manche Leute merken erst jetzt, wie schlecht es um ihre Leitungfähigkeiten bestellt ist, weil sie die harten Anrufe nicht fertig bringen.

Einige »Warnlämpchen«, nach denen du bei potenziellen Mitarbeitern sehen solltest:

- jemand ist erst ganz kurz Christ oder ein neues Mitglied der Gemeinde
- seine Mitarbeits-Geschichte ist voller kurzzeitiger Verpflichtungen
- er ist übertrieben kritisch
- jemand steckt in einer Lebenskrise oder in einem Übergang (zum Beispiel Tod eines Familienmitglieds, Scheidung oder Trennung, großer Berufswechsel)
- jemand hat eine hohe Erwartung, in den Mitarbeitern die besten Freunde und in der Jugendarbeit seinen neuen Lebensmittelpunkt zu finden (zum Beispiel ein einsamer 39-jähriger Single)
- es gibt versteckte Wünsche und Erwartungen, die gegen deine Werte oder Ziele gehen
- jemand führt einen wenig vorbildlichen Lebensstil
- jemand hat massive Eheprobleme, gegen die er nichts tut

6. Gespräch mit dem Jugendpastor

Wir warten auf den vollständig ausgefüllten Antrag, bevor wir uns zu einem Gespräch unter vier Augen treffen, damit wir keine Zeit mit Leuten verschwenden, die nicht mal den Antrag fertig ausfüllen (von sieben ausgehändigten Anträgen kommt einer zurück!). Zu diesem Zeitpunkt haben wir auf Grund unseres anfänglichen Kontakts, unserer Beobachtung und dem Antrag schon einen recht genauen Eindruck, ob die betreffende Person in unsere Jugendarbeit passt. Wenn die Person offensichtlich gut zu uns passt, dann wird das Treffen weniger ein Interview, sondern eher ein lockeres Gespräch über bestehende Fragen. Danach geben wir dem potenziellen Mitarbeiter ein Exemplar eines Verpflichtungsbogens (siehe Anhang G) und besprechen die einzelnen Punkte gründlich.

7. Gebetszeit

Nach Beendigung des Interviews bitten wir den Bewerber, seine mögliche Mitarbeit mit Gott zu besprechen, sowohl allein als auch mit seiner Familie oder mit guten Freunden. Wenn wir uns vorstellen können, dass der Bewerber für unsere Jugendarbeit geeignet ist, bitten wir ihn, den Verpflichtungsbogen abzugeben, wann immer sie oder er bereit ist.

Wenn wir uns am Ende des Interviews noch nicht ganz im Klaren sind, vereinbaren wir eine überschaubare Überlegungsphase (zum Beispiel 3 Wochen). Diese Gebetszeit erlaubt beiden Parteien, nach Gottes Willen zu fragen.

8. Der Verpflichtungsbogen

Wenn du einen oder mehrere unserer Schritte auslassen willst, dann schlage ich nur eines vor, dass du nämlich den Verpflichtungsbogen beibehältst. Der Verpflichtungsbogen ist einer der besten Dinge, die ich je in meiner Arbeit mit Ehrenamtlichen benutzt habe. Wenn Mitarbeiter einen solchen Verpflichtungsbogen unterschreiben, ist das schon fast wie ein Vertrag. Ich will keinen Konflikt heraufbeschwören, doch so geben mir Mitarbeiter die Erlaubnis, sie damit zu konfrontieren, wenn sie sich nicht an ihre Verpflichtungen halten. Wenn zum Beispiel ein Mitarbeiter nicht zu unserem monatlichen Pflichttreffen erscheint, weiß er, dass er mit einem Telefonanruf rechnen kann. Oder wenn einer unserer Mitarbeiter offensichtlich Probleme hat, dient der Verpflichtungsbogen als eine Basis für ein Gespräch. Der Verpflichtungsbogen ist so wichtig, dass wir alle unsere Mitarbeiter anhalten, ihn immer zu Beginn jedes neuen Schuljahres als Erinnerung an ihre Verpflichtung erneut zu unterschreiben.[1]

9. Der Einsatz beginnt

Sobald wir den Antrag von den Bewerbern unterschrieben erhalten, werden sie von Bewerbern zu Mitarbeitern. Sie beginnen dann, unsere Wochenendgottesdienste (für Besucherjugendliche) oder eine Kleingruppe (für Gemeindejugendliche) zu besuchen. Sie können sich für beide Veranstaltungen verpflichten, aber darauf drängen wir nicht. Wir sehen es lieber, wenn unsere Mitarbeiter bei wenigen Veranstaltungen regelmäßig teilnehmen, statt dass sie sich für mehrere eintragen und nirgendwo richtig dabei sind.

Stelle sicher, dass deine Mitarbeiter ihre neue Rolle mit klaren Erwartungen und Anweisungen übernehmen. Das Ziel ist, ihr Herz und ihre Leidenschaft zur selbstständigen Mitarbeiterschaft zu bringen. Gleichzeitig, wie bereits früher erwähnt, sollen die neuen Mitarbeiter bereits selbstständige Mitarbeiter als Vorbilder nehmen, um ihre Reise zu beginnen.

10. Der 30-Tage-Check-up und/oder das Auswertungstreffen

Nachdem neue Mitarbeiter ein paar Wochen mit den Jugendlichen zu tun hatten, treffen wir uns mit ihnen zu einem privaten Gespräch, um Schwierigkeiten zu besprechen. Wenn neue Mitarbeiter innerhalb der ersten Wochen keinen Kontakt zu anderen Mitarbeitern finden, dann fühlen sie sich oft vernachlässigt. Sie brauchen Betreuung und Austausch. Sie müssen hören, dass sie gute Arbeit leisten und vielleicht brauchen sie Ideen, wie sie besser Kontakt zu den Jugendlichen knüpfen können.

Die Einstellung ist dabei entscheidender als die tatsächlichen Leistungen, denn Techniken können wir ihnen beibringen, aber nicht die richtige Gesinnung. Eine negative Haltung können wir dank des Auswahlverfahrens normalerweise schon vor dem Eintritt der betreffenden Person in die Jugendarbeit feststellen. Anpassungsvermögen und Teamwork sind einfach zu testen. Wir beobachten, wie die neuen Mitarbeiter mit den Mitgliedern ihrer Kleingruppen zurechtkommen und ob sie eher Mannschaftsspieler oder Einzelkämpfer sind.

Nach dem 30-Tage-Treffen haben wir weitere, spontane Check-up-Treffen, die meistens Motivationssessions sind. Es kommt allerdings auch vor, dass nach mehreren solcher Gespräche dann doch klar wird, dass die Person nicht für die Jugendarbeit geeignet ist. Dann ist wieder deine Leiterschaft gefragt, um hier »kurz und schmerzhaft« klare Linien zu ziehen.

Nimm dir Zeit, dieses Auswahlverfahren auf deine Situation zu übertragen. Verändere einzelne Schritte, lass welche weg oder füg welche hinzu – aber was immer du tust, überlege sehr gut, wen du in dein Team aufnimmst.

Neue Mitarbeiter ermutigen

Wenn du neue Leute in dein Team bringst, müssen sie weiter wachsen. Gute Mitarbeiter entwickeln sich nicht von selbst, daher wird dein Job als verantwortlicher Leiter niemals enden. Du musst deine Mitarbeiter führen und motivieren – dazu im Folgenden ein paar Tipps und Hilfen.

Gute Mitarbeiter entwickeln sich nicht von selbst.

Schaffe sinnvolle Verantwortungsbereiche

Könntest du sofort zehn Mitarbeiter gebrauchen? Wie wäre es mit zwanzig? Wenn ja, was würden diese Mitarbeiter in deiner Jugendarbeit zu tun haben? Wenn du Mitarbeitern keine bestimmte Verantwortung mit klarem Sinn und Ziel überträgst, verlieren sie das Interesse und werden uneffektiv. Gute Mitarbeiter wollen ihre Zeit nicht verschwenden.

In Kapitel 15 habe ich kurz zwei Typen von Mitarbeitern erwähnt – veranstaltungsbestimmte und selbstständige. Selbstständige Mitarbeiter brauchen nicht soviel Betreuung wie veranstaltungsbestimmte Mitarbeiter. Wenn veranstaltungsbestimmte Mitarbeiter mich nach Ideen für ihren Dienst fragen, dann schlage ich ihnen vor, eine halbe Stunde in der Woche außerhalb ihrer Veranstaltungen für die Jugendarbeit zu verwenden. Abbildung 16.1 zeigt Beispiele, wie man sich, je nach Zeit, um Jugendliche kümmern kann.

Jetzt lass uns folgendes Prinzip in die Gleichung bringen: Deine Ideen können klar und deutlich sein, aber wenn du den Mitarbeitern nicht helfen kannst, einen Sinn und ein Ziel zu sehen, werden die Ideen ihre Kraft einbüßen.

Ein kurzes Beispiel: Während unseres Wochenendgottesdienstes sitzen unsere Jugendlichen an Tischen. Wir benutzen Tische statt Reihen, um eine Gesprächsatmosphäre zu schaffen und unseren Mitarbeitern Gelegenheit zu geben, sich um die Jugendlichen kümmern zu können. Die Mitarbeiter könnten sich dennoch schnell so fühlen, als sei ihre Anwesenheit während der Wochenendgottesdienste nicht unbedingt erforderlich, denn es kommt ihnen nicht wie Arbeit vor. Aber nichts könnte weiter vom Sinn der Tischgruppen entfernt sein.

Ein Teil meiner Arbeit als Hauptverantwortlicher ist, den Mitarbeitern beizubringen, dass einfach an einem Tisch mit Jugendlichen zu sitzen sehr wohl Jugendarbeit ist. Um den Sinn und die Bedeutung hinter der Anwesenheit von Erwachsenen besonders deutlich zu machen, habe ich ihre Verantwortungsbereiche definiert. Acht wichtige Punkte sind dabei:

- Kümmer dich um alle Jugendlichen an deinem Tisch
- Tausch dich mit den Leuten an deinem Tisch aus und verwickle sie in Unterhaltungen
- Neue Leute: Sorg dafür, dass sich die »internen« Jugendlichen um sie kümmern
- Lade sie zu weiteren Veranstaltungen ein wie den Kurs 101 und die Kleingruppen
- Schreib dir ihre Adressen auf
- Stell bei der Begrüßung durch einen kräftigen Handschlag oder eine Berührung am Arm Körperkontakt her, ohne aufdringlich zu sein
- Reagiere auf Lärm oder Störungen während des Gottedienstes und unterbinde sie
- Positives Feedback: Mach deutlich, dass du dich über die Anwesenheit jedes einzelnen Jugendlichen freust

Unsere Mitarbeiter verstehen, dass sie nicht nur an den Tischen sitzen, um die Menge zu kontrollieren. Sie betreuen Jugendliche, die geliebt werden und von Gottes Liebe erfahren müssen. Ein Grund, warum Jugendliche wieder zu einer Veranstaltung und einem bestimmten Tisch kommen, ist, dass dort ein Mitarbeiter sitzt, der ihre Namen kennt und sich freut, dass sie da sind.

Deine Erwartungen mitteilen

Deine Mitarbeiter können keine Gedanken lesen. Wenn du der verantwortliche Leiter der Jugendarbeit bist, musst du sie über deine Erwartungen informieren und ihnen mitteilen, wenn sich etwas ändert. Es wird deinen Mitarbeitern nichts ausmachen, sich deine Erwartungen anzuhören, aber sie werden verständlicherweise nicht gern für Dinge verantwortlich gemacht, von denen sie nichts wussten.

Es hat sich ausgezahlt, unsere selbstständigen Mitarbeiter zu bitten, dass sie ihre Erwartungen bezüglich der Veranstaltungen oder Akti-

Ideen für den »zeitbewussten« Mitarbeiter

Wenn du 15 Minuten in der Woche Zeit hast ...

- schreib einem Jugendlichen einen kurzen ermutigenden Brief
- ruf einen Jugendlichen an
- fahr einen Jugendlichen nach einer Veranstaltung nach Hause
- beginne zwei Gespräche vor und nach einer Veranstaltung

Wenn du 30 Minuten in der Woche Zeit hast ...

- mach zwei der obengenannten Dinge
- geh für eine halbe Stunde zu einer Jugendveranstaltung (Sport, Theater, etc.)
- trink eine Cola mit einem Jugendlichen
- nimm einen Jugendlichen auf eine Besorgung mit
- schreib den Eltern eines Jugendlichen einen Brief

Wenn du 2 Stunden in der Woche Zeit hast ...

- geh mit einem Elternteil eines deiner Kids essen
- besuch eine Jugendveranstaltung (Sport, Theater, etc.)
- hilf jemandem bei seinen Hausaufgaben
- starte eine Kleingruppe
- hilf im Gemeindebüro aus

Wenn du 4 Stunden in der Woche Zeit hast ...

- organisier eine Ermutigungs-Kampagne für erwachsene Mitarbeiter
- melde dich zur ehrenamtlichen Hilfe bei einer Schule, einem Sportverein oder einem sonstigen Verein
- biete an, Jugendliche zu Veranstaltungen zu fahren
- gründe eine Biblio- bzw. Videothek für Unterrichts- und Gesprächsmaterial
- organisier und leite eines unserer Dienst-Teams

Wenn du 10 Stunden in der Woche Zeit hast ...

- lies Jugendarbeitsbücher
- nimm Bibelstunden
- wasche und pflege Dougs Auto

Wenn du 20 Stunden in der Woche Zeit hast ...

- fang an zu leben!

Abb. 16.1

vitäten, die sie durchführen, auch immer wieder schriftlich festhalten. Kürzlich war ich auf einer von einigen unserer Mitarbeiter organisierten Veranstaltung und bekam ihre interne Liste zur Erinnerung an die Aufgaben in die Hand:

1. Verteilt euch und begrüßt alle Jugendlichen.
2. Schlaf nicht mit offenem Mund ein. Du kannst nie wissen, was alles darin landet.
3. Versuche, wenigstens ein richtiges Gespräch mit jemandem zu führen, den du nicht so gut kennst.
4. Sei ein Manschaftsspieler und unterstütz die anderen Mitarbeiter.
5. Zähle, wie viele Tassen Kaffee du zwischen deinen Klobesuchen trinken kannst. Die aufnahmefähigste Blase bekommt einen Preis.
6. Hab Spaß und denk positiv in allem. Damit meinen wir ALLES!
7. Zähle, wie oft du das Wort *korrekt* in einer Stunde hörst.
8. Sei der Erste, der den Anweisungen folgt. Die Jugendlichen werden deinem Beispiel folgen.
9. Lache über alles, sogar über dich selbst.
10. Danke Gott, dass wir so etwas nur einmal im Jahr veranstalten.

Danke Gott, dass wir so etwas nur einmal im Jahr veranstalten.

Als Jugendveteran habe ich auf die harte Tour erfahren, wie wichtig es ist, die eigenen Erwartungen ständig zu kommunizieren. Mit unklaren Äußerungen und Erwartungen habe ich einen Mitarbeiter fast zum Weinen und einen anderen an den Rand eines Wutausbruches gebracht. Erspare deinen Mitarbeitern diesen Kummer und drücke dich klar aus.

Großzügig mit Lob sein

Zu mir hat noch nie ein Mitarbeiter gesagt: »Bitte ermutige mich nicht mehr. Ich habe alles an Bestätigung bekommen, was ich ertragen kann. Mit noch mehr Lob werde ich nicht fertig!« Jeder, den ich kenne, schätzt Lob. Betreue deine Betreuer, indem du großzügig mit anerkennenden Worten bist.

Zu mir hat noch nie ein Mitarbeiter gesagt:
»Bitte ermutige mich nicht mehr.
Ich habe alles an Bestätigung bekommen,
was ich ertragen kann.
Mit noch mehr Lob werde ich nicht fertig!«

Das »Gewöhnliche« schätzen

Anerkennung muss nicht dem Spektakulären vorbehalten sein. Menschen für ihre ganz normalen und gewöhnlichen Taten zu loben, hat großen Nutzen. Deine Mitarbeiter erhalten vermutlich nicht viel Lob von den Jugendlichen, deswegen werden deine Worte nicht so schnell vergessen werden. Und ganz normale Tätigkeiten sind durchaus Anerkennung wert: »Matt, ich finde wirklich toll, wie du es schaffst, dass sich die Jugendlichen bei uns wohl fühlen«; »Noel, es bedeutet mir sehr viel, dass du dir extra noch Zeit genommen hast, zu Heathers Fußballspiel zu gehen. Das nenne ich Einsatz!«

Sei dabei in deinem Lob spezifisch.

»Mitarbeiter des Monats«

Es klingt vielleicht albern, Auszeichnungen zu verleihen wie bei McDonalds, aber glaub mir, auch Erwachsene mögen das wirklich! Bei unserem monatlichen Mitarbeitertreffen vergeben wir eine »Mitarbeiter des Monats«-Urkunde (siehe Abbildung 16.2). Es ist kein sonderlich wertvoller Preis, aber unsere Mitarbeiter schauen doch erfreut-beschämt zu Boden, wenn sie ihn bekommen. Jeder Mensch genießt Lob und Wertschätzung.

Manchmal gehe ich in einen Trödelladen und kaufe einen alten Sportpokal für ein paar Mark. Dann gehe ich in ein Graviergeschäft und lasse ein Schildchen mit der Aufschrift »Mitarbeiter des Monats«, dem Datum und dem Namen des Mitarbeiters anfertigen. Ich klebe die neue Tafel über die alte und das Ergebnis ist eine preiswerte, aber nette und persönliche Trophäe. Je seltsamer das Ding aussieht, desto größer der Spaß damit. Vor dem Treffen hänge ich ein Tuch über den Pokal und stelle ihn neben der Tür auf, damit die Jugendmitarbeiter beim Eintreten daran vorbeilaufen müssen. Es ist amüsant zu sehen, wie sie den verhüllten Pokal beobachten und sich fragen, ob er am Ende des Treffens wohl ihnen gehören wird. Eine solche Auszeichnung zu bekom-

Zum

Mitarbeiter des Monats

wird hiermit

Chris Garten

gekürt.

Du bist ein unersetzlicher Teil unserer Jugendarbeit und ganz besonders wichtig für die Jugendlichen der Trabuco Hills-Kleingruppe.
Danke, dass du dich entschieden hast,
ein gutes Vorbild zu sein, Jugendliche zu lieben
und ihnen etwas von deiner Zeit und Energie zu schenken.
Du veränderst etwas im Leben der Jugendlichen.
Wir begrüßen und schätzen deine Hingabe und deine Mitarbeit.

Abb. 16.2

men ist ein denkwürdiger Moment für jeden Mitarbeiter, denn er wird mit freundlichen Worten und herzlichster Anerkennung überreicht.

Lob von außen

Meine Mitarbeiter schätzen meine Anerkennung, aber sie gewöhnen sich daran. Darum ist es noch bedeutsamer und motivierender, wenn Außenstehende sich positiv über ihre Arbeit äußern.

Gelegentlich bitte ich meinen Gemeindepastor, einem meiner Mitarbeiter einen ermutigenden Brief zu schreiben. Ich tue das nicht oft, denn er ist wirklich sehr beschäftigt, aber wenn ich mich dazu entschließe, dann will ich jemanden wirklich mit einem ganz besonderen Lob überraschen.

Ich bitte auch Eltern, für mich Briefe zu schreiben. Eine Mutter hat mir zum Beispiel kürzlich für unsere Arbeit gedankt und ihre Freude darüber ausgedrückt, dass es ihrer Tochter Lynne so gut bei uns gefällt.

Sie dankte mir, weil ich der Jugendpastor bin, aber ich wusste, dass ich persönlich sehr wenig mit Lynnes Wohlbefinden zu tun hatte. Lynnes Entwicklung war das Resultat von Kathleens Kleingruppe und ihrer guten Betreuung. Ich fragte die Mutter, ob sie einen Dankesbrief an Kathleen schreiben könnte. Sie hat es sehr gern getan und Kathleen hat sich über diese Bestätigung sehr gefreut. Sprichwörter 25,11, »Wie goldene Äpfel auf silbernen Schalen ist ein Wort, gesprochen zur rechten Zeit« wurden in Kathleens Leben lebendig.

Wie deine Mitarbeiter arbeiten

Vieles in der Jugendarbeit findet hinter den Kulissen statt und du wirst nicht davon erfahren, wenn du nicht danach fragst. Gib deinen Mitarbeitern Gelegenheit, über ihre Arbeit zu berichten, indem sie einen monatlichen »Mitarbeiter-Bericht« (siehe Abbildung 16.3) ausfüllen. Er muss nicht verpflichtend sein, damit deine Mitarbeiter nicht mit einer weiteren Aufgabe belastet werden, aber wenn sie ihn ausfüllen, dann hast du eine Gelegenheit, ihre Arbeit zu loben.

»Mitarbeiterveteranen« motivieren

Ein Mitarbeiterveteran ist jeder Freiwillige, der schon mindestens ein oder zwei Jahre in deinem Team arbeitet. Die Frage lautet dann: »Wie können wir ihn für *zwei weitere* Jahre behalten?« Gute Mitarbeiter bleiben lange dabei. Hier sind einige Möglichkeiten, sie zu schonen und zu motivieren:

Übertrage ihnen mehr Verantwortung

Greg war schon seit über fünf Jahren ehrenamtlicher Mitarbeiter gewesen, aber er begann Ermüdungserscheinungen zu zeigen und war nahe daran aufzugeben. Seine Kleingruppe hatte sich aufgelöst und er fühlte sich der jetzigen Jugendarbeit nicht mehr gewachsen. Als wir mit ihm ins Gespräch kamen, konnten wir eine neue Position für ihn schaffen. Wir verlegten seinen Schwerpunkt von Jugend- auf Erwachsenenarbeit. Ich konnte den potenziellen Jugendmitarbeitern keine echte Zeit widmen, wenn sie Sonntagsmorgens zum Gottesdienst kamen, um sich unsere Veranstaltung anzusehen. Ich war einfach zu beschäftigt. Greg wurde unser Chefbetreuer für potenzielle Mitarbeiter, indem er sie durch die ersten Stadien unseres Auswahlverfahrens führte und sie mit Mitarbeitern und Jugendlichen bekannt machte.

Ehrenamtlicher Mitarbeiter-Bericht

I. Meine Jugendarbeitsziele für den nächsten Monat sind ...

II. Meine persönlichen Ziele für den nächsten Monat sind ...

III. Folgende Briefe habe ich letzten Monat geschrieben ...

IV. Folgende wichtige Gespräche habe ich letzten Monat geführt ...

V. Ich habe folgende Gebetsanliegen erhalten ...

VI. Du kannst mir besser helfen, indem ...

Abb. 16.3

Denk darüber nach, welche Verantwortungsbereiche du deinen Veteranen übertragen kannst. Eine weiterführende Aufgabe kann eine Person neu motivieren und dir Luft verschaffen, dich auf andere Bereiche zu konzentrieren.

Beziehe sie in wichtige Entscheidungen mit ein

Statt mit jedem deiner Mitarbeiter einzeln wichtige Entscheidungen zu treffen, solltest du einige deiner Mitarbeiter zusammentrommeln und in dieser Gruppe entscheiden lassen. Neulich musste eine Entscheidung bezüglich unserer Sommerfreizeit gefällt werden und ich suchte nach Rat. Ich sagte zu einigen meiner erfahreneren Mitarbeiter: »Wir müssen etwas bezüglich unseres Hausboot-Ausflugs entscheiden. Wir können mit Booten fahren, die nicht so gut sind, müssen dafür aber weniger bezahlen und können länger bleiben oder wir können für den üblichen Preis fahren, aber mit schöneren Booten. Was denkt ihr?«

Sie wollten lieber eine längere Freizeit. Da sie die Entscheidung mit getroffen hatten, mussten sie sie später auch mit verteidigen, als wir die Änderung bekannt gaben und einige aus dem Team das ursprüngliche Arrangement wollten. Es müssen nicht alle Mitarbeiter an allen Entscheidungen mitwirken, aber wenn du eine schwierige Entscheidung zu treffen hast, dann bezieh einige der älteren Mitarbeiter mit ein und lass dich von ihnen beraten.

Lass sie ein Team leiten

Wenn du beginnst, mehr als nur ein paar wenige Mitarbeiter zu haben, dann lass sie gemeinsam an Projekten arbeiten. Das erleichtert nicht nur die Arbeit des Hauptverantwortlichen, sondern führt auch zu Freundschaften unter den Mitarbeitern. Sagen wir zum Beispiel, du hast bis jetzt immer die Winterfreizeit, eine übergreifende Aktion im Sommer und die Missionsreise organisiert. Das bedeutet, dass du für drei Veranstaltungen hauptverantwortlich bist. Stattdessen könnten drei deiner Veteranen sich in die Planung dieser Veranstaltungen einbringen und jeweils als Kopf eines Mitarbeiterteams fungieren. Das würde die Gemeinschaft unter den teilnehmenden Mitarbeitern stärken und deine Veteranen bestätigen.

Nimm sie mit

Wenn du der Gesamtleiter für den Jugendbereich bist, dann nimm deine Veteranen-Mitarbeiter mit, wenn du zu einer Fortbildung reist. Sag ihnen, dass diese Fortbildung für ernsthafte Jugendmitarbeiter konzipiert ist und dass du sie gern dabei haben willst. Wenn ihr das Seminar gemeinsam als Team besucht, dann wird es bei der Rückkehr einfacher sein, neue Ideen einzubringen und umzusetzen.

Bestätige ihre Ausdauer in der Öffentlichkeit
Langzeitmitarbeiter bringen Verlässlichkeit, Vertrauen und Erfahrung in deine Jugendarbeit. Lass deine Mitarbeiter wissen, wie sehr du Ausdauer schätzt, indem du deine Veteranen als Rückgrat deiner Arbeit vorstellst. Sag ihnen, dass du ihre Langlebigkeit bewunderst und dass ihre Erfahrung ihnen erlaubt, eine wichtige Rolle in der Jugendarbeit zu spielen.

Verabschiede sie mit Lob und Anerkennung
Wenn sich etwas im Leben deiner Mitarbeiter ändert, dann bedeutet das vielleicht das Ende ihres Engagements in der Jugendarbeit. Diese Veteranen mit angemessener Anerkennung gehen zu lassen vermittelt Dankbarkeit. Zeig ihnen, dass sie dafür geschätzt werden, wer sie sind und nicht nur für das, was sie in der Jugendarbeit erreicht haben. Wenn du deine Arbeit gut gemacht hast, dann hast du sie so weit gefördert, dass sie auch in jedem anderen Dienst bestehen und hilfreich sind. Obwohl ihr Abschied einen Verlust für deine Jugendarbeit bedeutet, kann er ein Gewinn für eine andere Arbeit sein.

Lade scheidende Mitarbeiter zu einem eigenen Treffen ein und lob sie öffentlich. Bete für sie auf ihrem neuen Lebensweg.

»Unbelastende« Mitarbeitertreffen

Die meisten unserer Mitarbeiter freuen sich auf unser monatliches Mitarbeitertreffen. Das ist etwas, was ich von den Mitarbeitern meiner früheren Gemeinde nicht behaupten kann. Sie haben sich vor diesen Treffen gefürchtet, und um ehrlich zu sein, ich auch. Es ist traurig, aber wahr, dass die meisten Menschen ihr Denken und ihre Gewohnheiten nicht ändern, bevor sie nicht einen neuen Job haben. Wenn wir unser Umfeld verändern, dann müssen wir unsere Vergangenheit auswerten und mit dem vergleichen, was wir in Zukunft tun wollen und sollen.

Hier sind einige Dinge, die ich auf Mitarbeitertreffen gelernt habe, seit ich die Gemeinde gewechselt habe.

Halte deine Tagesordnung positiv

In meiner vorherigen Gemeinde habe ich den Mitarbeitern oft zu viele Gelegenheiten zur Beschwerde gegeben. Ich eröffnete das Treffen zum Beispiel mit dem Satz: »Was habt ihr auf dem Herzen? Worüber möchtet ihr heute Abend sprechen?« Sobald eine Person eine Enttäuschung oder Beschwerde vorgebracht hatte, schienen sich alle nur noch in diese Richtung zu bewegen. Wenn unsere Zeit dann vorüber war, war ich bedrückt.

Jetzt eröffne ich unsere Treffen mit: »Was hat Gott in eurem Bereich der Jugendarbeit getan?« oder »Was war für euch das Highlight dieses Monats?« Diese Fragen bringen uns auf einen positiven Kurs. Es ist nur eine simple Veränderung, aber sie hat eine Menge bewirkt.

Halt Arbeitsgespräche und Entscheidungen auf Mitarbeitertreffen auf ein Minimum reduziert. Arbeitsthemen und Entscheidungen werden an jedem beliebigen Tag besprochen und getroffen – besonders beim Mittagessen und während Fahrten zu Veranstaltungen. Unser Mitarbeiter-Treffen ist mehr ein Gottesdienst als ein Arbeitstreffen. Hier ist ein einfacher Ablaufplan, wie wir ihn bei unseren Treffen benutzen:

17:00–17:15	Andacht oder Lesung aus der Bibel, die uns daran erinnert, wie die Kraft Gottes durch leidenschaftliche Mitarbeiter wirkt. (Wir beginnen unsere Treffen immer mit der Erinnerung an den ersten Schritt dieses Buches: Die Kraft Gottes.)
17:15–17:35	Persönliche Highlights des Monats: »Wie wirkt Gottes Kraft in deiner Jugendarbeit?«
17:35–17:50	Berichte aus den Kleingruppen
17:50–18:05	Kurze Fortbildung – zum Beispiel: »Wie man Eltern kennen lernt«
18:05–18:20	Die Werte: Besprechung aller und genauere Betrachtung eines bestimmten
18:20–18:40	Termine, anstehende Veranstaltungen, »Mitarbeiter des Monats«-Auszeichnung
18:40–19:00	Aufteilung in kleine Arbeitsgruppen, um Fortschrittsberichte laufender Projekte zu erstellen und gemeinsam zu beten. (Kleine Gebetsgruppen helfen, Intimität und Vertrauen herzustellen.)

Lass sie die Initiative ergreifen
Wenn deine Mitarbeiter nichts beitragen, dann kann das daran liegen, dass *du* immer den Tagesplan festlegst und ihnen sagst, was sie zu tun haben. Binde sie stattdessen in Entscheidungen mit ein und übertrag ihnen Verantwortung. Lass Teams an Projekten und Veranstaltungen arbeiten. Diese Teams sollten von Veteranen geleitet werden, die den Prozess für einen bestimmten Bereich der Jugendarbeit kontrollieren können.

Betone den Vorrang geistlicher Ermutigung vor der Fortbildung
In meiner vorherigen Gemeinde vertrat ich die Ansicht, dass alle Mitarbeiter sehr gut ausgebildet sein müssen. Wir verbrachten fast eine Stunde jedes Treffens mit einer Art Fortbildung. Als ich nach Saddleback kam, minimierte ich die Fortbildungen und maximierte den Austausch und geistliche Ermutigung. Motivierte Mitarbeiter sind bessere Mentoren, Ausbilder und Vorbilder. Ich plane Fortbildungen jetzt einfach nach den vorhandenen Bedürfnissen.

Spielt zusammen

Jesus sagt in Johannes 13,35: »Daran werden alle erkennen, dass ihr meine Jünger seid: wenn ihr einander liebt.«

Lieben und ehren sich deine Mitarbeiter gegenseitig? Haben sie enge Beziehungen, die durch gemeinsame Erfahrungen außerhalb der Jugendarbeit entstanden sind? Wenn nicht, dann solltest du in Betracht ziehen, einen Teil eurer Fortbildungszeit miteinander zu »spielen«.

Am Ende unseres monatlichen Mitarbeitertreffens haben wir eine Spielphase eingeführt. Da es ja den Babysitter-Dienst gibt, der sich um die Kinder der Mitarbeiter kümmert, nutzen wir die Gelegenheit, um einfach mal gemeinsam Spaß zu haben, ob bei einem gemeinsamen Abendessen oder einem Go-Cart-Rennen. Die Teilnahme ist natürlich freiwillig, aber die meisten Mitarbeiter finden sie sehr wichtig für ihr seelisches Wohlbefinden.

Jetzt wird's persönlich

1. Wie findest du den Zehn-Schritte-Aufnahmeprozess?

2. Welche Möglichkeiten für einen Aufnahmeprozess bieten sich in deiner Jugendarbeit?

3. Nenn einige Warnsignale, die du bemerken solltest, wenn du Bewerber testest.

4. Welche Verpflichtungen solltest du von deinen Mitarbeitern erwarten? Welche Vorstellungen hast du bezüglich ihres Lebensstils?

5. Wenn sich von heute auf morgen 20 Leute bei dir melden würden, die Interesse an der Jugendmitarbeit haben, könntest du sie gebrauchen? Bevor du ja sagst, was würden sie genau zu tun haben? Hast du die bestehenden Verantwortungsbereiche schriftlich festgelegt? (Neue Mitarbeiter werden nicht lange dabei bleiben, wenn sie keinen Kontakt zu Jugendlichen herstellen und keinen richtigen Sinn in ihrer Tätigkeit sehen können.)

6. Wenn dir ein Mitarbeiter zwei Stunden pro Woche zur Verfügung stellen kann, was würdest du ihn dann tun lassen? Kennen deine Mitarbeiter die Antwort auf diese Frage?

7. Welche Schritte unternimmst du, um deine Mitarbeiter zu bestätigen? Was sind neue Ideen, die du benutzen kannst?

8. Wer könnte ein Team leiten, das gerade an einem Projekt arbeitet oder eins plant?

9. Wie beschreiben Mitarbeiter deine Mitarbeitertreffen?

Anmerkungen

[1] An diesem Punkt im Auswahlverfahren speichern wir die Fingerabdrücke unserer potenziellen Mitarbeiter. Ich habe das bewusst nicht in das beschriebene Auswahlverfahren mit eingebaut, weil das vielen Gemeinden als eine zu drastische Maßnahme erscheinen wird. In Saddleback glauben wir, dass es in unserer Verantwortung liegt, den Jugendlichen ein sicheres Umfeld zu bieten. Jede Jugendeinrichtung, die mit Minderjährigen arbeitet, läuft Gefahr, Gestalten anzuziehen, die zu einer Gefahr für die Jugendlichen werden können. Diese zusätzliche Vorsichtsmaßnahme informiert uns über eine mögliche kriminelle Vergangenheit des Bewerbers und schreckt zwielichtige Gestalten schon von vornherein ab. Momentan erwägen kalifornische Gesetzgeber den Erlass eines Gesetzes, nach dem alle Organisationen von jedem Fingerabdrücke nehmen sollen, der mit Minderjährigen arbeitet.

Element 9
Der lange Atem

17 Wie man mit drängenden Projekten und Zeitnot umgeht

Die Arbeit eines Jugendleiters endet nie! Es gibt immer noch einen Jugendlichen zu betreuen, noch eine Veranstaltung zu planen, noch eine Andacht vorzubereiten, eine weitere Familie, die Hilfe braucht, noch eine Schule zu besuchen und noch ein wichtiges Buch, das man unbedingt lesen sollte. Kann alles erledigt werden?

Es kann nicht nur alles erledigt werden, es kann gut und mit Enthusiasmus und langlebig erledigt werden. Wie? Indem man erprobte Überlebenstechniken anwendet. *Überleben* kann auf den ersten Blick sehr hart klingen, aber es trifft auf Jugendarbeit zu. Zu bestehen oder das Rennen durch die Zerreißprobe gut zu beenden ist eine ernsthafte Verantwortung. Manche Jugendleiter starten fest entschlossen, aber verausgaben sich schnell. Sie brennen aus und hinterlassen die Gemeinde und die Jugendlichen in einer traurigen Situation. Jugendliche brauchen Leiter, die stabil und ausgeglichen sind – Mitarbeiter, bei denen sie darauf bauen können, dass sie lange Zeit für sie da sind. Wenn deine Gemeinde einen Hang dazu hat, Mitarbeiter anzuziehen und kurz darauf wieder zu verlieren, dann werden deine Jugendlichen früh beginnen, jedem neuen Mitarbeiter von Anfang an zu misstrauen. Warum eine Beziehung zu einem Erwachsenen entwickeln, wenn der sowieso, wie seine Vorgänger, bald verschwunden sein wird?

Nimm dir Zeit, dieses Kapitel zu lesen. Warte, bis du weit genug abgeschaltet hast, um die Anti-Burnout-Prinzipien auf deine Situation anwenden zu können. Wenn du es gelesen hast, such dir Leute, die neue Balance in dein Leben bringen können.

Wie man sich vor dem Burnout schützt

Es ist schlimm, aber viele Leute betrachten »überbeschäftigt sein« als eine Art Tugend. Wir begrüßen uns mit: »Na, viel zu tun?«, und erwarten ein: »Ja, natürlich!« als Antwort. Stattdessen sollten wir fragen: »Na, läuft alles ausgeglichen?«

Jeder Jugendmitarbeiter kann beschäftigt sein, aber nur die wenigsten schaffen es, die Anforderungen der Jugendarbeit, persönliche Bedürfnisse und Zeit für die Familie in ein gesundes Gleichgewicht zu bringen. Ein ausgeglichenes Leben ist ein intaktes Leben.

Warum begrüßen wir uns mit: »Na, viel zu tun?« Stattdessen sollten wir fragen: »Na, läuft alles ausgeglichen?«

Die Anforderungen an einen Jugendleiter beginnen nicht um 9:00 Uhr und enden nicht um 17:00 Uhr. Sie sind immer da. Ich habe oft gewitzelt, dass ich den Beruf wechseln und bei McDonalds Hamburger belegen werde. Wenn ich dort fertig bin, dann habe ich wirklich Feierabend! Niemand würde mich zu Hause anrufen und mich bitten, noch schnell einen Big Mäc zu retten, der auf den Boden gefallen ist. Ich könnte gefühlsmäßig abschalten, wenn ich meinen Arbeitsplatz verlasse. Leute, die in der Jugendarbeit tätig sind, können das nicht. Leidenschaftliche Herzen können nicht einfach abgeschaltet werden. Weil Jugendarbeit nun einmal nicht zu festgelegten oder uns passenden Zeiten stattfindet, müssen wir lernen, die Prüfungen und Schwierigkeiten eines solchen emotionalen Berufs zu überstehen, damit wir nicht daran kaputtgehen.

Gott hat mich mit der Fähigkeit beschenkt, schnell voranzukommen und darüber bin ich sehr froh. Seit 1979 habe ich das College, das theologische Seminar, das Bücher schreiben, meine Vortragstätigkeit und den Vollzeitjob in der Jugendarbeit gut unter einen Hut bekommen. (Irgendwie habe ich es zwischendrin auch noch geschafft, zu heiraten und drei Kinder in die Welt zu setzen!) Der Hauptgrund, dass ich das durchgestanden habe, war, dass ich einen Mentor hatte, der mir ein ausgeglichenes Leben vorgelebt hat. Obwohl er sich nie zu mir gesetzt und mir seine Liste der Überlebensstrategien gegeben hat, habe ich gesehen, wie er Ausdauertechniken gelebt hat. Ich bin langsam genug geworden, um die Strategien zu erlernen, die mir helfen, das Rennen in einem Tempo zu laufen, das ich bewältigen kann.

Für mich hat das Ganze mehr mit emotionaler als mit physischer Energie zu tun. Wenn ich emotional müde bin, dann werde ich auch körperlich und geistlich müde. Ich habe nie einen richtigen Burnout erlebt, aber manchmal war ich extrem müde, frustriert, wütend, enttäuscht, verletzt oder einsam.

Viele Situationen in einer Gemeinde führen zum emotionalen Rückzug und zu viele solcher »Einigelungen« enden im emotionalen Bankrott. Weiter unten sind einige Vorschläge aufgeführt, wie du dein gefühlsmäßiges Befinden hoch und dadurch den Burnout-Faktor niedrig halten kannst.

Handle gemäß deines Alters

Als ich meine kleine Schwester mit einem mit Hundekot verschmierten Stock durch unseren Garten jagte, tat ich etwas, von dem meine Mutter glaubte, es sei für das Alter eines präpubertierenden elfjährigen Jungen nicht angemessen. Ich kann sie heute noch hören: »Douglas Montgomery Fields, benimm dich, wie es sich für dein Alter gehört!« Ich hatte sie enttäuscht, weil ich mich nicht so verhalten habe, wie sie das wollte.

Ich habe viele Jugendmitarbeiter gesehen, die emotional hart davon getroffen wurden, dass einer ihrer Lieblingsjugendlichen sie enttäuscht hatte. Man denkt dann sofort, dass man nicht wirklich etwas im Leben der Jugendlichen verändert hat.

Ich erinnere mich an einen Jugendlichen, der mich nach drei Jahren Zusammenarbeit total enttäuscht hat. Sein Name war Rand und er kam sternhagelvoll zu unserer Neujahrsparty. Ich nahm das sehr persönlich und stellte meine Berufung zur Jugendarbeit in Frage. Mir kam es vor, als ob ich überhaupt nichts positiv veränderte.

Doch acht Jahre später bekam ich diesen Brief von Rand:

Lieber Doug,

meine Zeit hier in Chicago hat sich als wahrer Segen herausgestellt. Im Juni werde ich meine Ausbildung an der Bibelschule beenden. Ich habe über das, was vor mir liegt, lange gebetet, nachgedacht und geplant. Wie du weißt, ist es mein Traum, eine Gemeinde zu gründen. Mir wäre es sehr wichtig, dass du für mich um Gottes Führung und Rat in dieser Richtung betest. Würdest du das für mich tun?

Ich wollte dir einfach schreiben, um dir für deine Liebe, deine Gebete und deine Unterstützung, die vor so vielen Jahren begonnen hat, zu danken.

Danke, dass du so viel in mein Leben investiert hast.

Alles Liebe,
Rand

Ich will damit nicht sagen, dass du deinen Jugendlichen erlauben solltest, hemmungslos zu trinken. Ich möchte dich nur erinnern, dass Jugendliche sich manchmal zu passenden Gelegenheiten (eine Wasserschlacht im Sommer) und zu unpassenden Gelegenheiten (eine Wasserschlacht in der Kirche) gemäß ihrem Alter verhalten.

Leg deine erwachsenen Maßstäbe nicht an einen 14-Jährigen an, denn das wäre weder ihm noch dir gegenüber fair. Ich kann von einem Teenager, der erst seit zwei Jahren gläubig ist, nicht dieselbe geistliche Reife erwarten wie von einem 25-Jährigen. Jugendliche werden gemäß *ihres* geistlichen Alters handeln, nicht gemäß dem, was du dir erhoffst und erwartest. In einer Minute werden sie fromm beten, Lobpreislieder singen und das Abendmahl feiern – und zwanzig Minuten später streiten sie sich wüst darüber, wer in deinem Auto vorne sitzen darf. Das ist altersgemäßes Verhalten. Du kannst und sollst deinen Jugendlichen ein Bild deiner Ziele mit ihnen vor Augen halten, aber rechne mit Enttäuschungen.

Jugendliche werden gemäß ihres geistlichen Alters handeln, nicht gemäß dem, was du dir erhoffst und erwartest.

Du kannst es nicht allen recht machen

Viele Jugendleiter, die ich kenne, wollen allen Menschen gefallen. Das bedeutet für sie ein großes Problem, weil jemand nicht zur gleichen Zeit ein guter Leiter sein und von allen gemocht werden kann. Leiter müssen manchmal unpopuläre Entscheidungen treffen.

Ich versuche nicht, absichtlich Leute zu verärgern, aber manchmal habe ich manchen Leuten Grund für Enttäuschung und Ärger gegeben. Leiter müssen lernen, diese Realität zu akzeptieren oder sie gehen emotional unter. (»Es macht mir keinen Spaß, aber ich akzeptiere es.«)

Nein sagen üben

An einem bestimmten Punkt musst du lernen, dich auch dann noch wohl zu fühlen, wenn du zu einigen der wundervollen Gelegenheiten Nein sagen musst. Du kannst einfach nicht alles machen! Wenn du Gott und die Menschen liebst, dann erscheint jedes Anliegen als eine *ganz besondere* Bitte. Um dich vor dem Ausbrennen zu bewahren und deine Gesundheit nicht aufs Spiel zu setzen, musst du dir Grenzen setzen, auch wenn du dadurch vielleicht Leute enttäuschst.

Ein Hinweis für Jugendleiter, die verheiratet sind und Kinder haben: Jedesmal, wenn du zu Überstunden Ja sagst, sagst du gleichzeitig Nein zu deiner Familie. Obwohl es seltsamerweise oft einfacher ist, deine Familie zu enttäuschen, ist es nicht weiser. Auf lange Sicht werden auch deine Jugendlichen davon profitieren und dich dafür respektieren, dass du eine intakte Familie hast.

Jedesmal, wenn du zu Überstunden Ja sagst, sagst du gleichzeitig Nein zu deiner Familie.

Konflikten muss man sich stellen

Es gibt nichts, was mich emotional mehr herunterzieht als ein ungelöster Konflikt. Ich habe Konflikte nie gemocht, aber während meiner Entwicklung als Leiter habe ich gelernt, mich ihnen zu stellen. Sie sind ein Teil der Leiterschaft und der Arbeit mit Menschen. Auch in Jesu Leben ging es nicht ohne Konflikte zu.

Wenn man mit Menschen zu tun hat, ist eine Konfrontation in Verbindung mit Gnade und Wahrheit meist der richtige Weg. Gnade besagt in diesem Fall: »Du bist mir nicht egal«, und Wahrheit bedeutet: »Lass mich ehrlich zu dir sein und dir mitteilen, wie ich mich fühle.«

Ich habe diesen Umgang mit Konflikten aus dem Schmerz gelernt, mit zu vielen ungelösten Angelegenheiten leben zu müssen – mit Jugendlichen, Gemeindeleitern, Mitarbeitern und Eltern. Wenn ich diese ungelösten Probleme ignorierte, wurde ich immer bitterer. Die Bitterkeit fraß mich mehr und mehr auf und ging nicht weg, bis ich mit der jeweiligen Person geredet und das Problem aus der Welt geschaffen hatte. Meistens wusste die andere Person gar nichts von meinem Ärger und meinen Gefühlen. Ich konnte mich in einer emotionalen Achterbahn befinden und die andere Person hatte keine Ahnung davon und noch weniger Probleme mit der Sache. Ich habe nach und nach gelernt, dass es gut ist, sich einem Konflikt möglichst schnell zu stellen und ihn aus dem Weg zu räumen.

Sprich mit anderen Jugendleitern

Es ist wichtig, dass du mit jemandem über deine Schwierigkeiten redest, damit du dich nicht alleine fühlst und denkst, du wärst der einzige Jugendleiter auf dem Planeten, der mit Schwierigkeiten wie unproduktiven Ruhezeiten, unkooperativen Eltern oder fehlenden Fähigkeiten zu kämpfen hat. Rede mit einer Person, von der du weißt, dass sie euer Gespräch vertraulich behandelt oder sprich mit anderen Jugendleitern, zu denen du offen und ehrlich sein kannst, ohne dass ihr euch gegenseitig beeindrucken müsst.

Verlässliche Freundschaften außerhalb der Jugendarbeit

Die meisten meiner sozialen Kontakte und Freundschaften kommen aus der Mitarbeiterschaft. Deswegen und wegen meiner Leidenschaft für die Jugendarbeit rede ich oft mit Freunden nur über unsere Jugendarbeit, unsere Jugendlichen und unsere Zukunft. Ich habe mich schon oft dabei erwischt, dass ich lieber über Jugendarbeit als über Gott rede. Nicht nur ich, auch meine Familie braucht Pausen von meiner »Jugendarbeitssucht«.

Es ist erfrischend, Freundschaften mit Leuten zu haben, die dich mögen, aber keine Ahnung von deiner Arbeit haben. Ich habe einige Freunde, die kein Stück an unserem neuen Bibelarbeitsplan oder meinen cleveren Evangelisations-Ideen interessiert sind. Sie lieben mich unabhängig von dem, was in unserer Jugendarbeit passiert. Diese Beziehungen sind wichtig für eine langfristige emotionale Stabilität.

Such dir einen Mentor

Als Mitarbeiter bist du ständig am Geben. Das ist erschöpfend und muss wieder ausgeglichen werden. Ein Mentor kann wertvolle Einzahlungen auf dein emotionales Konto leisten. Ein solcher Mentor, der Ratgeber, Vertrauter und Betreuer in einer Person ist, ist nicht leicht zu finden. Viele Leute werden dir gern mal einen Rat geben, aber sie sind selber zu beschäftigt, um sich wirklich eingehend mit deinem Leben zu befassen. Ein Mentor kann dir geben, was du von Bekannten nicht bekommst – bedingungslose Liebe, persönliche Aufmerksamkeit und gute Ratschläge.

Mein Mentor ist Jim Burns. Obwohl er ein beschäftigter und viel gefragter Mann ist, hat er mich zu einem wichtigen Teil seines Lebens gemacht. Er hat mein Denken geschult und sein Einfluss ist auf jeder Seite dieses Buches sichtbar. Er ist wie ein Vater für mich und ein Vorbild im Leben, im Glauben, in der Ehe. Wenn wir uns treffen, reden wir über das Leben, über unsere Ehen, unsere geistlichen Gewohnheiten und unsere Freuden und Frustrationen. Die Zeit vergeht wie im Flug und ich wünschte immer, dass unser Treffen nie zu Ende geht. Ich fühle mich verstanden, erneuert und voller Tatendrang. Wenn du in deinem Leben niemanden wie Jim Burns hast, dann setze die Bitte um einen solchen Mentor ganz oben auf deine Gebetsliste.

Halt dir einen Tag frei

Wenn du nicht jede Woche einen Tag hast, an dem du nicht arbeitest, dann bist du ein hervorragender Kandidat für einen Burnout. Wenn ich dich fragen würde, ob du einen festen Tag pro Woche frei hast, was würdest du antworten? Wenn du antwortest, dass du *versuchst*, dir den Montag freizuhalten, bleibt es meist nur bei diesem Versuch. Ich habe herausgefunden, dass das Auslassen des freien Tages eine der Hauptursachen für das Aufgeben von Jugendleitern ist.

Du solltest einen *wirklich freien* Tag in der Woche haben. Nicht umsonst hat Gott das buchstäblich von Anbeginn der Zeiten an so festgelegt. Sorg dafür, dass es jede Woche derselbe Tag ist und verteidige ihn unerbittlich. Erledige an diesem Tag keine jugendarbeitsbezogenen Aufgaben. Setz kein kurzes Treffen an, sag keinem eine Andacht oder ein Gespräch zu. Sag Nein. Stöpsel dein Telefon aus. Wenn du nicht ausbrennen willst, dann halte deinen freien Tag heilig.

Wenn du verheiratet bist, dann ist dieser Tag extrem wichtig für deine Familie. Aber auch wenn du Single bist, solltest du dir diese Gewohnheit erkämpfen, denn jeder Mensch braucht ein ausgeglichenes Leben – und wenn du doch mal heiratest, musst du deine Workaholic-Neigungen nicht mehr so krampfhaft unterdrücken.

Nutze deinen freien Tag gut und nimm dir Dinge vor, die dir etwas Wichtiges bringen:

- *persönliche Erholung* – ein Buch nur so zum Spaß lesen, ein ausgedehntes Nickerchen machen, eine neue CD hören ... irgendetwas, auf das du dich freuen kannst;
- *physische Erholung* – ein ausgedehnter Waldlauf, eine Stunde im Fitness-Studio, Kicken mit Freunden ... jede Art Übung, die dich ein bisschen fordert;
- *familiäre Erholung* – Mittagessen mit deinen Kindern, ein romantisches Überraschungstreffen mit deiner Frau bei Kerzenschein ... irgendetwas, das ihr gerne zusammen macht;
- *geistliche Regeneration* – du könntest für jeden vierten freien Tag eine ausgedehnte Zeit der Stille planen. Steh früh auf, damit du nicht zu viel Zeit mit deiner Familie verlierst. Zieh dich drei bis vier Stunden zurück zum Nachdenken, Bibel lesen und Beten. Lade deine geistlichen Batterien durch eine ausgedehnte Zeit mit Gott wieder auf.

Halt dir Urlaub frei

Für einen Jugendleiter gibt es keine »gute Zeit«, um in Urlaub zu fahren. Der Sommer ist knackevoll mit Aktivitäten, der Herbst steckt voller Arbeit, der Winter ist hektisch und im Frühjahr wird der Sommer geplant. Es scheint nie eine Flautezeit in der Jugendarbeit zu geben.

Wenn du wartest, »bis sich das Leben etwas beruhigt«, dann wirst du nie wegkommen. Markier dir im Kalender eine Zeit zum Verreisen und halte sie dir schon mehrere Monate vorher frei. Halte an diesem Datum fest und betrachte es als unverrückbar. Wenn etwas für diesen Zeitraum in der Jugendarbeit oder der Gemeinde geplant wird – und mach dich drauf gefasst, es wird etwas geplant sein! –, dann stell von vornherein klar, dass du nicht verfügbar bist.

Lass deine Familie mitreden

Wenn du verheiratet bist, ist es weise, deinen Partner bei deiner Terminplanung mitreden zu lassen. Ich will, dass Cathy mit den Veranstaltungen, die mich von meiner Familie trennen, voll einverstanden ist. Deswegen arbeiten wir unseren Zeitplan gemeinsam aus. Cathy plant unseren Familienkalender und so muss ich mögliche Termine vorher mit ihr absprechen. Ich will keine Veranstaltung an einem Tag einplanen, an dem eines meiner Kinder eine wichtige Aufführung oder ein Spiel hat. So achtet meine Frau auf einen ausgewogenen Zeitplan. Und wenn die unvermeidlichen »Missverständnisse« doch passieren, probieren wir, unsere gemeinsamen Prioritäten zu berücksichtigen.

Zusätzlich zur langfristigen Planung gehen wir unseren Familienkalender jede Woche durch, um das Verhältnis von Jugendarbeit und Familie im Gleichgewicht zu halten. Familienfreundliche Jugendarbeit heißt auch, der eigenen Familie zu dienen.

Familienfreundliche Jugendarbeit heißt auch, der eigenen Familie zu dienen.

Arbeitsbeschreibung und Dienstbesprechung

Ich bin überzeugt, dass die meisten Jugendleiter keine schriftliche Beschreibung ihrer Aufgabengebiete haben. Aber wenn das bei dir so ist, wie wirst du bewertet? Ein Problem entsteht, wenn du nicht das tust, was du der Meinung deines Vorgesetzten nach tun solltest. Wenn du keine Arbeitsbeschreibung hast, dann schreib selbst eine und bitte deinen Vorgesetzten, sie zu bestätigen oder gegebenenfalls zu ändern.

Wenn du deine Arbeitsbeschreibung hast, dann bitte um eine Dienstbesprechung. Eine halbjährliche Besprechung wird die Bereiche enthüllen, die verbesserungswürdig sind und dich davor bewahren, überraschend wegen irgendetwas »Suboptimalem« angegriffen zu werden.

Jeder hat Schwachpunkte. Wenn mich jemand auf einen hinweist, sehe ich das als Gelegenheit zum Wachstum. Ich habe schon von einigen vollamtlichen Jugendleitern gehört: »Ich wurde gefeuert und ich habe die ganze Zeit nichts davon geahnt, dass man mit mir unzufrieden war!« Pass auf, dass dir nicht dasselbe passiert. Eine Arbeitsbeschreibung und eine regelmäßige Dienstbesprechung können dir dabei helfen.

Kontrollier deine Zeit – oder andere werden es tun

Zu viele Jugendleiter erlauben anderen Leuten, ihre Zeit zu kontrollieren. Wenn du den Leuten die Gelegenheit gibst, deine Zeit auszunutzen, dann werden sie das tun. Das geschieht nicht böswillig; sie brauchen deine Zeit. Es gibt immer jemanden, der unbedingt »jetzt gleich« mit dir reden muss oder ganz dringend deine Hilfe braucht. Niemand kann deine Zeit so gut verteidigen wie du. Wenn *du* nicht aufpasst, tut es niemand. Ich will nicht vorschlagen, dass du auf Anfragen und Bitten automatisch abweisend reagierst, aber du solltest dir ernsthafte Gedanken darüber machen, wohin deine Zeit geht.

Wenn zum Beispiel jemand anruft und sagt, er »muss« mich gleich sehen, und ich stecke mitten in der Vorbereitung für meine Predigt, dann frage ich ihn, wieviel Zeit er voraussichtlich mit mir brauchen wird. Die meisten sagen: »Etwa eine Stunde.« Abhängig von der Verfassung der Person und dem Problem sage ich: »Ich habe heute keine Stunde Zeit. Ich kann dir jetzt zehn Minuten am Telefon geben oder wir machen einen Termin für nächste Woche.« Die meisten entscheiden sich für die zehn Minuten und respektieren mein knappes Zeitbudget.

Ich habe dieses Szenario erst kürzlich erlebt. Einer unserer Mitarbeiter hatte unsere Sekretärin angerufen und ihr mitgeteilt, er befände sich in einer schweren Krise und brauche unbedingt noch heute einen Termin mit mir. Sie kennt meine Methoden, mit diesen Anrufen umzugehen und leitete ihn direkt zu mir weiter. Mir war schon bald klar, dass sein Problem keine Stunde Zeit erforderte. Er benötigte Material über

Sekten, weil er am Nachmittag einen Jugendlichen treffen wollte, der Hilfe auf diesem Gebiet brauchte. Ich betete mit ihm am Telefon und legte einige Bücher über das Thema raus, die er sich abholen konnte. Er war damit ganz zufrieden. Wenn ich dem erwünschten Treffen zugesagt hätte, hätte ich das Abendessen mit meiner Familie verpasst. Wenn der Mitarbeiter ein ernsthafteres Problem gehabt hätte, hätte ich ihn gefragt, wie, wann und wo ich ihm helfen kann.

Einige Leute halten mich vielleicht für unsensibel. Die Wahrheit ist, dass ich einfach extrem beschäftigt bin. Ich habe gelernt, realistisch zu entscheiden, mit wem und wie ich meine Zeit verbringe. Leiter müssen entscheiden, was wichtig ist. Nicht alles ist gleich wichtig, besonders nicht bei der Arbeit in Gottes Reich auf Erden.

Leiter müssen entscheiden, was wichtig ist. Nicht alles ist gleich wichtig, besonders nicht bei der Arbeit in Gottes Reich auf Erden.

Bleib deiner Zeit auf der Spur

Es ist schwierig für bezahlte Jugendleiter, ihre Arbeitsstunden festzuhalten. Ich habe einen Tagesplan für den Fall, dass ich je Rechenschaft über meine Zeit ablegen muss. Auf einen Angestellten, der regelmäßig von 9:00 bis 17:00 Uhr arbeitet, wirke ich wie jemand, der nur dann arbeitet, wenn er Lust hat. Manchmal komme ich erst spät ins Büro. An manchen Tagen verlasse ich es am Vormittag und komme erst nach vier Stunden wieder. An anderen Tagen gehe ich schon früh nach Hause.

Was die Sekretärinnen, Kirchenvorsteher und Eltern nicht sehen, ist, dass ich erst spät am Morgen komme, weil ich die Nacht davor bis spät an einem Programm gefeilt habe oder am kommenden Abend bei einer Veranstaltung gebraucht werde. Oft verlasse ich das Büro um 11:00 Uhr und komme erst um 15:00 Uhr wieder. Warum? Weil ich einfach große Schwierigkeiten damit habe, eine Andacht in meinem Büro vorzubereiten. Ich werde ständig unterbrochen. Ich arbeite am besten in meinem »anderen Büro« – im Bistro um die Ecke –, wo mein Telefon nicht ständig klingelt und ich mir immer Cola nachgießen kann.

Die Natur der Jugendarbeit erfordert flexible Arbeitszeiten. Schreib deine gearbeiteten Stunden genau auf, für den Fall, dass mal Fragen aufkommen. Wenn du den Zeitmanagement-Plan in diesem Kapitel befolgst, wirst du eine klare Dokumentation davon haben, was du mit deiner Zeit getan hast. Informier deinen Vorgesetzten über deinen Terminplan, damit du dich nicht ständig rechtfertigen musst. Versuch nicht dem Gemeindebüro oder sonst jemandem mit deinen Bürostunden einen Gefallen zu tun. Du arbeitest für Gott und er ruft dich dazu auf, effektiv zu sein. Wenn du am effektivsten außerhalb deines Büros bist, dann hol dir die Erlaubnis für deinen Terminplan, dokumentier deine gearbeiteten Stunden und hör auf, es jedem recht machen zu wollen.

Deine Zeit weise einteilen

»Ich weiß nie, wo ich anfangen soll!«, »Ich werde nie mit etwas fertig«, »Ich gehe am Ende des Tages nach Hause und weiß nicht, was ich mit meiner Zeit angestellt habe«, »Ich muss mir immer Arbeit mit nach Hause nehmen, um überhaupt voran zu kommen«, »Ich würde gern mehr Zeit mit Jugendlichen verbringen, aber ich habe keine«, »Meine ›Zu erledigen‹-Liste ist nicht zu bewältigen!«

Kennst du solche Aussagen? Trifft eine von ihnen deinen momentanen Zustand? Wenn ja, sei dir sicher, dass es nicht nur dir so geht. Ich habe diese Aussagen von anderen gehört, aber auch schon selber getroffen. Die Aufgaben enden nie und es scheint niemals genug Zeit da zu sein, um sie zu erledigen. Wenn du das Gefühl hast, dass dein Zeitplan außer Kontrolle geraten ist, dann bist du ein typischer Jugendleiter. Aber wenn du nicht bald lernst, mit deiner Zeit sinnvoll umzugehen, dann wirst du immer frustriert sein.

Jeder, der schon einmal mit mir gearbeitet hat, wird dir sagen, dass ich nicht gerade ein Zeitmanagement-Guru bin, aber dass ich für mein hohes Tempo ein recht ausgeglichenes Leben lebe. Auf der nächsten Seite sind einige Schritte aufgeführt, die ich von Zeitmanagement-Experten gelernt und für mich aufgenommen habe.

Leg deine Rollen fest

Der erste Schritt, mit deiner Zeit sinnvoller umzugehen, ist, deine verschiedenen Rollen zu erkennen. Ich habe sechs primäre Rollen:

1. Kind Gottes
2. Ehemann
3. Vater
4. Freund und Verwandter
5. Besitzer
6. Angestellter

Ich fasse die ersten vier Rollen in einer Kategorie zusammen, die ich meine *persönliche* Rolle nenne. Das bezieht sich auf mein inneres Leben und mein Familienleben. Die Rolle des Besitzers bezieht sich auf mein kleines Unternehmen namens *Making Young Lives Count*, das den Verkauf meiner Bücher und Jugendarbeitsmaterialien betreibt und Anfragen für Vorträge entgegen nimmt. Obwohl diese Firma nicht viel von meiner Zeit beansprucht, ist sie dennoch ein Teil von mir. Meine Rolle des Angestellten bezieht sich auf mich als Jugendpastor der Saddleback Church, eine Tätigkeit, die ich in fünf Unterrollen aufgeteilt habe – Lehrer, Pastor, Verwalter, Entwickler und Leiter.

Als Angestellter der Saddleback Church versuche ich, pro Woche zehn Stunden in jeder dieser Rollen zu verbringen.

- Als *Lehrer* bereite ich die Predigt vor und schreibe oder bearbeite unser Bibelarbeits-Programm.
- Als *Pastor* verbringe ich Zeit mit Jugendlichen, Familien und Leuten bei Veranstaltungen.
- Als *Verwalter* plane ich Veranstaltungen, überwache das Budget, beantworte Telefonanrufe, schreibe Briefe, gehe zu Treffen und wünsche mir, weniger Verwaltungsarbeit und mehr pastorale Aufgaben zu haben.
- Als *Entwickler* entwerfe und überarbeite ich unsere Jüngerschaftswerkzeuge (Kapitel 9).
- Als *Leiter* nehme ich an Besprechungen teil, verbringe Zeit mit Mitarbeitern, arbeite an der Vermittlung der fünf Aufträge und lerne, weiter zu wachsen.

Welches sind deine Unterrollen? Wenn du deine Rollen erst einmal klar festgelegt hast, wirst du einen Zeitplan wie den in Anhang H ausarbeiten können. Die Anwendung dieses Plans wird dir erlauben, die aktuellen Projekte auch wirklich bewusst zu bearbeiten und dich nicht nur mit dem befassen zu müssen, was gerade am lautesten nach deiner Zeit schreit.

Setz deine »unverhandelbaren« Termine und wöchentlichen Treffen fest

Auf Seite 387ff. kannst du sehen, dass ich meine feststehenden familiären Termine und meine wöchentlichen Treffen zuerst festlege. Danach halte ich alle Termine fest, die ich vor dieser Woche gemacht habe. Nachdem ich diese Verpflichtungen aufgeschrieben habe, kann ich einschätzen, wieviel Zeit mir in dieser Woche sonst noch bleibt. Du kannst und solltest diese Vorgehensweise auch auf deinen Zeitplan anwenden.

Liste deine Aufgaben unter deinen Rollen auf

Jetzt kannst du deine Aufgaben von deiner Liste in den Zeitplan übertragen, indem du sie unter die entsprechenden Rollen schreibst, wie auf Seite 389 dargestellt. Wenn zum Beispiel eine der Aufgaben lautet: »Elternrundbrief schreiben«, dann trag sie unter »Verwalter« ein und so weiter.

Setz realistische Zeiträume fest

Bestimme für jeden aufgelisteten Punkt einen realistischen Zeitrahmen für die Erledigung (siehe Seite 390). Als ich mit diesem System begann, gab ich mir eine Stunde für Aufgaben, von denen ich glaubte, dass sie in etwa so lange brauchen würden. Mein Problem war, dass ich die vielen kleinen Dinge nebenbei, wie Toilettenbesuche, Dehnungsübungen, den Genozid der Ameisen in meinem Büro und andere Unterbrechungen nicht eingeplant hatte. Das Stunden-Projekt benötigte jetzt eineinhalb Stunden und ich hinkte ständig meinem Zeitplan hinterher. Ich wurde immer frustrierter, weil ich nicht alles erledigen konnte, was ich mir vorgenommen hatte. Heute plane ich für jede Aufgabe ein bisschen mehr Zeit ein, als ich voraussichtlich brauchen werde, um zwischendurch eine kleine Atempause zu haben. Wenn ich am Ende noch Zeit übrig habe (was selten der Fall ist), dann verwende ich sie auf meine endlose Liste von Telefonanrufen und Ermutigungsbriefen.

Nimm dir Zeit, Zeit zu sparen

Als ich mit diesem Verfahren begann, brauchte ich eine Stunde, um meine Woche zu panen. Je öfter ich das machte, um so schneller wurde ich. Eine Stunde für die Planung sparte mir mehrere Stunden in der Woche, weil es meine Produktivität deutlich erhöhte. Ich bin jetzt viel flexibler für die Angelegenheiten, die »nur ein kurzen Moment brauchen«. Mein System dient auch als Arbeitsplan und Stundenvermerk. Wenn weitere Verpflichtungen auftauchen, trage ich sie einfach ein – in den Arbeitsplan der folgenden Woche. Wenn ich eine neue Top-Priorität erhalte, dann verschiebe ich eine weniger wichtige Angelegenheit auf die nächste Woche.

Zeitmanagement ist eines der Schlüsselprinzipien, um die Zufriedenheit und Gesundheit eines Jugendleiters zu erhalten. Wenn du die oben beschriebenen Schritte regelmäßig anwendest, dann wird dein Leben geordneter und stressfreier werden.

Jetzt wird's persönlich

1. Gibt es Anzeichen dafür, dass du emotional schwächer wirst?

2. Mit welchen drei der dreizehn Vorschläge, um dein emotionales »Bankkonto« im Plus zu halten, hast du am meisten Schwierigkeiten?

3. Wo kannst du Hilfe und Kontinuität in diesen Bereichen finden?

4. Definiere *Balance* für dein Leben.

5. Funktioniert dein momentanes Zeitmanagement-System?
   Wie würde dein Partner diese Frage beantworten?

6. Wie würdest du deine Fähigkeit bewerten, Konflikte zu lösen (1 = niedrig; 10 = hoch)?
   Vermeidest du Konflikte, um von anderen gemocht zu werden?

7. Nenne jemanden in deinem Leben, der dir bei Konfliktmanagement und Konfrontationen helfen kann.

8. Was frustriert dich momentan in deiner Jugendarbeit?
   Wie könnte Gott diese Situationen nutzen, um dich in deinem Wachstum zu fördern?

18 Positive Disziplin

»Entweder, Sie bekommen die Jugendlichen unter Kontrolle oder Sie beenden das Programm.«

Das war die Schlusszeile einer Mitteilung, die Verhaltensweisen unserer Jugendlichen an unserer Mittwochs-Veranstaltung anprangerte. In der vorherigen Woche waren etwa ein Dutzend Jugendliche nicht zu unserem Treffen erschienen. Stattdessen hatten sie sich zusammengerottet, um die Kirche zu verwüsten. Es war eine typische Halbstarken-Aktion und nicht weiter dramatisch– abgerolltes Toilettenpapier, eine Stinkbombe in der Gegend der gleichzeitig stattfindenen Kinderveranstaltung – aber es war genug, um einige Leute aufzubringen und eine Flut von Briefen auszulösen, die im oben genannten Ultimatum gipfelten.

Meine erste Reaktion war: »Wenn die wüssten!« Für manche war das Szenario am vergangenen Mittwoch der »Super-Gau«. Sie hatten nicht mitbekommen, wie einmal ein Jugendlicher auf der Suche nach Streit mit einem Messer in der Hand aufgetaucht war. Oder als ein Jugendlicher einen Besucher mit Farbe vollgesprüht hatte. Oder als eine komplette Kleingruppe hinter der Kirche Haschisch geraucht hatte, statt zum Treffen zu gehen. Oder als ein Typ auf den hinteren Sitzen im Kleinbus mit Deospray auf eine Feuerzeugflamme sprühte und dadurch das Haar des vor ihm Sitzenden in Brand setzte. Etwas Toilettenpapier und eine Stinkbombe? Meine Güte! Das klang für mich nach einem ruhigen Abend!

**Etwas Toilettenpapier und eine Stinkbombe?
Meine Güte!
Das klang für mich nach einem ruhigen Abend!**

Aber mein zweiter Gedanke war schon verständnisvoller. Die normalerweise geduldigen Mitarbeiter der Kindergruppe hatten wirklich sehr an diesen Jugendlichen zu knacken. Als ich nachforschte, fand ich heraus, dass nicht so sehr das *Fehlverhalten* der Jugendlichen ein Problem war; es war mehr ihr *Verhalten* generell – Fluchen, Respektlosigkeit und allgemeines Stunk machen. Wir alle wissen, dass diese »Haltung« ein Teil des Lebens als Jugendlicher ist, aber die Ausprägung und Intensität haben die Erwachsenen doch überrascht. Und das war gut so. Wenn wir aufhören, angemessenes Benehmen zu erwarten, ist alles schon gelaufen.

Es gibt keinen Jugendmitarbeiter, der nicht schon einmal mit Disziplinproblemen zu kämpfen hatte. Die meisten Probleme sind nur leicht irritierend, aber manche brechen einem wirklich das Herz. Es ist niederschmetternd, wenn Jugendliche, um die wir uns wirklich kümmern, darauf bestehen, uns verrückt zu machen. Nur wenige von uns können so ein Verhalten hinnehmen und weitermachen, als ob nichts gewesen wäre. Wir hassen Konfrontationen und sie ziehen uns gefühlsmäßig runter.

Glücklicherweise ist die Schließung des Programms keine Option, unabhängig davon, was ein militanter Älterer denkt. Genauso wenig ist Resignation eine Möglichkeit, wenn das bedeutet, das du aufhörst, gutes Benehmen zu erwarten oder sogar die Jugendarbeit verlässt. Die Tatsache, dass so vielen Jugendlichen Disziplin und Benehmen fehlt, sollte uns nur dazu ermutigen, beides zu fördern.

Disziplin verstehen

Eine biblische Perspektive

Das Wort Disziplin ist negativ behaftet. Irgendwie klingt es nach Rohrstock und Arbeitslager. Doch im biblischen Sinne ist Disziplin nicht negativ, sondern eine unschätzbar wertvolle Tugend, eine Hilfe auf dem Weg zu dem, was die Bibel als »Rechtschaffenheit« bezeichnet.

Disziplin hat denselben Wortstamm wie das lateinische Wort »Discipulus«, was »Schüler« bedeutet. Im Englischen heißen die Jünger Jesu sogar »Disciples«! Unsere Aufgabe ist es, in die Welt zu gehen und Jünger (»selbst-disziplinierte Schüler und Nachfolger«) Jesu zu schaffen, die seine Wege befolgen und ihn ehren. Und das heißt, dass Hilfen zur

Selbstdisziplin genauso wichtig, ja vielleicht sogar gleichbedeutend mit Jüngerschaftsschulung sind!

Und das heißt, dass Hilfen zur Selbstdisziplin genauso wichtig, ja vielleicht sogar gleichbedeutend mit Jüngerschaftsschulung sind!

In Deuteronomium 4,36 wird das Wort *erziehen* im Kontext von Gottes Offenbarung an die Israeliten auf dem Berg Sinai benutzt. Die Tatsache, dass Gott in Liebe zu seinen Kindern spricht, wird »Erziehung« genannt. Und was hörten die Israeliten? Sie erhielten das Gesetz, zusammengefasst in den Zehn Geboten – unverrückbare Richtlinien für ein gelingendes Leben. Grenzen in Liebe mitzuteilen und durchzusetzen sind Elemente biblischer Disziplin.

In Hebräer 12, einer klassischen neutestamentlichen Stelle über Disziplin, hallen die Worte aus Deuteronomium wider. Beachte, dass die Stelle mit einer Aussage über Gottes Vorkehrungen beginnt. Es heißt, er habe uns mit einer Wolke von Zeugen umgeben und Jesus selbst war der Urheber und Vollender des Glaubens. Das fordert uns zur Selbstdisziplin auf. Wir sollen mit Ausdauer in dem Wettkampf laufen, der uns aufgetragen ist. Dann werden wir an den Grundsatz der Bestrafung erinnert: »Denn wen der Herr liebt, den züchtigt er; er schlägt mit der Rute jeden Sohn, den er gern hat« (Vers 6).

So sehen wir, dass Vorkehrungen und Strafe zwei Pfeiler einer guten Disziplin sind. Natürlich sind diese Worte fürs 21. Jahrhundert nicht kompatibel. Wir würden heutzutage Formulierungen vorziehen wie:

- Liebe und Grenzen
- Gnade und Wahrheit
- Bestätigung und Verbesserung
- Unterstützung und Konsequenzen

Unabhängig davon, wie wir sie betrachten, wird Selbstdisziplin durch Umarmung und Konsequenz ausgedrückt. Ohne die richtige Mischung aus »Wange streicheln« und »Ohrfeigen« werden wir nicht reifer.

Eine soziologische Betrachtung

Soziologische Studien haben den Wert der Vermittlung von Disziplin sowohl durch Unterstützung als auch durch Kontrolle herausgearbeitet. Ich erinnere mich, im College eine klassische Studie gelesen zu haben, die die Effektivität einer Erziehung durch Kontrolle und Unterstützung bewertete. Vier Erziehungsstile wurden beschrieben. Der erste war *autoritär* und wurde bestimmt durch starke Kontrolle (Regeln und Konsequenzen) und geringe Unterstützung (Liebe und Bestätigung). Hier sind Regeln die Priorität, unabhängig davon, was sie die Person kosten.

Anti-autoritäre Erziehung ist genau das Gegenteil – stark im Bereich der Unterstützung und gering in der Kontrolle. Diese Familien arbeiten auf einer »eine Person – eine Stimme«-Basis, auf der jedes Kind genauso viel zu sagen hat wie die Eltern.

Laissez-faire beschrieb einen Stil, in dem weder Kontrolle noch Unterstützung besonders ausgeprägt waren. Um genau zu sein, sagten diese Eltern: »Uns kümmert nicht, was du tust, denn du kümmerst uns nicht.«

Schließlich wurden die Eltern, die sowohl ein hohes Maß an Kontrolle als auch Unterstützung ausübten, als *autoritativ,* also maßgebend, beschrieben. Sie wichen nicht von ihren vorgeschriebenen Regeln ab, sondern setzten sie mit Liebe und Verständnis, aber konsequent durch.

Abbildung 18.1 veranschaulicht die vier Stile.

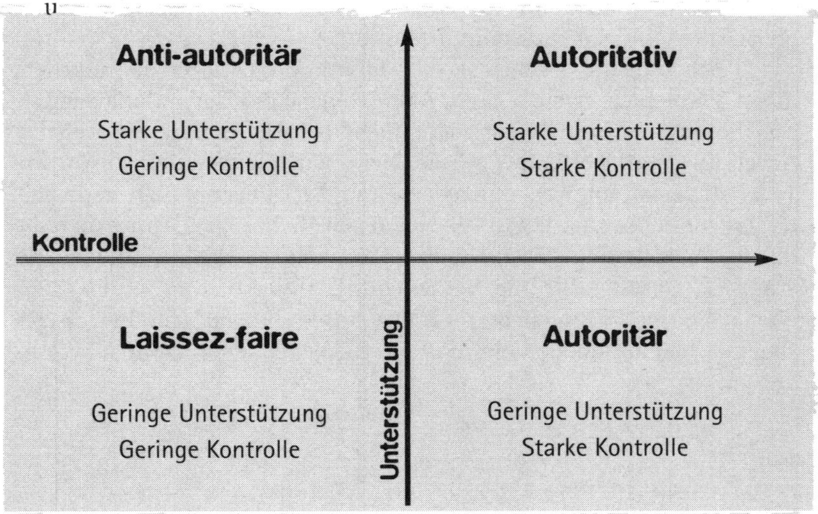

Abb. 18.1

Wie zu erwarten, waren die erfolgreichsten und ausgeglichensten jungen Leute diejenigen, die von *autoritativen* Eltern erzogen worden waren. Liebe und Konsequenz trugen Früchte in ihrem Leben.

Die beinahe ebenso zufriedenen Kinder waren erstaunlicherweise *nicht* die, die von *Anti-autoritären* Eltern aufgezogen wurden, auch wenn wir oft dazu neigen zu glauben, dass man, wenn man schon Fehler macht, diese wenigstens nicht auf der Seite von Liebe und Zuneigung machen sollte. Die zweiterfolgreichste Gruppe waren diejenigen, die in einer *Laissez-faire*-Umgebung aufgewachsen sind. Anscheinend suchen sich Menschen, die weder unterstützt noch kontrolliert werden selbst, was sie brauchen – Freunde, Gangs, Vereine und so weiter.

Die Letzten schließlich waren die, die auf dem einen oder anderen Weg verkorkst wurden. Zu viel Unterstützung oder zuviel Kontrolle ohne ein Gegengewicht des anderen führte zu dramatischen Schäden. Leider haben die Menschen in den Jahrzehnten seit dieser Studie nur wenig dazu gelernt. Die romantische, anti-autoritäre Richtung, Kindern fast alles zu erlauben, was sie wollen, und sie bedingungslos zu bestätigen, hat sich bis heute gehalten.

Erwäge die Bedeutung dieser Studie für deine Jugendarbeit. Genau gesagt waren ja die zweitbesten Eltern gar keine Eltern. Es waren Leute wie wir, nämlich sekundäre Erzieher. Wenn ohne Liebe oder Grenzen aufgewachsene Kinder sich zu Stellvertretern der Eltern hingezogen fühlen, dann können Jugendmitarbeiter eine strategische Erziehungslücke füllen und sie nachhaltig beeinflussen.

Ich habe mir oft gewünscht, dass Eltern einfach ihren Job machen, damit ich meinen machen kann. Aber ich habe die Eigennützigkeit dieser Haltung erkannt: Es ist nicht mehr als das Gefühl, dass unsere Arbeit reibungsloser laufen würde, wenn wir nicht so viele verkorkste Jugendliche hätten. Aber Jugendarbeit und »Nacherziehung« verkorkster Jugendlicher sind keine verschiedenen Richtungen. Es ist dieselbe Reise. Wir schaffen Jünger durch Liebe und Disziplin, Gnade und Wahrheit, Bestätigung und Verbesserung, Unterstützung und Konsequenz. Je mehr ungeliebte, »grenzenlose« Jugendliche in unserer Jugendarbeit auftauchen, desto größere Gelegenheiten klopfen bei uns an!

Eine neue Sicht der Disziplin

Die Disziplin von einer positiven Perspektive zu betrachten, kann uns den Antrieb geben, sie auch positiv zu nutzen. Meine über die Jahre wechselnden Ansichten wurden von einer stärkeren Bereitschaft – ja sogar einem Wunsch begleitet, positiv zu disziplinieren. Ich habe einen Haufen Beweise dafür gesehen, dass Disziplin auf lange Sicht ein Dienst an den Jugendlichen und deren Familien ist.

Auf der anderen Seite bin ich überzeugt, dass unzählige unsichere Jugendmitarbeiter es versäumen, junge Leben positiv zu formen, weil sie selber den Wunsch haben, gemocht zu werden. Sie haben Spaß, lehren ein paar gute Wahrheiten und hinterlassen einige hilfreiche Erinnerungen. Aber sie könnten einen viel stärkeren positiven Einfluss haben, wenn sie sich unter vier Augen mit disziplinlosen Jugendlichen treffen und mit ihnen über deren Leben oder mit den Eltern präziser über die Bedürfnisse ihrer Kinder sprechen würden. Oftmals treten die größten Probleme erst zu Tage, wenn wir über die unangenehmen und schmerzhaften Dinge reden, die wir lieber auslassen wollen.

Der Mut und die Liebe, diese Dinge zu sagen, sind die Merkmale eines guten Leiters. Johannes 1 beschreibt Jesus voll von Gnade *und* Wahrheit. Er redet in seinen Gesprächen niemals um den heißen Brei herum. Nikodemus, Petrus, die Frau am Brunnen, der reiche Jüngling und jeder andere, mit dem er sprach, fühlten den Stich der Wahrheit, aber immer gleichzeitig die Wärme seiner Liebe. Und sie alle haben die Begegnung mit ihm sicherlich nie mehr vergessen. So möchte ich auch werden!

Das ist offensichtlich keine einfache Aufgabe. Aber wir sind dazu berufen, Jesus zu folgen, und erst recht, wenn wir geistliche Leiter sind. Und wenn es dir hilft, dann erinnere dich daran, dass auch Jesus verletzt und frustriert war, wenn sich jemand völlig falsch verhielt. Wir hören es in seiner Stimme, wenn er fragt: »Wie lange soll ich es mit euch aushalten?« Wir spüren es ihm ab, wenn er sich umsieht und sagt: »Wurden nicht zehn geheilt? Wo sind die neun anderen?« Und wir merken es in seinen Tränen, wenn er mit Blick auf Jerusalem sagt: »Wie habe ich mich danach gesehnt, euch zusammenzuführen, wie eine Mutterhenne ihre Küken, aber ihr habt mich zurückgewiesen.«

Noch einmal: Disziplin ist hart und Konfrontation ist schmerzhaft, aber beides gehört zu deiner Rolle als geistlicher Leiter untrennbar dazu!

Stacy

Stacy war eine der schwierigsten Jugendlichen, mit denen unser Team je umgehen musste. Sie bestand darauf, ihr eigenes Ding durchzuziehen und war extrem abweisend gegenüber jedem in einer autoritären Position, speziell Männern gegenüber. Wenn man sie wegen irgendetwas zur Rede stellte, reagierte sie mit dramatischen Gefühlsausbrüchen, Tränen und Beschuldigungen, dass man es auf sie abgesehen hätte und sie hasse. Deswegen machten alle Mitarbeiter einen Bogen um Stacy und versuchten, sie so vorsichtig wie möglich zu behandeln, um keine weitere emotionale Explosion auszulösen. Wann immer ihre Unsicherheit und ihr Narzissmus zu Tage traten, versuchten Mitarbeiter, ihre Gefühle der Ablehnung zu zerstreuen, indem sie ihr sagten, wie sehr sie sie mochten. Hinter ihrem Rücken schlugen sie die Hände über ihrem Kopf zusammen und beteten um Geduld. Im letzten Sommer entwuchs Stacy dann unserer Junior-High-Jugendarbeit. Das Junior-High-Team sehnte sich danach, ihr endlich Lebewohl zu sagen und Stacy freute sich darauf, endlich gehen zu dürfen.

Während Stacys letzter Woche auf der Abschluss-Freizeit spitzte sich die Lage zu. Als Stacy langsam, aber sicher, die Stimmung des ganzen Camps auf den Nullpunkt gebracht hatte, war das Maß voll. Der Zeitpunkt war erreicht, um Stacy auch unangenehme und schmerzhafte Dinge mitzuteilen. Sie wurde mit der schmerzhaften Wahrheit konfrontiert, wer sie wirklich war und warum jeder vor ihr und um sie Angst hatte. In die Ecke getrieben spie sie das stärkste Gift, das sie aufbieten konnte. Sie zog aus ihrem Zelt aus und die anderen waren total erleichtert. Danach schien die Beziehung zu ihr komplett zerstört zu sein.

Aber drei Monate später schrieb Stacy unserem Junior High-Leiter diesen Brief:

Lieber Greg,

ich dachte, ich schreibe dir mal, weil ich wollte, dass du weißt, was ich fühle. Ich weiß, dass ich letztes Jahr nicht so gelebt habe, wie es Gott sich wünscht. Aber obwohl das der Fall war, hielt mich Gott davon ab, etwas zu tun, was ich später wirklich bereuen würde.

Das Camp hat mir gezeigt, dass ich ziemlichen Mist gebaut habe. Ich fing an zu begreifen, dass ich wirklich was verändern musste, wenn mich die Mitarbeiter wirklich so sahen und so viele Probleme mit mir hatten. Ich habe mit einigen Leuten gesprochen, die mir geholfen haben zu begreifen, dass Gott immer für mich da ist. Ich will mal eine solche Frau sein, von der die Bibel in Sprichwörter 31 spricht.

Eigentlich habe ich diesen Brief geschrieben, um zu sagen, dass es mir Leid tut.

Gottes Segen,
Stacy

Stacy ist in diesem Jahr unglaublich weitergekommen, weil sie endlich die Wahrheit gehört und die Gnade Gottes erkannt hat.

Es gibt kein Wachstum ohne Disziplin und keine zielgerichtete Jugendarbeit ohne die Pfeiler der Gnade und der Wahrheit.

Wie du deine Grenzen ausbalancierst

Stell dir vor, du engagierst jemanden, der einen Zaun um deinen Besitz ziehen soll. Er macht einen kurzen Besuch an deinem Haus, sagt, dass er Montag beginnen wird und verschwindet dann für mehrere Wochen. Du tätigst mehrere Anrufe, um herauszufinden, wann die Arbeit nun endlich beginnen wird und jedesmal versichert dir die Firma, dass alles nach Plan läuft. Nach sechs Monaten erhältst du eine Rechnung über eine halbe Million Mark. Du schüttelst verwundert, aber amüsiert, den Kopf und rufst bei der betreffenden Firma an.

Dort sagt man dir, dass die Rechnung kein Scherz sei. Du hast einen Zaun bekommen – er verläuft über eine Quadratmeile, ist um dein Grundstück gezogen und dein Haus steht genau in der Mitte des umzäunten Grundstückes. Derjenige, der deinen Zaun gezogen hat, sagt, du hättest ihm gesagt, dass du vorhast, eine große Familie zu gründen und er wollte dir viel Platz für deine zukünftigen Kinder schaffen.

»Zu enge Grenzen sind nicht gut für Kinder«, sagt er, »gesunde Kinder brauchen viel Platz zum Entdecken und Ausprobieren.«

Nach einem erfolgreichen Prozess rufst du eine zweite Firma an und erklärst dein Bedürfnis nach Sicherheit und wohl definierten Grenzen für deine Kinder. Der Firmenchef hört sich deine Erwartungen an und verspricht, bessere Arbeit zu leisten als die vorherige Firma. Und in der Tat, er fängt am nächsten Tag mit der Arbeit an.

Er ist bereits mittendrin, als du dein Haus verlässt, um zur Arbeit zu gehen. Aber als du abends nach Hause kommst, traust du kaum deinen Augen: Um dein Haus wurde ein meterhoher Stacheldraht-Zaun mit einem Abstand von genau 30 Zentimetern zu jeder Hauswand gebaut. Mehrere Kameras sind auf den Pfosten montiert und überwachen jeden Zentimeter deines Heims. Ein an deinem Tor befestigter Zettel erklärt, dass dein Heim und deine Familie die wichtigsten Dinge sind, die du hast. Die Kinder sind nicht sicher in der Nähe von Straßen und auch Rasenflächen bergen Risiken, deswegen wurde dein Zaun errichtet, um das zu verteidigen, was dir am wichtigsten ist. Langsam fängst du an, dich zu fragen, ob es auf diesem Planeten überhaupt eine vernünftige Zaunfirma gibt.

Wo platzieren wir unsere Zäune? Wenn sich der Zaun eine Meile weit weg befindet und ein Jugendlicher erst jemanden töten muss, bevor wir etwas mitkriegen, sind unsere Grenzen sinnlos. Aber wenn sich alle zwei Meter ein bewaffneter Bewacher und eine Liste mit Regeln findet, dann sind unsere Grenzen erdrückend. Wo ziehen wir einen für unsere Jugendarbeit sinnvollen Zaun? Wie können wir ihn in Liebe verankern?

Auf der nächsten Seite sind einige »Zaunpfosten« erklärt, die wir in unserer Jugendarbeit in Saddleback angebracht fanden. Es sind keine spezifischen Regeln, es sind eher Prinzipien, die unsere Mitarbeiter beherzigen sollen. Wenn sie richtig eingesetzt werden, sind wir auf dem Weg, Jugendliche mit Liebe und Konsequenz zu »Discipuli« zu machen.

Gutes Benehmen

Wir setzen einfach voraus, dass Jugendliche an unseren Veranstaltungen aktiv teilnehmen, mitarbeiten und Spaß dabei haben. Wir erwarten, dass Jugendliche unsere Veranstaltungen mögen und stellen klar, dass unsere Mitarbeiter Menschen sind, die Respekt verdienen. Wir sind ernsthaft überrascht, wenn das nicht passiert und wir versuchen, das zu vermitteln, wenn ein Jugendlicher aus dem Rahmen fällt.

Einfache Regeln

Verschwende keine Energie auf ein ausgefeiltes Regelwerk, denn Jugendliche werden sich nur an wenige klare Regeln halten. Wenn du versuchst, Kaugummi aus dem Jugendraum fern zu halten oder alle dazu zu zwingen, beim Singen aufzustehen, dann investierst du wertvolle Zeit und Kraft in unrealistische Ziele. Wähle sorgfältig Regeln aus, die auf deinen Werten basieren und benutze sie, um ein angemessenes Verhalten zu formen, das den Jugendlichen auch im späteren Leben nützt.

Wir sagen unseren Jugendlichen, dass wir zwei Ziele und somit auch zwei Regeln haben. Unser Ziele sind Spaß zu haben und nachzudenken. Wenn also gerade Spaßzeit ist, dann haben wir Spaß und wenn es Zeit ist nachzudenken, werden wir ein bisschen ernsthafter und fangen an zu denken.

Vermittle Regeln positiv und erkläre ihren Sinn

Nur wenige Dinge sind irritierender als unsinnige Regeln. Wenn du in manchen Bereichen also um Disziplin bittest, dann erkläre, warum.

Als ich nach Saddleback kam, wollte ich meine Andachten von jeglichem Zwang befreien und stellte deswegen folgende Regel auf: »Während den letzten Liedern könnt ihr gehen, wenn ihr wollt. Ich werde euch nicht zwingen, hier zu bleiben und meiner Andacht zuzuhören. Niemand wird eure Namen aufschreiben oder sich aufregen oder euch auf Video aufnehmen. Aber ich glaube an die Bibel und ich glaube an das, was ich über sie sage. Wenn ihr also bleibt, dann sehe ich das als Verpflichtung eurerseits, mir zuzuhören und die Klappe zu halten.«

Wie du dir vorstellen kannst, sind wenige herausgegangen und schon früh ist eine gute Lernatmosphäre entstanden.

Erkläre angemessene Konsequenzen

Es ist nicht fair, Jugendliche durch Maßnahmen zu disziplinieren, von denen sie vorher nichts wussten. Wenn Kids in einer Veranstaltung über die Stränge schlagen, werden sie gewöhnlich vom Treffen ausgeschlossen. Auf Freizeiten sind es Strafdienste – wenn wir die Jugendlichen vorher auf diese Disziplinarmaßnahmen hingewiesen haben.

Abbildung 18.2 zeigt einen Vertrag, den Jugendliche und Eltern vor unseren Sommerfreizeiten unterschreiben. Er beinhaltet sowohl die Grundregeln als auch die Konsequenzen. Somit ist niemand überrascht, wenn eine Disziplinierung stattfindet.

Der Unterschied zwischen nervtötend und unangemessen

Jugendliche nerven, das ist Teil ihres Erwachsenwerdens. Aber ihre Streiche rufen oft nach Verständnis, nicht nach Disziplin. Schwätzen, unanständige Körpergeräusche, Gekicher während der Gebetszeit – diese Dinge fallen oft in die Kategorie »Nervensägen«, nicht in die der böswilligen Fehler. Bestrafe Jugendliche nicht, wenn ihr Verhalten nicht wirklich destruktiv und unangemessen ist.

Außerdem werden wir wahrscheinlich immer Jugendliche haben, mit denen wir einfach nicht so zurechtkommen. Unsere Persönlichkeiten prallen aufeinander und schon haben sie uns »gefressen«. Diese Jugendlichen brauchen mehr Gnade und Raum (ganz zu schweigen von einem anderen Mitarbeiter, der sich um sie kümmert) und nicht unbedingt zusätzliche Disziplinarmaßnahmen.

Warnungen minimieren

Minimiere die Anzahl der Warnungen, vor allem bei jüngeren Jugendlichen in Kleingruppen. Wie viele Bibelgruppen haben sich wegen Störungen aufgelöst, trotz wiederholter Warnungen des Mitarbeiters? Wiederholte Warnungen, die nach Autorität schreien, zeigen nur, dass du sie nicht hast. Störende Jugendliche müssen ausgeschlossen werden, und das vor allem aus Bibelgruppen und Gebetstreffen. Also warne die Betreffenden zwei Mal und dann lass den Ausschluss folgen.

Verhaltensregeln
für den
HAUSBOOT-AUSFLUG

Wegen der potenziellen Gefahren während eines Hausboot-Ausflugs (Schiffsschrauben, Wasserski-Boote etc ...) verstehe ich die Notwendigkeit, auf diesem Ausflug verantwortlich zu handeln und den allgemeinen Richtlinien zu folgen. Ich weiß, dass meine Handlungen die Sicherheit und die Gemeinschaft auf dieser Reise gefährden können.

Richtlinien

1. Ich akzeptiere, dass ich niemanden vom Hausboot herunterschubsen darf, auch wenn die Versuchung wirklich groß ist.
2. Ich akzeptiere, dass ich den Austausch von Zärtlichkeiten in der Öffentlichkeit einschränken muss, wenn ich nicht verheiratet bin.*
3. Ich akzeptiere, dass ich keinen Walkman mitnehmen darf.
4. Ich akzeptiere, dass es kein unbeaufsichtigtes Nachtschwimmen geben wird.
5. Ich akzeptiere die Notwendigkeit, dass die Schlafräume nach Geschlechtern getrennt werden und werde das respektieren.
6. Ich akzeptiere folgende Wasserski-Regeln:
   - ► Kein Vollspritzen anderer Boote
   - ► Keine Annäherung an Boote, Ufer oder andere Wasserskifahrer
7. Ich akzeptiere folgende Sea Doo-Regeln:
   - ► Kein wildes Fahren oder Tunken der Passagiere
   - ► Keine Annäherung an Boote, Land, Wasserskiläufer oder andere Sea Doos
   - ► Keine Rennen mit anderen Sea Doos

* Diese Richtlinie hängt mit der strengen amerikanischen Gesetzgebung zusammen. In Deutschland ist es natürlich kein Problem, wenn sich ein jugendliches Pärchen in der Öffentlichkeit küsst.

Abb. 18.2/1

8. Ich akzeptiere, dass es mir nicht erlaubt ist, Zigaretten, Alkohol oder eine andere Droge mit aufs Hausboot zu bringen oder zu konsumieren.

Konsequenzen

1–3 Zuwiderhandlungen werden verwarnt und bei Wiederholung Wasserski- und Sea Doo-Zeit gestrichen.

4–8 Zuwiderhandlungen führen zu meiner Abreise auf Kosten meiner Eltern.

Verpflichtung

Ich werde den oben genannten Richtlinien Folge leisten und die Mitarbeiter der Saddleback Church respektieren.
Ich akzeptiere die Konsequenzen, wenn ich mich entscheide, die Regeln nicht zu befolgen.

Unterschrift des Jugendlichen   Name in Druckbuchstaben

Ich/Wir akzeptiere(n) alle Richtlinien und Sicherheitsmaßnahmen und die möglichen Konsequenzen. Wenn meine/unsere Tochter/ mein/unser Sohn die Richtlinien 4–8 nicht befolgt, dann wird sie/er auf meine/unsere Kosten heimgeschickt.
Ich/wir habe(n) die Richtlinien mit meinem/unserem Kind besprochen und bin/sind zuversichtlich, dass sie/er diese Richtlinien und die Mitarbeiterschaft der Saddleback Church akzeptieren wird.

Unterschrift der Eltern

Abb. 18.2/2

Nach meiner Erfahrung ist Ausschluss das am seltensten benutzte Verfahren in der Jugendarbeit. Wir ertragen zahllose Unterbrechungen, sprechen geduldig Bitten und Warnungen aus und raufen uns die Haare, weil wir doch nichts erreichen. Entferne das Problem! Widerspenstige Jugendliche werden die Dinge, über die du sprichst, sowieso nicht begreifen, bis sie gelernt haben, ihr Benehmen ihrer Umgebung anzupassen. Lass nicht zu, dass das Verhalten eines Jugendlichen den anderen das ganze Treffen versaut.

Jugendliche nicht mit negativen Namen bezeichnen

Wir alle kennen die prophetische Kraft von Worten. Sehr wörtlich erschaffen sie die Realitäten, die sie beschreiben. Jugendliche neigen dazu, die Namen auszuleben, die wir ihnen geben.

Vielleicht ist es das, was mit den »Problemzwillingen« Brad und Roger in dem Jahr vor dem Camp passiert ist (ihre Geschichte findest du auf den Seiten 333–334). Wir hatten ihnen nicht ins Gesicht gesagt, dass wir sie »die Problemzwillinge« nannten, aber wahrscheinlich hat sich das in der Art widergespiegelt, wie wir sie behandelten. Es hat einige Arbeit und göttliche Intervention gefordert, unsere negativen Bezeichnungen zu überwinden. Als wir ihnen schließlich zu verstehen gaben, welches Benehmen wir von ihnen erwarteten, zeigten sie sich von einer anderen Seite.

Setz Regeln konsequent, aber ohne Wut durch

Regeln ohne Wut durchzusetzen beinhaltet eigentlich zwei Prinzipien: Erstens, *setz Regeln durch*. Sie sind wertlos, wenn sie nicht durchgesetzt werden. Weil wir Jugendliche mögen und auch gemocht werden wollen, tendieren wir dazu, vor schmerzlichen Disziplinarmaßnahmen zurückzuschrecken. Ich bin über die Entscheidung, eine Jugendliche in den Bus zu setzen und nach Hause zu schicken, verzweifelt. Es tat mir weh, sie zu bestrafen, auch wenn sie es zweifellos verdient hatte. Dazu kamen die logistischen Probleme, die unangenehmen Telefonanrufe und die wahrscheinlich hässlichen Konsequenzen zu Hause.

In diesen Zeiten müssen wir uns erinnern, dass Konsequenz tief in der Liebe verankert ist. Sprichwörter 13,24 lehrt: »Wer die Rute spart, hasst seinen Sohn, wer ihn liebt, nimmt ihn früh in Zucht.«

Zum Wohl des Einzelnen müssen wir sie oder ihn die vorher klar gestellten Konsequenzen spüren lassen. In dem eben erwähnten Fall hat sich die Heimsendung klar ausgezahlt. Die Eltern waren verständnisvoll und haben mich unterstützt, das Mädchen blieb in unserer Jugendarbeit und hat sich innerhalb einiger Monate sehr positiv verändert. Die Geschichte dieser Konsequenz hat Camp für Camp die Runde gemacht und unzählige ähnliche Probleme verhindert!

Das zweite Prinzip zur Bekräftigung von Regeln ist *ohne Wut.* Die meisten Menschen fangen an zu disziplinieren, *weil* sie wütend sind. Stattdessen sollten wir loslegen, *bevor* wir wütend werden. Manche Verhaltensweisen können dich wirklich wahnsinnig machen, aber bei milden Vergehen solltest du nicht warten, bis du so richtig auf hundertachtzig bist, bevor du Konsequenzen ziehst. Stopp das Problem, bevor es dich zur Weißglut bringt. Zuerst werden die Jugendlichen überrascht sein, mit einem Lächeln rausgeworfen zu werden, aber sie werden sich an deinen Stil gewöhnen und andere werden es zu schätzen wissen. Ich sage meinen Jugendlichen: »Ich mag und schätze euch, aber ich werde euch nicht erlauben, diese Veranstaltung zu ruinieren.«

Ich sage meinen Jugendlichen: »Ich mag und schätze euch, aber ich werde euch nicht erlauben, diese Veranstaltung zu ruinieren.«

Stell niemanden öffentlich bloß

Wir wollen, dass die Jugendlichen ihr Fehlverhalten aufgeben, nicht ihr Gesicht. Eine Ausweisung wird deine Jugendlichen nicht aus der Jugendarbeit treiben, aber eine Erniedrigung schon. Es hört sich so an, wenn Konsequenz mit Gnade gewürzt wird: »Hey, du benimmst dich jetzt das dritte Mal daneben. Ich muss dich bitten, nach draußen zu gehen«, nicht: »Jetzt hör mal zu, du nichtsnutziger Chaot, schaff deinen Wohlstandshintern hier raus, bevor ich ihn dir aufreiße.«

Gespräche unter vier Augen

An Jugendlichen dranzubleiben, die Probleme machen, bringt weitere Balance in die Anwendung von Regeln. Sei konsequent, wenn du einen Jugendlichen disziplinierst und zeig ihm deine Liebe und Vergebung in einem nachfolgenden Gespräch. Besprich die Situation, erkläre, warum du getan hast, was du getan hast und sag dem Jugendlichen, dass du sie oder ihn magst und dass du die Sache nun als vorbei betrachtest.

Noch besser, nutze private Gespräche als vorbeugende Maßnahme. Wir alle kennen Jugendliche, die uns bis an den Rand des Wahnsinns treiben und uns dann meisterhaft gerade noch abbremsen. Diese Jugendlichen müssen persönlich konfrontiert werden. In meinen Vorträgen fragen mich Jugendmitarbeiter oft, wie sie mit schwierigen Jugendlichen umgehen sollen. Ich bin immer erstaunt, wie viele noch gar nicht mit diesen Jugendlichen *gesprochen* haben.

Nebenbei, wenn du auf eine möglicherweise heftige Auseinandersetzung zugehst, dann triff dich mit dem Betreffenden an öffentlichen Plätzen, zum Beispiel in einem Café. Die Anwesenheit anderer Leute wird die Emotionen unter Kontrolle halten. Und mach dir zu deiner eigenen Sicherheit Notizen. Wenn sich der Konflikt ausweitet und Eltern, Pastoren und andere mit einbezogen werden, dann kann sich deine sorgfältige Aufnahme von Aussagen und Vorfällen als wertvoll erweisen.

Brad und Roger waren letztes Jahr »die Problemzwillinge« ihrer Gruppe. Durch ihre ständigen Störungen standen sie immer kurz vor dem Ausschluss. Um die Lage noch zu verschlechtern, ließen sie keinen der Mitarbeiter gefühlsmäßig an sich heran. Wir konnten sie nicht näher kennen lernen und erhielten nicht mal Antworten auf einfache Fragen.

Und im Frühling hatten sich die beiden zu meinem Schrecken auch noch für das Sommer-Camp angemeldet. Ich konnte es nicht glauben. Wie wollten sie es aushalten, eine ganze Woche mit uns zu verbringen? Und mehr noch, wie sollten wir es mit ihnen aushalten? Ich hätte beinahe ihre Rückfahrtickets schon für einen früheren Zeitpunkt gebucht.

Ich bat sie zu mir und sagte ihnen klar und deutlich, dass sie besser nicht mitfahren sollten, da ich nicht glaubte, dass sie es bis zum bitteren Ende aushalten würden. Ich erinnerte sie daran, dass wir das ganze Jahr Probleme mit ihnen gehabt hatten und dass es eine miserable

Woche für alle von uns werden würde. Sie versicherten mir, dass sie wirklich mitfahren wollten. Also sagte ich ihnen, dass ich von ihnen eine massive Änderung ihrer Haltung erwartete. Wenn sie mitkommen wollten, müssten sie ein wirklicher Teil der Gruppe sein. Ich sagte ihnen, dass ich sie in der Hoffnung beobachten würde, dass sie mich zum Staunen bringen würden. Das Camp sollte zu einer Zeit der Veränderung werden.

Die *Problemzwillinge* wurden zu einem *Dynamischen Duo*, den Stars des Camps. Sie verursachten nicht nur keine Probleme, sie waren auch Hauptdarsteller in unserem Theaterteam und erstaunten uns mit einem Talent und einem Humor, von denen wir nicht zu träumen gewagt hatten. Ich bin überzeugt, dass Gott die verändernde Kraft eines gut getimten Gesprächs benutzt hat, um ihre Herzen zu berühren.

Scheu dich nicht, Eltern einzuschalten

Wir alle wollen Vertrauenspersonen sein, denen die Jugendlichen jedes Geheimnis anvertrauen können. Aber ich habe bei Jugendmitarbeitern eine gefährliche Neigung entdeckt, Geheimnisse um jeden Preis zu bewahren. Vergiss nicht, dass du kein Anwalt oder Psychiater bist, sondern ein Hirte der Jugendlichen. Und damit bist du beiden Rechenschaft schuldig, Eltern und Kindern.

Als mir verschiedene verlässliche Menschen den Hinweis gaben, dass Rob mit Drogen dealte, konnte ich nicht umhin, ihn darauf anzusprechen. Wie zu erwarten tat er so, als hätte er keine Ahnung, wovon ich redete. Aber innerhalb weniger Minuten hatte ich ein Geständnis aus ihm herausgebracht. Er hatte nicht mit Drogen *gedealt*, er hatte sie nur ausgehändigt; und er hatte es nur wenige Male getan. Als wir uns unterhielten, bereute er sein Handeln sichtlich. Er versicherte mir, dass er Drogenkonsum für einen Riesenfehler hielt und dass er die Beziehung zu seinen »Freunden« aus der Szene schon beendet hätte.

Es war schön, das zu hören. Ich glaubte ihm sogar (beinahe). Unabhängig von seiner Ehrlichkeit lag es nicht in meiner Verantwortung, ihn von seiner Schuld frei zu sprechen oder ihn für seine Taten zur Rechenschaft zu ziehen. Da Rob minderjährig war, hatten seine Eltern die Verantwortung für ihn.

Ich sagte Rob – wie ich es allen Jugendlichen in so einer Situation sage –, dass ich ihm das Wochenende Zeit gab, um es seinen Eltern mitzuteilen. Ansonsten würde ich es ihnen am Montag sagen. Wenn er das wünschte, würde ich mit ihm zu seinen Eltern gehen und ihm beistehen. Aber sie würden auf alle Fälle davon erfahren, entweder von ihm, von mir oder von uns beiden. Am Sonntagabend erzählte Rob es seinen Eltern.

Disziplin ist wie eine Behandlung beim Zahnarzt.
Sie ist alles andere als angenehm, aber gut für dich.
Beides sind einfache, aber entscheidende Eingriffe,
die verhindern, dass ein »Infektionsherd«
eine ganze Struktur zerstört, sei es ein Zahn,
ein Mensch oder eine ganze Jugendarbeit.
Wenn die »Operation« gelingt, wird Schwaches
wieder stark und Schmerzhaftes nützlich.

Jetzt wird's persönlich

1. Ist für dich die Disziplinierung von Jugendlichen einfach oder schwer? Warum?

2. Welches sind konstruktive Wege, mit einem Jugendlichen umzugehen, der Konsequenz nötig hat?

3. Was vermitteln deine Regeln den Jugendlichen?

4. Welches sind größere disziplinäre Probleme, die eine persönliche Besprechung mit den Eltern erfordern würden?

5. Was war die schlimmste Regelübertretung, die du bisher bewältigen musstest?

6. Kennen deine Jugendlichen die Grenzen, die du für sie gesetzt hast?

7. Wissen deine Mitarbeiter, wie sie mit krassem Fehlverhalten umgehen sollen?

8. An welchen drei der aufgeführten Ideen musst du arbeiten, um deine Jugendlichen besser betreuen zu können?

19 Veränderungen einleiten

Vom allerersten Kapitel an ist es meine Absicht gewesen, dich zu ermutigen, aufzurütteln und zu inspirieren. Wenn du den Wunsch hast, dich vorwärts zu bewegen und eine zielgerichtete Jugendarbeit aufzubauen, dann bin ich wirklich begeistert! Ich freue mich schon darauf, Berichte über deine Erfolge zu hören. Um wirklich zielgerichtet zu werden, wirst du vielleicht einige Änderungen in Gang setzen müssen, deshalb gibt dir dieses letzte Kapitel einige Tipps, die dir die strukturelle Veränderung erleichtern.

Da wir Menschen Gewohnheitstiere sind, ist Veränderung für uns anstrengend und mühselig. Neue Ideen in deine Arbeit einzubauen ist ein echtes Abenteuer voller Unsicherheiten und Fragen:

> Wohin werden die Veränderungen unsere Arbeit führen?
> Was wird uns auf dem Weg begegnen?
> Wie sollen wir mit Widerstand und Rückschlägen umgehen?
> Welche Hilfsmittel werden wir brauchen?
> Werden unsere Neuerungen erfolgreich sein?

Fragen wie diese können Zweifel hervorrufen, die unseren Glauben lähmen. Ich bete, dass der Langzeiterfolg über deine Zweifel und Ängste triumphieren wird. Lass dich von Paulus' Worten in 1. Timotheus 4,10 inspirieren: »Dafür arbeiten und kämpfen wir, denn wir haben unsere Hoffnung auf den lebendigen Gott gesetzt.«

Wenn du bei deinen Neuerungen auf Gott »setzt«, dann bist du in guten Händen.

Erste Schritte zur Veränderung

Eine umwälzende Veränderung ist niemals leicht und macht selten Spaß, aber hier sind einige Schritte, die du benutzen kannst, um den Schmerz abzumildern.

Bewerte deine Motive für einen Wechsel

Bevor du beginnst, den Veränderungsplan auszuführen, ist es weise, deine Motive genau zu betrachten und auszuwerten. Wenn sie nicht ganz lupenrein und unangemessen sind, schwindet der Wert deines Plans. So wie die Mittel das Ergebnis ergänzen sollen, so sollten sich deine Absichten in heiliger Harmonie mit den Entscheidungen befinden, die du für deine Arbeit triffst. Wenn deine Motive eigennützig sind, dann sind sie falsch. In der Jugendarbeit darf es nicht um Ruhm oder Balsam für dein Ego gehen. Deine Hauptmotivation für eine Veränderung sollte dein Gehorsam gegenüber Christus und deine Liebe für die Jugendlichen sein. Wenn deine Motivation sich darauf gründet, dass diese Sache dich in deiner Karriere weiterbringen wird, dann sei gewarnt. Gott sieht Erfolg und Karriere anders als diese Welt! Am Ende wird nicht zählen, wie erfolgreich du nach menschlichen Maßstäben gewesen bist, sondern wie ehrlich du gedient hast.

Bete!

Verbringe von Anfang an viel Zeit mit Gott und finde heraus, ob deine Wünsche für eine Veränderung mit seinen übereinstimmen. In Sprichwörter 2,3–6 steht: »Wenn du nach Erkenntnis rufst, mit lauter Stimme um Einsicht bittest, wenn du sie suchst wie Silber, nach ihr forschst wie nach Schätzen, dann wirst du die Gottesfurcht begreifen und Gotteserkenntnis finden. Denn der Herr gibt Weisheit, aus seinem Mund kommen Erkenntnis und Einsicht.« Lies diese Stelle nochmal und unterstreich die Worte »rufst«, »mit lauter Stimme bittest«, »suchst« und »forschst«. Sie spiegeln eine Haltung des Betens wider und resultieren darin, dass du Weisheit erhältst, die viel größer als deine eigene ist. Und bedeutungsvolle Veränderungen erfordern viel Weisheit!

Mach eine Pro-und-Kontra-Liste

Mache eine Liste der Pros und Kontras, um deine geplanten Veränderungen ehrlich zu bewerten. Das wird dir und anderen zeigen, dass du deinen Plan wirklich durchdacht hast. Pass auf, dass deine Begeisterung nicht deinen Blick für die negativen Seiten getrübt hat. Du wirst vielleicht andere fragen müssen, ob du sorgfältig und ehrlich bei deiner Auswertung bist.

Such die Meinung deines Vorgesetzten

Sprichwörter 27,9 sagt: »Salböl und Weihrauch erfreuen das Herz, die Herzlichkeit eines Freundes erfreut mehr als duftendes Holz.«

Besprich deine Liste mit deinem Vorgesetzten. Zeig ihr oder ihm, dass du die einzelnen Punkte von verschiedenen Blickwinkeln zu betrachten versucht hast. Nimm Fragen vorweg und halte sinnvolle Antworten parat. Dieses Gespräch kann eine gute Gelegenheit sein, um Unterstützung zu bitten. Je besser du vorbereitet bist, desto leichter wird es sein, diese Unterstützung zu bekommen. Achte darauf, dass du den Rat deines Vorgesetzten einholst, damit sie oder er eher dazu geneigt ist, dich zu unterstützen und vielleicht sogar die ganze Angelegenheit zu seiner zu machen.

Bezieh positive Mitarbeiter, Eltern und Jugendliche mit ein

Als wir das Konzept unserer Dienstagabend-Veranstaltung von einem großen Gruppentreffen in eine Bibelarbeit mit Kleingruppen umgewandelt haben, wusste ich, dass ich mit Kritik rechnen konnte. Aber ich fand auch, dass die positiv eingestellten Leute zuerst von unserem beabsichtigten Experiment erfahren mussten. Ich wusste, dass sie Fragen stellen würden, ohne mich gleich zu attackieren. Ich benötigte ein positives Publikum, vor dem ich üben konnte, wie man die neue Idee am besten erklärt.

Bezieh negative Mitarbeiter, Eltern und Jugendliche mit ein

Negativ eingestellte Menschen sind für gewöhnlich nicht ganz so stur und reaktionär, wenn du sie unter vier Augen sprichst statt in einer Gruppe. Sie allein zu treffen gibt dir die Möglichkeit, dir ihre Bedenken anzuhören, ohne dass sie dabei gleich andere in ihrer Meinung beeinflussen. Oft will diese Art von Person einfach nur angehört werden. Negative Menschen sind meist unsicher und kritisch und brauchen einfach mehr Zeit und Liebe als andere. Ich sage nicht, dass alle Negativen vernünftig auf deine Veränderungsvorschläge reagieren werden, aber sie werden die Einbeziehung, Aufmerksamkeit und Erklärung zu schätzen wissen.

Negative Menschen sind meist unsicher und kritisch und brauchen einfach mehr Zeit und Liebe als andere.

Sprich von »Experimenten«

Ich habe von meinem Pastor gelernt, von Veränderungen zunächst nur als »Experimente« zu sprechen. Das lässt Wechsel weniger »riskant« erscheinen – es ist ja nur ein Versuch. Wenn das Experiment funktioniert, dann sind die Leute schon vorbereitet und eher geneigt, den Plan durchzuführen. Wenn das Experiment nicht funktioniert, dann ist es keine große Sache. Es war halt ein Versuch.

Leute werden sich verletzt fühlen

Der alte Satz »Wir haben das schon immer so gemacht« spricht von den Unannehmlichkeiten, die eine Veränderung hervorruft. Die meisten Menschen mögen keine Veränderungen. Oft ist es nicht die Veränderung selbst, die so schwierig zu bewerkstelligen ist, sondern die Motivation aller Beteiligten. Leute, die sich mit Mittelmäßigkeit zufrieden geben oder die keinen Wert in der neuen Richtung sehen, sind schwierig zu überzeugen.

Veränderung fordert von den Menschen, dass sie sich aus ihrer Bequemlichkeitszone heraus bewegen und neue Verhaltensweisen entwickeln. Manche werden sich von dir als ausführendem Organ der Veränderung verletzt fühlen, der ihr Leben unbequem macht. Nichtsdestotrotz sollte das keine Entschuldigung sein, die dich von der Durchführung eines zielgerichteten Prozesses abhält.

Kluges Timing

Kluges Timing lässt deine Veränderungen strategischer rüberkommen. Drei gute Zeitpunkte für Rundumveränderungen sind im Januar nach der Weihnachtspause, im Juni/Juli zu Beginn der großen Ferien und im August/September zu Beginn des neuen Schuljahrs.

Sie werden sich dran gewöhnen

Als wir begannen, bei unseren Gottesdiensten und Andachten statt in Reihen an Tischen zu sitzen, beschwerten sich die Jugendlichen zuerst darüber. Inzwischen haben sie das längst vergessen. Als ich ein paar dickköpfige Mitarbeiter bat, doch zurückzutreten, haben sich einige Leute beschwert. Jetzt sind die Beschwerden vorbei. Als wir unser Mittwochsprogramm auf Dienstag verlegten, machte ich mich zur öffentlichen Zielscheibe der Kritik. So ein anmaßender, ja ketzerischer Vorschlag! Jetzt würde man mich kritisieren, wenn wir wieder zum Mittwoch zurückgehen würden. Die Leute gewöhnen sich mit der Zeit an die Veränderungen.

Dank deinen Veränderungs-Helfern

Vor einiger Zeit wurde ich von unserem Vorstand gebeten, die Anzahl der Wochenendgottesdienste für Jugendliche von zwei auf drei zu erhöhen. Diese kleine Veränderung sorgte für große Unruhe unter den Jugendlichen, die wir dazu aufgefordert hatten, doch auch mal den neuen Gottesdienst am Samstagabend statt wie gewöhnlich den am Sonntagmorgen zu besuchen. Wir mussten uns Kommentare anhören, die von: »Aber dieser süße neue Typ geht Sonntagmorgens!« bis: »Wir können Samstagabend keine Donuts essen – das hat einfach keinen Stil« reichten.

Manche Mitarbeiter waren geschockt und sahen uns mit Blicken an, die sagten: »Bitte tut mir das nicht an« und »Bist du sicher, dass du *jeden* Samstag meinst?« Ihre Bedenken waren: »Wie sollen wir dafür werben, ihn durchführen und Musiker, Theaterleute und Mitarbeiter finden?«

Schließlich waren dann doch alle einverstanden und begannen, ein weiteres, qualitativ hochwertiges Programm zusammenzustellen. Ich kann den freiwilligen Mitarbeitern, die den Samstagabend zu einem Erfolg gemacht haben, gar nicht genug danken. (Wartet nur ab, bis ihr herausfindet, dass wir bereits einen vierten Gottesdienst planen!)

**Die Leute mit der Veränderung vertraut zu machen
braucht seine Zeit.
Wie zufrieden sie damit sind,
hängt oft von der Stärke deiner Position ab
und die wiederum von der Unterstützung,
die du bekommst.
Wenn ich starke Unterstützung habe,
dann ist ein Wechsel einfacher.
Wenn meine Unterstützer schwinden,
ist eine Veränderung schwieriger durchzuführen.**

Die »Sparkonten« der Veränderung: Planung, Politik und Beten

Drei primäre Faktoren beeinflussen die Unterstützung, die ich bekomme. Ich nenne diese Faktoren gerne die »Sparkonten« meiner Unterstützungsbank: Planung, Politik und Beten.

Wenn du diese Konten eröffnest, verstehst und entwickelst, wird sich die Unterstützung, die du bekommst, ungemein verstärken. Auch einzeln sind diese drei Elemente gültig und wichtig, aber zusammen formen sie eine unschlagbare Basis für eine erfolgreiche Umstrukturierung oder Neukonzipierung deiner Arbeit.

Das Planungs-Konto

Vielen Jugendleitern wird (zu Recht) vorgeworfen, »mit ihren Hintern auf dem Stuhl festzukleben«. Ich betone das, weil ich selbst jahrelang in diese Kategorie fiel. Obwohl ich oft für meine Spontaneität und Beziehungsfähigkeit viel Lob bekam, wurde ich mindestens genauso oft für meine fehlenden Verwaltungs- und Planungsfähigkeiten kritisiert.

Wenn deine Jugendarbeit größer wird, dann muss gleichzeitig deine Bereitschaft zur Organisation wachsen. Das hat einen einfachen Grund: Wenn dein Einfluss wächst, dann hängen mehr Menschen (innerhalb und außerhalb deiner Arbeit) davon ab, dass du alles »gebacken kriegst«. Je länger im Voraus Veranstaltungen geplant, Räume reserviert, Budgets festgelegt und Camps gebucht sind, desto mehr Zeit hast du auf Veranstaltungen für Jugendliche und Eltern.

Viele der Entscheidungsberechtigten in einer Gemeinde sind geschäftsorientiert. Diese Leute fühlen sich in Ordnungen und Strukturen wohl und besitzen ausgeprägte administrative Fähigkeiten. Sie sind nicht der Typ, der eine Woche vor Beginn eine Freizeit plant. Solche Menschen planen alles ein Jahr im Voraus und haben fünf Belege für jede Ausgabe. Ob du ihren Stil magst oder nicht – sie sind in der Position, dein Budget und damit auch oft deine Zukunft zu beeinflussen. Wenn du selbst kein Organisationsgenie bist, dann such dir einen Helfer, dem so etwas Spaß macht. So ein Mensch ist für dich unentbehrlich!

In der Gemeinde, in der ich vor Saddleback war, hatte ich einen ehrenamtlichen Helfer, der alles Organisatorische übernahm. Dieser Vater wollte nicht mit Jugendlichen arbeiten, aber ihm lag an einer super laufenden Jugendarbeit für seinen Sohn. Er war Gottes ganz besonders Geschenk für mich. Zusätzlich zum Organisieren hat er mir beigebracht, wie ich Veranstaltungen und Aktivitäten nach der E.A.H.- (= Erste Allgemeine Hilfs-) Methode planen kann:

- Ergebnis
- Aktionsplan
- Hilfsmittel

Ergebnis

Stell dir zuerst das erwünschte Ergebnis einer Veranstaltung vor. Frag dich: »Wie kann eine erfolgreiche Veranstaltung aussehen?« Deine Antwort sollte die Anzahl der Jugendlichen, die Budgetgrenzen und die

Reaktionen der Eltern mit einbeziehen. Je klarer du das erwünschte Ergebnis sehen kannst, desto einfacher werden die nächsten zwei Faktoren.

Aktionsplan
Was musst du untenehmen, um zu dem erwünschten Ergebnis zu gelangen? Die Liste deiner Aufgaben wird dein Spielplan. Je mehr Zeit du verwendest, um den gewünschten Ausgang zu überdenken, desto exakter wird die Liste der erforderlichen Aktionen werden. Die einzelnen Aktionsschritte aufzuschreiben wird dir eine klarere Idee der dazu nötigen Zeit verschaffen.

Hilfsmittel
Welche Hilfsmittel brauchst du, um dein Ziel zu erreichen? Eine unrealistische Einschätzung deiner Hilfsmittel, seien sie personeller, physischer oder finanzieller Natur, kann deine Pläne zum Scheitern verurteilen und damit zum Ausgangspunkt unendlicher Frustration werden.

Das Politik-Konto

Wenn es dich überrascht, dass ich Gemeindepolitik erwähne, dann musst du neu in der Jugendarbeit sein. Wenn du dankbar bist, dass ich diesen Punkt anspreche, dann bist du wahrscheinlich schon ein alter Hase. Und wenn du glaubst, dass Politik kein Thema in einer Gemeinde ist, dann lebst du anscheinend in Disneyland!

Wenn du glaubst, dass Politik kein Thema in einer Gemeinde ist, dann lebst du wahrscheinlich in Disneyland!

Die Ängste und Frustrationen, die in Verbindung mit Gemeindepolitik auftreten, sind endlos. Über die Jahre habe ich meinen Teil der Horrorgeschichten gehört und erlebt, so dass ich mittlerweile auf diesem Gebiet leider sehr erfahren bin. Ich habe gesehen, wie fähige Jugendmitarbeiter mit den besten Absichten an unangemessener Gemeindepolitik gescheitert sind. Deswegen habe ich einen realistischen Bezug und jegliches Verständnis für die Angst vor Gemeindepolitik, aber ich weiß, dass jeder Versuch, sie zu verleugnen, unklug und schädlich ist.

Hinter unseren Ängsten und Frustrationen steckt ein falsches Verständnis von Gemeindepolitik. Um diesem Schreckgespenst den Zahn zu ziehen, biete ich folgende Definition an, die nicht mehr so Angst einflößend ist: *Deine Politik ist die Fähigkeit, Unterstützung für deine Arbeit zu bekommen, die Gott dir anvertraut hat.*

Diese Definition besagt, dass es meine Aufgabe ist, Gott zu vertrauen, meinem Ruf zu folgen und Unterstützung für die Jugendarbeit in unserer Gemeinde zu bekommen. Wenn ich mit dem Vorstand meiner Gemeinde zusammenarbeite und Unterstützung bekomme, wird Gott sich um den Rest kümmern.

Als Menschen benötigen wir vereinfachende Systeme und Strukturen, um unsere Arbeit tun zu können. Ohne diese herrscht das Chaos. Der Apostel Paulus beschreibt die Gemeinde als einen Körper mit vielen verschiedenen Gliedern, der aber nur als Ganzes funktioniert (siehe 1 Kor 12,12–31). Für einen reibungslosen Ablauf braucht es Ordnung, Organisation und Koordination. Und wie im menschlichen Körper muss es auch im Leib Christi zugehen. Hier sind sechs Vorschläge, die den politischen Einfluss der Jugendarbeit innerhalb deiner Gemeinde verstärken.

Lern das System kennen

Jede Gemeinde hat ihre eigene Struktur der organisierten Leitung. Ob an Traditionen, Bestimmungen oder Persönlichkeiten gebunden – dieses System ist der Wegeplan zu Entscheidungen. Das Verständnis dieses Systems wird die politische Basis deiner Jugendarbeit stärken. Wenn du also neu in deiner Gemeinde bist, such dir jemand Vertrauenswürdigen, der bereit ist, dich über die Organisationswege zu informieren.

Entdecke, was wichtig ist

Es ist wichtig, dass du die Werte deiner Gemeinde verstehst und ernsthaft vertrittst. Sieh zu, dass du unter die Oberfläche schaust. Als enthusiastischer Jugendmitarbeiter könntest du kritisch und abschätzend gegenüber der »Heiligen Kuh« einer Gemeinde wirken und so Langzeit-Kirchenmitglieder beleidigen. Wenn du nach sorgfältiger Betrachtung die Werte zwar verstehst, aber nicht unterstützen kannst, dann ist es vermutlich Zeit für einen Arbeitsplatzwechsel.

Werde ein Mannschaftsspieler

Der schnellste Weg, jegliche Unterstützung zu unterbinden ist, so zu tun, als sei die Jugendarbeit der einzige wichtige Bereich in der Kirche. Du leitest kein separates Projekt, du leitest einen Teil der Gesamtgemeinde. Deine Zusammenarbeit mit anderen Mitarbeitern und Gemeindemitgliedern wird die Entwicklung der Gesamtgemeinde fördern – und damit deine eigene.

Unterstütze die Gemeindeleitung, vor allem den Pastor

Wenn du Unterstützung von anderen willst, dann musst du auch welche geben. Der beste Weg, das zu tun, ist, enthusiastisch deine Gemeindeleitung und vor allem deinen Pastor zu unterstützen. Hier einige Ideen dazu:

- Respektiere ihre Zeitplanung.
- Lad sie zu deinen Veranstaltungen ein, aber mach keinen Druck.
- Folge ihrer Leitung.
- Kümmer dich um ihre Familien.
- Nimm ihnen Arbeit ab.
- Unterstütze sie öffentlich und privat.
- Diene ihnen.

Wenn deine Motive lauter sind, wird eines der wunderbaren Ergebnisse lebenslange Freundschaft sein. Ein weiteres Nebenprodukt deiner Unterstützung ist das positive Beispiel, das du für deine Jugendlichen abgibst. Die guten Beziehungen zu anderen Mitarbeitern und deinem Pastor können dauerhaften Nutzen bringen, wenn sie von Jugendlichen beobachtet werden. Insgesamt sind es wichtige Investitionen, die langfristig große Dividenden ausschütten werden.

Erfolg messen und vermitteln

Es ist wichtig, dass du deinen Erfolg feststellen und deiner Gemeinde vermitteln kannst. Was immer du messen kannst (Zahlen, Grad der Mitarbeit, geistliche Reife der Jugendlichen etc.), nimm nicht automatisch an, dass auch der Rest der Gemeinde es mitbekommt. Eine bedeutende Rolle der Jugendleiter ist es, die Früchte ihrer Arbeit zu präsentieren. Niemand kann besser verbreiten, was Gott unter euch tut, als du. Wenn du von deiner Arbeit berichtest, dann sei immer *ehrlich* (übertreib keine Zahlen oder Ergebnisse) und *demütig* (rühm dich nicht für das, was

Gott oder andere erreicht haben). Beide Eigenschaften werden Unterstützung anziehen.

Wähl die Schlachtfelder weise aus
Wenn du längere Zeit in einer Gemeinde bist, ist es unvermeidlich, dass du auf Situationen und Leute triffst, die Konflikte hervorrufen. Versuch diese möglichst freundschaftlich und ohne unnötige Ausbrüche zu lösen. Aber wenn der gesunde Menschenverstand und dein Verständnis von Gottes Wort eine Konfrontation erfordern, dann stell dir zuerst folgende Fragen:

- Kann ein Streit hier zu positiven Ergebnissen führen?
- Habe ich den Rat eines vertrauten (älteren/weiseren) Freundes gesucht?
- Habe ich mich bemüht, die Meinungsverschiedenheiten zu verstehen und zu respektieren?
- Können die Differenzen ohne Krach behoben werden?
- Bin ich absolut sicher, dass ich mich in meiner Auffassung nicht irre, uninformiert oder kurzsichtig bin?
- Habe ich demütig Gottes Rat gesucht und gespürt?

Ein letzter Gedanke bezüglich der »Schlachtfelder«: Mach dir bewusst, dass der wahre Kampf gegen den Teufel und nicht gegen Mitglieder deiner Gemeinde oder anderer Gemeinden geht. Der Feind tut nichts lieber als Gottes Anhänger gegeneinander auszuspielen; also unternimm alles, was in deiner Macht steht, um die Pläne des Teufels zu durchkreuzen und die Einheit in deiner Gemeinde zu bewahren. Die einzig wirkliche Schlacht, die es zu schlagen gilt, ist die gegen den Fürst der Finsternis!

Das Gebets-Konto

Ich erläuterte am Anfang den Gedanken, dass alles, was wir tun, durch Gott bestätigt werden muss. Ich bin sicher, dass du mir von ganzem Herzen zustimmst. Also ist es passend, dass wir jetzt zum Abschluss dieses Buches noch einmal auf die Kraft Gottes zu sprechen kommen.

Wenn die Kraft Gottes eine unerlässliche Energiequelle für den Aufbau einer zielgerichteten Jugendarbeit ist, dann ist es nur logisch, dass wir diese Quelle anzapfen und uns unser Leben lang von ihr versorgen lassen wollen. Wie wir alle wissen, kommt der engste Kontakt mit Gott im Gebet zustande. Ich bin sicher, dass für dich Beten wichtig ist, aber bist du auch überzeugt, dass es absolut *lebensnotwendig* ist? Traust du dich zu sagen, dass du und deine Arbeit ohne Beten nicht überleben können? Betest du *gern* für deine Jugendarbeit? Sehnst du dich danach, in Gottes Gegenwart zu sein?

Ich habe kein Problem damit zuzugeben, dass ich von Gott abhängig bin. Beten ist das, was mich mit Gott verbunden und von Gott abhängig hält. Übe dich darin, Gottes Anwesenheit zu spüren und du wirst seine Macht erkennen.

Ich bin sicher, dass für dich Beten wichtig ist, aber bist du auch überzeugt, dass es absolut lebensnotwendig ist?

Die Aufgabe des Betens

Gott braucht keine neuen Aufträge oder Pläne. Deine Aufgabe beim Beten ist deswegen nicht, Gott über irgendetwas Neues zu informieren. Er weiß sowieso, was wir jeden Augenblick erleben und machen. Der Sinn des Betens ist es, uns abhängig von und in Beziehung zu dem Einen zu halten, der Leben gibt. Im Gebet danken wir Gott für das, was er tut und können ihm unsere Bitten, Hoffnungen und Wünsche zurufen.

Das Wesen des Betens

Das Beten ist das Rückgrat eines Christen. Die Menschen, die Gott ehren und dienen wollen, schätzen es, Zeit mit ihm zu verbringen. Wie bei jeder anderen Beziehung tendieren wir auch hier dazu, den Personen ähnlicher zu werden, mit denen wir unsere Zeit verbringen. Daher verbringen gläubige Menschen viel und wertvolle Zeit mit Gott. Die Jugendarbeit braucht keine kreativeren, begabteren oder einnehmenderen Mitarbeiter, sondern von Gott erneuerte Mitarbeiter.

Die Jugendarbeit braucht keine kreativeren, begabteren oder sympathischeren Mitarbeiter, sondern von Gott erneuerte Mitarbeiter.

Die Priorität des Betens

Für viele ist Beten etwas, dass wir (absichtlich oder unabsichtlich) an den Schluss unserer Treffen und Diskussionen platzieren. Wir benutzen zuerst unsere grauen Zellen und folgen Methoden und danken Gott im Nachhinein für das, was wir geschafft haben. Ich habe diesen Fehler öfter begangen, als ich eigentlich zugeben möchte. Es ist eine große Versuchung, einfach loszulegen und unseren Neigungen, Wünschen, Fähigkeiten und Plänen zu vertrauen, bevor wir uns Gott zuwenden und ihn um seine Meinung fragen.

Wenn wir wie Jesus das Beten an erste Stelle setzen, dann werden wir alles im Dialog mit dem Vater beginnen und beenden, um seine Meinung und seinen Segen zu erfahren.

Die potenzielle Kraft des Betens

Wenn wir an die Wahrheit des Wortes Gottes glauben, dann müssen wir auch glauben, dass

- mit Jesus alles möglich ist
- Gott sich um unsere Angelegenheiten kümmern wird, wenn wir ihn darum bitten
- Gott jedes unserer Gebete hört
- die Gebete eines Gläubigen viel erreichen können
- Gott begierig darauf ist, unsere Gebete zu erhören und unsere Hilferufe zu beantworten
- der, der in uns ist, größer ist als der, der in der Welt ist
- wir noch Größeres tun können

Wenn wir wissen, dass diese Aussagen wahr sind, dann müssen wir sie in die Tat umsetzen. Wie Jesus sagte: »Wenn ihr von diesen Dingen wisst ... gesegnet seid ihr, wenn ihr sie tut.« Er hat uns gezeigt, dass wir durch das Beten Teil seines Königreichs werden können. Was für ein Privileg! Und noch besser – was für eine Möglichkeit!

Nimm Gott beim Wort und vertraue darauf, dass er hält, was er versprochen hat. Wenn wir beten, wird er uns leiten. Wir können eine bedeutende Veränderung vollbringen, die es dem Königreich Gottes ermöglichen wird, voll und ganz in die Herzen und Leben der Jugendlichen zu dringen – hier, jetzt und hoffentlich für immer.

Es ist passend, mit diesem Gebet des Heiligen Franz von Assisi
zu schließen.
Ich wünsche dir die Gelassenheit, den Mut und die Weisheit,
die dir helfen werden, junge Leben zu verändern.
Sei gesegnet und ermutigt auf deinem Weg zu einer Jugendarbeit
mit Vision – für Gott und die Welt.

*»Herr, gib mir die Gelassenheit, Dinge hinzunehmen, die ich nicht
ändern kann,
den Mut, Dinge zu ändern, die ich ändern kann,
und die Weisheit, das eine vom anderen zu unterscheiden.«*

Jetzt wird's persönlich

1. Was sind die drei größten Hürden, die dich daran hindern, eine Veränderung einzuleiten?

2. Nenn einen objektiven Freund, der deinen Ideen zuhören und kritische Fragen stellen kann.

3. Wer wird sich durch die Veränderungen, die du planst, am meisten verletzt fühlen?

4. Welches sind die besten Zeitpunkte für Veränderungen in deiner Jugendarbeit?

5. Warum ist Planung ein entscheidendes Element der Veränderung?

6. Wie reagierst du auf folgende Definition von Politik: »Politik ist die Fähigkeit, Unterstützung für die Arbeit zu bekommen, mit der Gott dich betraut hat«?

7. Welche Schritte kannst du unternehmen, um ein besserer Mannschaftsspieler zu werden?

8. Nenn drei Dinge, die du nächsten Monat unternehmen kannst, um deinen Pastor zu unterstützen.

9. Dieses Buch schließt den Kreis. Es beginnt mit der Kraft Gottes und endet mit einer Betonung auf dem Beten. Was kannst du tun, um dich täglich an diese lebenswichtigen Wahrheiten zu erinnern?

Anhang

Anhang A

Deine ersten zwei Jahre

Wenn du neu in der Jugendarbeit bist, dann wirkt dieses Buch wahrscheinlich erstmal total erschlagend auf dich. Aber breite Konzepte können zu übersichtlichen Prinzipien zusammengefasst werden. Die folgende Liste soll dir helfen, die ersten Schritte zu tun, wenn du mit der Jugendarbeit beginnst:

1. *Trete vor Gott.* Bitte Gott um Weisheit und um seinen Rat in deinem Leben, deiner Familie, deiner Arbeit, deinen Träumen und deinen Fragen. Er wird dich nicht enttäuschen. (Siehe Kapitel 1)

2. *Konzentrier dich auf Beziehungen.* Nimm dir viel Zeit, um die Jugendlichen, Mitarbeiter und Eltern kennen zu lernen. Bitte Freunde, dich zu unterstützen und dir zu helfen, ein ausgeglichenes Leben zu leben. (Siehe Kapitel 11, 17)

3. *Vermittle deinen Wunsch, Familien zu helfen.* Lasse die Leute vom ersten Moment an wissen, dass du eine familienfreundliche Jugendarbeit aufbauen willst. (Siehe Kapitel 14)

4. *Identifizier deine persönlichen Werte.* Frag dich selbst, was deine Leidenschaft ist und was du durch deine Leitung vermitteln willst. (Siehe Kapitel 13)

5. *Lehr die Aufträge.* Nimm dir genügend Zeit um sicherzustellen, dass jeder die fünf Aufträge für die Gemeinde versteht. (Siehe Kapitel 2)

6. *Suche nach Mitarbeitern.* Suche ständig nach erwachsenen und jugendlichen Mitarbeitern, die dir helfen können. Das Überleben und Funktionieren deiner Jugendarbeit hängt von Mitarbeitern ab. (Siehe Kapitel 10, 15, 16)

7. *Entwickle eine Auftragsaussage.* Nachdem du die *Aufträge* gelehrt und neue Mitarbeiter gefunden hast, bitte sie, dir bei der Entwicklung einer Auftragsaussage zu helfen, die ausdrückt, warum deine Arbeit existiert. (Siehe Kapitel 3)

8. *Werte deine laufenden Veranstaltungen aus.* Ermuntere dein Team dazu, alle laufenden Programme und ihre Zielgruppen auszuwerten. Unternimm nötige Veränderungen nach den Gesichtspunkten Evangelisation, Anbetung, Gemeinschaft, Jüngerschaft und Dienst. (Siehe Kapitel 5)

9. *Entwirf Veranstaltungen, die die Aufträge erfüllen und deine potenzielle Zielgruppe erreichen.* Du und dein Team, ihr müsst vielleicht neue Veranstaltungen entwerfen, sie auswerten und verfeinern, damit sie zielgerichteter werden. (Siehe Kapitel 6–10, 12, 19)

10. *Kommuniziere verständlich.* Trag die Vision weiter. Inspiriere die Leute, die Denkweise hinter deiner Programmstrategie zu sehen und die Veränderungen zu verstehen. (Siehe Kapitel 4, 11, 12)

Anhang B

Unterschiede zwischen der Junior High- und der High School-Jugendarbeit in der Saddleback Church

Weil ich die meiste Zeit in der High School-Jugendarbeit verbringe, benutze ich Beispiele und Anekdoten aus dieser Altersgruppe (16 bis 18 Jahre) zur Illustrierung von *Jugendarbeit mit Vision*.

Aber auch, wenn du ein Junior High-Jugendmitarbeiter (14 bis16 Jahre) bist, ist dieses Buch für dich anwendbar. In der Saddleback Church stehen die High School- und die Junior High-Jugendarbeit zwar unter verschiedenen Leiterschaften, stimmen aber in den neun Komponenten überein. Wir handeln nach denselben Aufträgen und benutzen sogar die gleiche Auftragsaussage.

Der einzige kleine Unterschied besteht in unserer Programmstrategie. Beide Jugendarbeiten sehen denselben primären Auftrag für die Nachbarschaft, die Gottesdienstbesucher, die Gemeinde, die »aktiven« Gemeindemitglieder und den Kern, aber mit den folgenden kleinen Änderungen für die Junior High-Jugendarbeit:

Potenzielle Zielgruppe	Grundsatz	Unterschiede
Nachbarschaft	Evangelisation	Die Junior High-Arbeit baut mehr auf gelegentliche evangelistische Veranstaltungen, während die High School-Jugendarbeit mit der Freundschaftsevangelisation arbeitet (siehe Kapitel 6).
Gottesdienst-besucher	Anbetung	Es finden verschiedene Wochenendgottesdienste für Junior High- und High School-Schüler statt, die sich aber in ihrer Struktur weitgehend gleichen (siehe Kapitel 7).
Gemeinde	Gemeinschaft	Die Junior High-Schüler treffen sich in Gruppen verstreut auf dem Gemeindegelände, während die High School-Jugendlichen sich in privaten Häusern treffen (siehe Kapitel 8).
»aktive« Gemeinde-mitglieder	Jüngerschaft	Die Junior High-Jugendarbeit arbeitet mit einer zusätzlichen Kleingruppe, während die High School-Jugendarbeit die in Kapitel 9 beschriebenen Jüngerschaftswerkzeuge benutzt.
Gemeindekern	Dienst	Die Junior High-Jugendarbeit zielt auf die Mitarbeit ihrer Jugendlichen in Dienst-Teams (ähnlich wie das sekundäre Programm der High School-Jugendarbeit), während die High School-Jugendarbeit die in Kapitel 10 besprochene Ausbildung jugendlicher Mitarbeiter zum primären Ziel hat.

Anhang C

Wie man Jugendlichen die Bibel nahe bringt

Am meisten frustriert werden Jugendmitarbeiter bei ihrem Versuch, bei den Jugendlichen Lust und Freude an Gottes Wort zu wecken. Wir wissen, dass regelmäßiges Lesen der Bibel ein lebenswichtiges Element der Jüngerschaft ist, aber wir wissen auch, dass die meisten Jugendlichen hier im besten Fall »Dienst nach Vorschrift« machen. Die Wahrheit ist, dass wir einer biblisch total unbelesenen Generation gegenüberstehen.

Jedes Jahr erscheinen neue, benutzerfreundliche Bibeln für Jugendliche, um die Lektüre einfacher zu machen. Ich bin zu dem Schluss gekommen, dass neue Bibeln nicht die Antwort sind. Teenager brauchen Handwerkszeug, das sie durch die verschiedenen Bücher führt und ihnen hilft, Gottes Wort zu verstehen. Ein Teil des Problems ist, dass Jugendliche nicht wissen, wie sie mit der Lektüre beginnen sollen. Meist fangen sie am Anfang an und arbeiten sich durch Genesis hindurch. Wenn sie wirklich zäh und motiviert sind, dann schaffen sie es noch durch Exodus. Ungefähr bei Levitikus verfinstert sich ihr Gesicht, spätestens wenn sie bei 8,16–17 versuchen zu verstehen, was Mose wohl genau machte: »Danach nahm er das ganze Fett, das die Eingeweide bedeckt, die Fettmasse über der Leber, die beiden Nieren und ihr Fett und ließ diese Stücke auf dem Altar in Rauch aufgehen. Was vom Stier noch übrig war, sein Fell und Fleisch sowie seinen Mageninhalt verbrannte er außerhalb des Lagers, wie es der Herr dem Mose befohlen hatte.«

Nach ein paar Kapiteln voller Blut, Tieropferungen und heiligen Salbungen sind die Jugendlichen völlig verwirrt und nehmen von ihrem Vorsatz Abstand, die Bibel zu lesen. Sie sagen sich: »Na ja, ich habs wenigstens versucht!«

Jugendliche werden auch von dem Gedanken abgeschreckt, die komplette Bibel innerhalb eines Jahres zu lesen. Ein Programmfahrplan, der von ihnen verlangt, täglich drei Kapitel zu lesen, wirkt sehr einschüchternd. Das kann natürlich in den ersten Januartagen noch reizvoll sein. Aber dann verpasst der Jugendliche aus irgendwelchen

Gründen einmal zwei Tage und muss dann, um im Plan zu bleiben, am dritten Tag neun Kapitel lesen. Das zieht runter. Es gibt keinen Grund, einem Jugendlichen einen so großen Druck aufzuerlegen, wenn es doch unser Ziel ist, gute Gewohnheiten für geistliches Wachstum zu fördern.

Einer der effektivsten Wege, Jugendliche zu Gottes Wort zu führen, ist die *Minuten-Bibel für Schüler*. In Deutschland ist dieses hilfreiche Buch leider noch nicht erschienen, es gibt aber vergleichbare »Jahresbibeln« etc. In so einem Buch befinden sich kurze Passagen aus den wichtigsten Abschnitten der Bibel. Ellenlange Stammbäume und Opferungsvorschriften wurden übersprungen. Jede Passage erfordert nur kurze Lesezeit. Am Ende des Jahres hat der Leser einen Überblick über die gesamte Bibel bekommen.

So eine Jahresbibel ist nicht dazu gedacht, die Bibel zu ersetzen. Sie ist ein Werkzeug, das helfen soll, Appetit auf Gottes Wort zu entwickeln. Wenn deine Jugendlichen Hilfe beim Zugang zum Wort Gottes brauchen und du ihnen ein Erfolgsgefühl verschaffen willst, dann ist dies das beste Material, das ich kenne. Überschaubarkeit und Spaß beim Lesen fördert das Interesse, welches wiederum intensiveres Studium fördert – und das führt schließlich zu Veränderung des Lebens.

Für diejenigen unter euch, die Tabellen Textpassagen vorziehen, folgt in Anhang D eine Übersicht über unsere Veranstaltungen und jeweils ein paar kurze Infos dazu.

Anhang D

Unsere Veranstaltungen

Veranstaltung	Freundschafts-Evangelisation	Hot Nights	Wochenend-gottesdienste	Glaubens-grundkurse	Dinner for Ten
Gemeinde-auftrag	Mission	Mission	Lobpreis	Reife	Dazu-gehörigkeit
Jugendarbeits-auftrag	Erreichen	Erreichen	Ehren	Wachsen	Verbinden
Zielpublikum	Nachbar-schaft	Nachbar-schaft	Gottesdienst-besucher	Gottesdienst-besucher	Gottesdienst-besucher
Schlüssel-begriffe	▶ Beziehun-gen ▶ Evangeli-sation ▶ »Erwerb« des Rechts, gehört zu werden ▶ nicht-program-matisch ▶ 5 Schritte ▶ jeder kann teilnehmen ▶ herausfor-dernd	▶ »toll und lustig« ▶ sichere Umgebung ▶ Akzeptanz ▶ Vorurteil der »lang-weiligen Kirche« ent-kräften ▶ Hilfe für die Nachbar-schaft ▶ vor-evan-gelistisch	▶ Lachen ▶ Feiern ▶ Theater und Video ▶ geht mit der Gemeinde-philosophie einher ▶ offene Tür zur Jugend-arbeit ▶ Mitarbeit der Jugend-lichen ▶ 3 identi-sche Got-tesdienste	▶ gründend ▶ Vertrauen ▶ Gottes Liebe ▶ Gebet ▶ Bibel ▶ Stille-Zeiten ▶ Fragen und Antworten	▶ intim ▶ Spaß ▶ macht die »große Gruppe« klein ▶ Verbindung zu den Mit-arbeitern ▶ kein Zeit-plan ▶ in Cathys und Dougs Haus ▶ für Neue oder Anschluss-suchende
Reihenfolge	1	2	3	4	5
Zeit	fortlaufend	3x im Jahr	wöchentlich	monatlich	monatlich

Veranstaltung	Teens 'n' Temptation	Dienst-Teams	Kurs 101	HBA-Kleingruppe	Kurs 201
Gemeindeauftrag	Mitgliedschaft	Mitarbeit	Mitgliedschaft	Mitgliedschaft	Reife
Jugendarbeits-auftrag	Verbinden	Entdecken	Verbinden	Verbinden	Wachsen
Zielpublikum	Gottesdienst-besucher	Gottesdienst-besucher	Gottesdienst-besucher	Gemeinde	Gemeinde
Schlüssel-begriffe	▶ »Erholung« ▶ geteilte Erfahrungen ▶ sicher ▶ annehmend ▶ Kleingruppe ▶ Ehrlichkeit ▶ »Erholungs-Helfer«	▶ Mitarbeit der Jugendlichen ▶ über 30 Dienste ▶ Erfahrung ▶ offen für jeden ▶ entscheidender Einfluss auf das Funktionieren der Jugend-arbeit	Der Kurs beinhaltet: ▶ Plan der Errettung ▶ Was wir glauben ▶ Alles über die Saddleback Church	▶ Kleingruppe ▶ verschiedene passende Standorte ▶ Bibelstudium ▶ »Live«-Berichte ▶ diskussions-orientiert ▶ freiwilliger Besitz	Der Kurs beinhaltet: ▶ Geistliche Gewohnheiten (H.A.B.I.T.S.)
Reihenfolge	6	7	8	9	10
Zeit	fortlaufend	3x im Jahr	wöchentlich	monatlich	monatlich

Veranstaltung	**Jüngerschaftswerkzeuge: »Zeit-der-Stille«-Tagebuch**	**Jüngerschaftswerkzeuge: J.V.G. 5**	**Jüngerschaftswerkzeuge: »Verborgene Schätze«**	**Jüngerschaftswerkzeuge: »Segensbank«**	**Jüngerschaftswerkzeuge: »Wurzeln schlagen«**
Gemeindeauftrag	Reife	Reife	Reife	Reife	Reife
Jugendarbeitsauftrag	Wachsen	Wachsen	Wachsen	Wachsen	Wachsen
Zielpublikum	»aktive« Gemeindemitglieder	»aktive« Gemeindemitglieder	»aktive« Gemeindemitglieder	»aktive« Gemeindemitglieder	»aktive« Gemeindemitglieder
Schlüsselbegriffe	▶ Zeit-der-Stille-Helfer ▶ messbare Resultate ▶ selbständig ▶ Gebetsanliegen	**J**ugend-**V**erantwortlichkeits-**G**ruppe ▶ 5 Minuten pro Woche ▶ Gebetspartner ▶ in der Schule	▶ eigenständiges Auswendiglernen ▶ selbst-initiativ ▶ nach eigenem Tempo arbeiten ▶ 3–5 Verse pro Sitzung	▶ Eigenstudium ▶ der Zehnte ▶ Bank ▶ Umschläge	▶ eigenständiges Bibelstudium ▶ induktiv ▶ selbst-initiativ ▶ praktische Anwendung ▶ nach eigenem Tempo arbeiten
Reihenfolge	11	11	11	11	11
Zeit	eigene Zeiteinteilung	eigene Zeiteinteilung	eigene Zeiteinteilung	eigene Zeiteinteilung	eigene Zeiteinteilung

Veranstaltung	Lobpreis und Anbetung	Monatliche Missionseinsätze	Bibel-institut	Kurs 301	Dienst-Team Leiter	Jugendliche Mitarbeiterschaft	Kurs 401
Gemeindeauftrag	Lobpreis	Mission	Reife	Mitarbeit	Mitarbeit	Mitarbeit	Mission
Jugendarbeits-auftrag	Ehren	Entdecken	Wachsen	Entdecken	Entdecken	Entdecken	Erreichen
Zielpublikum	»aktive« Gemeinde-mitglieder	»aktive« Gemeinde-mitglieder	»aktive« Gemeinde-mitglieder	»aktive« Gemeinde-mitglieder	Gemeindekern	Gemeindekern	Gemeindekern
Schlüssel-begriffe	▶ ausgiebiges Singen ▶ Bibellehre ▶ reifes Gläubigen-»Gefühl« ▶ Familien sind eingeladen	▶ Erfahrung ▶ Gesellschaft vor Ort ▶ Mexiko ▶ Dritte Welt	▶ Bereich 1: Zwölf Bibelkurse ▶ Bereich 2: Sechs Theologiekurse ▶ Bereich 3: Sechs Apologetikkurse	Der Kurs beinhaltet: ▶ Entdecken der geistlichen Gaben ▶ Detailliertes Studium des S.H.A.P.E.	▶ 301-Absolventen ▶ Ermutiger am Dienst beteiligter Jugendlicher ▶ organisiert Dienst-Team ▶ hält es am Laufen	▶ »Leiterschafts«-Haltung ▶ Lebensstil-Vereinbarung ▶ widmet sich dem Dienst ▶ hohe Erwartungen ▶ hohe Belohnung ▶ Diener	Der Kurs beinhaltet: ▶ Missionsbewusstsein ▶ Evangelistische Fortbildung ▶ Lebensgrundsatz
Reihenfolge	12	13	14	15	16	17	18
Zeit	wöchentlich	monatlich	monatlich	monatlich	unterschiedlich	monatlich	monatlich

Anhang E

Dein »S.H.A.P.E.« für deinen Dienst in der Jugendarbeit

Persönliche Angaben

Name: ______________________________

Straße: ______________________________

Postleitzahl: Stadt: ______________________________

Telefon: ______________________________

Schule: Klasse: ______________________________

Geistliche Gaben

» ... Doch jeder hat seine Gnadengabe von Gott, der eine so, der andere so.« (1 Kor 7,7)

Ich glaube, folgende geistliche Gaben zu haben (siehe unten)

1.

2.

3.

Gründe, warum ich glaube, dass ich diese Gaben habe:

1.

2.

3.

Geistliche Gaben, die Gottes Wort MITTEILEN:
Predigt Evangelisation Apostel Mission Mitarbeiterschaft

Geistliche Gaben, die Gottes Volk AUSBILDEN:
Lehren Ermutigung (Ermahnung) Weisheit Wissen

Geistliche Gaben, die Gottes Liebe DEMONSTRIEREN:
Dienen Gnade Gastfreundlichkeit Seelsorge Geben Helfen
Glaube Verwalten

Geistliche Gaben, die Gottes Anwesenheit FEIERN:
Heilen Wunder Zungenrede Deutung von Zungenrede Prophetie

Herz

»Denn Gott lenkt ihr Herz so, dass sie seinen Plan ausführen … «
(Offenbarung 17,17)
»Freu dich innig am Herrn! Dann gibt er dir, was dein Herz begehrt.«
(Psalm 37,4)

Schreib ein paar Tätigkeiten auf, in denen du gut bist und die du gern tust:

1.

2.

3.

Ich bekomme oft Lob, wenn:

Fähigkeiten

»Es gibt verschiedene Dinge, die wirken.« (1. Korinther 12,6)

Die folgenden sind meine stärksten Fähigkeiten:

1.

2.

3.

Andere Fähigkeiten die ich lerne und/oder an denen ich arbeite:

1.

2.

3.

Einige Beispiele:
Theater, Schreiben, freie Rede, Kunststücke, Fotografie, Video, Seelsorge, Reparatur, Design, Computer, Buchhaltung, Musik, Auswendiglernen, Unterrichten, Sport ...

Persönlichkeit

»Wer von den Menschen kennt den Menschen, wenn nicht der Geist des Menschen, der in ihm ist?«
(1 Kor 2,11)

So sehe ich mich selbst (kreise eines der beiden Worte ein):

1. Wenn ich mit anderen zusammen bin, dann bin ich eher RESERVIERT oder GEHE AUF ANDERE ZU.
2. Meine Entscheidungen treffe ich nach FAKTEN oder GEFÜHL.
3. In meinen Beziehungen bin ich eher ABHÄNGIG VON ANDEREN oder UNABHÄNGIG.
4. Die Einteilung meiner Zeit ist DURCHGEPLANT oder SPONTAN.

Ein Beispiel, warum ich mich für die eingekreisten Begriffe entschieden habe, ist:

1.

2.

3.

Erfahrung

»Wir wissen, dass Gott bei denen, die ihn lieben, alles zum Guten führt, bei denen, die nach seinem ewigen Plan berufen sind.« (Römer 8,28)

Mein wichtigstes geistliches Erlebnis
(oder wie ich Christ geworden bin):

Einige schmerzhafte Erfahrungen, die ich erlebt habe:

Eine vergangene Erfahrung, aus der ich gelernt habe:

S.H.A.P.E.

Wenn ich mir einen bestimmten Weg denken könnte, auf dem ich Gott dienen und der nicht fehlschlagen würde, dann wäre das:

Anhang F

Mitarbeiter-Antrags-Paket

Willkommensbrief

Lieber potenzieller ehrenamtlicher Mitarbeiter,

ICH FREUE MICH, DASS DU DICH DAFÜR INTERESSIERST, IN UNSERER JUGENDARBEIT MITZUWIRKEN!

Unsere Gemeinde hält immer Ausschau nach motivierten Christen, die in unserem Jugendarbeits-Team mitarbeiten wollen. Wir glauben, dass eine solide Jugendarbeit auf Beziehungen zwischen erwachsenen Betreuern und Jugendlichen aufbaut. Beziehungen sind für die Jugendlichen der Schlüssel, um sich geliebt zu fühlen und die Liebe Gottes praktisch zu erleben. Und dann dürfen wir erleben, dass geistliches Wachstum im Leben eines Jugendlichen passiert.

Die Qualität unseres Teams ist uns sehr wichtig. Wir suchen nach Frauen und Männern, die Gott von ganzem Herzen lieben und sich um die Jugendlichen kümmern wollen. Lies das beigefügte Material sorgfältig und in einer betenden Haltung durch. Ich möchte dich hiermit einladen, einen unserer Wochenendgottesdienste oder eines unserer Mitwochs-Programme zu besuchen, bevor du dich entscheidest. Füll dann den Antrag aus. Da wir großen Wert auf unsere Arbeit legen, sind uns auch unsere Mitarbeiter sehr wichtig.

Wenn ich deine Anmeldung erhalten habe, werde ich dich anrufen, um einen Gesprächstermin mit dir zu vereinbaren. Alle deine Angaben werde streng vertraulich behandelt. Fühl dich währenddessen herzlich eingeladen, eine unserer Veranstaltungen zu besuchen.

Jugendarbeit ist eine großartige Art, seine Zeit lohnend zu investieren und dem Herrn zu dienen! Ich freue mich schon darauf, mich mit dir zu treffen und über deine Hoffnungen und Wünsche für die Jugendarbeit zu reden. Wenn du aus irgendeinem Grund vorher mit mir sprechen möchtest, dann ruf mich einfach an.

Gottes Segen,

Doug Fields
Jugendpastor

Was Jugendliche von Erwachsenen brauchen

Die Welt der Jugendlichen verändert sich mit jedem jungen Menschen, der sich verändert. Jugendliche identifizieren sich nicht mit Veranstaltungen, sie identifizieren sich mit Menschen. Der effektivste Weg, um Jugendliche zu beeinflussen, geschieht durch tiefe Beziehungen mit Schlüsselpersonen in ihrem Leben. Unser Ziel ist es, Mitarbeiter auszubilden, die Jugendliche ganzheitlich betreuen können.

Jugendliche brauchen Erwachsene, die
- ► Gott lieben und für ihn leben
- ► an ihrem Leben interessiert sind
- ► die Zeit mit ihnen verbringen wollen
- ► für sie beten
- ► echt und authentisch sind
- ► ermutigende Worte sagen
- ► an sie glauben
- ► mit ihnen lachen
- ► sich in »ihre Welt« begeben
- ► sie kennen und sich um sie kümmern
- ► persönliche Erfahrungen mit ihnen teilen
- ► kontinuierlich bei Veranstaltungen verfügbar sind
- ► geduldig sind
- ► Spaß am Leben haben

Wie man am Leben der Jugendlichen teilhaben kann

Wir werden den Anmeldungsprozess später erklären – zuerst ist es wichtig, dass du verstehst, welche Verpflichtung wir von unseren Mitarbeitern verlangen. Für eine effektive Jugendarbeit musst du:

1. *Die Aufträge und geplanten Werte unserer Jugendarbeit verstehen.* Wirf einen Blick auf die Werte und Ziele, die unsere Jugendarbeit effektiv machen.
2. *Dich für ein Programm verpflichten.* Finde die Rolle heraus, für die Gott dich geformt hat, um Beziehungen zu Jugendlichen zu bilden.
3. *Als Leiter wachsen.* Entwickle deinen persönlichen Dienst, der letztendlich die Jugendlichen beeinflussen wird.

Die Grundsätze und Werte unserer Jugendarbeit

Auftragsaussage

Der Auftrag unserer Jugendarbeit besteht darin, Jugendliche, die Jesus Christus nicht kennen, zu ERREICHEN, sie mit anderen Christen zu VERBINDEN, ihnen zu helfen, in ihrem Glauben zu WACHSEN, sie zu ermutigen, ihren Dienst zu ENTDECKEN und mit ihrem ganzen Leben Gott zu EHREN.

Werte

Unsere Werte sind Haltung, Stil und Prinzipien, die unsere Grundsätze beeinflussen. Wir versuchen diese Schlüsselelemente in unseren Veranstaltungen und in unserem Leben auszudrücken. Alles ist auf »RELATIONSHIPS« (Beziehungen) aufgebaut.

R.E.L.A.T.I.O.N.S.H.I.P.S.

R ELEVANTE BEZIEHUNGEN
E RMUTIGUNG
L ACHEN UND FEIERN
A NNAHME
T RANSPARENZ
I NTENSIVES EINBRINGEN DER JUGENDLICHEN
O RIENTIERUNG NACH AUßEN
N UMERISCHES WACHSTUM
S PIRITUELLES WACHSTUM
H EIMATGEFÜHLE
I NTIMITÄT
P ROFESSIONALITÄT
S TRATEGISCHE BETREUUNG

Deine Programmverpflichtung

Programmoption: Wochenendgottesdienste – Samstag, 17:00; Sonntag 08:45 & 11:00 Uhr

Das ist unser »Großtreffen«, das entwickelt wurde, um eine freundliche, fröhliche, herausfordernde Atmosphäre zu haben. Diese Veranstaltung entkräftet das »Kirche ist langweilig«-Vorurteil und hilft den Jugendlichen, ihr Leben und ihren Glauben zu feiern. Die Gottesdienste sind voller Lachen, Überraschungen, Videos, Gesang, Theater und einer Predigt, die die Jugendlichen zum geistlichen Wachstum anregt.

Einsatzbereiche: Begrüßer/Tischleiter
Wir brauchen Erwachsene, die die Jugendlichen begrüßen, sich ihre Namen merken, sich mit ihnen an den Tischen unterhalten, sie ermutigen, an anderen Veranstaltungen teilzunehmen und insgesamt eine angenehme Atmosphäre schaffen.

Programmoption: Kleingruppen – Verschiedene Abende, 19:00–21:00 Uhr

Das ist ein Schlüsselprogramm, um unsere große Gruppe klein zu machen. Wir teilen uns unter der Woche in Bibelgruppen auf. Diese Gruppen treffen sich privat bei Leuten zu Hause. Dort sprechen sie über den Bibeltext, tauschen sich aus, beten gemeinsam und entwickeln Freundschaften. Es ist sehr hilfreich für Jugendliche, wenn sie auf Kleingruppenbasis betreut werden.

Einsatzbereich: H.B.A.-Lehrer oder Kleingruppenleiter
Normalerweise beginnen die meisten unserer neuen ehrenamtlichen Mitarbeiter als Kleingruppenleiter. Das ist deine Möglichkeit, sich näher mit einer Gruppe Jugendlicher zu beschäftigen, um die du dich kümmerst, die du ermutigst, mit denen du betest und die du während der Woche betreust.

Programmoption: Dienst-Teams –
die Treffen finden zu unterschiedlichen Zeiten statt

Dienst-Teams stecken voller Jugendlicher, die sich ihren Wünschen, Gaben und/oder S.H.A.P.E.-Profilen gemäß einbringen. Wir fänden es toll, wenn alle unsere Jugendlichen in einem Einsatzbereich mitarbeiten würden. In diesen Teams geht es zum Beispiel um Theater, Musik, Begrüßung, Missionsreisen, die Organisation bestimmter Veranstaltungen, Surfen, Video, Computer – die Möglichkeiten sind unbegrenzt und der Wert der Erfahrungen ist unschätzbar.

Einsatzbereich: Dienst-Team-Koordinator/Leiter
Du könntest die Organisation und Umsetzung eines Dienstes leiten. Die meisten Teams werden von Jugendlichen ins Leben gerufen, aber sie funktionieren am besten, wenn ein Erwachsener sie durch Betreuung, strategische Hilfe und Ermutigung unterstützt.

Es gibt noch viele andere Möglichkeiten, sich in unsere Jugendarbeit einzubringen. Die drei oben genannten sind aber erfahrungsgemäß zum Einstieg am besten geeignet. Wenn du eine spezielle Begabung oder einen Wunsch hast, wäre es mir eine große Freude, mit dir darüber zu sprechen, wie du diese im Rahmen unserer Jugendarbeit einbringen könntest.

Wozu verpflichte ich mich?

- Regelmäßige Teilnahme an einem Programm. (Wir erwarten von dir, dass du mindestens 15 Minuten früher kommst und erst 15 Minuten nach Ende der Veranstaltung gehst. Diese Extraminuten sind eine Schlüsselzeit für die Beziehungen zu Jugendlichen)
- Betreuung von Jugendlichen unter der Woche (eine halbe Stunde zusätzliche Zeit für Briefe, Telefonanrufe, Treffen etc. ...)
- Teilnahme an einem monatlichen Mitarbeitertreffen
- persönliche Weiterentwicklung als Jugendmitarbeiter

Wie man ein ehrenamtlicher Mitarbeiter wird: Der Antrag

1. Signalisier dein Interesse
Vielleicht hast du Interesse daran, Gott zu dienen, indem du Jugendliche betreust, aber weißt nicht so recht, wo du helfen kannst. Wir werden dir helfen. Einige der »unwahrscheinlichsten Menschen« sind großartige Jugendmitarbeiter, also unternimm den nächsten Schritt, wenn du diese Arbeit ernsthaft in Betracht ziehst.

2. Tritt in Kontakt mit einem Gemeindemitarbeiter
Das ist für uns eine Möglichkeit, dich kurz kennen zu lernen und deinen Wunsch wahrzunehmen, in der Jugendarbeit tätig zu werden. Wir werden dir außerdem eine allgemeine Übersicht über unsere Arbeit geben und für dich einen Besuch bei einem unserer Programme arrangieren.

3. Das Jugendarbeits-Material
Dieses Paket gibt dir die Basisinformationen, die dir helfen werden, einen Einblick in mögliche Dienstbereiche zu bekommen. Wir haben versucht, so viel wie möglich zu erklären, aber ein klares Bild ergibt sich doch erst bei einem Besuch unserer Programme.

4. Besuch eine Veranstaltung
Wir empfehlen, eine Veranstaltung zu besuchen, bevor du den Antrag ausfüllst. Das ist eine gute Gelegenheit, ein besseres Gefühl für die Arbeit zu bekommen, ohne dass gleich Erwartungen oder Verantwortungen auf dir lasten. Du wirst die Chance haben, Jugendliche und andere Mitarbeiter kennen zu lernen und dir Fragen für unser Treffen zurechtzulegen. Wenn du dich während der Veranstaltung etwas unwohl fühlst, dann ist das ganz normal (die Jugendlichen werden sich für gewöhnlich nicht gleich auf dich stürzen und es dir so angenehm wie möglich machen; das geschieht erst, wenn sie dich ein bisschen kennen gelernt haben).

5. Füll das Anmeldungspaket aus

Das Anmeldungspaket wurde von uns entwickelt, um wichtige Informationen für unseren Auswahlprozess zu erhalten. Wir brauchen zwei Empfehlungsschreiben. Diese können (1) von einem Pastor, (2) einem guten Freund oder (3) von einem Vorgesetzten stammen und sollten nicht älter als ein Jahr sein.

6. Gespräch mit dem Jugendpastor

Dieses Gespräch bietet dir die Möglichkeit, die aus deinen Beobachtungen entstandenen Gedanken, deinen geistlichen Standpunkt und deine Begabungen und Wünsche für deine Arbeit in der Jugendarbeit mitzuteilen. Wir werden bei dieser Gelegenheit spezifische Tätigkeiten besprechen, die zu deinem ganz persönlichen S.H.A.P.E. passen.

7. Überdenk deine Entscheidung gewissenhaft

Wir wollen, dass du dir Zeit nimmst und über die Möglichkeit, in der Jugendarbeit mitzuwirken, betest und nachdenkst. Wir möchten dich auch ermutigen, dir Rat bei deiner Familie und/oder Freunden zu holen.

8. Gib den Verpflichtungsbogen ab

Wenn du dich entschieden hast, bei uns mitzumachen, dann unterschreib den Verpflichtungsbogen und gib ihn bei uns ab.

9. Es kann losgehen!

Wir werden über den Beginn deines Einsatzes sprechen, wenn du den Verpflichtungsbogen abgibst. Das Datum kann unterschiedlich sein, je nach der Art und Weise deines Engagements.

10. Auswertungstreffen

Wenn du etwa einen Monat mitgearbeitet hast, werden wir uns treffen, um unsere gegenseitigen Gefühle und Eindrücke bezüglich deiner Mitarbeit auszuwerten. Wir werden uns im Verlauf des Jahres noch mehrmals zusammensetzen und immer wieder über deine Einsatzmöglichkeiten sprechen, die optimal zu deinem Stil, deiner Persönlichkeit und zu deinen Stärken passen sollen.

Was du von unserer Gemeinde erwarten kannst

- Struktur und Leitung
- Ermutigende Worte
- Gelegenheiten zur Fortbildung
- Anleitende und unterstützende Briefe
- Gebet und Verantwortlichkeit
- Die Herausforderung, deinen Dienst weiterzuentwickeln

Herzlichen Glückwunsch, du hast es fast geschafft! Ich weiß, es sieht aus wie ein Haufen Material, aber durch diesen »Prozess« erhältst du (und wir) wertvolle Informationen, die deinen Einstieg in die Jugendarbeit vereinfachen.
Falls du Fragen hast oder weitere Informationen benötigst, sprich mich einfach an.

Bewerbung zur ehrenamtlichen Mitarbeit in der Jugendarbeit

Allgemeine Angaben

Name ______________________ Heutiges Datum ______________________

Adresse ______________________

____

Geburtsdatum ______________________ Telefon tagsüber ______________________

Beruf ______________________ Telefon abends ______________________

Arbeitgeber ______________________

Arbeitsstatus

❑ Teilzeit ❑ Vollzeit ❑ Schüler

Familiärer Stand

❑ ledig ❑ verheiratet ❑ geschieden

Ausbildung

Oberstufe ______________________ Abgangsjahr ______________________

Universität/Handelsschule ______________________ Abgangsjahr ______________________

Akademischer Grad ______________________

Andere Ausbildung ______________________ Abgangsjahr ______________________

Persönliche und geistliche Geschichte

Erzähl kurz, wie du Christ geworden bist
(bitte erwähne auch das ungefähre Datum).

Schreib kurz über die Ereignisse in deinem Leben,
die dich geistlich bedeutend beeinflusst haben.

Beschreib drei Hauptaspekte, in denen du geistlich gewachsen bist,
seit du Christ geworden bist.

Wie würdest du deine geistliche Reise jetzt beschreiben?

Wie wichtig ist dir zur Zeit deine Beziehung zu Gott?

Was tust du, wenn du in einen Konflikt mit jemandem gerätst?
Wie gehst du mit Auseinandersetzungen um?

Gibt es im Moment spezielle Dinge oder Bedenken,
die deine Verpflichtung und Mitarbeit in der Jugendarbeit
beeinflussen könnten (z. B. Beziehungen, andere Verpflichtungen, etc.)?

In unserer Arbeit für und mit Jugendlichen wollen wir reife Mitarbeiter aufbauen, die gesunde, sichere und aufbauende Beziehungen entwickeln können. Bitte antworte entsprechend auf die folgenden Fragen. Eventuelle Bedenken können individuell mit unseren Leitern besprochen werden.

Nimmst du illegale Drogen?

❑ Ja ❑ Nein

Hast du dich schon einmal einer Behandlung wegen Alkohol- oder Drogenmissbrauch unterziehen müssen?

❑ Ja ❑ Nein

Wenn ja, bitte führe das aus.

Wie ist deine Einstellung zu Alkohol?

Hattest du schon einmal eine sexuelle Beziehung zu einer/einem Minderjährigen, nachdem du volljährig wurdest?

❑ Ja ❑ Nein

Bist du jemals irgendeiner Form des Kindesmissbrauchs beschuldigt oder schuldig gesprochen worden?

❑ Ja ❑ Nein

Wenn ja, bitte führe das aus.

Warst du jemals Opfer von Missbrauch?

❏ Ja ❏ Nein

Wenn ja, würdest du gern mit einer Beratungsstelle oder einem Pastor darüber sprechen?

❏ Ja ❏ Nein

Bist du damit einverstanden, dass deine Fingerabdrücke zur Überprüfung deiner Person registriert werden?

❏ Ja ❏ Nein

Wie lange bist du schon in der Saddleback Church?

____

Bist du Mitglied?

❏ Ja ❏ Nein

Liste die Daten und Aktivitäten deiner Mitarbeit hier in der Saddleback Church auf und die Gründe für deren Beendigung.

Beginn	Dienst/Aktivitäten	Ende	Grund

Beschreib Dienste und Aktivitäten,
bei denen du in anderen Gemeinden mitgewirkt hast.

Welche geistlichen Begabungen hast du deiner Meinung nach
und wie würdest du sie gern in der Jugendarbeit einbringen?

Warum möchtest du Jugendarbeit machen?

Was erwartest du von dem Jugendarbeits-Team?

Die in dieser Bewerbung enthaltenen Aussagen sind korrekt und nach meinem besten Wissen gemacht. Ich, der Unterzeichner, gebe der Saddleback Valley Church und ihren Vertretern die Erlaubnis, alle Angaben und Informationen bezüglich der Arbeit mit Minderjährigen weiterzugeben. Die Saddleback Church kann sich bei Bedarf mit meinem Arbeitgeber und der zuständigen Regierungsbehörde in Verbindung setzen, um meine Eignung als Jugendmitarbeiter zu überprüfen.
Ich weiß, dass die persönlichen Informationen in dieser Bewerbung von der Gemeindeleitung vertraulich behandelt werden.

Unterschrift　　　　　　　　Heutiges Datum

Jugendarbeits-Referenz der Saddleback Church

____

hat den Antrag gestellt, ehrenamtlicher Jugendmitarbeiter der Saddleback Church zu werden und hat ihren Namen als persönliche Referenz genannt.

Die Person wird in der Mitarbeiterposition engen Kontakt zu Jugendlichen haben und wir wollen sicher gehen, dass diese Beziehungen gut und sicher werden. Bitte füllen Sie diesen Referenzbogen aus und benutzen Sie den beigelegten Umschlag, um uns diese Beurteilung des Charakters und der Integrität der genannten Person zukommen zu lassen.
Ihre Antworten werden selbstverständlich vertraulich behandelt.

1. Beschreiben Sie Ihre Beziehung zur genannten Person:

2. Wie lange kennen Sie die Person bereits?

Bitte benutzen Sie die folgende Skala, um die Fragen 3 bis 8 zu beantworten:
1-niedrig 2-unter dem Durchschnitt 3-durchschnittlich 4-sehr gut 5-hervorragend

Wie würden Sie ihre/seine Fähigkeiten in folgenden Bereichen beschreiben:

3. Beziehung zu Gleichaltrigen
4. Emotionale Reife
5. Konfliktverhalten
6. Einhaltung von Verpflichtungen
7. Fähigkeit, mit Jugendlichen umzugehen
8. Geistliche Reife
9. Welches sind die größten Stärken des Antragstellers?
10. Haben Sie Bedenken bezüglich der Arbeit der genannten Person mit Jugendlichen? Wenn ja, erklären Sie diese bitte.

Vielen Dank, dass Sie sich die Zeit genommen haben, diesen Bogen auszufüllen. Wenn Sie irgendwelche Fragen bezüglich der Referenz haben, setzen Sie sich bitte mit unserer Jugendarbeitsabteilung in Verbindung.

Ihr Name ______________________________

Datum ______________________________

Telefon ______________________________

Anhang G

Jugendarbeits-Verpflichtungen der Mitarbeiter

Nachdem ich mir die Jugendarbeit gründlich angeschaut, Zeit im Gebet verbracht und mit meiner Familie die mit der Mitarbeit in dem Jugendarbeitsteam verbundenen Verpflichtungen besprochen habe, verpflichte ich mich zu Folgendem:

- Ich erkenne die Herrschaft Jesu Christi in meinem Leben an und habe eine persönliche Beziehung zu ihm.

- Ich verpflichte mich, meine Beziehung zu Gott durch Zeiten der Stille, aktiven Besuch der Gemeinde und durch den Aufbau von verlässlichen Beziehungen zu verstärken und reifen zu lassen.

- Ich verpflichte mich zu einem Lebensstil, der im Sinne Gottes über jeden Zweifel erhaben ist, weil ich weiß, dass ich ein Vorbild für die Jugendlichen sein werde.

- Ich verpflichte mich für mindestens ein volles Schuljahr zur Mitarbeit.

- Ich werde an den monatlichen Mitarbeitertreffen teilnehmen.

- Ich verpflichte mich zu versuchen, mindestens einen weiteren Mitarbeiter für unsere wachsenden Bedürfnisse in der Jugendarbeit zu finden.

- Ich verstehe die fünf Grundsätze der Gemeinde sowie die Strategie der Jugendarbeit und verpflichte mich, die Grundsätze zu erfüllen und mich um die Jugendlichen zu kümmern, die Gott in meine Arbeit bringt.

- Da ich eine bedeutungsvolle Verpflichtung eingehe und meine Anwesenheit wichtig ist, bin ich damit einverstanden, regelmäßig und pünktlich zu den Veranstaltungen zu erscheinen, zu denen ich mich verpflichte.

Ich verpflichte mich zu mindestens einer der folgenden Veranstaltungen:

❑ Wochenendgottesdienste
❑ 7:00 Uhr ❑ 08:45 Uhr ❑ 11:00 Uhr

❑ Kleingruppe

❑ Dienst-Team-Koordinator

____

❑ Beratung (Scheidung, TNT, Essstörungen)

❑ Spezialveranstaltungen

Unterschrift Datum
____

Anhang H

Zeitplan

Seite 387 kann kopiert und zu eigenen Zwecken benutzt werden.

DOUG FIELDS	Monat:	MONTAG	DIENSTAG	MITTWOCH	DONNERSTAG	FREITAG	SAMSTAG	SONNTAG
Rollen & Ziele	Woche:							
P	E	7.00	7.00	7.00	7.00	7.00	7.00	7.00
E	N							
R	T	8.00	8.00	8.00	8.00	8.00	8.00	8.00
S	W							
Ö	I	9.00	9.00	9.00	9.00	9.00	9.00	9.00
N	C							
L	K	10.00	10.00	10.00	10.00	10.00	10.00	10.00
.	L							
	.	11.00	11.00	11.00	11.00	11.00	11.00	11.00
L	L							
E	E	12.00	12.00	12.00	12.00	12.00	12.00	12.00
H	I							
R	T	13.00	13.00	13.00	13.00	13.00	13.00	13.00
E	E							
R	R	14.00	14.00	14.00	14.00	14.00	14.00	14.00
		15.00	15.00	15.00	15.00	15.00	15.00	15.00
P	M	16.00	16.00	16.00	16.00	16.00	16.00	16.00
A	Y							
S	L	17.00	17.00	17.00	17.00	17.00	17.00	17.00
T	C							
O		18.00	18.00	18.00	18.00	18.00	18.00	18.00
R								
		19.00	19.00	19.00	19.00	19.00	19.00	19.00
V	A							
E	N	20.00	20.00	20.00	20.00	20.00	20.00	20.00
R	D							
W	E	21.00	21.00	21.00	21.00	21.00	21.00	21.00
.	R							
	E							

DOUG FIELDS Rollen & Ziele	Monat: März Woche: 6.–12.	MONTAG 6	DIENSTAG 7	MITTWOCH 8	DONNERSTAG 9	FREITAG 10	SAMSTAG 11	SONNTAG 12
PERSÖNL.	ENTWICKL.	7.00 FAMILIE	7.00	7.00	7.00	7.00	7.00	7.00
		8.00	8.00	8.00	8.00 J. Burns @ Dennys	8.00	8.00	8.00 Kirche #2
		9.00	9.00 Kirchen-Team	9.00	9.00 Lebensentwickl.	9.00	9.00	9.00
		10.00	10.00	10.00	10.00 Treffen	10.00	10.00 CODY FUSSBALL	10.00
LEHRER	LEITER	11.00	11.00 TED	11.00 AARON	11.00 KURT J.	11.00 KATHLEEN	11.00	11.00 Kirche #3
		12.00	12.00	12.00 MATT	12.00	12.00 LYNNE	12.00	12.00 Teamessen
		13.00	13.00	13.00	13.00	13.00	13.00	13.00
		14.00	14.00	14.00	14.00	14.00	14.00	14.00
		15.00	15.00 Jugendarbeits-	15.00 Schulhof Baseball	15.00	15.00 Schulhof Wrestling	15.00	15.00
PASTOR	MYLC	16.00	16.00 team	16.00 Dan/Steve	16.00 zu Hause	16.00 David/Bill	16.00	16.00
		17.00	17.00	17.00	17.00	17.00	17.00	17.00
		18.00	18.00	18.00 Tories	18.00	18.00	18.00 Kirche #1	18.00
		19.00	19.00	19.00 Spiel	19.00 Kleingruppe	19.00 Cathy	19.00	19.00
VERW.	ANDERE	20.00	20.00	20.00	20.00	20.00	20.00	20.00
		21.00	21.00	21.00	21.00	21.00	21.00	21.00

DOUG FIELDS Rollen & Ziele	Monat: März Woche: 6.–12.	MONTAG 6	DIENSTAG 7	MITTWOCH 8	DONNERSTAG 9	FREITAG 10	SAMSTAG 11	SONNTAG 12
P Zeit d. Stille 10	E Kleingruppe	7.00	7.00	7.00	7.00	7.00	7.00	7.00
E Sport 11	N Ideen 50	F						
R Freunde 12	T Kassette f.	8.00	8.00	8.00	8.00 J. Burns	8.00	8.00	8.00 Kirche
S	W aktives Ge-				@ Dennys			#2
Ö	I meindemitglie-	9.00	9.00 Kirchen-	9.00	9.00	9.00	9.00	9.00
N	C der aufnehmen 51		Team		Lebensentwickl.			
L	K Kennenlern-	10.00 A	10.00	10.00	10.00 Treffen	10.00	10.00 CODY	10.00
.	L Form 52						FUSSBALL	
	.	11.00	11.00	11.00	11.00	11.00	11.00	11.00 Kirche
L Vorbereitungs-	L Teamtreffen 60		TED	AARON	KURT J.	KATHLEEN		#3
E Wochenende 20	E Zeit des	12.00 M	12.00	12.00 MATT	12.00	12.00 LYNNE	12.00	12.00
H Vorbereitung	I Wachstums 61							Teamessen
R HBA 21	T Team-	13.00	13.00	13.00	13.00	13.00	13.00	13.00
E	E entwicklung 62							
R	R HBA-Pastoren 63	14.00 I	14.00	14.00	14.00	14.00	14.00	14.00
	Vorbereitungs-							
	Team 64	15.00	15.00 Jugend-	15.00 Schulhof	15.00	15.00 Schulhof	15.00	15.00
			arbeits-	Baseball		Wrestling		
P Zeit für	M Buch bearbeiten 70	16.00	16.00 team	16.00 Dan/	16.00 zu	16.00 David/	16.00	16.00
A Jugendliche 30	Y Minuten-Bibeln	L		Steve	Hause	Bill		
S Eltern 31	L bestellen 71	17.00	17.00	17.00	17.00	17.00	17.00	17.00
T	C							
O		18.00	18.00	18.00	18.00	18.00	18.00 Kirche	18.00
R				Tories			#1	
		19.00 I	19.00	19.00 Spiel	19.00 Klein-	19.00 Cathy	19.00	19.00
V Tel.anrufe 40	A				gruppe			
E Betreuung 41	N	20.00	20.00	20.00	20.00	20.00	20.00	20.00
R Brief an Eltern 42	D							
W Flyer f. Camp 43	E	21.00 E	21.00	21.00	21.00	21.00	21.00	21.00
. Plan f. Sommer 44	R							
	E							

DOUG FIELDS			Monat: März			MONTAG	DIENSTAG	MITTWOCH	DONNERSTAG	FREITAG	SAMSTAG	SONNTAG
Rollen & Ziele			Woche: 6.–12.			6	7	8	9	10	11	12
P	Zeit d. Stille	10	E	Kleingruppe		7.00	7.00 (10)	7.00 (10)	7.00 (10)	7.00 (10)	7.00 (10)	7.00 (11)
E	Sport	11	N	Ideen	50		(11)	(11)		(11)		
R	Freunde	12	T	Kassette f.		8.00 F	8.00 (64)	8.00	8.00 J. Burns	8.00	8.00	8.00 Kirche
S			W	aktives Ge-					@ Dennys	(61)		#2
Ö			I	meindemitglie-		9.00	9.00 Kirchen-	9.00 (20)	9.00 (12)	9.00	9.00	9.00
N			C	der aufnehmen	51		Team		Lebensentwickl.	(42)		
L			K	Kennenlern-		10.00 A	10.00	10.00	10.00 Treffen	10.00	10.00 CODY	10.00
.			L	Form	52		(41)		(63)	(43)	FUSSBALL	
			.			11.00	11.00	11.00 (40)	11.00 (40)	11.00	11.00	11.00 Kirche
L	Vorbereitungs-		L	Teamtreffen	60		TED	AARON	KURT J.	KATHLEEN		#3
E	wochenende	20	E	Zeit des		12.00 M	12.00 (62)	12.00 MATT (62)	12.00	12.00 LYNNE	12.00	12.00
H	Vorbereitung		I	Wachstums	61					(31)		Teamessen
R	HBA	21	T	Team-		13.00	13.00	13.00 (50)	13.00	13.00	13.00	13.00
E			E	entwicklung	62		(51)		(44)	(21)		
R			R	HBA-Pastoren	63	14.00 I	14.00	14.00 (52)	14.00	14.00	14.00	14.00
				Vorbereitungs-								
				Team	64	15.00	15.00 Jugend-	15.00 Schulhof	15.00	15.00 Schulhof	15.00	15.00
							arbeits-	Baseball		Wrestling		
P	Zeit für		M	Buch bearbeiten	70	16.00 L	16.00 team	16.00 Dan/	16.00 zu	16.00 David/	16.00	16.00
A	Jugendliche	30	Y	Minuten-Bibeln			(60)	Steve	Hause	Bill		
S	Eltern	31	L	bestellen	71	17.00	17.00	17.00	17.00	17.00	17.00	17.00
T			C					(40)				
O						18.00	18.00	18.00	18.00	18.00	18.00 Kirche	18.00
R							(40)	Tories			#1	
						19.00 I	19.00	19.00 Spiel	19.00 Klein-	19.00 Cathy	19.00	19.00
V	Tel.anrufe	40	A						gruppe			
E	Betreuung	41	N			20.00	20.00	20.00	20.00	20.00	20.00	20.00
R	Brief an Eltern	42	D									
W	Flyer f. Camp	43	E			21.00 E	21.00	21.00	21.00	21.00	21.00	21.00
.	Plan f. Sommer	44	R									
			E									

Anhang I

Weitere Quellen

Zwei Elemente, die nicht in diesem Buch besprochen wurden, sind die Entwicklung von Teenagern und die Jugendkultur. Über diese Themen wurden bereits viele Bücher geschrieben, z. B. „Kursbuch Jugendkultur – Stile, Szenen und Identitäten um die Jahrtausendwende" (Rowohlt) oder: Schäfer/Waltmann: „Techno Lexikon" (Raveline 1998)

Am besten nimmst du dir einmal einen Nachmittag Zeit und schaust dich in einer gut sortierten Buchhandlung oder im Internet nach Büchern um, die dich am meisten interessieren.

Wenn du englisch sprichst, kann ich dir natürlich einige Empfehlungen aussprechen:

Walt Mueller vom Center für Parent/Youth Understanding (CPYU) hat ein sehr gutes Buch namens *Understanding Today's Youth Culture* (Tyndale, 1994) geschrieben. CPYU veröffentlicht auch einen Newsletter, um Eltern und Jugendarbeiter auf momentane kulturelle Trends und Quellen im World Wide Web hinzuweisen. Du kannst unter **http://www.cpyu.org/index.html.** mehr über die Arbeit von CPYU erfahren.

Eine aktuelle Bibliographie gefällig? Kontaktier die Zusammenstellung des *Youth Worker Journal* unter:

http://www.youthspecialities.com.

Alle von Doug Fields selbst verfassten Quellen und Arbeitshilfen erhältst du bei seinem Unternehmen:

MAKING YOUNG LIVES COUNT
21612 Plano Trabuco Q-30
Trabuco Canyon, CA 92679
U.S.A.
Telefon: 001-714-459-9517
Fax: 001-714-459-6303

Alle Quellen und Materialien können unter

http://www.dougfields.com

angesehen und bestellt werden.

Wir möchten von dir hören. Bitte schick uns deine Meinung über dieses Buch an die unten stehende Adresse. Vielen Dank!

Zondervan Publishing House
Grand Rapids, Michigan 49530
U.S.A.
http://www.zondervan.com